北京高校思想政治工作研究系列丛书

让高校“大思政课”活起来

中共北京市委教育工作委员会
北京高校思想政治工作研究中心　组编

北京交通大学出版社
·北京·

图书在版编目（CIP）数据

让高校“大思政课”活起来 / 中共北京市委教育工作委员会，北京高校思想政治工作研究中心组编. -- 北京 : 北京交通大学出版社，2025. 5. --（北京高校思想政治工作研究系列丛书）. -- ISBN 978-7-5121-5419-3

Ⅰ. G641

中国国家版本馆 CIP 数据核字第 2024X38F05 号

让高校“大思政课”活起来
RANG GAOXIAO “DASIZHENGKE” HUOQILAI

责任编辑：严慧明

出版发行：北京交通大学出版社　　电话：010-51686414　　http://www.bjtup.com.cn
地　　址：北京市海淀区高梁桥斜街 44 号　　邮编：100044
印 刷 者：北京虎彩文化传播有限公司
经　　销：全国新华书店
开　　本：185 mm×260 mm　　印张：23.625　　字数：412 千字
版 印 次：2025 年 5 月第 1 版　　2025 年 5 月第 1 次印刷
定　　价：88.00 元

本书如有质量问题，请向北京交通大学出版社质监组反映。对您的意见和批评，我们表示欢迎和感谢。
投诉电话：010-51686043，51686008；传真：010-62225406；E-mail：press@bjtu.edu.cn。

编　委　会

序　言

为深入贯彻落实习近平总书记关于教育的重要论述，总结近年来北京高校思想政治工作的理论与实践成果，推动学术交流与经验共享，在中共北京市委教育工作委员会的指导下，北京高校思想政治工作研究中心精心策划编著了“北京高校思想政治工作研究系列丛书”，从“大思政课”建设、网络育人、文化育人、实践育人、劳动教育、美育等不同维度，全面展示北京高校思想政治工作状况及其研究成果。本套丛书的编撰旨在深化高校思想政治工作的理论研究与实践创新，提升思政工作研究的学术水平与育人实效。

《让高校“大思政课”活起来》是此套丛书的首发之作，主要内容包括两方面：一是北京高校思想政治工作研究中心关于北京高校“大思政课”建设理论建构与实践探索的研究成果，聚焦“大思政课”建设的理论与实践创新，深入梳理“大思政课”概念的提出过程、主要内涵及特征；二是北京高校思政工作者关于“大思政课”建设的研究成果，汇编了自2019年习近平总书记主持召开学校思想政治理论课教师座谈会以来，《北京教育（德育）》期刊刊载的“大思政课”相关研究文章，涵盖思政课教学、大中小学思政课一体化、课程思政、实践教学、队伍建设等五大主题。

“大思政课”是新时代思想政治教育的重要创新，它突破传统课堂的局限，将思政教育延伸至社会生活，强调理论与实践相结合，注重从知识传授向价值引领转变。本书通过理论阐释与实践经验的结合，展示了北京高校在“大思政课”建设中的有益探索。我们期待《让高校“大思政课”活起来》的出版，能够为推动“大思政课”建设提供坚实的理论支撑与实践指导，助力培养堪当民族复兴大任的时代新人。同时，也希望本套丛书能成为高校思政工作者的宝贵资源，为新时代思想政治教育的高质量发展贡献力量。

编　者

2025年4月

目　录

绪　论

第一篇　思政课教学

第二篇　大中小学思政课一体化

第三篇　课程思政

第四篇　实践教学

第五篇　队伍建设

绪　论

北京高校“大思政课”建设的理论建构与实践探索

北京高校思想政治工作研究中心

北京高校作为全国教育领域的重要力量，在“大思政课”建设中肩负着重要使命。近年来，在国家政策推动与首都独特资源优势的助力下，北京高校积极探索“大思政课”建设路径，成效显著。立足新时代新征程，“大思政课”建设仍有诸多问题亟需解决。深入研究北京高校“大思政课”建设的理论及实践问题，有利于从首都教育实践中提炼“大思政课”建设规律，为新时代高校思政课改革创新提供本土化、特色化的实践参照，推动形成兼具区域辨识度与教育实效性的育人范式。

一、“大思政课”的内涵与特征

“大思政课”是新时代思想政治教育在理论与实践层面的重大创新，它不仅是对党的教育方针的全面贯彻，更是对党长期以来在教育领域积累的宝贵经验的继承与升华，具有鲜明的实践导向和丰富的育人内涵，为思想政治教育的创新发展注入了新的活力。

（一）“大思政课”概念的提出

“大思政课”概念的提出，是贯彻党的教育方针，传承党在教育方面的宝贵经验，顺应时代发展、教育进步及人才培养需求的必然产物，反映了特定历史条件下思想政治教育在理念、方法和目标上的变革需求。我们党在长期的教育实践中积累了丰富的经验，其中最为重要的一条就是始终坚持理论与实践相结合。这一宝贵经验在不同历史时期被不断传承和发扬，为“大思政课”理念的形成奠定了坚实基础。

早在新民主主义革命时期，毛泽东同志就强调教育要与生产实践相结合。

1934 年，毛泽东同志在江西瑞金召开的第二次全国苏维埃代表大会上论述苏维埃文化教育的总方针时，明确要求要“使教育与生产劳动联系起来”。新中国成立后，教育事业迎来新的发展阶段，毛泽东再次强调，“教育与劳动结合的原则是不可移易的”，“政治课要联系实际，生动有趣，不要教条式的”，指引学校教育更加注重培养学生的实践能力和社会主义觉悟。改革开放后，邓小平同志提出，“教育要面向现代化，面向世界，面向未来”，强调教育要适应时代发展需求，与社会主义现代化建设实践相结合。在全国教育工作会议上，他明确提出，教育与生产劳动相结合是培养全面发展的新人的根本途径。江泽民同志强调，“不能整天把青少年禁锢在书本上和屋子里，要让他们参加一些社会实践”。胡锦涛同志强调，“既要搞好课堂教育，又注重引导大学生深入社会、了解社会、服务社会”。可以说，关注实践在教育特别是在思想政治教育中的重要作用，推动教育活动与生产实践相结合，在我们党的思想政治工作史上是一以贯之的。

进入新时代，习近平总书记汲取历史经验，进一步弘扬我们党理论联系实际的优良作风，并将其融入治国理政的方方面面，尤其是在锻造优良学风方面，他多次强调，“全党同志一定要弘扬理论联系实际的学风”，“要联系实际学”。对于青年的学习，习近平总书记格外重视，早在 2013 年 5 月同各界优秀青年代表座谈时就提出要求：青年要“如饥似渴学习，勇于到条件艰苦的基层、国家建设的一线、项目攻关的前沿去经受锻炼、增长才干，不断提高与时代发展和事业要求相适应的素质和能力”。2014 年 5 月，习近平总书记在北京大学师生座谈会上又指出，广大青年“要勤于学习、敏于求知，注重把所学知识内化于心，形成自己的见解，既要专攻博览，又要关心国家、关心人民、关心世界，学会担当社会责任”。这既对青年学生提出了“知行合一”的学风准则，又对学校教育工作提出了“育人于行”的任务要求。

思政课作为学生思想政治教育的主渠道、主阵地，肩负着培养社会主义建设者和接班人的时代使命。坚持理论联系实际，强化实践教学在思政课教育教学中的重要作用，是习近平总书记关于学校教育的重要理念，也是“大思政课”理念形成的重要基础。2019 年，习近平总书记主持召开学校思想政治理论课教师座谈会并发表重要讲话，强调“要高度重视思政课的实践性，把思政小课堂同社会大课堂结合起来”，“坚持理论性和实践性相统一”，这为思政课改革创新指明了方向，也为“大思政课”的提出奠定了坚实基础。

2021 年全国两会期间，习近平总书记进一步提出“大思政课”这一重要理念，强调“思政课不仅应该在课堂上讲，也应该在社会生活中来讲”，“‘大思政课’我们要善用之，一定要跟现实结合起来”。这一理念突破了传统思政课教学的空间限制，将思政教育纳入社会生活的大课堂，使思政教育更具现实性和生动性。2022 年 4 月，习近平总书记在考察中国人民大学时指出，鼓励各地高校积极与中小学思政课共建，共同推动大中小学思政课一体化建设。2022 年 7 月，教育部等十部门联合印发《全面推进“大思政课”建设的工作方案》，对推进“大思政课”建设作出全面部署。方案明确提出分层分类开展“大思政课”改革试点，北京被列为首批综合改革试验区之一，承担着探索以实践教学为主题的“大思政课”建设模式的重要任务。党的二十大指出，要“用社会主义核心价值观铸魂育人，完善思想政治工作体系，推进大中小学思想政治教育一体化建设”。2024 年 5 月，新时代学校思政课建设推进会召开，习近平总书记对学校思政课建设作出重要指示，他强调，“新时代新征程上，思政课建设面临新形势新任务，必须有新气象新作为”，要“不断开创新时代思政教育新局面，努力培养更多让党放心、爱国奉献、担当民族复兴重任的时代新人”，要“深入推进大中小学思想政治教育一体化建设”，“守正创新推动思政课建设内涵式发展”。2024 年 9 月，在全国教育大会上，习近平总书记又进一步强调，要“不断加强和改进新时代学校思想政治教育”，“注重运用新时代伟大变革成功案例，充分发挥红色资源育人功能，不断拓展实践育人和网络育人的空间和阵地”。

综上，在习近平总书记的亲自谋划、亲自部署、亲自推动下，我国思政课教育教学正式进入了创新发展的崭新阶段——“大思政课”建设阶段。所谓“大思政课”，即有效整合和运用多种教学资源，以学校、家庭、社会等多元主体协同为保障的综合性、创新性教育理念和教学模式，其强调理论与实践相结合，注重从课堂走向社会，从知识传授走向价值引领，通过构建多维、立体的育人网络，实现思想政治教育的全员覆盖、全程融入及全方位推进，为各级各类学校落实立德树人根本任务、培养堪当民族复兴大任的时代新人提供坚实保障。

（二）“大思政课”的核心要素

“大思政课”的理论创新最终需通过具体要素的系统联动得以实现。“大思政课”的核心要素既延续了传统思政教育的基本构成，又因“大思政课”的实践性、系统性等特征衍生出独特维度，主要包括目标、主体、内容、方法等要素。

1.“大思政课”的目标

“大思政课”以培养“堪当民族复兴重任的时代新人”为终极指向，构建起“认知–情感–行为”的递进式育人目标体系。其通过强化政治认同、深化价值内化、推动实践转化，实现从“知”到“信”再到“行”的育人闭环。在具体目标设计上，“大思政课”既注重传承红色基因与家国情怀，又强调培养学生的全球视野与创新思维，最终指向学生在中华民族伟大复兴进程中的主体性建构。

2.“大思政课”的主体

“大思政课”建设的主体呈现“主导–参与–协同”的三维结构：专职思政课教师作为核心主体，承担理论阐释与价值引领的核心职责；社会力量通过提供实践案例与经验叙事，形成“大师资”队伍补充；学校、家庭与社会则构建起纵向贯通、横向联动的全域育人网络。这种主体协同遵循系统论“整体大于部分之和”的规律，既保持了教师主导性，又激发了社会资源的育人潜能。

3.“大思政课”的内容

“大思政课”的内容以马克思主义中国化最新成果为理论内核，呈现出“核心–拓展–融合”的立体架构。在理论维度，以习近平新时代中国特色社会主义思想为纲，融入党史、新中国史等历史资源，增强教学的历史纵深；在实践维度，将乡村振兴、科技创新等国家战略转化为教学案例，实现“教材语言”向“生活语言”的创造性转化；在学科维度，推动思政课程与专业课程深度融合，构建“基因式”渗透的课程群。这种内容设计打破“就理论谈理论”的局限，形成理论与现实、历史与未来、本土与全球的多维对话场域。

4.“大思政课”的方法

“大思政课”的教学方法体现了具身性、情境性、生成性等具身认知教育理念。通过“行走的思政课”等实践载体，让学生在红色研学、基层调研中实现“身体在场–情感共鸣–价值认同”的认知跃迁；借助虚拟仿真、人工智能等技术，构建沉浸式教学场景，突破传统课堂的时空边界；采用问题链教学法，引导学生从被动接受转向主动建构。这些方法既坚守了课堂教学主渠道，又通过技术创新与实践拓展形成“全息课堂”育人模式，促进思政教育实现由“入眼入耳”到“入脑入心”。

（三）“大思政课”的主要特征

“大思政课”是新时代思政课改革创新的重要探索，在建设发展过程中表现出鲜明的实践性、系统性和协同性特征。

1. 实践性

在内容上，“大思政课”紧密贴近时代脉搏与社会现实，将国家战略、区域文化、社会热点、民生焦点等融入教学内容，让学生在实践中理解理论、运用理论，实现从“学”到“做”、从“知”到“行”的转变。在方法上，“大思政课”坚持实践导向，强调走出课堂、融入社会，积极采用项目式学习、案例教学、社会调查等方式，推动学生将课堂所学与社会实践紧密结合，增强学生提出问题、分析问题、解决问题的能力。在载体上，“大思政课”构建起多样化的实践教学平台，学校、政府、企业、社区、社会组织等通过共建线上、线下实践基地，为学生提供常态化的实践研学机会，让学生在真实的社会环境中深化对理论的理解，增强对社会主义核心价值观的认同。

2. 系统性

“大思政课”建设是一个复杂的系统工程，它打破了传统思政教育的局限性，将思政教育置于整个教育体系乃至社会大系统中进行考量，强调各部分之间的有机联系和协同作用，致力于构建一个系统化、全方位、多层次的育人网络。在横向融通方面，它充分调动起政府、学校、家庭、社会等育人主体及资源要素的协同，并打破学科界限，促进文理交叉，形成育人合力。在纵向衔接方面，它贯通大中小学各个教育阶段，从育人目标、内容、路径等方面构建连贯的教育体系，循序渐进、逐步深化地对学生进行系统、全面的思想政治教育。

3. 协同性

“大思政课”的协同性突出体现在育人主体、资源及载体等的协同配合上。在育人主体层面，学校内部各部门分工合作，共同推进“大思政课”建设；在学校外部构建起政府、学校、社会、家庭共同参与的育人机制，为学生提供全方位的思政教育支持。在育人资源层面，“大思政课”统筹了学校“小课堂”和社会“大课堂”的育人资源，打破了部门、学科、学段之间的壁垒，实现了教育资源的优化配置与共建共享。在育人载体方面，既注重发挥思政课程的关键引领作用，又注重激发课程思政的育人功能，实现了思政课程与课程思政同向同行与协同发展。

二、北京高校“大思政课”建设的理念与实践

在新时代思政课改革创新的宏观图景中，北京高校作为全国首批“大思政课”综合改革试验区，肩负着破解实践教学系统性难题、构建新型育人范式的历史使命。在北京市委教育工委和北京市教委的领导下，北京高校立足首都功能定位，紧扣“四个中心”建设战略需求，以实践教学改革为突破口，系统推进教育理念革新、教学模式重构与育人生态优化，形成了具有首都特色的“大思政课”建设范式。

（一）建设主题：实践教学

在教育部的整体规划与指导下，北京市积极落实“大思政课”建设要求，以“实践教学”为主题开展“大思政课”建设综合改革，这一改革实践具有深刻的理论必然性与现实紧迫性。

从认识论深化的层面看，实践教学本质上是主体与客体相互作用的动态过程。传统的实践教学主要通过特定场景来验证理论知识，帮助学生完成初步的认知构建，对知识有基本的理解和把握。随着时代的发展，教育对实践教学提出了更高要求。新时代的实践教学更注重引导学生亲身参与实践活动，它要求教育学生投身于社会大课堂，通过亲历性实践打破原有的先验认知，在由实践到认识，到再实践、再认识的螺旋式上升过程中，不断深化对知识的理解，精准把握理论的本质，并在体验中增强行动自觉，提升解决实际问题的能力，推动知识与素养的全面发展，进而实现真正的认知生成。

从方法论创新层面看，实践教学的“亲历为真”特性破解了“信息茧房”时代的认知异化困境。随着数字技术的发展，实践教学借助虚拟现实、大数据等现代科技手段，实现了“在场”与“离场”的辩证统一。这种虚实融合的实践机制，既延续了马克思主义认识论的实践品格，又创造性地发展了新时代思想政治教育的方法论体系——通过技术赋能拓展实践场域，使理论认知突破时空限制，在持续迭代中保持鲜活生命力。这种从“眼见为实”到“亲历为真”的实践教学变革，是思想政治教育回归本质的必然要求。当学生在建设社会主义现代化国家的实践中感受真理，在实现中华民族伟大复兴的实践中领悟信仰的力量时，思想政治教育就实现了从知识传授到价值生成的质变，为培养担当民族复兴大任的时代新人提供了方法论保障。

（二）建设理念：场景式、特色化、有组织

在北京市“大思政课”综合改革的宏大进程中，理念创新是破局的关键钥匙。在教育部的指导下，北京市以实践教学为主题的“大思政课”综合改革，凝练了“场景式”“特色化”“有组织”的改革理念。

1. 场景式：认知具身性的教学重构

场景式理念强调知识的获取依赖于身体与环境的互动，其本质是要把握好实践教学与课堂教学之间的关系，通过主体与客体的双向互动，推动理论认知向实践自觉的转化。在北京高校“大思政课”综合改革过程中，希望通过建立“概念锚点–场景索引–价值共鸣”的三维映射关系，将教材中的抽象理论转化为具体的社会场景，实现思政课上每一个抽象的理论和知识点，都有具象化、形象化的现实映射，推动理论认同和现实认知之间形成良性互动。这种理念突破了传统教学的空间桎梏，将思政课嵌入城市治理、科技创新等现实场景，使学生在参与首都“四个中心”建设的过程中实现认知重构。

2. 特色化：地方性知识的生产机制

特色化理念强调教育场域的文化特殊性，其本质是要把握好学校小课堂与社会大课堂的关系。习近平总书记在中国人民大学调研时，将“适应不适应”作为衡量思政课能否在立德树人中发挥应有作用的重要指标。要做到“适应”，就必须要融入最接近学生生活学习环境的“现实”中去，具体来说，就是要和学生家乡、求学地区经济社会改革发展紧密结合起来，讲“身边”的故事。北京市依托“四个中心”建设形成的独特文化资本，将“首都实践”转化为教学资源，通过构建“地方经验–国家叙事–全球视野”的阐释框架，实现思想政治教育的在地化生产。这种理念既反对教育同质化倾向，又超越了地域主义局限，通过挖掘京华大地的实践案例，为普遍性理论提供特殊性支撑。

3. 有组织：协同治理的系统建构

有组织理念强调多元主体的协同创新，其本质是要把握好整体宏观统筹和个体主观能动性的关系。不同区域间、不同学校间、不同学段间，在认知水平、改革基础、资源禀赋等方面的不均衡，是制约改革取得预期成效的重要因素。北京市有组织的改革实践通过建立市级统筹、区校协同的治理体系，构建多层次实践教学网络。这种理念通过资源流动维持系统有序性，不仅优化了资源配置效率，更通过制度创新形成协同育人格局，为破解教育发展不平衡问题提供了新范式。

（三）建设举措：构建首都特色协同教育体系

在全面建设教育强国的战略背景下，北京市以“大思政课”综合改革试验区建设为契机，将城市发展战略与教育改革深度融合，将首都“四个中心”建设成果转化为育人资源，构建起具有首都特色的实践育人体系，形成了“实践教学+”的创新范式与“城市即教材、实践即课堂”的教育生态。

1. 整体统筹谋划：建立市区联动的工作机制

“大思政课”改革是一项系统工程，整体统筹谋划至关重要。在“大思政课”综合改革中，北京市构建了市级专班、区级协同、校际结对三级工作机制，并从制度设计上强化校地协同。一是在市级层面成立由市委教育工委牵头、多部门协同的工作专班，统筹协调全市“大思政课”改革；通过组建专家指导委员会等举措，构建起“理论研究-政策咨询-实践指导”三位一体的智库支撑体系，为改革提供学理支撑与决策咨询。二是在区级层面指导全市16区建立由区委教育工作领导小组主要负责同志牵头、区教育两委主责、相关部门协同的工作机制。三是在校际层面建立主要校领导牵头，党委宣传部、马克思主义学院主责，党委学工部、团委等相关单位协同的工作机制，推动26所市级重点马克思主义学院与全市16区“结对子”，全覆盖建立了16个“大思政课”建设共同体，由高校牵头与相关区教育主管部门、中小学协同配合，共同做好实践教学基地遴选建设、实践教学案例研发工作。

2. 外部资源供给：构建特色化实践教学体系

优质的外部资源是“大思政课”活力的源泉。北京市紧密围绕实践教学主题主线，积极拓展“大思政课”实践教学资源。一是将习近平新时代中国特色社会主义思想在京华大地的生动实践转化为鲜活素材。在全市16区全覆盖建设200余个实践教学基地，涵盖理想信念、爱国主义、科技创新、文化场馆、生态文明、乡村振兴和基层党建七大类。定期组织师生赴“前门小院议事厅”、民族文化宫、市民热线服务中心等实践教学基地现场备课、实地教学。二是立足首都“四个中心”功能定位，打造特色实践育人品牌。立足政治中心建设，将思政课实践教学与服务党和国家重大活动、服务党和国家重大战略需求紧密结合，组织师生服务新中国成立75周年、中国共产党成立100周年、北京冬奥会冬残奥会、中华人民共和国国家勋章和国家荣誉称号颁授仪式等重大活动；引导师生发挥专业优势服务乡村振兴、京津冀协同发展等国家战略，在平谷区启动“千人百村”大学生暑期实践，举办首届京津冀学校思政课建设及马克思主义学院协同发展论坛等活动。立足文化中心建设，联合市委宣传部、市文物局等，打造“‘京’彩文化 青春绽放”行动计划，以信仰行、红色行、古都行、文艺行、志愿行、园区行6大机制为抓手，推动高校人才培养和首都文化建设双向互动、相互赋能，目前已累计覆盖30万余人次；创建“光影看中国——电影中的思政课”“大剧院里的思政课”“北京中轴线上的大思政课”“故宫里的大思政课”等品牌。立足科技创新中心建设，在中国科学技术馆、国家自然博物馆、北京科学中心、光科技馆等标志性点位建立了一批实践教学基地，策划“我与院士面对面”科学家精神讲述等活动，振奋首都青少年投身科技报国的激扬斗志。立足国际交往中心建设，推动更多青年学生在对外交往中讲好中国故事。

3. 内部要素升级：推动教育教学体系重构

“大思政课”要实现高质量发展，内部要素升级是核心。北京市以实践教学为牵引，聚焦内部要素调整，积极推动思想政治教育的全面迭代升级。一是打造高素质实践教学队伍。邀请12345市民热线服务中心金牌话务员等首都一线建设者与思政课教师共同备课，组织思政课教师利用寒暑期“看北京、看变化、看成就”，分批次赴浙江、新疆、西藏等地实地调研和现场备课。同时，在各类教师发展项目的遴选标准中，优先考虑有基层工作经历的教师。二是推动教学内容有机衔接。以实践教学为牵引深化大中小学思政课一体化建设，制定印发全国首个省级层面的大中小学思政课一体化建设指导文件——《关于推进北京市大中小学思想政治教育一体化建设的指导意见》，在东城、西城、海淀、朝阳、密云成立了5个试验区，并指导大中小学成立一体化共同体，联合开展各类实践教学活动。组织全市师资力量编写了800余份涵盖大中小学全学段的实践教学教案。三是激发实践教学的内生动力。在寒暑期联合北京日报社开展“我听亲人讲四史”“我回故乡过大年”“我看故乡这十年”等新媒体作品征集活动，引导学生在家乡变迁中读懂中国，充分调动学生参与思政课实践教学的积极性、主动性和创造性。各校立足自身学科资源优势，打造具有鲜明学校特色的“大思政课”品牌，如中国戏曲学院领衔7所艺术院校打造的“艺术名家领读经典”市级思政课，中央美术学院以“京华大地深刻变化”为主题的大思政课美术作品征集展示活动，中国音乐学院“音乐厅里的思政课”，北京体育大学“我与冠军面对面”等品牌课程，均取得了良好的育人效果。四是丰富拓展教学素材。组织北京大学、清华大学等高校聚焦“街乡吹哨 部门报到”“接诉即办”“城市副中心建设”等，编写思政课教学案例，建立“习近平新时代中国特色社会主义思想在京华大地的生动实践”教学案例库。五是促进多学科协同创新。联合中国社会科学院成立“北京市学校思想政治理论课多学科协同创新中心”，发挥社科院在经济学、政治学、法学等领域的学科资源优势，加强对思政课教学的学理支撑，编写习近平法治思想等领域的教辅材料。

4. 支持保障优化：构建全要素支撑体系

完善有力的支持保障体系是“大思政课”建设行稳致远的关键。近年来，北京市通过技术赋能与制度创新，构建起全方位的支撑网络，为“大思政课”综合改革提供可持续发展动能。一是建立全国首个“大思政课”实践教学基地“数字地图”。依托北京高校思想政治理论课高精尖创新中心，系统呈现全市 16 区 200 余个实践教学基地，并涵盖虚拟展馆、数字展馆、生动实践等多个子模块，平台上传大中小学全学段实践教学示范教案和案例，形成“一键检索、精准匹配”的资源配置模式。支持北京科技大学、北京理工大学等高校建设虚拟仿真和智能备课平台。二是强化制度保障和经费支持。建立政策评估机制，将“大思政课”建设纳入市级重点马克思主义学院考核指标体系；加强经费保障，市级重点马克思主义学院每所支持 480 万元，相关经费可用于“大思政课”改革特别是“区–校”共同体建设。三是构建资源供给机制。联合市相关单位，为师生赴全市各级各类单位开展实践教学提供有力支持，如市政务服务局为思政课教师接听 12345 热线电话、赴相关点位“跑工单、走流程、蹲点位”创造条件，市人大、市政协每年为思政课教师旁听观摩和现场备课设立专门席位等。

三、北京高校“大思政课”建设的成效与展望

当前，北京高校“大思政课”建设已经取得了阶段性显著成果，在课程体系构建、实践教学创新、协同联动推进及教师队伍培养等方面积累了一定经验，形成了具有首都特色的建设模式。总体来看，北京市以实践教学为主题的“大思政课”综合改革工作取得了初步成效：“实践性”的教学理念深入人心，越来越多的习近平新时代中国特色社会主义思想在京华大地的生动实践转化为思政课教学的鲜活素材；全市各战线关心支持思政课建设的积极性、主动性和创造性得到了充分调动，市委教育工作领导小组将会议开到实践教学第一线，市委组织部、市委宣传部、市委政法委等单位积极参与思政课实践教学建设，营造了“京华大地处处是课堂，一线建设者人人讲思政”的浓

厚氛围；学校普遍将学生的实际表现，作为衡量思政课教学成效的关键指标，引导学生自觉用习近平新时代中国特色社会主义思想武装头脑，指引人生选择，实现知、信、行的有机统一。

面对新时代的复杂形势和更高要求，北京高校“大思政课”仍需不断探索创新。展望未来，“大思政课”建设前景广阔，在课程内容、教学方法、协同育人及师资队伍建设等方面还有很大发展空间。北京市将继续坚持问题导向和前瞻视野，发挥首都教育资源优势，深谋划、强长项、补短板、促交流，深入开展以习近平新时代中国特色社会主义思想相关课程为核心环，以其他思想政治类课程为紧密内环，以意识形态属性较强的文科类课程为拓展中环，以专业类课程为融合外环的“大思政课”建设“四环”研究，持续探索“大思政课”建设的有效路径，为全国高校“大思政课”建设提供更多可借鉴的经验和模式，为培养担当民族复兴大任的时代新人贡献更大力量。

（执笔人：孟珍珍，2025 年 4 月成文。）

第一篇

思政课教学

讲清楚中国特色社会主义优势更好讲好思想政治理论课

清华大学马克思主义学院

艾四林

2019年3月18日，在学校思想政治理论课教师座谈会上，习近平总书记指出，我们对共产党执政规律、社会主义建设规律、人类社会发展规律的认识和把握不断深入，开辟了中国特色社会主义理论和实践发展新境界，中国特色社会主义取得举世瞩目的成就，中国特色社会主义道路自信、理论自信、制度自信、文化自信不断增强，为思想政治理论课建设提供了有力支撑。2019年3月4日，在看望参加全国政协十三届二次会议的文化艺术界、社会科学界委员时，习近平总书记希望，大家讲清楚新中国70年历史性成就背后的中国特色社会主义道路、理论、制度、文化优势。广大思想政治理论课教师要按照习近平总书记的要求，自觉地在讲清楚中国特色社会主义道路、理论、制度、文化优势方面下足功夫，引导学生增强对中国特色社会主义道路、理论、制度、文化的自信，更好地讲好思想政治理论课。

一、为何要讲清楚中国特色社会主义优势

讲一般社会主义优势，是再自然不过的事情。而讲中国特色社会主义的优势，在一些人那里就不那么理直气壮了。马克思主义创始人深刻揭示了社会主义代替资本主义的客观规律，指明了社会主义只有在高度发达的资本主义社会的基础上才得以实现。而中国特色社会主义是在经济文化十分落后、资本主义尚未充分发展的古老中国大地得以开辟和发展的。正因如此，如何认识和把握中国特色社会主义优势，就具有重大的意义。

一是增强“四个自信”的需要。习近平总书记强调，全党要坚定道路

自信、理论自信、制度自信、文化自信。有了这样的自信，我们就能毫无畏惧地面对一切困难和挑战，就能坚定不移地开辟新天地、创造新奇迹。这样的自信不是盲目的，而是基于对中国特色社会主义优势的认识和把握。

二是加深对“中国特色”理解的需要。新中国成立 75 周年，特别是改革开放 40 多年以来，对“中国特色”的认识和理解在中国伟大实践中不断深化、不断清晰，使我们不断在思想和实践上摆脱各种教条主义的束缚，“中国特色”无疑成为我们制胜的法宝。而中国特色社会主义之“特”与中国特色社会主义之“优”是相辅相成的。只有认识和把握了中国特色社会主义之“优”，才能把握中国特色社会主义之“特”的价值和意义。

三是为当代中国发展提供强大精神激励的需要。实现“两个一百年”奋斗目标、实现中华民族伟大复兴的中国梦，需要强大精神激励。讲清楚中国优势，阐释好当代中国发展进步，展示好当代中国人精彩生活，就能不断增强中国特色社会主义的吸引力、号召力、凝聚力，就能树立信心，汇聚全民族的智慧和力量，凝聚广泛共识，振奋精神、加油鼓劲。

二、讲清楚什么样的中国特色社会主义优势

中国特色社会主义的优势体现在哪里？在这方面既有宝贵的经验，又有深刻的教训。邓小平讲“什么叫优越性？不劳动、不读书叫优越性吗？人民生活水平不是改善而是后退叫优越性吗？如果这叫社会主义优越性，这样的社会主义我们也可以不要”。坚定对中国特色社会主义的道路自信、理论自信、制度自信、文化自信，是因为中国特色社会主义具有独特优势。

一是人民性。人民性是马克思主义最鲜明的品格。新时代坚持和发展中国特色社会主义，始终坚持以人民为中心，致力于满足人民日益增长的美好生活需要，不断促进人的全面发展、社会全面进步。与其他主义比，人民性赋予了中国特色社会主义独有的正义力量，中国特色社会主义占据着道义制高点。

二是规律性。中国特色社会主义的深入推进和不断发展，始终是基于对中国共产党执政规律、社会主义建设规律、人类社会发展规律的认识和把握，体现着历史的必然性。中国特色社会主义道路、理论、制度、文化由此具有鲜明的科学性、合理性，适合中国国情，符合中国客观实际。

三是原创性。中国特色社会主义是前无古人的伟大事业，既没有现成的书本公式可以遵循，也没有既成的模式可以照搬。习近平总书记强调“社会主义是干出来的”。中国特色社会主义道路、理论、制度、文化体现着自主创新。无论是社会主义市场经济体制的确立，还是坚持党的领导、人民当家作主、依法治国的有机结合，等等，都是具有原创性的理论和实践，都充分体现了中国特色社会主义之“特”和“优”。

四是世界性。当今世界正处于百年未有之变局。在一球两制的大格局中，中国特色社会主义之“优”不断呈现出来，焕发出强大的生机和活力。中国特色社会主义道路、理论、制度、文化不断发展，拓展了发展中国家走向现代化的途径，给世界上那些既希望加快发展又希望保持自身独立性的国家和民族提供了全新选择，打破了世界对西方发展模式的盲目崇拜和路径依赖，为解决人类问题贡献了中国智慧和中国方案。

三、如何讲清楚中国特色社会主义优势

回顾和总结新中国成立 70 多年历史，该怎样讲清楚中国优势，根本改变有理讲不出、讲出来传播不开的局面？中国道路的开创，中国奇迹的取得，中国为世界发展作出的贡献，以及 14 亿人的奋斗和创造，都为讲好中国故事提供了源源不断的素材。我们有底气也有必要讲好中国故事。

讲清楚中国特色社会主义优势，要反映中国实践。反映实践，并非只是简单地对事实、对经验的描述和摹写，而是要把握实践之理性、规律性。新中国成立 70 多年来，综合国力和国际地位有了前所未有的提升，党的面貌、国家的面貌、人民的面貌、军队的面貌、中华民族的面貌发生了前所未有的变化。习近平总书记强调，哲学社会科学就要深刻解读新中国 70 多年历史性变革中所蕴藏的内在逻辑。因此，哲学社会科学工作者理应立足中国特色社会主义伟大实践，深刻认识这一伟大实践，科学把握这一伟大实践的内在逻辑和演变趋势。

讲清楚中国特色社会主义优势，要用中国理论解读中国实践。习近平总书记强调：“当代中国的伟大社会变革，不是简单延续我国历史文化的母版，不是简单套用马克思主义经典作家设想的模板，不是其他国家社会主义实践的再版，也不是国外现代化发展的翻版，不可能找到现成的教科书。”中国实践，归根到底还是要用中国理论来阐释。因此，哲学社会科学工作者要自觉

破除对国外特别是西方理论、概念、话语、方法的迷信，要围绕我国和世界发展面临的重大问题，着力提出能够体现中国立场、中国智慧、中国价值的理念、主张、方案、理论观点。通过具有自主性、独创性的理论观点，解读中国实践，讲清楚中国优势。

（本文成文日期为 2019 年 3 月。）

高校思想政治理论课“课堂革命”与理论思维

北京高校思想政治理论课高精尖创新中心

宋友文

高校思想政治理论课是对大学生进行思想政治教育的主渠道。高校思想政治理论课的建设水平事关中国高等教育内涵式发展的实现，事关社会主义建设者和接班人的培养。当前，中国特色社会主义进入新时代，高校思想政治理论课面临新的形势和新的挑战，需要重新审视思想政治理论课的“课堂革命”及其定位。

一、培养理论思维是“课堂革命”的必然要求

改革开放40多年来，我国高等教育的最大变化是由精英化阶段跨入大众化阶段，正在向普及化阶段迈进。我国高等教育的毛入学率从1978年的2.7%提高到2017年的45.7%，特别是1999年高校扩招以来，我国高等教育大众化的发展突飞猛进。在满足人民日益增长的高等教育数量需要的同时，高等教育质量的提升和内涵式发展逐步提上了党和国家的议事日程。从2007年党的十七大报告中首次提出“提高高等教育质量”，到2012年党的十八大报告提出“推动高等教育内涵式发展”，再到2017年党的十九大报告提出“实现高等教育内涵式发展”，这一脉络清晰可见。高等教育内涵式发展的核心要义就是在高等教育数量增长的基础上更加重视高等教育质量的提升，而高等教育质量的提升关键在于人才培养质量的提升。一般意义上的现代大学的主要功能是人才培养、科学研究和社会服务。在这三大功能中，科学研究旨在服务于人才培养，而培养出社会需要的高水平人才又是社会服务的重要体现，可见，抓好人才培养是现代高等教育的中心环节。从教育实践的角度来讲，人才培养的主阵地是课堂教学，课堂教学既连着学生的成长，又连着国家的未来，高等教育的改革和内涵式发展只有进入课堂教学的层面，才会真正落

到实处。新时代实现高等教育的内涵式发展，呼唤“课堂革命”，要求人才培养必须把课堂教学放在更加突出的位置上。过去一段时间以来高校轻视课堂教学的做法必须得到扭转，人才培养质量必须得到提升。

人才培养质量的提升首要在于思想政治素质的提高。在高校，培养思想政治素质的课程就是思想政治理论课。思想政治理论课“05 方案”实施与改进的过程与我国高等教育内涵式发展高度契合。思想政治理论课的课堂在新时代面临诸多挑战，信息社会的深入发展和新媒体技术的日新月异，使得信息呈爆炸式增长，阅读的便捷化和知识的碎片化并存，学生对理论思维训练缺少必要的兴趣甚至停留在经验思维层面，对社会现实缺乏深度的本质思考。特别是，面对纷繁复杂的社会现象、纷纭激荡的文化思潮、变幻莫测的国际时局，要正确认识当代世界与中国的发展大势，如果缺少理论思维的支撑是很难做得到的。恩格斯说：“一个民族要想站在科学的最高峰，就一刻也不能没有理论思维。”习近平总书记进一步指出：“中华民族要实现伟大复兴，也同样一刻不能没有理论思维。”这就把理论思维提升到事关党和国家事业发展前途的高度，为新时代中国高校思想政治理论课“教学革命”指明了方向，提出了要求。概言之，思想政治素质是衡量人才培养质量的核心指标，理论思维能力是其中的重要方面。作为全国大学生必修课的思想政治理论课，是党的教育方针的体现，是国家事业发展的需要，培养和锻炼理论思维是其中的重要目标。我们知道，普通高校的思想政治理论课面对的是成长中的青年，他们的思维方式较之中学生更加理性和开放。正如爱因斯坦所说，“大学教育的价值，不在于学习许多事实，而在于训练如何思考”。因此，思想政治理论课教学必须遵循高等教育教学规律和大学生成长成才规律进行理论思维的培养，帮助学生形成理性分析、保持定力、勇于创新的思维品质。

二、深化马克思主义理论教育是“课堂革命”的中心任务

在思想政治理论课教学过程中培养理论思维，中心任务是深化马克思主义理论教育。马克思主义旨在通过解释世界而进一步改变世界。在大学，经常有人问这样一个问题，马克思主义是 170 多年前的理论，今天为什么还要学习和研究它呢？在教学过程中，我们通过考察人类思想史，让学生明白马克思主义是社会批判理论研究的典范，优势在于透过社会现象的表面揭示其背后隐藏的本质。当今世界，马克思主义依然是全球性社会科学思潮中不可

或缺的理论资源，成为解决全球性发展问题绕不开的话题，具有巨大的理论生命力和影响力。为了让学生更好地理解这一问题，在具体教学设计中，需要引导学生从整体性上理解马克思主义的精神实质。从运用教学方法的角度来看，为呈现马克思主义的整体性，以习近平总书记在《纪念马克思诞辰200周年大会上的讲话》作为讲授马克思主义整体性的一篇纲领性文献来进行重点学习和研究。在这篇文献中，习近平总书记把马克思主义理论概括为科学的理论、人民的理论、实践的理论和开放的理论，把马克思主义理论概括为探索社会发展规律和寻求人类解放道路的科学理论。再结合马克思主义思想发展史，我们引导学生对马克思主义的精神实质有一个准确把握：马克思主义是以实现人类解放和人的自由全面发展为价值目标的研究社会发展一般规律的科学。具体来说，将无产阶级从资本主义异化中解放出来从而实现人的自由全面发展，体现了人类社会的最大正义；研究以资本主义生产方式及其内在矛盾为典型形态的社会发展一般规律，体现了追求真理的巨大勇气。可见，马克思主义是要实现人的解放和全面发展的科学，体现了追求真理的科学性和崇尚正义的价值性的统一，这就是马克思主义整体性的实质。把握住了这种实质，学生就会觉得马克思主义是可敬可亲、可信可爱的，学习起来就比较容易理解和认同。

深化马克思主义理论教育首先要引导学生认清和把握社会发展的大势。习近平总书记在2016年全国高校思想政治工作会议上的讲话中提出："要教育引导学生正确认识世界和中国发展大势，从我们党探索中国特色社会主义历史发展和伟大实践中，认识和把握人类社会发展的历史必然性，认识和把握中国特色社会主义的历史必然性，不断树立为共产主义远大理想和中国特色社会主义共同理想而奋斗的信念和信心。"这一条也是新时代思想政治理论课教学和马克思主义理论教育的出发点。当今时代，世界局势不断发生变化，中国形势也在不断发生变化，我们怎么才能以不变应万变？我想把握社会发展大势是最好的应对之道。在具体教学过程中，为了让学生了解社会发展大势的重要性，我引用艾思奇《大众哲学》作为典型案例来分析。一本哲学通俗的小书，动员和鼓舞上万青年学生走上革命道路，冲破了"三民主义的防线"。正可谓"一卷书雄百万兵，攻心为上胜攻城，蒋军一败如山倒，哲学尤输仰令名"。《大众哲学》能引起广泛而深刻的社会影响，就在于它深入浅出地阐明了马克思主义哲学的基本原理，讲清了社会发展的客观规律和历史必然性，引导广大青年看清了历史发展的趋势，从迷茫困惑中看到了希望和未来。正可谓，理论上清醒，政治上才能坚定。这样就为树立科学的理想信念奠定了坚实的思想基础。

深化马克思主义理论教育，关键是要学习辩证唯物主义和历史唯物主义的世界观和方法论。特别是要学习和掌握社会基本矛盾分析法，积极应对和化解发展中遇到的矛盾。社会基本矛盾理论是中国化马克思主义的杰出创造。马克思最早提出了社会基本矛盾思想的雏形，他在《〈政治经济学批判〉序言》中对社会基本矛盾及其运动规律，即社会发展的基本规律作了精练的阐述，但只是阐述了一般原理，对具体条件下通过什么方式解决基本矛盾与推动社会发展，特别是对于经济文化落后的国家如何进行社会主义现代化建设，并没有作出明确的解答。毛泽东结合中国国情和实际经验，第一次明确界定了“社会基本矛盾”的基本内涵，即“在社会主义社会中，基本的矛盾仍然是生产关系和生产力之间的矛盾，上层建筑和经济基础之间的矛盾”，这两对矛盾的性质是非对抗的，可以通过社会主义制度本身的调整和完善不断得到解决。在改革开放和现代化建设新时期，邓小平同志立足新的具体实践，总结国内外社会发展的经验教训，对毛泽东同志的社会基本矛盾理论进行了创新性发展，指出我国社会主义初级阶段的社会主要矛盾是人民日益增长的物质文化生活需要同落后的社会生产之间的矛盾，社会主义制度本身包含基本制度和具体体制两个层次，基本制度是好的，但具体体制还存在不少弊端，在很大程度上阻碍了生产力的发展。这样，就把社会主义社会基本矛盾具体化为生产力与具体体制之间的矛盾，由此提出了中国特色社会主义制度的自我完善与发展。经过改革开放40多年的发展，中国特色社会主义制度已经初步成形，但还没有成熟定型。党的十八大以来，我们坚持把完善和发展中国特色社会主义制度，推进国家治理体系和治理能力现代化作为全面深化改革的总目标，这是对邓小平战略思想的重大创新性发展。可以说，全面深化改革是一场全面的社会变革、一个系统工程，既涉及生产力，又涉及生产关系；既涉及经济基础，又涉及上层建筑。只有把生产力和生产关系的矛盾运动同经济基础和上层建筑的矛盾结合起来，把社会基本矛盾作为一个整体来观察，才能全面把握整个社会的基本面貌和发展方向。正如习近平总书记所指出的，“社会基本矛盾总是不断发展的，所以调整生产关系、完善上层建筑需要相应地不断进行下去。改革开放只有进行时、没有完成时，这是历史唯物主义态度”。

怎么理解社会发展的基本矛盾呢？在思想政治理论课教学过程中，我们要从问题入手来分析。因为问题是事物矛盾的外在表现形式。正如前面我们列举的《大众哲学》例子，艾思奇之所以写这本书，主要是想从世界观上唤醒和动员人民进行革命。“我们还是从生活的问题讲起吧。试就反动统治下的旧中国来说，那时人民生活困难是一个非常普遍的现象。……旧中国人民生活普遍困难的最主要原因，一方面是由于帝国主义的侵略和封建势力、官僚资本主义的专制腐败统治；另一方面是由于人民不够团结不够觉悟，没有动员起足够的力量来彻底打退侵略和推翻这种统治，因此我们努力的方向就是放手发动广大群众，团结以工农为主的全国人民，把他们的觉悟和积极性充分发挥出来，同帝国主义和封建势力进行坚决斗争，而这样的努力也就成为我们解决中国问题的最主要的方法。”以这个例子来说明，中国共产党无论是革命、建设还是改革都是为了解决问题，是问题促发了矛盾的被发现及其被解决。然而再联系今天，中国特色社会主义进入新时代，我国发展面临一系列突出矛盾和问题，党的十九大报告敏锐地指出“发展不平衡不充分的一些突出问题尚未解决”。这些问题从根本上讲是我国社会主要矛盾的外在表现形式。经过改革开放 40 多年的发展，我国已经成功解决了十几亿人的温饱问题，总体上达到了小康水平，正在朝着全面建成小康社会的目标迈进。与此同时，人民对美好生活的需要和向往日益广泛，不仅对物质文化生活提出了更高要求，更重要的是，在民主、法治、安全、环境等涉及公平正义方面的要求不断增长。可以这么说，我国社会生产力水平总体上明显提升，但更突出的问题是发展不平衡不充分，而这已经成为制约满足人民日益增长的美好生活需要的主要因素。因此，我国社会主要矛盾已经转化为“人民日益增长的美好生活需要和不平衡不充分的发展之间的矛盾”。

三、“课堂革命”的重要支撑与培养理论思维的落脚点

新时代高校思想政治理论课深化马克思主义理论教育，还要坚持将引导学生研读马克思主义经典著作作为“课堂革命”的重要支撑。因为，经典著作是人类智慧的结晶，反映了经典作家探寻社会发展规律、攀登科学理论高峰的心路历程。阅读马克思主义经典著作，本身就是增加思想深度和训练理论思维的过程。比如，在实际授课过程中讲解历史唯物主义基本原理的章节时，可以配合阅读马克思的《〈政治经济学批判〉序言》，帮助学生了解马克思怎样从学习法律转向哲学、怎样创立历史唯物主义的艰辛历程，这也是原汁原味掌握历史唯物主义基本原理的不二法门。再比如，在讲解“什么是马

克思主义”的章节时，可以结合阅读恩格斯的《在马克思墓前的讲话》，不仅帮助学生了解马克思的伟大人格，更能提纲挈领地把握马克思“两大发现”思想的精神实质。

研读马克思主义经典著作要努力钻研原著。为了理解马克思主义的思想精髓和精神实质，除了“原原本本地读、老老实实地读”，没有别的更好的办法。而且要常读常新，不断感悟马克思主义经典著作历久弥新的思想价值。在初学者的学习阅读过程中，可以借助一些导读材料，比如，马克思主义理论研究和建设工程重点教材《马克思恩格斯列宁经典著作选读》就是很好的辅导材料。但这绝不能代替对原著的钻研，因为只有在原著中，我们才能看到经典作家对马克思主义理论直接而又严谨的阐述，才能进一步发现历史和现实中种种误读的危害及其成因。对马克思主义经典作家的主要著作至少读几本比较有代表性的《共产党宣言》《关于费尔巴哈的提纲》《〈政治经济学批判〉序言》，不要因为起初难懂而被吓住和懊丧，只要循序渐进、再三研究和反复探讨，就能领会原著的真意。

研读经典要与学习马克思主义思想发展史结合起来。马克思主义是人类思想史上的重要理论成果，批判地继承了人类优秀文明成果。要把马克思主义放在人类思想史上来看待，要弄清楚它的历史渊源、发展脉络和未来走向。特别是要研究当代中国马克思主义与马克思主义基本原理既一脉相承又与时俱进的理论发展逻辑。比如，我们在讲述“中国特色社会主义是科学社会主义理论逻辑和中国社会发展历史逻辑的辩证统一”时，要讲清其中的道理。科学社会主义的理论逻辑是建立在唯物史观和剩余价值学说两个伟大发现基础上的，揭示了社会主义必然代替资本主义的客观规律。而中国社会发展历史逻辑说的是近代以来中国社会发展的必然历史进程，这一进程揭示了“只有社会主义才能救中国、只有中国特色社会主义才能发展中国”。其中社会主义初级阶段理论很好地体现了科学社会主义理论逻辑和中国社会发展历史逻辑的辩证统一。一方面，根据马克思恩格斯的科学社会主义理论，从资本主义到共产主义有一个过渡时期；另一方面，在经济文化落后的中国建设社会主义，存在一个共产主义低级阶段的初级阶段，也就是相当长的社会主义初级阶段，或者说不发达阶段。可以说，社会主义初级阶段理论解决了在经济文化落后的国家如何进行社会主义建设的前提性问题，是对马克思主义经典理论的创新性发展。

研读马克思主义经典著作不是简单地重复经典作家的论述，而是要运用马克思主义的立场观点和方法去发现问题、提出问题、分析问题、解决问题。这就是培养理论思维的落脚点。再进一步说，理论思维能力的训练归根到底是为了理论创新。我们知道，理论思维的起点决定着理论创新的结果，理论创新只能从问题开始。从某种意义上说，理论创新的过程就是发现问题、提出问题、研究问题和解决问题的过程。在教学过程中，我们以中国化马克思主义坚持“以问题为导向”推进理论创新为例来说明。众所周知，坚持问题导向是马克思主义的鲜明特点。中国化马克思主义正是在研究和解决实际发展中的突出问题而不断向前发展的。对中国共产党人来说，“主义”从来不是一种纯粹的书斋里的理论，而是和解决现实问题紧密相连的。当前，我们党面临的重大历史性课题，就是不断推进社会主义现代化建设，实现中华民族伟大复兴的中国梦。中国特色社会主义，就是指导解决这个历史性课题的“主义”。需要强调的是，中国特色社会主义是一个不断发展的理论体系，它在不断探索、不断解答时代提出的新问题的过程中不断向前推进。如改革开放以来，建设中国特色社会主义的总体布局从“三位一体”“四位一体”，拓展到今天的“五位一体”，如发展社会主义市场经济、民主政治，建设社会主义和谐社会，培育和弘扬社会主义核心价值观等，都是我们提出的具有原创性、时代性的概念和理论。这些鲜明地反映出我们对社会主义建设规律和人类社会发展规律的认识在不断深化。今天，时代变化和我国发展的广度与深度远远超出了马克思主义经典作家当时的预想。而且，我国社会主义建设只有几十年的历史，改革实践越向前发展，新情况新问题就会越多。我们要以实事求是的态度深入研究我国社会发展和我们党执政面临的重大问题，既不夸大其词也不避重就轻，在把握历史发展脉络的基础上，探寻社会运行规律，不断推动当代中国马克思主义理论创新。

（本文系“北京高校思想政治理论课高精尖创新中心”研究项目的阶段性成果。本文成文日期为 2018 年 12 月。）

高校思想政治理论课“课堂革命”与国际视野

北京师范大学马克思主义学院

杨增岽

高校思想政治理论课“课堂革命”所言的“革命”，全无掀起惊骇言论之意，而是想衬托出我们当下思想政治理论课教学回归课堂本质的一种期待。一方面，近年来，广大思想政治理论课教师改革创新、锐意进取，不断推出各种各样的教学方式方法手段，通过自觉的努力希望自己的课能讲得让学生喜欢和满意，应该说，这是非常值得肯定的。但另一方面，在各种教学手段方式方法之下，笔者认为形式总是为内容服务的，思想政治理论课教学还是应当回归课堂的本质，真正在教学内容上下功夫。本文对思想政治理论课课堂教学国际视野的讨论，主要也是从教师把教材内容体系转化为教学内容体系的过程中对内容的整体处理与优化设计的层面上讲的。

一、正确看待高校思想政治理论课课堂教学的国际视野

很多情况下，一些不了解高校思想政治理论课的人往往认为思想政治理论课更多是讲好中国自己的事，所以不需要什么国际视野或全球意识。笔者以为，同很多专业课教学相比，思想政治理论课教学树立国际视野非常重要。作为泱泱大国，我国用几十年时间走完了发达国家几百年走过的工业化历程，为广大发展中国家走向现代化提供了成功经验、展现了光明前景，中华民族对人类文明进步作出了重大贡献。我们党团结带领全国各族人民开辟的中国特色社会主义道路、理论、制度、文化的正确性，没有宽广胸怀、宏大视野和极高站位，是很难讲清讲深讲透的。

首先，高校思想政治理论课课堂教学的国际视野，是指教师在课堂教学中为了讲清讲深讲透教材内容而自觉树立起来的全球眼光。其强调和要求教师立足中国实际，善于把握国内和国际大势，树立起比较思维和开阔的眼界，

紧扣教学内容恰到好处地选择和设计开放性的案例、素材、事件、故事、文献等，使之有效服务于课堂教学，以增强学生对思想理论观点的充分认同。思想政治理论课教师自身教学的国际视野，既是教师习惯、素养和意识的一种自觉养成，又是教师教学能力方面的一种自我提升，与教师本人是否游历多国，或是否掌握多国语言，或是否在国外获得学位等，并不完全相对等。从这个意义上讲，思想政治理论课课堂教学国际视野的提升与其说是一种能力，更不如说是一种意识，是一种习惯的养成。因为在今天，互联网信息高度发达，“地球村”俨然成为事实，对全球问题的了解和洞察不一定非得“通过脚去实现”。

其次，高校思想政治理论课课堂教学的国际视野，是教师在具体设计课堂教学内容过程中自始带着的一种“求新”“求效”的探索和努力。表现为教师希望自己能找到并使用的素材和案例等，都是最新最权威的、最不寻常见到的，运用下来，教学效果也是最好的。为此，教师需要发挥自己的主观能动性，想尽办法查找资料、收集素材，并依据教材内容，合理有效地设计课堂教学内容。说到底，课堂教学，教师是无可替代的“最高本体”，三尺讲台应该是教师最心存敬畏的地方。我们站在讲台上，要带给学生启发性、思想性和知识性的“干货”。在新时代的今天，高校思想政治理论课已经迎来了前所未有的良好机遇。党和国家各项事业的发展为高校思想政治理论课建设提供了良好支撑，课程建设所需的客观条件大为改善。当所有该具备或所希望实现的外部条件得以满足时，我们能以什么样的水准告别所谓的“水课”之窘，让学生真心喜爱、让人民满意，无不叩问师者良心，会让教师有种“不努力说不过去”的内疚感。不论讲“内容为王”，还是说“办好思想政治理论课关键在教师”，其实所有这一切都归于一个主体——教师，都需要教师的积极努力。

最后，高校思想政治理论课教学的国际视野，是课程本身的性质和要求所需要的。思想政治理论课的课堂教学设计还要满足教学内容的导向性、真理性、启发性和思想性。大学课堂教学与表演艺术的差异，就在于课堂教学宁愿失去有趣生动的形式，也不能降低或消解内容本身的真理性或知识性。因而，课堂教学内容的真理性要求永远高于形式的趣味性。思想政治理论课教学，还要在一般课堂的基础上要求做到知识性认识与价值性认识的统一，甚至更为注重价值性。而表演艺术则直接诉诸人的视觉、听觉，凸显的是即时性的感受和体验。表演艺术经由演员把各类艺术的文学脚本所提供的间接形象转化为直观的形象，使人在欣赏演员绘形绘声绘色的表演中，如亲闻其声、亲见其形、亲临其境，产生情感交流，了解作品形象所反映的社会生活和思想内容，获得审美享受。从思想政治理论课的性质和要求来讲，都要求教师在教学过程必须加强对“结论式”的思想理论观点的阐发，使之对这些思想理论观点的认识和理解更全面、更有高度，更易于学生理解其正确性和必然性。

二、增强高校思想政治理论课课堂教学国际视野的重要性

在 2016 年 12 月举行的全国高校思想政治工作会议上，习近平总书记强调，“要教育引导学生正确认识世界和中国发展大势”，“正确认识中国特色和国际比较，全面客观认识当代中国、看待外部世界”。习近平总书记的重要讲话对新时代高校思想政治理论课教学提出了新要求，带来了新启示。思想政治理论课课堂的国际视野之所以重要，主要基于以下四个方面。

一是从新时代高素质人才培养的需求变化看。我国日益走近世界舞台中央，成为国际社会公认的世界和平的建设者、全球发展的贡献者、国际秩序的维护者。我国未来参与国际公共事务的机会和要求会越来越多。在此背景下，培养复合型、国际化人才已经成为当前教育发展、高校教育改革的大势所趋。思想政治理论课承担着立德树人的重要使命，在培养时代新人的过程中，也需要树立全球视野，了解变化中的中国与世界的关系，以加深对中国道路自信、理论自信、制度自信、文化自信的全面理解认识，坚定“四个自信”。

二是从思想政治理论课教学内容的核心层面看。习近平总书记在 2013 年“8·19”讲话中提出了“四个讲清楚”，后又提出要讲好“三个故事”，其核心是针对宣传阐释中国特色讲的。中国特色是在世界的参照系中确认的，在现实中要很好地讲述中国特色，立足本国的同时，定然离不开全球视野下的比照分析。对思想政治理论课教学而言，不论从内容上还是从方法上，同样不可回避国内与国际、社会主义与资本主义的对比问题。如果教师不了解当今西方发达国家的总体社会状况，或对某些全球性问题知之较少，或对主要发达国家政治制度及历史文化不甚了解，或对国外大学教育概况一无所知，无疑是难以胜任思想政治理论课教学的。在日益开放多元的网络信息时代，要回答出和回答好学生们关注的理论与现实问题，讲好中国特色，需要教师

纵观天下大事，充分了解多方面的知识和信息。

三是从当代大学生的认知结构和思维方式看。青年大学生既思想活跃，又是网络“原住民”，他们对国内外新事物的了解往往比较迅速。在当今时代全球化、市场化、信息化、网络化等环境下，人们看问题的视角往往是多角度的。大学生价值观的形成发展过程同时也是自我认知和价值判断的不断否定之否定过程，他们价值评判的参照系并非单维的，而是多维的。很多知识和观点，教师通常需要融汇古往今来、国际国内的事例来“举一反三”，学生横纵相较、利弊相权之后，才会接受认同。只有从教育对象实际出发，关注青年学生所思所想，吸收学生提供的“思想素材”，主动回应学生思想疑惑，增强教学中的国际化视野，才能真正使科学理论“入脑入心”。

四是从增强思想政治理论课实效性的维度看。在今天这种复杂多元大背景下，要让思想政治理论课教学有效果、学生喜欢，教师光有马克思主义理论专业知识远远不够，还需有一个知识体系不断“再专业化”或“再综合化”的过程，即教师通过自主学习，完成由具有相对专一的马克思主义理论知识向具有相对复合的思想政治理论课知识的发展转变，以适应课程教学综合性、实践性、价值性的特点，做到“专”中有“博”，同时“博”中有“专”。教师若要做到深刻阐释中国道路自信、理论自信、制度自信和文化自信，自然须对中西文化、国情国史、世界时局等颇有积累才行，体现的是教师知识的深度、广度和品行的厚度。只有“理论彻底”，才能说服人，而“理论彻底”，不光是逻辑缜密，还得要求合理正当，做到真理与价值的统一；不能只限一国本土，还得有多国照观，做到国内与国际的辩证。可以说，思想政治理论课教师承担着对大学生进行系统的世界观、人生观、价值观教育的重要使命，增强教学中的国际化视野，用鲜活、科学、实践的马克思主义来分析、比较国际国内的历史、过程和现状，为学生们答疑解惑，既是新时代思想政治理论课教师承担培养国际化人才责任的使命使然，也是当下讲好思想政治理论课的现实要求。

三、提升高校思想政治理论课课堂教学国际视野的逻辑进路

高校思想政治理论课课堂教学国际视野的提升，主体是教师，关键也是教师。增强教学的国际视野，不是国外元素的简单堆砌，也不是片面利用他国的不足来凸显中国取得的伟大成就，而是强调教师视野必须开阔，在充分

占有相关感性材料的基础上，运用马克思主义的立场、观点和方法，引导学生正确认识科学理论、正确看待世界和中国发展。因此，教师教学国际化视野的养成既是实践探索的过程，又是批判思辨的过程；既是理论学习的过程，又是交流互动的过程。

其一，自觉阅读党和国家领导人的重要著作，从中把握世界与中国的发展大势。新时代的今天，尤其要读习近平总书记的相关著作。习近平总书记是卓越的政治家，他有着极其丰富的人生阅历，他的讲话和文章富有远见和思想。比如，他在讲加快从要素驱动、投资规模驱动发展为主向以创新驱动为主的转变时，谈到我国经济增速很快、但仍然快而不优，主要依靠资源等要素投入推动经济增长和规模扩张的粗放型发展方式是不可持续的，现在“世界发达水平人口全部加起来是 10 亿左右，而我国有 13 亿多人，全部进入现代化，那就意味着世界发达水平人口要翻一番多。不能想象我们能够以现有发达水平人口消耗资源的方式来生产生活，那全球现有资源都给我们也不够用！”在讲我国用几十年时间走完了发达国家几百年走过的发展历程并且创造了世界发展奇迹之时，也提到了我国经济总量在世界上的排名情况，从改革开放之初到 2010 年，这些数据是我们教学过程中很有说服力的材料。在讲我国历史上文明长期居于世界领先水平时，就可以引用习近平总书记《深入认识经济发展新常态》的有关论述。他说我国农耕文明长期居于世界领先水平。“汉代时，我国人口就超过 6 000 万，垦地超过 8 亿亩。唐代长安城面积超过 80 平方公里，人口超过 100 万”，“北宋时，国家税收峰值达到 1.6 亿贯，是当时世界上最富裕的国家。那个时候，伦敦、巴黎、威尼斯、佛罗伦萨的人口都不足 10 万，而我国拥有 10 万人口以上的城市近 50 座”。在讲全球发展失衡和当今世界面临的挑战时，习近平总书记援引施瓦布《第四次工业革命》的有关观点，提出了“全球最富有的 1%人口拥有的财富量超过其余 99%人口财富的总和”，还援引了国际红十字会创始人杜楠的话“真正的敌人不是我们的邻国，而是饥饿、贫穷、无知、迷信和偏见”。可以说，习近平总书记的论述有着宽广的国际视野，是非常好的学习和教学素材，甚至可以说是教参。阅读这些著作，对于我们深刻认识当代中国和世界大势，把握国内和国际两个大局，进而讲好思想政治理论课，具有重要意义。

其二，勤于收集整理有用信息，运用新颖前沿且有说服力的素材合理支撑教学。感性认识上升到理性认识的第一步就是占有丰富且合乎实际的感性材料。提升课堂教学的国际视野，充分运用比较分析的方法，引导学生坚定

“四个自信”，教师自然需要掌握丰富新颖的有效材料。为此，教师需养成勤于收集有用信息的意识，提高信息检索能力。互联网时代，在海量信息面前，思想政治理论课教师既要树立问题意识，明确自己想找什么，也要学会选择合适的工具，掌握一定的文献信息、检索技能和方法。当然，更要学会运用马克思主义的立场、观点和方法甄别比较和选择结果，从而确定能够使用的感性材料。与此同时，教师还要善于分析、加工和运用材料。收集相应教学材料和信息不是简单的拿来主义，必须坚持“以我为主、为我所用”，认真鉴别、合理吸收。只有把丰富、鲜活、有用的材料融入思想政治理论课的教学内容体系中，使学生在接触这些素材的同时加深对马克思主义、中国特色社会主义的理解，坚定对共产主义的理想信念，才算达到了最终目的。

其三，自觉加强师生之间的平等互动交流，主动了解学生实际关切的各类问题。教师要从学生思想实际出发，换位思考，在平等互动中了解学生们所关心的理论和现实问题，用丰富的学养回答学生思想疑惑。首先，要创设有效的问题情境。在教学中，教师通过精心组织的感性材料，将静态的书本知识变为动态的探索对象，充分提供问题情境，为学生们提出问题、回答问题打开思路，启迪思维。例如，在进行“人民群众是历史的创造者”教学的时候，教师通过分析中美两国铁路和地铁建设的现状，鼓励学生去思考铁路选址和建设中的决定因素，从而分析政治行为背后的利益动机和价值观因素。再如讲“中国特色社会主义民主道路”时，一幅美国地图及各州边界背后的故事，就是民主制在各国的实践中得以确立的特殊性、条件论的有效论据。其次，要直面学生的思想疑惑。当代大学生普遍能熟练地从网络上获取关于世情、国情的前沿信息并形成自己的判断，也因此受多元文化思潮影响较深。教师通过了解学生们的思想疑惑，既丰富自己的教学素材，更能以此为契机运用科学的理论进行分析和指导，对学生错误思想观念予以纠正，提升了课堂教学的针对性和有效性。最后，要有理解包容学生的意识。教师有必要保持与时俱进的精神状态和宽广的胸怀，自觉了解国际前沿问题。大学生思想活跃，普遍对国际国内前沿问题较为关注，为了回答好学生的问题、提升说服力，教师该坚持的必须不打折扣，该驳斥的必须直言不讳，在真理面前不应“和稀泥”或搞“折中主义”。对于思想政治理论课教师来说，既要有培养接纳、交流融合的雅量和胸襟，又要有不削足适履的智慧和定力。

其四，适时创造条件支持思想政治理论课教师的海外研修、短期出国考察等项目。"读万卷书，行万里路"，实践是拓宽教师视野最有效的途径。支持教师海外研修和短期出国考察等项目就是通过教师的亲身实践来全面、深入地理解外国的文化和风俗习惯，吸收、借鉴国外发达国家先进教育理念及教学方法，培养其在思想政治理论课教学过程中的全球视野，提高课堂教学质量。一方面，通过海外研修考察项目亲身了解和感受其他国家的社情、制度和文化，充分了解其他国家的历史和现状，有助于教师树立对世界时情的客观认识，在对比中感知当代中国的进步性。另一方面，通过海外研修考察项目了解其他国家有关思想政治教育类课程的设计及实践情况，了解国外教育学、政治学、哲学、伦理学、心理学等相关学科的研究情况，总结借鉴"他山之石"，深化思想政治理论课教学的理论认知，提升教师的学术素养和专业能力。通过对国外社情民情、历史文化的了解，教师的知识构成和思维方式的某种"同质性"能得到一定程度的改变，有利于其专业素质能力的提升，为上好思想政治理论课打下更加坚实的专业基础。国际交流还能为教师提供更多的一手、权威素材，以自己的经历言传身教更能增加课堂教学的说服力。教育行政主管部门、各高校应大力支持一线骨干教师开展国际交流，为教师海外研修、短期出国考察创造条件。

其五，坚定课程自信，坚持扎根中国大地，深耕我国的历史、文化和国情。高校思想政治理论课教师增强课堂教学的国际视野，并不意味着简单模仿西方的教育方式方法和武断移用国外相关素材案例，相反，在观照国际现实的同时必须彰显本土特色，从我们国家独特的历史、文化和国情出发，密切结合我国发展实际，突出时代特色，树立思想政治理论课的自信，练好内功，真正推动"课堂革命"。增强课堂教学的国际视野，必须坚持正确的政治方向，坚持服务于实现社会主义现代化和中华民族伟大复兴，致力于增强教育对象的"四个自信"和"五个"认同。任何国家的教育理念都产生于其独特的历史文化和时代背景下，国际视野的强调，意味着在坚持本民族文化和发展道路的基础上汲取其他民族的优秀理念，在根本上必须扎根中国大地，否则就丧失了树立国际视野的"营养根基"。此外，扩展一点来讲，思想政治理论课课堂教学的国际视野不仅意味着让国际教育好的理念、方法及信息进入中国教育视野，而且也是让蕴含中国内在价值的教育展现在世界教育面前，二者是"一体两面"的关系。教师深耕我国独特的历史、文化和国情，树立国际视野，通过课堂引导学生坚定"四个自信"和"五个认同"，鼓励青年奋发图强，积极投身伟大实践，既是发展中国特色社会主义道路、理论、制度和文化的内在需求，也是彰显中国进步力量，展现中华文明价值，为人类进步作贡献的必要途径。

［本文系国家社会科学基金青年项目“思想政治教育生态理论及其分析方法应用研究”（17CKS035）、北京高校中国特色社会主义理论研究协同创新中心（北京师范大学）“中国化马克思主义理论创新与教育宣传研究”的阶段性成果。本文成文日期为 2018 年 12 月。］

提高思想认识，努力打造思想政治理论课“金课”

北京航空航天大学马克思主义学院

赵义良

党的十八大以来，习近平总书记围绕培养什么人、怎样培养人、为谁培养人这一根本问题，以高远的历史站位、宽广的国际视野、深邃的战略眼光，高度重视培养中国特色社会主义建设者和接班人，将中国特色社会主义事业后继有人作为一项重大战略任务。2019 年 3 月 18 日，习近平总书记又亲自主持召开学校思想政治理论课（以下简称思政课）教师座谈会并发表重要讲话，提出了“思想政治理论课是落实立德树人根本任务的关键课程”等重要论断，那么如何认识这一判断？如何认识这一精神，怎样把思政课打造成为“金课”就成为其中的关键环节。

一、党中央为何如此重视思想政治理论课建设

重视思想政治建设是我们党的优良传统，是我们不断赢得胜利的一个重要法宝。在高校开设思想政治理论课程，是保证党的事业后继有人，永葆马克思主义底色的关键。早在中央苏区红军大学时就开设了思想政治理论类课程，当时开设的课程包括“革命与战争”“红色战场”等；后来陕北公学开设“中国革命史”之类的课程。新中国成立后，中共中央对思政课教学的重视有增无减，并且不断根据形势发展调整课程和教学内容。从 1949 年到 1952 年，我国高校逐步开设了“社会发展史”“新民主主义论”“政治经济学”“辩证唯物论与历史唯物论”等课程，并在 1952 年统一设置“新民主主义论”“政治经济学”“辩证唯物论与历史唯物论”。1961 年，高校开设的课程变为“形势与任务”“中共党史”“政治经济学”“哲学”等。改革开放之后，我国思政课

建设进入了新时期。1980年，教育部印发的《改进和加强高等学校马列主义课的试行办法》规定全国高校本科开设“中共党史”“政治经济学”“哲学”“国际共产主义运动史（文科）”等课程；并在1981年、1985年、1987年对课程设置做了调整。1998年，“98方案”出台，规定高校开设“马克思主义哲学原理”“马克思主义政治经济学原理”“毛泽东思想概论”“邓小平理论”“当代世界经济与政治（文科）”“思想道德修养”“法律基础”“形势与政策”等课程。2005年，“05方案”出台，规定高校开设“马克思主义基本原理概论”、“毛泽东思想、邓小平理论和‘三个代表’重要思想概论”（后更名为“毛泽东思想和中国特色社会主义理论体系概论”）、“中国近代史纲要”和“思想道德修养与法律基础”四门必修课，并在2011年决定在硕士生中开设“中国特色社会主义理论与实践研究”“自然辩证法概论（理科）”“马克思主义与社会科学方法论（文科）”，在博士生中开设“中国马克思主义与当代”和“马克思主义经典著作选读”（选修）。由此，在高校基本形成了布局合理、结构完善的思政课体系。

党的十八大以来，以习近平同志为核心的党中央更加重视学校思想政治工作和思想政治理论课建设，他先后在北京市海淀区民族小学、北京市八一学校、全国高校思想政治工作会议现场、北京大学、南开大学等地多次强调学校要把德育放在更加重要的位置，开设好思想政治理论课。他在2019年年初省部级领导干部培训班上，更是将青年思想政治工作置于政治安全的高度进行思考和认识。他强调：“要高度重视对青年一代的思想政治工作，完善思想政治工作体系，不断创新思想政治工作内容和形式，教育引导广大青年形成正确的世界观、人生观、价值观，增强中国特色社会主义道路自信、理论自信、制度自信、文化自信，确保青年一代成为社会主义建设者和接班人。”“政治安全”是总体国家安全观的“根本”，将青年思想政治工作置于政治安全的高度来看待，这是前所未有的。由此可见，高校思想政治理论课建设，这不仅仅是一门课的事，而是事关“国之大计、党之大计”，事关中国特色社会主义发展方向。

二、怎样把思想政治理论课打造为“金课”

应该说，经过多年建设，思政课取得了很大发展，具有了显著成效，但与党中央对这门课程的期待还有较大差距，其中最突出的就是“理论与现实脱节”的问题，譬如，教师自说自话，缺乏对现实问题的关注；照本宣科，不面对学生的思想实际；教学过程的实践性不强，教师讲的学生不感兴趣，学生想听的教师不会讲或讲不好等。因此，必须提高思想认识，按照教育部“金课”的“两性一度”，即高阶性、创新性和挑战度的要求，结合思政课的实际，打造思政课的“金课”。思政课“金课”要做到“讲清”“讲透”“讲活”三个层面的有机统一。

首先，“讲清”。“讲清”是指思政课教师要以教学大纲为依据，以教学大纲规定的教学内容为教学核心，自觉将习近平新时代中国特色社会主义思想融入其中，多维度展现这一思想在中国大地的生动实践，切实完成课程承担的主要任务。它主要包括两层含义：一是把教学大纲要求的要点讲明白。决不能自己熟悉的就多讲，自己不熟悉的就少讲或不讲，以“马克思主义基本原理概论”课为例，原来是由“05 方案”以前的马克思主义哲学、政治经济学和硕士阶段的科学社会主义课程合并而来，现在的教学团队也由这三门课程的教师合并而来，因此有时会出现过去讲马克思主义哲学的教师就多讲马克思主义哲学、过去讲政治经济学的教师就多讲政治经济学、过去讲科学社会主义的教师就多讲科学社会主义的现象。二是把课程教学要点背后的道理讲清楚。也就是把知识点承载的思想讲出来，做到知识传授与价值引领的有机统一。譬如，“中国近现代史纲要”课教学主题是要讲明白“四个选择”，为什么选择了马克思主义、为什么选择了中国共产党、为什么选择了社会主义、为什么选择了改革开放。这“四个选择”合起来要讲清的道理就是中国为什么必须坚持和发展中国特色社会主义这个大道理。因此“四个选择”聚焦到中国道路的选择上，润物无声地坚定学生对中国特色社会主义的道路自信、理论自信、制度自信、文化自信。

其次，“讲透”。“讲透”是指在讲清楚教材核心内容的基础上，进一步深入阐发学生的思想困惑和关注的社会热点，用理论来阐释现实，用历史来贯通古今，做到“以彻底的学理分析回应学生，以彻底的思想理论说服学生，以真理的强大力量引导学生”。这就需要既把问题的逻辑梳理清楚，又要把问题的实质辨析透彻。譬如前几年有学生看到英国《经济学人》杂志对国家资本主义的系列讨论文章，这些文章认为中国正在走着的是打着中国特色社会主义旗号的“国家资本主义”。我通过研究，揭示了“国家资本主义论”在理论上存在三个错误认识：混淆了两种不同的“国家资本主义”概念；混淆了两类不同的经济发展模式；混淆了两条不同的社会发展道路。从而澄清了学生的模糊认识，认清了此类观点的本质是回避资本主义的基本矛盾，混淆视听，转移矛盾，为资本主义制度进行辩护。

最后，“讲活”。“讲活”是指针对新时代大学生的特点创新课程组织形式和课堂教学方式，充分发挥教师的主导作用和学生的主体作用，引导学生在探索中自主得出结论。譬如北京航空航天大学的博士生思政课“中国马克思主义与当代”，从2018年开始探索“大师课+专题课+实践课+研讨课”的课程组织形式，充分调动了学生的积极性，获得了学生的一致好评。创新课堂教学形式，是指可以运用翻转课堂、雨课堂、慕课等形式，做到课上课下、线上线下有机结合，调动学生的积极性等。同时“讲活”还需要推动思政课程向课外延伸，把课堂教学与课后阅读、社会实践环节等结合起来，让学生在多种参与中提高理论水平，提升思想境界。

总之，“讲清”“讲透”“讲活”是相互联系的三个层次。一是三者各有侧重点和着力点，三者呈现为“层层升华、逐级递升”的关系；二是三者在思政课“金课”建设中又是紧密联系的统一体。这就要求我们思想政治理论课教师必须做到心在教学，真正把课程教学与科学研究紧密结合起来，讲什么就研究什么，以此为规范自己的学科研究方向。因为真正的“金课”，一定得是有学术含量的课，只有真正有研究了，才能讲出逻辑、讲出道理，才能真正使学生信服。因此，教好思政课的关键在教师，关键在发挥教师的积极性、主动性和创造性。

（本文成文日期为2019年3月。）

重大事件融入高校思想政治理论课探索

北京航空航天大学马克思主义学院

彭付芝　谭桂贤

高校思想政治理论课（以下简称思政课）是集思想性、政治性以及理论性于一体的课程。重大事件是高校“形势与政策”课程的重要内容，也是其他思政课需要关注的内容。本文以 2019 年发生的新型冠状病毒感染（COVID-19，以下简称“新冠感染”）疫情这一“新中国成立以来在我国发生的传播速度最快、感染范围最广、防控难度最大的重大突发公共卫生事件”为例，探讨其融入高校思政课的价值意义、视域选择和实践路径。

一、重大事件融入高校思政课的意义

重大事件是指发生的影响国家和社会各方面，被世界、国家、社会、公众都给予高度关注的事件。对重大事件融入思政课意义的阐释，需要探讨与思政课的关系、与大学生自身素质提升的关系等。

（一）丰富高校思政课教学内容的重要素材

重大事件呈现在人们面前的除了事件本身外，还蕴含着重大的现实意义和历史价值。一方面为思政课教学提供了最生动、最有说服力的案例素材，使大学生能够更加深刻认识世情国情党情，提高课程的针对性和亲和力；另一方面，通过重大事件中提炼和总结出来的思想理念、精神资源等，能提升课程的学理性、政治性和价值性。

（二）发挥思政课观察时代和引领时代的作用

重大事件的发生，使大学生有了参与其中的社会环境、价值诉求和内在动力。在全民抗击新冠疫情的过程中，他们能深切感受到这一国家重大事件带来的现实社会影响。有部分大学生作为志愿者参与到政府机构、党群组织、社会组织、社区街道、小区物业、网络媒体、军队警察、特定人群、人民群众等就抗疫的共同目标而组织的全情互动和通力合作的活动中；大部分大学生响应号召，减少流动、闭关家中，跟学校老师、辅导员、同学、亲朋好友进行了特殊的互动，同时在网络上浏览相关信息，同整个事件保持密切联系。因此，思政课教师要讲好战疫故事，将这一贴近学生学习和实际生活的重大事件融入教学中，促进大学生与国家、社会、民族和世界的紧密关系，筑牢思想阵地。这是思政课教学服务于打赢疫情防控阻击战大局的需要，是高校思政课小课堂和社会大课堂同频共振，发挥其观察时代、解释时代、引领时代作用和担当的需要，是帮助大学生认识当代世界和中国的发展大势、读懂其中的基本规律、在国家民族的发展中明确自己的发展方向和人生定位的需要。

（三）把握引领大学生自我成长的恰当契机

重大事件的强烈刺激会使人产生不同程度的心理体验、促使人进行深入思考并改变认识，甚至产生新的认知等。重大事件发生时，对青春期的大学生具有更强的刺激，大学生最容易受各种价值观念的影响，重大事件育人效应也最显著。基于此，教师要把握好这一恰当契机，既要激发他们爱国爱民爱党的家国情怀，又要提升他们的认识：每当国家重大事件发生时，全国人民必须共同面对、共同讨论、共同参与、风雨同舟、携手共进，这样才能最大限度减少损失。同时对他们存在的错误思想观念及困惑的问题进行疏导和教育，促使他们用成长的足迹踩踏国家重大灾难，用奋斗的力量助力国家正确应对重大事件；教师还要在充分挖掘素材的基础上，用自身宽广的视野培养大学生的宽广视野和世界格局，使他们充分认识在这场世界面临的巨大灾难面前，只有全世界合作、互助、团结起来才能最终战胜疫情。在教学条件、线上线下交流空间的变化中，教师还要及时引导学生进行自我教育。“自我教育是受教育者根据思想政治教育的目标和要求，在自我意识的基础上通过自我认识、自我体验、自我控制产生积极进取之心，主动接受先进思想和正确行为，形成良好的思想品德和行为。”通过自我认识、自我教育和自我改造，产生积极主动为中华民族伟大复兴而奋斗的精神力量。

二、重大事件融入高校思政课的视域选择

在探讨如何更好地将重大事件融入思政课时，主要应立足政治性、特征性与主体性视域。

（一）立足事件融入的政治性

坚定的政治性是思政课的题中之义，是解决培养人的问题。习近平总书记指出：“办好思想政治理论课，最根本的是要全面贯彻党的教育方针，解决好培养什么人、怎样培养人、为谁培养人这个根本问题。我们党立志于中华民族千秋伟业，必须培养一代又一代拥护中国共产党领导和我国社会主义制度、立志为中国特色社会主义事业奋斗终身的有用人才。”教师自身必须保持高度的思想性和坚定的政治方向性，在教学中必须旗帜鲜明地用马克思主义的立场、观点和方法判断和分析重大公共卫生事件，与党的纲领、宗旨、方针和政策保持一致，全力维护教育系统和社会大局的稳定，以达到习近平总书记对思政课教师提出的“政治要强、情怀要深、思维要新、视野要广、自律要严、人格要正”的基本要求。

（二）准确把握事件的特征性

对重大公共卫生事件特征性的准确把握，有利于有的放矢地展开教学活动。

首先，全国性动员与全民参与。重大公共卫生事件涉及国家各层面，直接关系到每位公民的切身利益，民众必然会倍加关注并参与其中。为抗击新冠疫情，国家动员了社会各方的力量救援，医护人员、人民军队、专业人士等奔赴抗疫一线。行政、医院、军队、媒体、企业、政府机构、科研机关、党员组织、基层组织、街道、社区、社团组织等有效配合和联动协调，19 个省市对湖北进行对口支援；各级党组织、党员、干部、医务工作者、人民解放军、公安民警、疾控人员、社区人员、新闻工作者、各职能部门人员等在抗击疫情的前线努力奋斗；14 亿人积极配合，在封闭期间有序生活。因此教师要从宏观、全局、全面、全民的高度和视角，将这一全国性动员与全民性参与的特征与大学生对国家、民族的情感相衔接进行针对性教学。

其次，持续性影响。新冠疫情复杂、广泛而持久的影响会持续到疫情结束。仅就经济而言，此次疫情对我国经济的风险挑战前所未有，在 2020 年 5 月的两会中，频次极高的关键词是“难”，这会直接影响大学生的就业和对未来的信心。教师要充分认识到这一事件的持续性影响，既要客观分析疫情对经济社会造成冲击的不可避免性，又要引导大学生用全面、辩证、长远的眼光看待我国的经济发展，增强和坚定信心。

最后，经验教训的启示。已有的历史事实充分证明，国家在不断吸取重大事件的经验教训中提升了国家治理体系与治理能力的现代化水平，增加了公民有序参与国家重大事件的意识，使其更加拥护中国共产党的领导、进一步增强了“四个自信”。教师要将中国应对这种巨大挑战的经验教训讲授给学生，培养作为国家建设者的他们在下次国家重大突发性灾难来临时的应对能力及更多的担当意识。

（三）注重事件融入的主体性

一是此次新冠病毒已经不可避免地在全世界发生。尽管如此，在将这一重大事件融入教学时必须立足于我国的价值与利益、反映中国的社会与现实、体现我国的概念与表达，在站稳社会主义核心价值观的立场上对其进行分析、研判与解读。二是在运用重大事件对大学生进行教育时，要充分尊重大学生的主观能动性，积极、主动、全面、客观地了解和认识大学生在国家重大事件发生过程中每一个阶段产生的思想波动、情绪起伏和认知变化，以便主动适应、及时引导，并选择合适的教学资源，设计出既能体现这一重大事件的思想性、政治性、理论性的主题，又符合大学生认知特点的教学内容与环节。

三、重大事件融入高校思政课的实践路径

重大事件中蕴含的育人价值，需要高校思政课教师在教学实践中具体实施，主要体现在提升思政课教师的素质与能力，以及教学内容创设和教学手段运用上。

（一）以提升思政课教师融入教学的素质与能力为基础

首先，提升职业素质。这是重大事件融入思政课取得实效的重要前提。2020 年这场史诗级的特殊战争是一本史诗级的特殊教材，思政课教师要提升教学能力，以职业敏感和专业视角，创设出新颖、独特的教育教学模式，将这本由 14 亿中国人众志成城用生命、鲜血、牺牲、巨大的人力物力财力铸就的教科书融入教学，真正成为抗疫传唱人。

其次，增强价值鉴别能力。作为大学生思想的引路人及立德树人的中坚力量，思政课教师必须具备一定的价值鉴别力，在错综复杂的局势中，辨别方向和是非，抓住关键问题，将 2020 年抗疫的育人价值和育人主题进行及时准确的理解与运用。同时应当以思想卫士的姿态，切实尽职尽责做好国家意识形态安全的坚定守护者，确保大学生对事件性质、方向的正确认识。同时，还需要相关部门提供有效的途径和方式来提升教师将国家重大事件融入课程的素质和能力。

（二）以融入提升实效的课程组织创设为重点

这里重点讨论2020年这一重大公共卫生事件融入四门本科生思政课的课程设计。作为课程的主要承担者，高校马克思主义学院可宏观把控，以融入提升实效的课程组织创设为重点，避免内容重复。

首先，依据课程教学目标确定融入重点内容。“思想道德修养与法律基础”（以下简称“基础”）课的教学目标是培养适应新时代发展要求的，有理想、有本领、有担当的时代新人所应该具备的思想道德和法治素养。融入重点为：一是围绕个体与国家、社会、他人、职业、家庭等关系，在世界观、人生观、价值观、理想信念、中国精神、爱国主义、道德、法治等维度中展开。马克思指出：“人的本质并不是单个人所固有的抽象物，在其现实性上，它是一切社会关系的总和。”将大学生个体置身于这一重大事件中，在强化人的社会化过程中培养时代新人。二是在对大学生进行民族精神系统教育的同时，重点对此次抗疫中的民族精神大力弘扬，使他们从高度上理解弘扬和培育民族精神的重要性。三是利用抗疫斗争中的生动事例进一步加强对大学生进行社会主义、爱国主义和集体主义教育。四是将先进人物的事迹和精神纳入中国特色社会主义主流意识形态教育内容中，进一步加强大学生的责任感教育。

“中国近现代史纲要”（以下简称“纲要”）课的教学目标是培养学生正确认识近现代中国社会发展的历程及其内在规律，深刻领会人民为什么和怎么样进行四个选择。融入重点为：一是坚持历史唯物主义认识论，梳理中外历史上发生的重大疫情，用历史告诉学生人类发生疫情是自然界的常态。二是总结近代以来特别是新中国成立以来中国人民抗击重大疫情的经验，为此次战胜疫情提供重要的借鉴。如坚持中国共产党的领导、发挥党组织的战斗堡垒作用和广大党员的先锋模范作用是战胜疫情的根本前提；集中力量办大事的制度优势是战胜疫情的根本保证；依靠广大人民群众、全心全意为人民服务，时刻把人民群众的生命健康放在首位是战胜疫情的出发点、落脚点和根本动力等。

“毛泽东思想和中国特色社会主义理论体系概论”（以下简称“概论”）课的教学目标是使学生对马克思主义中国化进程中形成的理论成果有更加准确的把握。融入重点为：一是更加深刻认识马克思主义中国化与时俱进的理论品质。“马克思主义创始人非常注重对于重大历史突发事件的研究与分析，并以此推进理论创新。”让大学生深刻认识党在处理重大突发事件中，不仅善于将危机和损失的程度降到最低，而且能够在反思中抓住契机，从而使重大事件成为党理论创新的客观机遇。如对 2003 年抗击"非典"疫情的系统反思，直接推动了科学发展观的提出。因此党一定能在 2020 年抗击新冠疫情中寻求转机，推动习近平新时代中国特色社会主义思想的丰富发展，使党的理论进一步创新。二是引导大学生更加认同中国特色社会主义。对此次重大公共卫生事件的应对，更加证明了中国特色社会主义是科学社会主义理论和中国社会发展历史、现实的辩证统一，是根植于中国大地、反映中国人民意愿、适应中国和时代发展进步要求的科学社会主义。三是更好阐释党的领导是中国特色社会主义最本质的特征和最大优势。党的十九届四中全会公报指出："坚持党的集中统一领导，坚持党的科学理论，保持政治稳定，确保国家始终沿着社会主义方向前进的显著优势……坚持全国一盘棋，调动各方面积极性，集中力量办大事的显著优势。"在疫情发生前，我们已确立了推进国家治理体系和治理能力现代化的目标，疫情发生后更加坚定了实现目标的决心，更加凸显了国家制度和国家治理体系的显著优势。通过教学，让大学生切实感受在这场打赢新冠疫情防控、保卫人民健康的战争中，中国共产党总揽全局、协调各方、力挽狂澜的能力，在"坚定信心、同舟共济、科学防治、精准施策"的总要求下彰显的驾驭复杂局面的能力，从而充分认识党所具有的强大政治领导力、思想引领力、群众组织力、社会号召力。使大学生更加坚信，"无论顺境还是逆境，我们党都初心不改、矢志不渝，团结带领人民历经千难万险……创造了一个又一个彪炳史册的人间奇迹。"四是充分理解人类命运共同体思想。当今世界面临百年未有之大变局，习近平总书记在思考建设什么样的世界和怎样建设世界的重大问题中提出构建人类命运共同体的重要思想，使学生理解人类命运共同体既是全人类之间的关系，也是人类与自然的关系的命运共同体；理解在抗击疫情的战斗中怎样体现了中国是一个负责任的大国，包括中国采取的空前的严厉措施有效阻止了疫情的传播，为世界提供了宝贵的防御窗口期。

"马克思主义基本原理概论"（以下简称"原理"）课的教学目标是让学生掌握马克思主义的鲜明特征和当代价值，增强学习和运用马克思主义的自觉性。融入重点为：一是更好理解历史唯物主义的观点。马克思指出："人们的观念、观点和概念，一句话，人们的意识，随着人们的生活条件、人们的社会关系、人们的社会存在的改变而改变。"作为社会存在的重大事件能够为教师创设教学环境，作为由社会存在决定的社会意识能为教师提供精神资源和育人价值，引导学生以马克思主义的立场、观点和方法正确认识事件的发生、发展。二是深化对人民立场的理解。人民立场是马克思主义的根本立场，人民是历史的创造者是马克思主义的基本观点。在这次疫情战斗中人民立场进一步得到了检验和体现。把人民群众的生命安全和身体健康放在第一位，体现了“生命至上”的中国逻辑。抗疫中紧紧依靠人民群众，呈现出世所罕见的全国一盘棋的人民群众的防控战争。三是深化对实事求是思想路线的认识。实事求是是马克思主义的精髓。教师可通过大量有关“实事求是”的生动事例，如直面疫情、科学防治、准确施策、对暴露的问题及时进行科学调整等，来深化学生对这一精髓的理解。四是深化对人和自然关系的认识。人和自然关系的思想是马克思主义的重要思想。马克思认为人靠自然界生活，人类在同自然的互动中生产、生活和发展，人类善待自然、自然也会惠及人类。

其次，依据融入内容确定授课方式。基于四门课程的融入重点不同，在课程的授课方式上可以有针对性地采用适合本课程内容和学生认知特点的方式，提升融入的实效。“基础”课程和“原理”课程由于内容的广度分散，可采用滴灌与漫灌相结合的方式。“纲要”课程和“概论”课程由于内容的深度集中，可采用专题讲授的方式。

（三）以适度运用教学方法和手段为原则

教学方法运用是否恰当影响着教学效果。重大事件融入思政课，需要正确、合适的教学方法和手段以保证教学内容的顺利展开。此次抗疫的悲壮和正能量，让教师在选择教学方式时需要控制好节奏、把控好情感，可以采用案例式、讨论式、辩论式等教学方法。比如教师可以将重大事件的案例素材进行讲解，也可以将此任务分配给学生进行筛选和评析，最后由教师点评。以“青春抗疫，与国同行”为主题，请学生们以演讲的方式讲述自己的抗疫故事。在全世界共同抗击新冠疫情的过程中，立足线上教学已经成为非常重要的形式。教师要在充分利用信息化技术、网络教学资源过程中加强对学生在线指导，及时回应学生的思想困惑和价值诉求。

总之，思政课教师要充分运用这一重大公共卫生事件，给大学生上好家国情怀课，探讨个人与国家、民族、社会、未来的关系；上好敬畏自然课，处理好人类与环境、自然、灾难的关系；上好个人素质课，在价值判断中引领大学生坚定对中国共产党领导的信心，对中国特色社会主义的认同，对世界局势和未来发展的准确把握等。

（本文系北京市教学名师项目、北京航空航天大学教学改革课题“十九大精神融入‘概论’课教学的内容设计与方法创新研究”的阶段性成果。本文成文日期为2020年7月。）

以教学理念的革新助推思想政治理论课教学质量不断提升

——习近平总书记“3·18”重要讲话一周年学习体会

中国农业大学马克思主义学院

张　晖

2019年3月18日在学校思想政治理论课教师座谈会上，习近平总书记强调“思想政治理论课是落实立德树人根本任务的关键课程”。这是对思想政治理论课（以下简称思政课）的精准定位和明确要求。立德铸魂，培育时代新人，必须站在新的历史起点上，在加强改进、守正创新中不断提高思政课教学质量。一年来，全社会共同助力办好思政课的氛围愈益浓厚，加强改进思政课的合力不断加强，广大思政课教师深受鼓舞，奋力做好思政课教学的积极性、主动性、创造性显著提升，思政课教学质量不断提高。教师对思政课教学目标和宗旨的准确认识，教学理念的革新，影响了教学设计和现实效果，思政课教学理念革新势在必行，这是不断增强思政课思想性、理论性和亲和力、针对性的关键所在。

一、教学目标是革新思政课教学理念的出发点和落脚点

思政课独特的教学目标，是由其自身的性质、作用和功能所决定的。教育部《新时代高校思想政治理论课教学工作基本要求》中明确指出，思政课承担着对大学生进行系统的马克思主义理论教育的任务，是巩固马克思主义在高校意识形态领域指导地位、坚持社会主义办学方向的重要阵地，是全面贯彻党的教育方针、落实立德树人根本任务的主干渠道和核心课程，是加强和改进高校思想政治工作、实现高等教育内涵式发展的灵魂课程。习近平总

书记在学校思想政治理论课教师座谈会上的重要讲话中强调，“办好思想政治理论课，最根本的是要全面贯彻党的教育方针，解决好培养什么人、怎样培养人、为谁培养人这个根本问题”，“必须培养一代又一代拥护中国共产党领导和我国社会主义制度、立志为中国特色社会主义事业奋斗终身的有用人才。在这个根本问题上，必须旗帜鲜明、毫不含糊”。这些凸显了思政课作为中国特色社会主义教育的核心课程，其教学目标和宗旨就在于贯彻党的教育方针，落实立德树人根本任务，用习近平新时代中国特色社会主义思想铸魂育人，引导学生增强中国特色社会主义道路自信、理论自信、制度自信、文化自信，厚植爱国主义情怀，把爱国情、强国志、报国行自觉融入坚持和发展中国特色社会主义事业、建设社会主义现代化强国、实现中华民族伟大复兴的奋斗之中。

思政课教学目标既是知识目标、能力目标和价值目标三位一体，又是意识形态目标和育人目标的有机统一。教学目标统摄着教学要求、教学安排等，教师对于思政课教学目标的把握，决定了教师对教学内容的取舍以及运用什么样的教学方法、形式和手段，也直接关系到预期的教学效果和育人实效能否真正实现。贯彻和体现教学目标不仅仅是对思政课整体而言，对于教师设计和讲授每一章、每一节课都是如此，唯有把握好思政课的教学目标，确立正确的教学理念，才能够进一步提升思政课的教学质量。在思政课日常教学中，每一节课的教学设计都不仅限于简单的知识传授或者技能培养，而是价值理念引导和思想政治素质培养，需要将意识形态教育的目标落实和贯穿教学活动的总体设计和每一个环节，深化学生对马克思主义和中国特色社会主义的认识，帮助学生正确认识世界和中国发展大势，正确认识中国特色和国际比较，正确认识时代责任和历史使命，正确认识远大抱负和脚踏实地，树立并坚定共产主义远大理想和中国特色社会主义共同理想。

二、学科意识是革新思政课教学理念的认识基础

近年来，随着马克思主义理论一级学科体系的基本形成，思政课所有课程均有马克思主义理论一级学科及其对应的二级学科支撑，思政课教师有了相应的学科依托和学科归属。但是，由于学科意识的成熟是个过程，当前部分思政课教师对学科的认知还不够完备，学科意识不足，尤其是缺乏对马克思主义理论一级学科和马克思主义理论学科研究的整体意识，在一定程度上

制约了思政课教学质量的进一步提升。

新时代的思政课改革创新，马克思主义理论的学术支持和学科支撑至关重要。2018 年 5 月，在北京大学师生座谈会上，习近平总书记指出，“要抓好马克思主义理论教育，深化学生对马克思主义历史必然性和科学真理性、理论意义和现实意义的认识，教育他们学会运用马克思主义立场观点方法观察世界、分析世界，真正搞懂面临的时代课题，深刻把握世界发展走向，认清中国和世界发展大势，让学生深刻感悟马克思主义真理力量，为学生成长成才打下科学思想基础”。试想，思政课教师如果没有扎实的专业基础和学科支撑，何以做到凭借对马克思主义的真懂、真信、真知讲清楚这些内容，何以依靠马克思主义的真理力量传导主流意识形态，引导学生扣好人生第一粒扣子？2019 年 3 月，习近平总书记在学校思想政治理论课教师座谈会上的重要讲话中强调，“推动思想政治理论课改革创新，要不断增强思政课的思想性、理论性和亲和力、针对性”。随后，中共中央办公厅、国务院办公厅印发《关于深化新时代学校思想政治理论课改革创新的若干意见》，指出要进一步建强马克思主义理论学科，为思政课建设提供坚实学科支撑，要深入研究坚持和发展中国特色社会主义的重大理论和实践问题，为增强思政课的思想性、理论性提供多角度学术支持。“源浚者流长，根深者叶茂”，这些要求都为思政课教师提升马克思主义理论素养进而做好教学工作指明了方向。思政课教师要养成高度的学科自觉，以课程建设为目的，按照学科导向，投入更多的时间和精力研究马克思主义理论以及坚持和发展中国特色社会主义的重大理论和实践问题。

树立学科意识，深化对思政课教学主旨和内容的理解，是思政课教师讲好新时代思政课的重要基础。学科建设是服务于课程建设的，课程建设为学科发展提供问题导向，二者互相促进、相得益彰。思政课教师不但要自觉地将研究方向聚焦于自己主要承担的思政课课程所对应的二级学科研究方向，合理选择自己的研究领域潜心研究，而且，更重要的是，要具备马克思主义理论一级学科下的学术共同体意识，从整体上学习和把握马克思主义的基本知识和基本理论，这样才能够真正做到教学科研相互支撑、共同成长。在不断提升科研能力的过程中养成良好的学科自觉，能够更好地理解和把握思政课教学目的，处理好思政课教材体系与教学体系的关系，结合学生的认知特点，更加精准选用教学素材、教学手段和教学方式，把思政课讲得既有意思又有意义，讲到学生心坎上。

三、遵循规律是革新思政课教学理念的内在诉求

遵循规律主要是指遵循习近平总书记在全国高校思想政治工作会议上谈到“遵循思想政治工作规律，遵循教书育人规律，遵循学生成长规律”。这三大规律围绕“解决好培养什么人、怎样培养人、为谁培养人”这个根本问题，各有侧重，思想政治工作规律宏观地回答了培养人的方向性问题，规定着思政课的性质和教学目标；教书育人规律和学生成长规律则是紧扣怎样培养和培养什么人的问题，为思政课如何培养出能够担当民族复兴大任的时代新人提供方法论指导。遵循规律，深化新时代思政课改革创新，直接表现在教师对思政课教学理念的认识和把握上，主要是两个方面。

一是准确理解和落实“以生为本”。思政课教学要强化铸魂育人的价值定位，把教育教学的着眼点放在满足学生需要及其主体性培养上，以教师自身的渊博学识、道德修养和人格魅力感染学生，承担起学生健康成长指导者和引路人的责任。“以生为本”不是一味地迎合学生的需求，更不能做出违背教师责任立场的教育教学行为来。思政课教学要从立德树人的根本任务出发，思考学生真正需要的是什么，始终站在学生的立场，以学生的视角反观教学活动，研究与实践如何更好地调动学生学习的积极性，如何帮助和促进学生成长。教育教学实效取决于学生学习的主观能动性，要聚焦学生的“学”来设计“教”，不断改进教师教学方式方法和学生的“学法”，提高学生对教学的参与度，使教学成为师生、朋辈共同参与、合作交流的多边互动活动，充分发挥教师的教学主导作用与学生的学习主体作用，促使学生积极主动学习，在探究式学习中通过思辨、实践等方式获取思想和认知方面的成长。但学生参与教学的范围应是适度的，教师对课堂的掌控与学生的课堂参与应保持合理的张力，避免造成教学安排或学生学习的低效率。

二是强化大学生理论思维的培养。习近平总书记在纪念马克思诞辰200周年大会上的讲话中引用了恩格斯关于“一个民族要想站在科学的最高峰，就一刻也不能没有理论思维”的论述，并明确指出：“中华民族要实现伟大复兴，也同样一刻不能没有理论思维。马克思主义始终是我们党和国家的指导思想，是我们认识世界、把握规律、追求真理、改造世界的强大思想武器。”加强对于能够担当民族复兴大任的时代新人的培养，强化理论思维成为思政课的一项重要教学目标。这其实是对高校思政课职责和性质的进一步明晰和

阐释。高校思政课讲“理”很重要。理者，物之固然，事之所以然也。从“固然”和“所以然”着手，把大道理讲透、小道理讲通、硬道理讲活，才能不断增强思政课教学的说服力和吸引力。而且，从在中小学循序渐进、螺旋上升地开设思政课这个角度来看，大学思政课强化理论思维的培养与增强大学生的使命担当也是高度一致的。同时，把强化理论思维作为革新思政课教学理念的重要抓手，有助于帮助教师打牢马克思主义理论功底，提升思政课教学的逻辑性、严密性和层次性，增强思政课的思想性和理论性，促进教学质量的不断提升。

（本文成文日期为 2020 年 2 月。）

高校思想政治理论课“课堂革命”与学科自觉

中国农业大学马克思主义学院

刘武根

新时代高校思想政治理论课“课堂革命”不是对传统课堂教学的修修补补，而是对传统课堂的教与学形态、师与生关系的颠覆性变革，坚持以学生发展为中心，强调教为学服务，通过教学改革促进学习革命，将思想政治理论课的教学过程变成师生合作学习、一起探究、共同成长的双向活动，把单向沉默的课堂变成碰撞思想、启迪智慧的互动场所。新时代高校思想政治理论课“课堂革命”的实质是对高校思想政治理论课到底该“怎么教”“怎么学”“学什么”“考什么”“怎么考”的革命。马克思主义理论学科为掀起、推动、保障新时代高校思想政治理论课“课堂革命”奠定了扎实的学科基础、提供了有力的学科依托和学科支撑。马克思主义理论学科自觉是推动新时代高校思想政治理论课教师变革教学方式的重要前提，是引领大学生转变高校思想政治理论课学习方式的重要条件，是提升新时代高校思想政治理论课课堂功能的重要保障。

一、新时代高校思想政治理论课“课堂革命”的历史必然性和现实必要性

新时代推动高校思想政治理论课“课堂革命”，既是新时代高等教育内涵式发展的必然要求，又是培养担当民族复兴大任的时代新人的客观需要，也是推动高校思想政治理论课高质量发展的现实需要。

第一，推动新时代高等教育内涵式发展的必然要求。一段时间里，检验高校工作成效的标准一度在理论上众说纷纭，在实践中各行其是。2016 年 12 月，在全国高校思想政治工作会议上，习近平总书记强调，“办好我国高校，办出世界一流大学，必须牢牢抓住全面提高人才培养能力这个核

心点，并以此来带动高校其他工作。”2018 年 5 月，在北京大学师生座谈会上，习近平总书记指出，“要把立德树人的成效作为检验学校一切工作的根本标准”。随着高校工作核心点和检验成效根本标准的最终确立，作为立德树人主阵地的课堂教学越来越受到重视，“课堂革命”在高等教育全面深化改革中越来越受到青睐。2018 年 6 月，在新时代全国高等学校本科教育工作会议上，时任教育部部长陈宝生强调，“要着力推动课堂革命”，“要改革传统的教与学形态，高校教师要把育人水平高超、现代技术方法娴熟作为自我素质要求的一把标尺，广泛开展探究式、个性化、参与式教学，推广翻转课堂、混合式教学等新型教学模式，把沉默单向的课堂变成碰撞思想、启迪智慧的互动场所，让学生主动地‘坐到前排来、把头抬起来、提出问题来’”。2018 年 9 月，教育部印发的《关于加快建设高水平本科教育 全面提高人才培养能力的意见》进一步明确，“推动课堂教学革命。以学生发展为中心，通过教学改革促进学习革命，积极推广小班化教学、混合式教学、翻转课堂，大力推进智慧教室建设，构建线上线下相结合的教学模式。因课制宜选择课堂教学方式方法，科学设计课程考核内容和方式，不断提高课堂教学质量。积极引导学生自我管理、主动学习，激发求知欲望，提高学习效率，提升自主学习能力。”《关于加快建设高水平本科教育 全面提高人才培养能力的意见》的印发吹响了新时代高等教育“课堂革命”的集结号。马克思主义是我国大学最鲜亮的底色。推动最能体现我国大学最鲜亮底色的高校思想政治理论课“课堂革命”是新时代高等教育内涵式发展的题中应有之义。

第二，完成新时代赋予高校思想政治理论课新使命新任务的客观需要。党的十九大指出，“经过长期努力，中国特色社会主义进入了新时代，这是我国发展新的历史方位。”从内涵特征来看，新时代是决胜全面建成小康社会进而全面建成社会主义现代化强国、逐步实现全体人民共同富裕、奋力实现中华民族伟大复兴中国梦、日益走近世界舞台中央并不断为人类作出更大贡献的时代。从主要矛盾来看，新时代的主要矛盾是人民日益增长的美好生活需要和不平衡不充分的发展之间的矛盾。从历史任务来看，新时代既要在全面建成小康社会的基础上实现第一个百年奋斗目标，又要在全面建成社会主义现代化强国的基础上实现第二个百年奋斗目标。在完成新时代赋予的新使命和提出的新任务中，青年肩负着重大责任。青年兴，则国家兴；青年强，则国家强。青年一代有理想、有本领、有担当，我们民族就有希望，我们国家就有前途。中华民族伟大复兴的中国梦将历史、现实、未来紧紧地勾连在一起。既是我们这一代的，也是青年一代的中华民族伟大复兴的中国梦，必将在一代代青年的不懈努力、接续奋斗中逐步变为现实。要真正完成新时代赋予的新使命提出的新任务，就必须培养出能够担当民族复兴大任的时代新人。

青年在实现中华民族伟大复兴中国梦中的使命与角色对推动高等教育内涵式发展的灵魂课程之思想政治理论课提出了新的更高要求。一是新时代高校思想政治理论课要在坚定大学生的理想信念上下功夫，教育引导他们树立远大理想和坚定共同理想，提高他们道路自信、理论自信、制度自信、文化自信的能力与水平，立志担负起民族复兴的时代重任。二是新时代高校思想政治理论课要在厚植大学生的爱国主义情怀上下功夫，让爱国主义精神在他们心中生根开花结果，教育引导他们热爱共产党，拥护共产党的领导，听党的话、跟党走，扎根人民、奉献国家。三是新时代高校思想政治理论课要在加强大学生的品德修养上下功夫，教育引导他们培育和践行社会主义核心价值观，认认真真修好自身品德，真正成为有大德、大爱、大情怀的时代新人。四是新时代高校思想政治理论课要在增长大学生的知识和见识上下功夫，教育引导他们珍惜青春韶华，专心致志问学悟道、丰富学识、开阔视野、增长见识，沿着悟道理、明事理、求真理的方向不断奋勇前进。五是新时代高校思想政治理论课要在培养大学生的奋斗精神上下功夫，教育引导他们树立崇高理想和远大抱负，具有乐观向上的人生态度和勇于奋斗的精神状态，具有敢于担当和不懈奋斗的精神追求，真正做到自强不息、刚健有为。六是新时代高校思想政治理论课要在增强大学生的综合素质上下功夫，教育引导他们德智体美劳全面发展，不断提高综合能力，培养创新思维，切实完成新时代赋予高校思想政治理论课的新使命，需掀起“课堂革命”。

第三，推动新时代高校思想政治理论课高质量发展的现实需要。高校思想政治理论课肩负着对大学生进行全面系统深入的马克思主义理论教育的重大任务，是巩固马克思主义在高校指导地位、坚持社会主义办学方向的重要阵地，是完成立德树人根本任务的主渠道，对推动高等教育内涵式发展具有重要作用。新中国成立以来，党的历代中央领导集体都非常重视高校思想政治理论课建设。近年来，在以习近平同志为核心的党中央坚强领导下，各高校认真落实“05 方案”，全面加强思想政治理论课建设，全面深化教学科研改革，不断优化教学内容、改进教学方法、创新教学形式，不断探索思想政治理论课教学的传统优势与现代信息技术融合的新形式，思想政治理论课建设在改进中得到加强，课堂秩序明显好转，教学效果明显提高，大学生对思想政治理论课的获得感不断增强，高校思想政治理论课建设的良好局面已经形成并不断巩固和发展。应该说，与“05方案”实施以前比，当前高校思想政治理论课确实发生了历史性变化，取得了历史性成就，高校思想政治理论课建设进入了新时代。

在看到成绩的同时，我们也要清醒地看到，当前高校思想政治理论课的这种历史性变化和历史性成就尚处于阶段性的局部质变之中，并没有发生实质性革命。与传统课堂相比，当前高校思想政治理论课的教学形态、师生关系、课堂功能并没有发生根本性变化。当前高校思想政治理论课教学中还存在一些亟待改变的薄弱环节，绝大部分高校思想政治理论课的课堂教学依然是“以教师为中心”“以教师的教为中心”，同时“一言堂”“满堂灌”“填鸭式”现象还比较普遍。教师和学生对这种教学方式都不太满意。在这种教学方式下，学生缺乏学习的积极性、主动性、创造性，学习动力亟待提高；教师缺乏成就感，提高教学质量的动力不足，容易产生职业懈怠。这种教学方式，既不利于培养学生的创造性思维也无法关照学生的个性化需求，既不利于教师的改革创新也无法真正满足教师的成长发展需要。与此同时，由于没有处理好思想政治理论课的教学内容在基础教育与高等教育之间的衔接性、梯次性、渐进性等问题，当前高校思想政治理论课教学中还存在内容重复陈旧、缺乏吸引力等问题，致使学生抬头率不高。由于没有科学设计课程考核内容和方式，对学生能力培养和价值塑造重视不够，绝大部分高校思想政治理论课教学和考核依然更多的是关注知识传授情况，致使学业挑战度偏低，即使学生脱离课堂学习依然能顺利通过考试。革除当前高校思想政治理论课教学中存在的上述“顽瘴痼疾”，推动新时代高校思想政治理论课高质量发展，亟须“课堂革命”。

二、学科自觉是推动新时代高校思想政治理论课“课堂革命”的重要基础

学科自觉就是高校思想政治理论课教师要自觉地将研究方向聚焦于自己主要承担的思想政治理论课课程所对应的二级学科研究方向，紧紧围绕所教授的主要课程对应的二级学科范围开展研究，实现思想政治理论课教师人人有学科、人人进学科、人人搞研究，以更好地支撑和服务思想政治理论课教学。设立马克思主义理论学科为推动新时代高校思想政治理论课“课堂革命”

提供了依托，而学科自觉是推动新时代高校思想政治理论课教师教学方式变革、学生学习方式转变、课堂功能提升的重要基础。

第一，马克思主义理论学科是推动新时代高校思想政治理论课“课堂革命”的学科依托。支撑高校思想政治理论课教学是设立马克思主义理论学科的重要目的之一。2005 年 12 月，为推进党的思想理论建设、巩固马克思主义在高校的指导地位、加强高校思想政治理论课建设、培养思想政治教育工作队伍，在广泛调研的基础上，教育部和国务院学位委员会决定取消原属于政治学下的“马克思主义理论与思想政治教育”二级学科并增设马克思主义理论一级学科，同时在马克思主义理论一级学科下设马克思主义基本原理、马克思主义发展史、马克思主义中国化研究、国外马克思主义研究、思想政治教育五个二级学科。2008 年 4 月，为进一步加强高校思想政治理论课中“中国近现代史纲要”课程功能和教师队伍建设，教育部和国务院学位委员会在广泛听取意见的基础上，研究决定在马克思主义理论一级学科下新增“中国近现代史基本问题研究”二级学科。2016 年 12 月，中共中央和国务院从加强和改进新形势下高校思想政治工作、进一步完善学科体系和优化学科布局的战略高度，提出有条件的高校可以在马克思主义理论一级学科下设置“党的建设”二级学科。至此，一个功能定位科学、研究对象明确、学科边界清晰的马克思主义理论一级学科体系基本形成，高校思想政治理论课的所有课程均有马克思主义理论一级学科及其对应的二级学科支撑，承担高校思想政治理论课的教师都可以找到自己的学科归属。与此同时，《关于调整增设马克思主义理论一级学科及所属二级学科的通知》《关于增设“中国近现代史基本问题研究”二级学科的通知》对马克思主义理论一级学科下设的各二级学科的研究范围作出了明确规定。马克思主义理论一级学科的设立及各二级学科研究范围的确立为高校思想政治理论课教师树立学科自觉意识提供了基本遵循，为掀起新时代高校思想政治理论课“课堂革命”奠定了学科基础。因此，马克思主义理论学科是推动新时代高校思想政治理论课“课堂革命”的学科依托。

第二，学科自觉是推动新时代高校思想政治理论课教师教学方式变革的重要前提。在世界多极化、经济全球化、文化多元化、社会信息化迅猛发展的今天，要想让高校思想政治理论课入耳入眼入脑入心，让 00 后网络原住民新生代大学生真听、真学、真记、真想、真信，需要从“教师为中心”转向“以学生为中心”，从教学理念、教学组织、教学手段、教学评价等方面推动高校思想政治理论课教学方式变革。一是选用新型教学模式需要学科自觉。传统“满堂灌”“大水漫灌”的教学越来越不受欢迎，而参与式、启发式、探究式、个性化、线上线下相结合的混合式、研究型、翻转课堂等教学方式和教学模式越来越受到青睐。但上述新型的教学方式、教学模式对高校思想政治理论课教师的理论水平和教学能力提出了许多新的更高的要求，需要思想政治理论课教师具有高度的学科自觉，投入更多的时间和精力研究学科的基础性和前沿性问题。因为教学内容的取舍、教学方式的选择、教学手段的选用不仅要关照学生需求而且要服从于教学目的。而学科自觉能够帮助教师更好地理解和把握教学目的，更加精准地选用教学素材、教学手段和教学方式，推动“课堂革命”。二是完成教学目标需要学科自觉。2018 年 5 月，在北京大学师生座谈会上，习近平总书记指出，“要抓好马克思主义理论教育，深化学生对马克思主义历史必然性和科学真理性、理论意义和现实意义的认识，教育他们学会运用马克思主义立场观点方法观察世界、分析世界，真正搞懂面临的时代课题，深刻把握世界发展走向，认清中国和世界发展大势，让学生深刻感悟马克思主义真理力量，为学生成长成才打下科学思想基础。”这是对新时代高校思想政治理论课教学目标的深刻阐释。高校思想政治理论课教师如果没有高度的学科自觉，既不可能向大学生讲清楚马克思主义的历史必然性、科学真理性、理论意义、现实意义，也不可能教会大学生运用马克思主义的立场观点方法来观察世界和分析世界，更不可能让大学生真正搞懂时代课题、深刻把握世界走向、全面认清中国和世界发展大势。因此，学科自觉是推动新时代学校思想政治理论课教师教学方式变革的重要前提。

第三，学科自觉是引领新时代大学生转变高校思想政治理论课学习方式的重要条件。当前高校思想政治理论课学生的学习方式仍然是以听教师讲授和看统编教材为主，以阅读相关教辅资料为辅。加之当前高校思想政治理论课对学生学习效果的考核仍然以知识性评价为主，很少将价值性评价与知识性评价摆在同等重要的位置，这就导致有的学生考前突击思想政治理论课统编教材、教师讲义、PPT 等也能顺利通过考试，甚至拿到高分。当然，这种现象在高校具有一定的普遍性。针对这种现象，教育部部长陈宝生指出，高校还存在一些内容陈旧、轻松易过的“水课”。因此，高等教育改革发展要“回归常识”，通过适当扩大课程的可选择性，科学增加课程深度，合理提高课程难度，有效提升学业挑战度等方式对大学生合理“增负”，积极引导大学生通过自主学习、合作学习、探究学习，激发求知欲望，提高学习效率，提升学习能力，推动大学生学习方式的根本性转化。高校思想政治理论课教师如果没有高度的学科自觉，既无法科学增加高校思想政治理论课的难度、合理拓展高校思想政治理论课的深度、适当扩大高校思想政治理论课的可选择性，以不断增强高校思想政治理论课的高阶性、挑战性、创新性，也不能积极引导大学生完成自主、合作、探究式学习。因此，学科自觉是推动大学生转化高校思想政治理论课学习方式的重要条件。

第四，学科自觉是提升新时代高校思想政治理论课课堂功能的重要保障。受传统的教与学的观念影响，当前许多高校思想政治理论课教师更多的是从物理学而非教育学意义上理解课堂的价值，将课堂功能严重窄化为单向沉默的知识传授之所。掀起和推动新时代“课堂革命”的重要目的之一就是要打破沉默单向的课堂并使之变成碰撞思想、启迪智慧的互动场所，使大学生积极主动地坐到前排来、把头抬起来、提出问题来。对大学生来说，“革命”后的课堂，应该具有高阶性、创新性、挑战性，既重温已知又建构新知还探究未知，既增长知识又提高能力还塑造价值。对高校教师来说，“革命”后的课堂，应该是既传播知识又传播思想还传播真理，既塑造灵魂又塑造生命还塑造人，高校教师必须做到“德高”“学高”“艺高”。而学科自觉是高校教师“德高”“学高”“艺高”的前提与保障。“革命”后的课堂，对大学生来说是提高政治觉悟、道德品质和思想水平之所，是知识生成、能力培养、思想交流之所，是价值提升、智慧启迪、成长成才之所，对高校教师来说是传播知识、传播思想、传播真理之所，是塑造灵魂、塑造生命、塑造新人之所，是体现价值、发展职业、成就事业之所。因此，学科自觉是提升新时代高校思想政治理论课课堂功能的重要保障。

[本文系“北京高校思想政治理论课教育教学改革示范点建设”、中国农业大学基本科研业务费专项资金青年教师创新项目“习近平新时代中国特色社会主义思想融入高校思想政治理论课教学研究”（2018QC161）的阶段性成果。本文成文日期为 2018 年 12 月。]

构建思政课实践教学“北科大模式”有力提升思政课的实效性

北京科技大学

于成文

北京科技大学（以下简称北科大）创办于1952年，在七十年办学历程中积淀形成了“学风严谨、崇尚实践”的优良传统和“求实鼎新”的校训精神，培养了一大批听党话、跟党走、有理想、有本领、具有为国奉献钢筋铁骨的高素质人才。党的十八大以来，学校坚持以习近平新时代中国特色社会主义思想为指导，始终抓牢思想政治工作这条“生命线”，持续构建思政课实践教学立体格局和长效机制，有力推动了马克思主义学院的发展和思想政治理论课实效性的提升。

一、高站位谋划，构筑实践教学大格局

善用“大思政课”，构筑思政课实践教学大格局，需要学校党委坚强有力的领导、“三全育人”体系的鼎力支撑、“教辅结合”的通力配合、校内外资源的整合运用。

（一）党委领导管大局

北科大自建校以来始终高度重视实践教学工作。学校历届党委从培养社会主义建设者和接班人的战略高度来谋划思政课教改工作，做好思政课实践教学工作的顶层设计。在制度保证方面，早在2006年学校就制定了有关思政课实践教学的一系列文件，实现了大学生社会实践教育教学的课程化、规范化，后续又根据形势发展不断完善优化。在组织保证方面，学校党委成立了思政课建设的领导小组与建设小组，党委书记与校长均担任领导小组的组长，宣传部、教务处、学工部、团委、马院等相关单位作为工作小组成员。学校

还专门设立了思政课实践教学教研室（课程组），有专门的办公室与工作团队，真正建立起党委统一领导、党政齐抓共管、专兼职队伍结合、全校紧密配合的工作机制。

（二）“三全育人”统全局

为了实现思政课实践教学的全覆盖，北科大以“三全育人”理念为统领，坚持全员、全过程、全方位融入。

一是坚持“全员”理念，加强指导教师队伍建设。组建校一级课程组统筹管理，实现思政课教师、专业教师、辅导员、机关干部全员可参与指导的格局。二是坚持“全过程”理念，强化实践教学管理。从知识讲授到实践活动，从课堂到课外，从校园到社会，从实践选题、团队组建到跟踪指导、总结汇报、成果转化等，形成实践教学的全链条、闭环式管理。三是坚持“全方位”理念，做好教学保障。从知识传授到实践指导，从制度保障、组织保障到人员保障、经费保障，从课程、教材、工作指南编写到工作网站、安全管理等，从思政课教学机构、学生工作部门到党政机关、后勤部门等，全方位支撑实践教学。

（三）教辅结合通要局

思政课实践教学要打通课内与课外、理论与实践的两个场域，需要建立思政课教师与辅导员队伍的强链接。多年来，北科大形成了思政课教师与辅导员共同开展思政教育的模式（简称“教辅结合”模式）。两支队伍之间建立沟通机制，不定期召开联席会议，组建课程协同小组，特别是共同研究学生情况，第一时间互通重点关注的学生信息，进而提高思想政治教育的针对性和有效性。

（四）内外互通开新局

以实践教学为主题的“大思政课”建设必须整合好校内外资源。在整合内部资源基础上，北科大特别注意校外资源的整合。一方面，形成一系列以服务学生为中心的校内外实践教育基地。充分开发校史馆、模拟法庭、校园媒体、社团活动中心、工程训练中心等校内实践育人基地，同时在校外厂矿企业、社区街道、乡村建立起数十个实践教学基地。另一方面，着力打造一支优势互补的校内外实践指导教师队伍，特别是聘请校外英模、离退休干部、专业人士、优秀校友等参与实践教学指导。

二、系统化推进，形成“四位一体”新模式

学校在遵循思想政治工作规律、教书育人规律、学生成长规律的基础上，沿用好办法，改进老办法，探索新办法，构建起课堂实践、校园实践、社会实践、仿真实践“四位一体”的实践教学新模式。

一是以课堂实践提升交互性。学校将课堂实践选题与教材、教学中的重难点结合起来，对课程进行研究性教学改革，通过课堂情景剧、微电影、辩论赛、社会调研成果展示等多种手段，帮助学生深化对知识点的理解和认同，形成“教学选题抓重点、教导过程聚焦点、教育引领出亮点”的良好局面。

二是以校园实践加强整合性。注重“队伍一体化、管理规范化、内容生活化”，常态化开展“弘扬中国精神，培育核心价值”等形式多样、健康向上的校园文化活动，架起第一课堂与第二课堂、思政课教师与辅导员协同的桥梁；将理论与实践相结合，有效发挥育人合力，让思政课“大道理”有效解决学生成长的“小问题”。

三是以社会实践突出综合性。北科大每年学生社会实践有 4 000 余人、数百支团队参与。“大学生社会实践”课已成为全校覆盖面最广、受益面最大、学生参与热情最高的实践类课程。课程组每年均设计重大主题来实现综合育人目标。例如，连续 8 年策划开展“中国精神寻访”主题实践，师生总行程累计约 63 000 公里，绘制出“中国精神足迹图”。

四是以仿真实践提升广泛性。近年，新冠疫情对实践教学构成重大冲击，我们顺势而变，积极运用虚拟仿真技术，开发仿真实践教学项目，不仅实现实践教学的高阶发展，也实现特殊情境下学生广泛覆盖。例如，我们自主研发“精准扶贫”虚拟仿真项目，将学校秦安扶贫实践变成思政课程教学专题，受到学生热烈欢迎，也被选为教育部新时代思政课改革创新现场会重点推荐项目。

三、高标准抓实，打造“多重保障”硬堡垒

实践教学是学校思政课教学改革中的一项系统性工程，学校将其与马克思主义理论学科建设、师资队伍建设、青年马克思主义者培养及新媒体宣传思想工作紧密结合，打造“多重保障”的硬堡垒，让思政课真正活起来、实

起来、强起来。

一是抓实经费投入。学校除了全部落实上级文件规定的思政课建设经费外，还投入专项经费支持实践教学。每年思政课教师学术交流培训专项经费100万元、大学生社会实践专项经费超过50万元。近年累计投入近1 000万元经费建设思想理论教育信息平台（“数字马院”工程）。今年专门设立学校“大思政课”研究中心启动经费50万元，相关教改项目经费超过100万元。

二是抓实队伍建设。学校通过“校外人才引一批、校内教师转一批、应届毕业生招一批”，优先配足、不断壮大思政课教师队伍。特别是在人员配备中，我们努力做到“进得顺、转得实、上得快”，打好一整套思政课教师队伍建设“组合拳”。

三是抓实学科支撑。北京科技大学是全国首批开办思想政治教育本科专业、第二学位的学校之一，也是全国首批获得思想政治教育专业硕士学位、博士学位（联合申报）授予权的学校之一。思想政治教育学科为北京市重点学科。我们把实践育人作为重要研究领域，已形成一批研究成果，有力支撑了思政课实践教学。

经过连续多年建设和培育，“思政课实践教学”相关成果先后获评国家精品课程、国家教育教学成果二等奖、首批国家级一流本科课程、教育部高校思想政治工作精品项目、高校校园文化建设优秀成果一等奖。《求是》杂志曾专门刊发调研文章，充分肯定思政课实践教学的“北科大模式”。一批中青年教师脱颖而出，获国家和省部级思政类奖励22人次，7人获全国思政课教学展示活动及北京市教学基本功比赛一等奖。

下一步，我们将继续深入贯彻落实习近平总书记善用“大思政课”重要论述精神，落实教育部及北京市委有关思政课建设要求，学习兄弟高校的先进经验，持续发力，不断探索，努力为培养德智体美劳全面发展的社会主义建设者和接班人，为思政课改革创新发展，展现北科智慧、贡献北科力量！

（本文成文日期为2022年9月。）

习近平生态文明思想融入“马克思主义基本原理概论”课路径探析

北京邮电大学马克思主义学院

李全喜

习近平生态文明思想是习近平新时代中国特色社会主义思想的重要组成部分，将习近平生态文明思想融入“马克思主义基本原理概论”（以下简称“原理”）课是扎实推进习近平新时代中国特色社会主义思想“三进”工作的重要组成部分，既有助于深化理解习近平生态文明思想的内涵，也有助于提升“原理”课的教学实效，“能够增强大学生的生态文明意识，更好地发挥高校思想政治教育的应有作用”。“原理”课不同于其他思想政治理论课，其具有独特的话语体系和教学内容。那么，在将习近平生态文明思想融入“原理”课的过程中，需要讲清楚哪些问题，如何将需要讲清楚的问题融入教学中，融入过程需要坚持哪些基本原则？思考这些问题有助于推进习近平生态文明思想有效融入“原理”课教学。

一、习近平生态文明思想融入“原理”课要讲清楚的重要问题

习近平生态文明思想是党的十八大以来以习近平同志为核心的党中央围绕“为什么要建设生态文明”“建设什么样的生态文明”“如何建设生态文明”等重大问题进行理论思考的智慧结晶，是马克思主义生态思想与当代中国生态文明建设实际相结合的理论成果。作为习近平新时代中国特色社会主义思想的重要组成部分，习近平生态文明思想充分体现了马克思主义基本立场、观点和方法。因此，结合“原理”课的教学内容，在教学过程中需要着重讲清楚以下问题。

（一）习近平生态文明思想的辩证唯物主义意蕴

党的十八大以来，以习近平同志为核心的党中央在准确判断当代中国生态国情的基础上，对当代中国生态文明建设实践经验进行了理论总结和系统创新，形成了具有中国特色社会主义理论特征的生态文明思想。可见，习近平生态文明思想的生成有着强大的现实逻辑。在“原理”课教学中，可以结合“世界的物质统一性”原理、“物质决定意识”原理讲清楚习近平生态文明思想生成的现实根源。同时，当代生态文明建设是一个复杂的系统，建设生态文明需要厘清系统间的普遍联系，需要弄明白建设生态文明的过程也是一个不断解决矛盾的过程，需要关切人与自然的矛盾、人与人的矛盾、人与社会的矛盾。可以结合“事物矛盾运动规律”原理，讲清楚习近平生态文明思想的唯物辩证法基础。此外，习近平生态文明思想对当代生态环境问题进行了深入反思，继承了马克思主义生态思想、中华优秀传统文化中的生态智慧。因此，在“原理”课教学中，可以结合辩证唯物主义认识论的基本原理，讲清楚习近平生态文明思想如何体现实践与认识的辩证关系。对习近平生态文明思想辩证唯物主义基础的探讨是讲好习近平生态文明思想融入“原理”课的前提和基础。

（二）习近平生态文明思想的历史唯物主义意蕴

习近平生态文明思想关注生态兴衰与文明变迁的关系，提出“生态兴则文明兴，生态衰则文明衰”的经典论断。在“原理”课教学中，可以结合“社会存在决定社会意识”的原理讲清楚习近平生态文明思想的历史唯物主义情怀。同时，习近平生态文明思想认为生态文明建设的终极价值是为了实现人对美好生活的追求，生态文明建设成果惠及人民群众。人民群众是生态文明建设的主体力量，生态文明建设离不开人民的积极参与。在“原理”课教学中，可以结合“人民群众创造历史”和“人的全面发展与社会全面进步”的原理讲清楚习近平生态文明思想的“人民中心”政治立场。此外，习近平生态文明思想关注经济发展与环境保护的关系，注重绿色生产力的发展和对绿色发展理念的推崇、对人绿色生活方式的提倡、对人绿色思维方式的培养，注重生态文明建设制度体系构建。因此，在“原理”课教学中，可以结合人类社会发展规律的原理，讲清楚习近平生态文明思想如何反映社会发展的基本矛盾。

（三）习近平生态文明思想的政治经济学意蕴

习近平生态文明思想对生态环境问题的形成根源进行了深入剖析，认为经济发展方式的非生态化是重要方面。在“原理”课教学过程中，可以结合“资本主义原始资本积累”原理，追溯15世纪以来西方资本主义国家的崛起和全球扩张对全球生态环境带来的影响，讲清楚为什么习近平生态文明思想的研究要有历史的维度。在“原理”课教学过程中，结合“劳动价值论”和“剩余价值理论”分析资本主义经济危机与生态危机的关系，揭示出资本逻辑主导下的资本主义生产方式是造成当今世界生态环境问题频出的重要根源，进而讲清楚习近平生态文明思想为什么主张立足本国实际探索生态文明建设道路。此外，还应该注意到20世纪中期以来，特别是进入21世纪以来，西方国家倡导绿色资本主义思想以应对全球生态环境的问题。在“原理”课教学中，可以结合“资本主义政治制度和意识形态本质”的原理，讲清楚习近平生态文明思想与绿色资本主义思想的区别，在此基础上，解析出习近平生态文明思想在全球生态治理中的重大意义，即“为全球环境治理和可持续发展提供了中国智慧、中国方案、中国力量，擘画了人类命运共同体新格局，凸显出厚重而深远的世界意义”。

（四）习近平生态文明思想的科学社会主义意蕴

生态文明建设具有重大的政治意义，关系着人民群众对党的认同和执政基础的牢固。习近平生态文明思想明确提出建设生态文明要从解决人民群众最关心的问题找到突破口，要把满足人民群众的美好生态诉求作为党的基本职责，充分说明了当代中国生态文明建设的重大政治意义。在“原理”课教学中，可以结合“社会主义革命和无产阶级专政”“无产阶级政党建设”等原理，阐释清楚为什么习近平生态文明思想注重党在生态文明建设中的领导地位。同时，在党的十八大以后，生态文明建设融入其他四个文明建设的全过程，这样“五位一体”的总体发展布局展现了中国特色社会主义发展的愿景，彰显了社会主义的本质特征。在“原理”课教学中，可以结合“社会主义本质特征和建设规律”的原理，讲清楚为什么习近平生态文明思想能够实现社会公正与生态可持续的有效融通优势。此外，关于生态文明建设的目标，习近平生态文明思想倡导人与自然和谐共生的现代化。在“原理”课教学过程中，可以结合“原理”课第七章“共产主义基本特征”的论述，讲清楚为什么习近平生态文明思想把“人与自然和谐共生”作为奋斗目标，进一步回答清楚为什么人与自然的和谐共生是实现共产主义远大理想不可或缺的重要支撑。

二、习近平生态文明思想融入“原理”课要注意的三个维度

明确习近平生态文明思想融入“原理”课需要讲清楚的问题，实际上提出了习近平生态文明思想“原理”课融入对象的范围。那么如何在“原理”课教学中更好地呈现出上述应然问题，要注意以下三个维度。

（一）宏观维度的视角聚焦

习近平生态文明思想坚持了马克思主义的基本立场、观点和方法，内蕴着丰富的马克思主义基本原理思想。习近平生态文明思想融入“原理”课教学，从宏观角度上需要充分认识“原理”课的课程属性，掌握和运用马克思主义原理的基本观点和方法，深化理解习近平生态文明思想内涵体系。首先，从本体论的角度上讲，要依据“原理”课中马克思主义哲学原理，深入理解习近平生态文明思想的本质要义，着重回答“习近平生态文明思想是什么”“习近平生态文明思想包括哪些内容”的问题。这里需要强调的是对习近平生态文明思想本质的界定。也就是说，需要探寻习近平生态文明思想区别于其他思想的一种内在规定性。其次，从认识论的角度上讲，需要依据辩证唯物主义原理解析清楚习近平生态文明思想的生成逻辑，着重回答“习近平生态文明思想的现实根源是什么”“习近平生态文明思想的理论来源是什么”“习近平生态文明思想具有什么样的理论特征”等重大问题。通过对习近平生态文明思想生成逻辑和理论特征的分析，增强学生对习近平生态文明思想的认知度。再次，从价值论的角度上讲，需要正确评价习近平生态文明思想在中国特色社会主义理论体系中的历史地位，着重回答“习近平生态文明思想如何实现对马克思主义生态思想的继承和发展”“习近平生态文明思想对当代中国生态文明建设具有什么样的指导意义”“习近平生态文明思想对当今世界生态治理具有哪些重要意义”。通过这些分析，进一步增强学生对习近平生态文明思想的认同度。最后，从实践论的角度上讲，需统筹思考习近平生态文明思想的贯彻落实问题，着重回答“践行习近平生态文明思想与经济发展方式改革”“践行习近平生态文明思想与人价值观念与思维方式的变革”“践行习近平生态文明思想与系统主体的建构”“践行习近平生态文明思想与生态文明制度体系构建”“践行习近平生态文明思想与国际合作”等一系列重大关系问题。通过对这些问题的分析，进而得出为什么践行习近平生态文明思想是切实可行的结论。

（二）中观维度的章节融合

从中观维度上讲，需要实现习近平生态文明思想与“原理”课教学的有效对接。这些需要围绕“原理”课每个章节的教学内容和教育目标，有机地将习近平生态文明思想融入“原理”课的每一个部分，从而有助于进一步解析习近平生态文明思想融入“原理”课教学的合理性。接下来依据“原理”课教材体系，谈谈习近平生态文明思想与“原理”课每个章节的融入问题。在“原理”课绪论部分，通过解析马克思主义经典作家的生态思想和中国化马克思主义者生态文明建设思想，展现习近平生态文明思想与之前马克思主义者生态思想一脉相承的关系，在此基础上正确评估习近平生态文明思想在习近平新时代中国特色社会主义思想体系中的理论地位，力求充分体现出习近平生态文明思想的创新品质，让学生意识到“习近平生态文明思想以人与自然和谐共生共存论继承和发展了马克思主义人与自然和谐发展规律，以绿水青山就是金山银山的环境生产力论继承和发展了马克思主义绿色生产力发展规律，以生态环境是关系党的使命和宗旨的重大政治问题和关系民生的重大社会问题的生态政治论继承和发展了马克思主义生态政治发展规律，以统筹山水林田湖草系统治理的生命共同体论继承和发展了马克思主义客观世界普遍联系的辩证运动规律”，形成大学生对习近平生态文明思想的整体性认识。在“世界的物质性及其发展规律”部分，强化习近平总书记对当代中国生态国情的论述、对人与自然关系的历史演变分析、对社会主义生态文明建设认识的解析、对生态意识与生态思维的论述，从整体上展现习近平生态文明思想的辩证唯物主义意蕴。在“认识的本质及其发展规律”部分，突出习近平总书记对“生态兴替与文明变迁”关系的思考、对“绿水青山与金山银山”耦合关系的辩证认识，结合习近平总书记从河北正定到福建厦门、再到浙江等地的生态文明实践，进而论证习近平生态文明思想的形成过程。在“人类社会及其发展规律”部分，着重论述习近平总书记对环境生产力内涵的解析，展现习近平生态文明思想与马克思主义经典作家生产力理论的关系。此外，通过论述习近平生态文明思想中的“人民中心”思想，讲清楚习近平生态文明思想的终极价值取向，突出习近平生态文明思想的民本特性。在“资本主义的本质及规律”部分，通过解析习近平总书记对西方近代以来发展道路的反思，论述资本主义国家原始资本积累带来的生态影响、资本主义国家生态危机与经济危机的关系，揭示生态危机生成的资本逻辑根源。在“资本主义的发展及其趋势”部分，结合习近平总书记对当代资本主义国家世界八大公害事件的反思，进一步指出当代西方国家对外资本输出的帝国主义本性，进而分析经济全球化时代资本主义国家在全球性环境问题上应该承担的生态责任。在此基础上，进一步厘清习近平生态文明思想与当代西方绿色资本主义思想的差异，进而指出习近平生态文明思想“超越了资本主义的指导理论”。在“社会主义的发展及其规律”部分，结合习近平总书记对社会主义生态文明建设目标的未来设想、对生态文明建设的制度建构、对生态文明建设系统思路解析，指出在社会主义初级阶段如何解决生态文明建设不平衡和不充分的问题。在此基础上，讲清如何满足人民群众的美好生态诉求，最终实现社会公正与生态可持续的有效融通。在“共产主义崇高理想及其最终实现”部分，在讲授共产主义社会的第一个基本特征时，结合习近平总书记对人与自然和谐关系的论述，进而指出在社会主义初级阶段建设人与自然和谐共生目标的重大现实意义。在此基础上解释清楚人与自然的和谐共生与实现人的全面发展之间的重要关系。

（三）微观维度的概念解析

概念是描述事物本质属性的一种思维方式。在教学过程中，一般来说，课程的讲授都离不开对核心概念的解析和界定。从微观维度上讲，在习近平生态文明思想融入“原理”课的过程中，“原理”课教学需要讲清楚一些基本核心概念和范畴。第一，关于社会主义生态文明与习近平生态文明思想的解析。解析这一组概念，首先需要弄清楚前缀“社会主义”何以能够与后缀“生态文明”连接在一起。也就是说要给学生讲清楚社会主义生态文明作为一个概念，彰显的是社会公平正义与生态可持续的内在融通。对于“习近平生态文明思想”这一概念，则需要在社会主义生态文明的视域里，进一步阐释清楚“习近平生态文明思想”作为一个整体性概念存在的前提是什么，这个概念对未来彰显的是什么样的发展愿景，为了实现其愿景，应该具备什么样的实践路径。在此基础上，进一步指出其核心要义的具体内涵，即“涉及关切民生福祉与民族未来、秉承绿色发展理念、坚持系统工程思路、解决突出环境问题、最严格的制度与最严密的法治、强化人民主体参与、构建人类命运共同体”等方面。第二，关于生产力与环境生产力的解析。生产力是马克思主义基本原理中一个基础性的概念，包括了实体性要素和渗透性要素两个层面的构成。依据马克思主义经典作家对生产力概念的界定，进一步论证习近平生态文明思想中“环境生产力”概念的创新性。也就是说，要在讲课过程中，能够讲清楚环境生产力概念存在的合理性。第三，关于可持续发展、科学发展与绿色发展的解析。“可持续发展”是20世纪80年代从西方国家引进的一种发展理念，该理念倡导代内公平发展与代际伦理关切。然而这一发展理念在西方国家将近40年的发展中已经名存实亡。正是基于对发展终极价值与发展依赖主体的深入思考，当代中国提出科学发展理念，倡导践行以人为本全面协调可持续的发展理念。党的十八大以来，以习近平同志为核心的党中央再次对发展问题进行深入关切，适时提出“创新、协调、绿色、开放、共享”五大发展理念。这五大理念“蕴含着丰富而深刻的辩证唯物主义世界观和方法论，是马克思主义发展观在当代中国的最新实践和生动发展”。依据五大发展理念以期能够凝聚当前中国发展优势，破解当前中国发展难题。那么，为什么在新的发展理念中要增加“绿色”的发展理念，追求绿色发展对当代中国到底意味着什么？回答这些问题，需要在讲课过程中对可持续发展、科学发展和绿色发展进行进一步辨析。第四，关于自然价值与“两山论”的解析。习近平生态文明思想认为经济发展与环境保护之间不存在悖论关系，践行绿水青山就是金山银山理念，发展生态经济，能够实现经济发展与环境保护的双赢目标。这一创新理念存在的重要前提是如何重新认识自然价值。因此，在教学过程中，要给学生讲清楚自然价值的内涵，不能仅仅局限于满足人类需要的商品性价值，应该看到在人与自然的关系中，自然价值是一个包括外在价值、内在价值、系统价值和固有价值在内的价值体系。在讲清楚这一点的基础上，才能够进一步解释清楚为什么绿水青山就是金山银山、绿水青山何以转化为金山银山。第五，关于生命共同体与人类命运共同体的解析。习近平生态文明思想认为人与自然是生命共同体，强调的是人与自然之间整体的不可分割的紧密联系，彰显了人与自然的有机统一关系。而习近平总书记提出的人类命运共同体则体现人类如何应对新时代全球性挑战的问题，当然其中就包括了新时代以来全球性生态危机的应对问题。因此，如果说生命共同体概念侧重人与自然关系的话，那么人类命运共同体则更加突出的是人与人之间的关系、国家与国家之间的关系。但同时在教学中还应该支持承认人与自然生命共同体与构建人类命运共同体之间的相互联系。

三、习近平生态文明思想融入“原理”课要坚持的基本原则

将习近平生态文明思想融入“原理”课，不仅需要了解融入“原理”课要注意讲述哪些问题，还要掌握将习近平生态文明思想融入“原理”课的路

径。为了确保习近平生态文明思想融入“原理”课过程更加稳定有序与行之有效，还应该注意以下原则。

（一）整体有机融入原则

习近平生态文明思想是一个有机的整体，将其融入“原理”课教学，不能割裂习近平生态文明思想的有机性和整体性。一要尽力规避“两张皮”问题。所谓融入过程中的“两张皮”问题，即在讲习近平生态文明思想融入“原理”课的教学过程中，强行将习近平生态文明思想与“原理”课教学硬性对接，在教学效果上呈现出二元分离的现象，即就习近平生态文明思想讲习近平生态文明思想，就“原理”课教学讲马克思主义基本原理，没有找到习近平生态文明思想与“原理”课教学的内在融通点。二要尽力规避“一根筋”问题。所谓融入过程中的“一根筋”问题是说在“原理”课教学中，过分强调习近平生态文明思想某一方面的教学融入，忽视了习近平生态文明思想其他方面的融入。这种融入方式在教学中会给学生造成一种错觉，让学生错误地认为习近平生态文明思想只有某一方面，使得学生对习近平生态文明思想无法实现全面深刻的理解。因此，在教学过程中，要坚持整体有机融入原则，既要从“原理”课角度揭示出习近平生态文明思想蕴含的马克思主义立场、观点、方法，也要形成对习近平生态文明思想的整体性认知。

（二）忠于经典文本原则

马克思主义经典著作是马克思主义基本原理的直接载体，“马克思主义基本原理是对马克思主义经典原著的内容凝练和理论概括”。学会研读马克思主义经典著作是“原理”课教师的基本功。为什么“原理”课教师要掌握这一基本功？马克思主义基本原理是对自然、社会、人类思维发展一般规律的正确认识，这一正确认识具有客观性，是人们在认识世界和改造世界中需要掌握的真理。而“原理”课教学恰恰是要把这些真理教给学生，让学生学懂弄懂这些原理，进而能够自觉运用这些原理分析和解决现实问题。因此在这个过程中，如果授课教师本人都不能真懂这些原理，又如何给学生传递正确的认识？因此，将习近平生态文明思想融入“原理”课教学需要遵循忠于经典文本原则。这就是说，在“原理”课教学过程中，“原理”课教师要真学真懂真信习近平生态文明思想。要实现这一目标，就需要“原理”课教师回到经典文本上来，下功夫研读习近平总书记关于生态文明思想的重要论述，学懂弄通习近平生态文明思想的核心要义，坚持读原著、读原文，全面系统地掌握这一最新理论成果的基本观点和精神实质，努力成为学习和研究新理论、新思想的行家里手，向学生传递原汁原味的习近平生态文明思想。

（三）理论联系实际原则

马克思主义实践论认为实践决定认识，认识反作用于实践。因此，在将习近平生态文明思想融入“原理”课教学中，要勇于坚持理论联系实际的原则。坚持这一原则符合“原理”课中“物质统一性原理”。生态文明建设是当代中国的重大现实问题，一方面，呼唤生态文明思想的理论指导；另一方面，这一重大现实问题蕴含了重大理论问题，需要理论工作者对生态文明经验进行理论总结。习近平生态文明思想恰恰符合这两个特征。同时，当代中国生态文明建设的显著成效为“原理”课生动阐释习近平生态文明思想提供了鲜活的素材，使得“原理”课阐释习近平生态文明思想更加具有吸引力和感染力。此外，坚持理论联系实际的原则，有助于“原理”课讲解习近平生态文明思想更加贴近社会、贴近学生、贴近现实。这样就使得“原理”课的人情味更浓，让学生感觉到自己与生态文明息息相关，拉近习近平生态文明思想与大学生之间的距离，从而在增强学生对习近平生态文明思想认同的同时，也增强了学生学习“原理”课的获得感。

（四）动态平衡发展原则

马克思主义从来都不是故步自封的，而是结合实际情况不断丰富发展的，习近平生态文明思想也是这样。因此，在将习近平生态文明思想融入“原理”课的过程中，要坚持动态平衡发展原则。一方面，通过“原理”课教学对习近平生态文明思想的讲解，要能够让学生做到坚定习近平生态文明思想的基本立场、坚信习近平生态文明思想的基本观点、坚持习近平生态文明思想的基本方法。另一方面，要告诉学生习近平生态文明思想是当代中国生态文明建设的产物，它将随着生态文明建设实践和生态文明科学的发展而不断发展。这就需要“原理”课教师能够密切关注习近平生态文明思想的发展动态，能够将习近平生态文明思想中的最新理论成果融入“原理”课教学，让学生真正感受到马克思主义与时俱进的理论品质。

［本文系 2019 年度北京高校思想政治工作研究一般课题“习近平生态文明思想融入马克思主义基本原理概论课研究”（BJSZ2019YB11）、北京高校思想政治理论课择优资助人才项目“习近平社会主义生态文明建设思想研究”的阶段性成果。本文成文日期为 2021 年 1 月。］

高校思想政治理论课微信公众号建设探索

——以“小红果的德法课”微信公众号为例

北京交通大学马克思主义学院

吴　琼　丁　帅

思想政治理论课（以下简称思政课）是落实立德树人根本任务的关键课程。信息化背景下要提升高校思政课的渗透力、传播力和吸引力，不仅需要教学内容的守正创新，更需要不断创新教学方法与手段，实现内容创新与方法创新的有机统一。2019 年 8 月，中共中央办公厅、国务院办公厅印发的《关于深化新时代学校思想政治理论课改革创新的若干意见》指出，要“大力推进思政课教学方法改革，提升思政课教师信息化能力素养”。由此，将思政课微信公众号建设融入教学全过程的探索，既是深入贯彻习近平总书记关于高校思政课建设要求的集中体现，也是教育信息化时代创新高校思政课教学的应然之举。北京交通大学将“小红果的德法课”微信公众号作为“思想道德与法治”课程建设的有力载体，在推进思政课改革创新中进行了有效尝试。

一、“小红果的德法课”微信公众号建设概况

新时代多元化信息不断交汇、交融、交锋，在此背景下实现思政课的时代化、大众化、趣味化发展，信息化手段就显得必要和紧迫。思政课微信公众号具有横向传播力度广、纵向内容延展深、前端适应性强、终端与大学生学习生活贴合度紧等优点，它突破了传统思政课堂的时空局限，有效实现了思政小课堂与社会大课堂的衔接，是提升思想政治教育亲和力与针对性的有效手段。我校“小红果的德法课”微信公众号平台在思想政治教育信息化背景下应运而生，坚持内容创新与方法创新相结合，在内容建设、结构布局、方式方法等方面彰显出独具特色的思政课教学创新之道，是提升思政课影响

力、辐射力和吸引力的有益尝试。作为信息接收终端最具主体性的大学生，受其年龄特征、性格兴趣、教育环境等因素的影响，其价值观呈现出多元多样多变的鲜明特征，给高校思政课建设提出了更高的要求，同时也带来了极大的挑战。我校思想道德与法治教研室适时推出“小红果的德法课”微信公众号运营平台（公众号布局见表1），实现了在增强高校思政课思想性与理论性的同时，提升了思政课的亲和力、传播力和辐射力。习近平总书记指出，推动思政课改革创新，要做到以下几个“统一”。坚持政治性和学理性相统一；坚持价值性和知识性相统一；坚持建设性和批判性相统一；坚持理论性和实践性相统一；坚持统一性和多样性相统一；坚持主导性和主体性相统一；坚持灌输性和启发性相统一；坚持显性教育和隐性教育相统一。“小红果的德法课”微信公众号，将信息化手段有机嵌入思政课教学全过程，以寓教于娱的方式贯穿公众号建设，使传统的主流意识形态教育、价值观培育、知识传授、行为引导借助信息化手段活起来、动起来、智起来，有效落实了习近平总书记关于思政课建设“八个统一”的重要论述及其要求。

表1　北京交通大学“小红果的德法课”公众号布局

红果课堂	红果乐园	红果角
课前十分钟	爱征文的小红果	爱读书的小红果
课堂进行时	爱节日的小红果	爱关注的小红果
课程连连看	爱实践的小红果	爱思考的小红果

经过一年半的建设，“小红果的德法课”微信公众号平台因板块设计合理、形式新颖有趣、内容参与度高等特点获得了长足发展。在建设主体上，公众号平台不再局限于思政课教师的主导性，而是科学地将教师主导与学生主体有机结合，角色定位随内容主题适时变化，实现了主导性与主体性相统一的价值目标。在关注群体上，公众号粉丝基数达 8 000 余人，粉丝群体不仅囊括在校大学生，还受到了学生家长、优秀校友、校外同行的密切关注。在内容建设上，公众号平台立足教材内容，着眼“大思政”格局，统筹“第一课堂”与“第二课堂”，实现了以“内容为王”为主体、以传播形式新颖与互动方式趣味为双翼的成熟模式。特别是 2021 年，平台重点策划并推广的内容以超高参与率实现了平台的跨越式发展，其中，仅“交通强国有我在”创意视频大赛一项活动参与人数就高达 24 万余人。在平台运行上，创新性地借鉴了

当代大学生喜闻乐见的娱乐形式和互动机制，实现了阅读量、互动量与共创性的多轮融合。2021 年阅读量 TOP10 数据彰显了运营平台在推动高校思政课信息化、时代化、针对性中的显著作用（见图 1）。

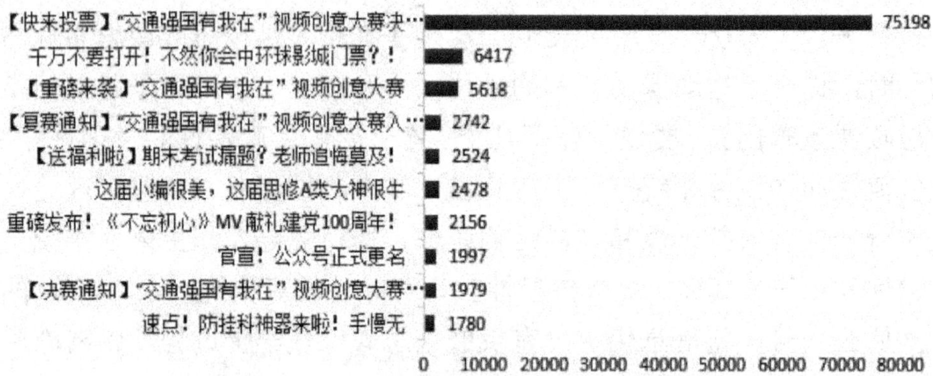

图 1　2021 年北京交通大学“小红果的德法课”阅读量 TOP10

二、“小红果的德法课”微信公众号建设特点

“小红果的德法课”立足但又不局限于思政课堂，有效衔接了“第一课堂”与“第二课堂”，紧紧把握内容为王的价值导向，使其在纷繁多样的高校思政课公众号平台建设中脱颖而出、独具特色。

一是以教材内容为纲，“五观”教育贯穿始终。“小红果的德法课”在内容上覆盖了《思想道德与法治（2021 年版）》教材的全部内容，但又不搞大水漫灌，而是化整为零，将新教材中的核心观点、最新结论、主流导向通过不同维度、不同模式、不同板块呈现出来。一方面，公众号平台开辟“红果课堂”板块，以教材内容为纲，但不照本宣科；以教学内容为本，却有机升华。这一板块紧紧围绕课堂教学，将教材中的内容有机化为一个个与当代大学生紧密结合的时政点、兴趣点，再将其有机升华完成教学内容的隐性转化，实现大学生对课堂教学内容的知情意信行的有效转化。例如，在“时代新人”篇中，将教材中的新时代、新青年、新风貌这一内在线索化为“我的大学我做主”这一内容，通过话题征集，适时推出极具代表性的视频、手书等作品，以完成该内容的要求与价值引领。在“人生态度”的教学环节，公众号适时推送了学生课堂上开展的关于“内卷 VS 躺平”的辩论话题，主题内容推出后立即收到学生上百条留言，激发兴趣的话题讨论也引发了大学生们对自己人生观的反思。“润物细无声”的板块设置，大大提升了大学生对教学内容的认同和情感的共鸣。另一方面，公众号平台紧紧围绕大学生的世界观、人生观、价值观、道德观、法治观教育内容，对其中极具代表性、颇具趣味性、兼具现实性的问题进行整理凝练，化为不同的板块内容，使“五观”教育贯穿“红果课堂”“红果乐园”“红果角”等公众号内容布局中，实现了“五观”教育针对性地落细、趣味性地落小、导向性地落实这一现实目标，有效提升了思政课教学内容的实效性。

二是以节日、纪念日为常，及时进行思想道德与法治教育。重要节日、常规纪念日是对大学生开展思想政治教育的重要契机，也是思政课教学和实践的重要结合点，更是提升大学生与思政课联动效应的衔接点。“小红果的德法课”开辟了“红果乐园”板块，其涵盖了“爱征文的小红果”“爱节日的小红果”“爱实践的小红果”等具体板块，聚焦常规性节日、纪念日的时代性特点、发展性亮点。如在世界读书日会推荐与教学内容相关的经典书目或者畅销书，在国庆节推送国家级媒体的经典报道以培养学生家国情怀，在国家宪法日会结合每年普法主题大力宣传宪法的作用以培养学生法治意识。“小红果的德法课”抛弃了大段文字赘述或常规性图文并茂式生硬呈现的窠臼，较多采用了短视频推送、开放式结尾等鲜活形式，有效发挥了节日、纪念日的载体作用，大大提升了其辐射力和影响力。例如，在中国共产党成立 100 周年之际，我校的“小红果”们采用“视频快闪”之百人同唱一首歌的形式致敬伟大的母亲——中国共产党。视频一经推出，浏览量瞬间突破 6 000 人次，并荣登北京交通大学官方微信公众号首页。这不仅仅是一次简单的视频展播，更是一堂“思政大课”，实现了党史学习教育与思想政治教育的有效融合。这不但增加了学生对于思政课的参与度，还无形中增强了大学生对中国共产党的认同与自信。

三是以国家重大主题为机，适时推进思想政治与形势政策教育。“小红果的德法课”没有受限于课堂，也没有拘泥于学校，而是以引导大学生抬眼看世界，“风声雨声读书声声声入耳进心”为目标，因此，运营平台开辟了“红果角”板块。该板块以国家重大主题为机遇，提前定位，统筹安排，第一时间将国家重大事件、重要精神、重大理论成果及时推出，并进行重点标注，实现了思政课堂与形势政策教育的协同推进。例如，为配合建党百年，公众号推出了专家讲党史系列内容，加深了学生对党的百年奋斗历史的了解。课程平台推出了“你好，母亲”征文活动，学生用多种形式表达对党的热爱，也开展了一次生动的党课教育。公众号还在第一时间编辑、整理、推送了中国共产党人精神谱系系列，还特别推出了与校情相关的"青藏铁路精神""两路"精神等，实现了国家重大理论成果进课堂、进头脑、进生活。这种做法，既克服了思想政治教育内容理论性强但现实性弱的现实困境，又消弭了形势与政策教育政策性强但相对孤立的尴尬境遇，有机实现了"思想道德与法治"课和"形势与政策"课的完美结合，增强了思政课内涵的现实性与外延的传播力。

四是以重要活动为载体，校史、校情教育有效切入。校史、校情教育是高校对大学生进行思想政治教育的"入学第一课"，也是高校有针对性开展的思想政治教育特色活动，"小红果的德法课"运营平台就有效运用了这一教育资源。交通报国、爱国荣校是北京交通大学血浓于水的情感基因，是每一个北交人最深沉的情感底色，也是对北京交通大学学生进行爱国主义教育的精神密码。课程平台以校史、校情为鉴，重磅打造了"交通强国有我在"视频创意大赛。比赛着眼于北交人在中国交通史发展进程中的重大实践、荣耀成就，聚焦于先进人物，并将其以创意视频的形式全方位呈现。该活动不同于传统的视频剪辑，也不同于一般视频的录制，而是着眼历史、立足现实、聚焦创意，引入互动性强的留言机制和投票机制，一经推出，效果斐然。该活动共吸纳有效浏览量 24 万余人次，留言量 2 000 余条，活动参与者除了北京交通大学的学生、教师、校友外，还辐射了学生家长、社会人士等社会资源，是提升北交学子自身荣誉感、身份认同感、爱国责任感的有效之举，也是提升思政课课堂教育成果大众化、信息化、趣味化的有效路径。

三、"小红果的德法课"微信公众号建设效果

"小红果的德法课"微信公众号平台集知识性、趣味性、参与性于一体，是信息化潮流下高校思政课改革的必然举措，也是落细落实习近平总书记对于思政课提出的"八个统一"的关键手段。

一是课程平台实现了思政小课堂与社会大课堂的有机结合，推进了理论性与实践性相统一。"小红果的德法课"微信公众号紧紧依托当代大学生喜闻乐见且使用率极高的微信运营平台，独辟蹊径地开辟了结合课程教学又不局限于课堂教学的三大模块，即"红果课堂""红果乐园""红果角"，将基本的理论主干知识寓教于乐地呈现于不同的板块内容中，丰富了传统思政课教学

的教学方式、突破了思政课教学的时空限制、弥合了课堂理论教学与实践教学的二元鸿沟；既实现了教育引导学生立鸿鹄志、做奋斗者的价值目标，寓教于无形，又极大提升了大学生理论联系实际的践行力、明辨大是大非的甄别力、知行合一的共情力，有力推动了思政课理论与实践相统一，开辟了课程育人的新思路。

二是课程平台完成了思政课教师主导与大学生主体作用参与教学的起承转合，推进了主导性与主体性相统一。“小红果的德法课”微信公众号既发挥了思政课教师的主导作用，又结合了新时代大学生的认知规律和接受特点，在课堂教学的基础上，辅助以学生课上上讲台、课下深参与、平台共构筑的多维形式，完成了新时代大学生在接受思想政治教育过程中的角色转换。这一探索也使大学生在角色转换的过程中更深层次体悟到主流意识形态的内涵与外延，涤荡了影响大学生价值观选择的非核心、非主流价值观的消极影响，完成了他们从自我认知、自我感悟、自我校正到价值观能动选择的内化过程。翻转课堂形式，在拓展课堂内容、强化社会实践的过程中尊重大学生的主体性、发挥大学生的主动性、重视大学生的主创性，完成了课上课下教学相长的起承转合，直观性地提升了大学生自我教育的效果，有效改善了思政课教学过程中单一主导或被动接受的尴尬境遇，实现了思政课教学主导性与主体性相统一的效果。

三是课程平台挖掘了其他专业课程教学内容和教学方式中蕴含的思想政治教育资源，推进了显性教育与隐性教育相统一。微信公众号立足教材，辐射社会，囊括了有利于思政课教学和有助于大学生接受的内容，借鉴和吸收了当代大学生兴趣度极高的参与形式和样态，使其呈现出源于教材，辐射社会，鉴于潮流，成于“大思政”格局的鲜明特征，实现了全员全程全方位育人的价值目标。正是由于源于教材，不回避重点难点，旗帜鲜明、理直气壮地推动思政育人；正是由于辐射社会，直面社会热点焦点，才将教材内容有针对性地结合，有现实性地落地；正因鉴于潮流，才使思政课的教学内容从被动接受到易于接受，能动践行；正由于平台调动了一切可以调动的思想政治教育资源，将有针对性的、有计划的、外显的思想政治教育资源与“大思政”格局下内蕴的思政教育因子完美融合，使思想政治教育的主体、客体、介体、环体、载体有机轮转，构成了新时代背景下的“大思政”格局，达到了“润物细无声”的教育效果，完成了显性教育与隐性教育的有效整合。

“小红果的德法课”课程公众号以课堂教学、课本内容、课程目标为基础，以当代大学生喜闻乐见、易于参与的微信公众号形式为载体，不断更新板块内容与互动方式，寓价值观引导于知识性传授之中，寓知识性传授于针对性实践之中，寓针对性实践于生活教育之中，寓生活教育于无形之中，既坚持了正确的价值导向，又坚持了思政课程多样化的原则，是信息化背景下提升思政课教学效果的有效尝试，为新时代高校思政课信息化建设提供了有益借鉴，更为践行思政课“八个统一”原则提供了新思路。

[本文系北京高校思想政治工作研究支持课题“大中小学思政课教学纵向衔接路径方法研究”（BJSZ2021ZC29）的阶段性成果。本文成文日期为2022年3月。]

把高校思想政治理论课进一步聚焦到提高育人实效上来

——习近平总书记“3·18”重要讲话一周年学习体会

北京联合大学马克思主义学院

韩　强

2019年3月18日，习近平总书记在学校思想政治理论课教师座谈会上发表重要讲话，对于如何办好思想政治理论课提出了一系列新的要求，为新时代高校思想政治理论课建设指明了方向。一年来，全国高校思想政治理论课教师和思想政治教育主管部门认真学习贯彻讲话精神，在认识上、工作上都有了新的进展，教育实效有了显著增强。在此次抗击新冠疫情的斗争中，很多走出大学校门不久的青年化身白衣战士踊跃投身抗疫一线，弘扬救死扶伤精神，作出了突出贡献，涌现出许多感人事迹；广大大学生也听从中央号召，积极参与和配合，为抗疫斗争尽了自己的一份力量。所有这些从一定程度上表明我们以思想政治理论课为主渠道开展的青少年特别是大学生思想政治教育是有效的，也是成功的，我们必须进一步强化这一课程的立德树人功能，增强育人实效，不断培养出一批又一批中国特色社会主义的建设者和接班人。

务求实效是高校思想政治理论课的生命，也是习近平总书记“3·18”讲话重点强调的内容，其中无论是思想政治理论课是落实立德树人根本任务的关键课程的定位，办好思想政治理论课关键在教师的判断，还是不断增强思想政治理论课的思想性、理论性和亲和力、针对性的要求，都体现了实效这一主线对于高校思想政治理论课的根本意义。在增强教育实效问题上，很多学校采取了一系列切实可行的措施，也取得了明显效果，但是也存在不少形式主义的做法，如过分追求轰动效应，重视方法甚于内容，以网红课取代应有的课程属性等，这些从长远和根本上讲，无益于增强高校思想政治理论课的实效，应该加以避免。对于如何增强教育实效，我们应该突出抓好以下三个主要问题。

一、切实教育大学生掌握马克思主义理论的基本知识、基本体系、基本方法、基本观点

高校思想政治理论课是以不同门类的知识体系为基础进而对大学生进行系统的马克思主义理论教育的课程体系，只有系统全面地掌握相关知识，建立起对知识体系的基本认知，才能正确分析问题、认识问题和解决问题，才能运用这一理论指导实践。比如，学习“中国近现代史纲要”课程，就是要从中国近现代史的历史进程中掌握为什么会做出“四个选择”；学习“马克思主义基本原理概论”课程，就是要掌握马克思主义理论的基本组成部分，并把握其有机联系等。因此，我们看到，一些学生在认识问题上为什么总是犯主观主义、教条主义等片面性的错误，为什么总是容易受到各种错误思潮的影响，说到底还是对于马克思主义理论知之不多、了解不深、掌握不全，特别是没有把握这一理论的本质。我们经常说马克思主义的根本在于其立场、观点和方法，如果对这些基本的知识不了解、不掌握，不仅会在理解马克思主义上产生偏误，更会导致在今后的工作中出现偏差，甚至会犯严重的错误。因此，我们在高校思想政治理论课教学中反复教育学生既要全面学习马克思主义理论的体系，更要善于掌握马克思主义理论的本质，用理论精髓、理论本质指导对现实问题的认识和理解。

二、在学习掌握马克思主义理论知识的基础上提高运用理论的能力

如果在学习马克思主义理论的过程中仅仅满足于掌握基本的知识体系，或者只是满足于考试取得较好的分数，这就把马克思主义理论降低到了一般知识体系的层次，而没有真正把握马克思主义理论的价值。实际上，马克思主义理论的价值在于指导自然界和人类社会的改造，最终实现无产阶级和人类的彻底解放，科学性、人民性、实践性、开放性都是这一理论的显著特征。正如习近平总书记在纪念马克思诞辰200周年大会上的讲话中所讲:“马克思主义是科学的理论，创造性地揭示了人类社会发展规律”；“马克思主义是人

民的理论，第一次创立了人民实现自身解放的思想体系”；“马克思主义是实践的理论，指引着人民改造世界的行动”；“马克思主义是不断发展的开放的理论，始终站在时代前沿”。我们要运用好这一科学理论指导实践，必须不断提高相应的能力，这种能力虽然是全面的，既包括正确认识理解马克思主义理论的能力，也包括全面了解实践的能力，更要具备把两者结合起来的能力，但归根到底，最根本、最集中的是实事求是的能力。众所周知，马克思主义理论的精髓是实事求是，具体问题具体分析，能不能做到实事求是是区分真假马克思主义的试金石，也是衡量马克思主义理论水平高低的根本标志。在党的历史上，经验主义、教条主义的假马克思主义曾经反复出现，给党的事业造成了巨大损失，其根本就是没有把握马克思主义理论的这一精髓，只是掌握了一些马克思主义理论的词句，当然也就不能正确运用这一理论以指导实践。因此，这种能力要求我们必须从马克思主义的人民立场和实际情况出发，运用马克思主义的基本方法和观点去认识问题、分析问题和解决问题，最终达到人民根本利益基础上的知与行统一、理论与实践统一，从而推进社会主义事业。我们就是要教育大学生把握实事求是的真谛，了解我们党坚持实事求是的经验和教训，自觉按照实事求是要求指导自己的言行和判断，从而提高运用马克思主义理论的能力和水平，做到不被各种现象和思潮所迷惑。

三、形成对马克思主义理论的坚定信念

坚定的信念来自对规律性的科学认识，信念一旦形成，会极大地提高人们运用科学理论指导实践的自觉性、主动性，使理论焕发出改造世界的强大力量。国际共产主义运动能够发展到今天，中国特色社会主义事业能够取得今天这样的辉煌成就，说到底是千百万共产党员始终坚定理想信念、不怕流血牺牲，带领人民群众艰苦奋斗的结果。如果缺乏坚定的理想信念，就难以推动人类社会取得新的更快发展，更难以实现人类社会的根本性变革。坚定马克思主义理论科学性的信念是高校思想政治教育的最高目标，也是一个人自觉的逐步实现的过程，更是青年大学生成长为合格共产党员的必经之路。

实际上，坚定对马克思主义理论的信念不仅是对共产党员的基本要求，对于每一个大学生来说，确立这样的信念也将终身受益无穷。因为掌握了科学的理论可以在学习、工作和整个人生中坚定正确方向，掌握正确方法，自觉融入更有价值的社会实践中，从而少走弯路，少犯错误，也更能体现人生

的价值。因此，在高校思想政治理论课教学中，我们要积极引导学生全面学习掌握马克思主义理论的基本知识，不断提高运用这一理论认识问题、分析问题的能力，在此基础上，形成对马克思主义理论的坚定信念，不断发挥理论对实践的指导作用。

实际上，由知识到能力，在知识和能力基础上形成坚定的信念，正是高校思想政治教育所应实现的目标、达到的境界，也是其价值所在，作为高校思想政治理论课教师，更要自觉以三者的有机统一为追求，通过课堂教学、言传身教，引导大学生掌握基本知识，强化理论修养，不断提高能力，成为新时代马克思主义理论的自觉维护者和践行者，积极为中国特色社会主义事业作出应有的贡献。

[本文系北京市习近平新时代中国特色社会主义思想研究中心重大项目“习近平总书记关于加强党的政治建设的重要论述研究”（19LLZD16）、北京联合大学重大社科培育项目“习近平党的建设思想研究”（KYDE102017013）、北京联合大学研究生学科特色课程建设项目“海外中国共产党研究概论”的阶段性成果。本文成文日期为 2020 年 2 月。]

高校思想政治理论课“课堂革命”与问题意识

中央财经大学马克思主义学院

谢玉进

高校思想政治理论课教学改革应有强烈的问题意识，注重发现问题、分析问题和解决问题。强调问题意识是马克思主义的一贯传统，坚持问题导向是马克思主义的鲜明特点。马克思曾深刻指出：“主要的困难不是答案，而是问题。”“除了通过提出新问题来解答和处理老问题之外，没有别的方法。”党的十八大以来，习近平总书记高度强调问题意识的重要性，在《中共中央关于全面深化改革若干重大问题的决定》中他强调“要有强烈的问题意识”，在哲学社会科学工作座谈会上他指出：“理论创新只能从问题开始。从某种意义上说，理论创新的过程就是发现问题、筛选问题、研究问题、解决问题的过程。”问题意识不仅是一种优良传统、一种鲜明特质，也是一种重要方法。问题意识之于高校思想政治理论课同样具有方法论意义，具有强烈的问题意识是推进高校思想政治理论课“课堂革命”的重要条件。具体而言，在高校思想政治理论课“课堂革命”的视域中强化问题意识应把握好以下基本维度。

一、于教学过程矛盾处发现问题

在思想政治理论课教学实际中，问题贯穿教学过程的始终。面对多样、大大小小、林林总总、琐琐碎碎的具体问题，怎样才能不被问题淹没，有效发现真问题？对此，毛泽东说，“什么叫问题？问题就是事物的矛盾。哪里有没有解决的矛盾，哪里就有问题。”这就告诉我们，发现问题的关键是分析事物的矛盾，透过矛盾就可以准确地发现问题。

首先，教学准备环节：注意把握好教材体系与教学体系的矛盾。思想政治理论课教学要以教材为遵循，不能离开教材自说自话；同时，思想政治理论课教学又要以育人为根本，不能脱离学生照本宣科。这就是教材与教学之间“若即若离”的微妙关系，这种关系处理不好就容易出现教学中的诸多问题。教材由国家统编，体现的是国家意志、时代要求，它为教学提供了政治方向、内容框架、理论逻辑和价值遵循，具有原则性与一般性，因而全国适用。而教学则由不同的教师团队面对不同的学生，区域差异、校际差异、专业差异等都较为显著，具有明显的差异性与特殊性。因此，教材体系与教学体系的矛盾显而易见。在教学准备环节，如何“因材施教”，找准教材、教学与学生的结合点，备好教材、备好教师、备好学生，做到既遵循原则与一般，又充分观照差异与特殊，是推进教材体系向教学体系转化的关键。

其次，教学展开环节：注意把握好理论深刻性与授课生动性的矛盾。理论深刻性是思想政治理论课的重要特质，思想政治理论课的重要使命就是“通过理论说服人”。面对理论的深刻性，在教学实际中常常存在一板一眼讲理论而“一深刻就无趣”的现象。于是有的教师就转而刻意追求授课的生动性，不惜绕开理论问题，而刻意制造课堂的“热闹”“好玩”，实现表面肤浅的感官愉悦，导致“一生动就无聊”。“一深刻就无趣”与“一生动就无聊”的悖论，是思想政治理论课教学展开环节普遍存在的问题，这一问题背后的矛盾其实就是理论深刻性与授课生动性的矛盾。聚焦理论深刻性与授课生动性的矛盾，需要进一步追问理论如何才能真正深刻，而深刻本身不是目的，如何深入浅出，用理论的功底、讲授的艺术、人格的魅力打动和征服学生才是真正的生动，从而实现深刻与生动的统一。

最后，教学拓展环节：注意把握好供给单一与需求多样的矛盾。思想政治理论课教学在有效的课堂时空中能够实现的教学实效也是有限的，这就要求课堂教学的影响力不能止于课堂，还要进一步拓展到课堂之外，充分运用第二课堂、网络课堂等实现教学拓展。以问题意识审视教学拓展环节，要问的是为什么要拓展？依据什么拓展？如果不追问这些问题，许多思想政治理论课的课堂拓展就失去围绕课堂主渠道的支撑作用，甚至远离课堂而毫无“思政味”，活动很热闹，但育人效果差。面对这些问题，思想政治理论课的课堂教学拓展应紧扣拓展背后的矛盾动因，即思想政治理论课课堂供给的单一性与学生需求的多样性之间的矛盾。聚焦这一矛盾需要全面深入调研学生的需求状况，依据需求推动思想政治理论课教学改革，有效形成课堂教学与拓展教学的互补配合，达成拓展教学对课堂教学主渠道的有力支持，弥补课堂教学供给相对单一的不足，从而更好地满足学生的多样需求，有效形成教学合力。

二、以深度教学研究分析问题

如果说发现问题是思想政治理论课问题意识的起点，那么分析问题就是思想政治理论课问题意识的关键。分析思想政治理论课教学问题，应深度开展教学研究，以研究的态度、研究的方式、研究的投入实现问题分析的系统性、深刻性与彻底性。

首先，以“课堂为本”理念研究教学。以深度教学研究分析问题，首先要明确的是以何种理念开展研究。结合思想政治理论课教学的特殊性，我们认为以“课堂为本”的理念对思想政治理论课教学研究具有较强的适用性。思想政治理论课教学不同于其他教学的重要特征是它不仅是知识教育，更是价值教育。价值教育强调“亲其师而信其道”，而学生对教师的亲近感离不开课堂时空中师生的思想碰撞、精神交流、人格对话，所以课堂对于思想政治理论课教学实效具有非凡的意义。以“课堂为本”的理念突出的就是追问如何充分利用好课堂的诸要素来提升课堂的育人功能，进而“回归课堂”“再造课堂”，有效推动“课堂革命”。具体围绕“课堂为本”，思想政治理论课的教学研究应深度挖掘课堂教学与思想政治理论课教学的本质关联，系统论证课堂要素对于实现思想政治教育的影响，将思想政治理论课课堂教学研究推向深入。坚持以“课堂为本”，通过研究服务和改造课堂，是基于问题意识深化教学研究的重要宗旨，因为课堂是思想政治理论课发挥作用的主要渠道，是发挥育人功能的第一现场，课堂教学好不好不仅是评判思想政治理论课教学好坏的第一标尺，也是评价高校立德树人状况的核心维度。思想政治理论课教学中的诸多问题集中表现于课堂教学之中，也需要通过优化课堂教学去解决。因而，系统回应思想政治理论课教学中的问题，深度研究问题，需要牢牢抓住课堂，坚持以“课堂为本”的理念。

其次，以复杂性思维研究教学。思想政治理论课教学具有相当的复杂性，它是一个非线性事件，是一个复杂适应系统。如果我们认定思想政治理论课教学是一个简单系统、一个线性事件，那么好的教材、好的教师、好的教法就必然会带来好的思想政治理论课。显然，在教学实际中，我们在教材、教师和教法上的大量投入，并没有直接显著地带来思想政治理论课教学效果的根本提升，在办好思想政治理论课的道路上我们依然使命艰巨，有很长的路要走。这就说明思想政治理论课教学有突出的复杂性，我们不能用线性思维来分析思想政治理论课教学的问题。为此，我们通过教学研究来分析问题，应该充分认识到复杂性思维对于思想政治理论课教学问题分析的重要性，应用复杂性思维开展教学研究，全面细致地把握影响思想政治理论课教学系统功能的所有要素，找出最大变量，通过改变有效的输入改变教学系统的功能状况，从而系统提升思想政治理论课教学的质量和水平。以复杂性思维审视教学研究，是对思想政治理论课教学复杂性客观实际的一种尊重和正视，是实事求是的应然要求，也是有效开展教学研究的一个重要前提。看不到思想政治理论课教学复杂性的教学研究，容易做成脱离实际的空洞化研究，对于复杂问题的分析难以深入，最终很难实现对问题的深刻把握。

最后，以扎实的团队协作研究教学。思想政治理论课教学面临的问题是广泛而深刻的，它关涉的学科众多、背景复杂，仅靠一己之力很难完成系统深入的教学研究，进而在问题的分析上难有大的突破。为此，分析问题需要依靠团队的力量。在一定意义上可以说，团队的高度决定个人所能达到的高度，团队有力量个人才能获得更好的成长，展现更大的力量。开展思想政治理论课教学研究，应与团队建设同步，以团队的集体力量攻坚克难，同时又在问题研究中推动团队的互动、协作和共同成长。思想政治理论课教师较之其他专业课程的教师有着更好的团队协作的基础和条件，他们有共同的育人使命、相近的专业背景、共识的教学理念，不同课程可以相互配合、协同育人，这些使得思想政治理论课教师更容易形成紧密的教学共同体，从而以共同体的模式合作共进，系统推进教学研究的深化。为了有效推动教学研究，实现课堂革命，团队建设往往需要依赖项目的支撑，以教学研究项目组织团队、带动团队的发展。在项目设计过程中，教学问题本身就是项目设立的依据，项目化研究团队就成了研究问题、破解问题的关键。

三、以立体教学设计解决问题

发现问题、分析问题是为了解决问题，可以说解决问题是问题意识的价值旨归。思想政治理论课的问题意识应强调解决问题的意识和能力，这是问题意识生命力之所在。思想政治理论课的问题往往不是简单的一门课或几门课的问题，它可能是青年大学生群体问题的反映，也可能是整个社会社会性问题的写照，因而，思想政治理论课的问题通常不能简单应对，需要通过立体的教学设计进行宏观把握和整体部署，以立体的方式推动问题的解决。

首先，以立体的视野观照教学。当前的思想政治理论课教学正处于异常复杂的国内国际环境之中，中国特色社会主义进入新时代正经历着百年未有之大变局。面对复杂的国内外环境，我国的意识形态安全遭遇巨大的挑战，习近平总书记说："党的十八大以来，意识形态工作积极主动，阵地意识明显提升，主旋律更响亮，正能量更强劲。同时应当看到，意识形态工作面临的内外环境更趋复杂，境外敌对势力加大渗透和西化力度，境内一些组织和个人不断变换手法，制造思想混乱，与我争夺人心。一些单位和党政干部政治敏锐性、责任感不强，在重大意识形态问题上含含糊糊、遮遮掩掩，助长了错误思潮的扩散。"身处这样的国内外环境之中，思想政治理论课遭遇的问题不仅来自思想政治理论课教学本身，而是国内外诸多因素共同作用的结果，因此问题的解决必然需要有立体宏观的视野。在教学设计中，立体的视野带来的是对问题分析的全面性，从而为问题的解决提供清晰的思路。当然立体的视野除了有横向的宏大之维，也有纵向的精深之维，除了要看到国内外的诸多要素在影响着思想政治理论课教学实效，还要看到其中哪些要素是构成重大影响的，并分析这种重大影响是怎么发生的、影响机制是什么，从而将问题的分析引向深入，为问题的解决提供可靠依据。

其次，以立体的架构强化教学。以问题意识设计教学，应看到问题的归因是方方面面的，要解决问题，不能简单依靠一种方法、一种手段，而需要有立体的架构。立体的架构既包括在课堂教学中要融入更多的设计，立体地解读教学中的重难点问题，也包括在课堂主渠道、主阵地之外还应立体地设计相关的拓展、支持环节，如课堂之外的实践教学、同向同行的课程思政、学生日常的养成教育等。具体而言，实现立体的教学设计需要把握好两个维度，一是推动思想政治理论课教学的精致化，将课堂教学内容精致化设计，将第一课堂、第二课堂、第三课堂精致化配合；二是在大思政格局中经营思想政治理论课教学，充分利用大思政中的思政教育要素配合课堂主渠道，形成立体的教育教学模式。如"思政课程"与"课程思政"同向同行就是立体架构的一个重要表现，立德树人的问题不是思想政治理论课教学的"私责"，而是所有高校、高校内所有部门的共同使命。自然地，在课程方面，育人的任务就不能只落到思想政治理论课上，而应当有立体的架构，让思想政治理论课完成好它的育人任务，而其他专业课程也承担相应的育人责任，实现协同育人。只有在立体的架构中，思想政治理论课教学问题的解决才能手段更丰富、支撑更多元、举措更有效。

最后，以立体的资源支撑教学。有效的课堂革命，是一场资源汇聚的革命。离开资源的支撑，教学是无力的。思想政治理论课教学问题的解决，除了视野到位、架构到位之外，至关重要的是落实相关资源的配置，形成立体的资源支撑。资源从何而来？一方面要加大思想政治理论课建设的投入，做好增量，从国家到地方到学校，切实地从立德树人、培养时代新人的政治高度支持思想政治理论课发展；另一方面要树立正确的资源意识，盘活存量，善于发现和利用好现有的资源、身边的资源，将其作为思想政治理论课建设的有效资源支撑。有了立体的资源支撑，思想政治理论课就具备了改革创新的基本保障，具备了解决问题的平台后盾，从而大大提高了解决问题的能力和效率。其实，“资源从何而来”本身就是思想政治理论课教学中面临的一个重要问题，这一问题的解决在今天看来取得了非常大的进展，随着党中央高度重视思想政治理论课建设，全国各省市、各高校都越来越重视思想政治理论课建设并投入大量的资源以办好思想政治理论课，这样一来，资源问题似乎得到了根本的解决。但是，我们的资源意识不能局限于此，而要看到资源可以而且应该越多越好，尤其对问题的解决而言，基于全校的立体资源全面地渗透到了学生学习生活的方方面面，有助于实现对学生的多方式教育与引导，其实效势必优于资源的单向供给，从而呈现立体资源对于问题解决的独特优势。

综上，思想政治理论课的问题意识是一种意识组合，它贯穿问题的发现、分析和解决的全过程，是发现问题的意识、分析问题的意识和解决问题的意识的总和。培养和增强问题意识，需注重把握教学过程中的矛盾，于矛盾处发现问题；注重深度的教学研究，通过研究分析问题；注重立体的资源配置，为解决问题提供有力资源支撑。只有这样，思想政治理论课的问题意识才能避免抽象、空洞，才能在教学实践中落实落细，从而有效提升思想政治理论课的教学实效。

（本文成文日期为 2018 年 12 月。）

视觉元素融入思想政治理论课教学研究

——以北京服装学院为例

北京服装学院思想政治理论课教学部

张红玲　常　雪

艺术类院校是我国诸多高校中极具特色的一个类型。它们通常围绕某一与艺术相关的专业或行业领域进行人才培养的相关设置，在学生整体情况、课程体系设置、院校文化氛围等方面都与其他院校风格迥异。在思想政治理论课（以下简称思政课）教学中，除了其他院校所面临的共性问题外，艺术类院校也遭遇了一些“独特”的困境。为破解这些困境并提出有参考价值的解决方案，本文以北京服装学院为例，针对艺术类院校的特质和艺术专业学生的特点，尝试在艺术类院校思政课教学中融入视觉元素，包括绘画、书法、雕塑、微动画、微视频等，以丰富思政课教学的内容、形式和手段，提高学生的认可度，增强教学效果，从而促进高校人才培养工作的全面提升。

一、艺术类院校思政课教学现状分析

艺术类院校在学校规模、体量、招生方式和学生特点等多方面与其他普通高校有明显不同，思政课也有其特有的教学对象、教学条件和教学实践。

第一，艺术类院校大学生特点鲜明。他们大多善于形象思维，对视觉化强的事物比较敏感，再造形象能力和表现力很强；追求个性，喜欢标新立异；思想观念开放、思维活跃。与其他普通院校的学生相比，他们有着较为特殊的教育背景，从小投入较多精力在专业技能的学习上，文化课基础相对薄弱，进入大学后其关注点主要集中在行业和专业发展前沿上，对思政课的学习动力不足。因此，在针对艺术生的思政课教学中采取与面向其他专业学生相同的教学内容和手段，难以做到因材施教，影响艺术类院校思政课的教学效果。

第二，教材体系向教学体系转化尚未完全到位。目前全国大部分高等院校的思政课教学均统一采用高等教育出版社的教材，该教材科学性、理论性和政治性高度统一，是开展思政课教学的重要遵循。但对于艺术类院校大学生来说，教材的学理性很强但实践性偏弱；文字表述严肃，生动性略显不足。如果教学不能贴近院校特色和学生特点，补充艺术生易于接受的辅助教材或资料、选取符合艺术生思维特点的教学方式和手段，难以有效实现教材体系向教学体系的转化。

第三，思政课教学与专业课“课程思政”融合不够。在相当长的时间里，艺术类院校的思政课教学都处在整个学校教学体系相对边缘化的位置。近些年来，在党中央及各级教育管理部门的大力支持和推动下，思政课的受重视程度得到了前所未有的提升，艺术类院校思政课教学也顺势而为、抓住机遇，从教学理念到教学内容和方式方法全面进行探索和创新，教学特色和效果逐渐凸显。但长期以来形成的思政课教学与专业课教学相脱节的现象还没有得到根本改善，特别是挖掘专业课程中的思想政治教育资源，形成思政课程和“课程思政”的双向融合还不够全面，专业课教师对思想政治教育的认识还有一定偏颇，这样无形中会影响到学生对思政课的认知。即使在思政课教师中，也有相当一部分教师认为，搞思政工作的与搞艺术的风马牛不相及，隔行如隔山。思政课教师涉足服装服饰、时尚传播、绘画艺术等领域难度颇大，相关专业知识欠缺，对如何将思政课与专业课相结合缺乏自信心和想象力。

鉴于艺术类院校思政课教学中仍然存在一些问题，如何打造特色思政课课堂，在确保思政课科学性、政治性的同时，恰当融入艺术性，进而完成教材体系向教学体系的转化，国内多所艺术类院校从学校自身办学宗旨和艺术生的特点出发，进行了形式多样的有益探索。其普遍做法是将行业成果和原创作品融入思政课实践教学，发挥学生专业特长，调动其参与思政课教学的积极性、主动性，取得了很好的教学效果和社会效应。

我校一年一度的思政课实践教学艺术作品展，以当年国家大事为主题，指导学生以绘画、书法、雕塑等形式进行主题创作，引导学生表达或探讨不同时代、不同民族的哲学思维对艺术的影响、对社会主义核心价值观的理解、对传统文化的思悟、对社会生活的观察和思考。西安美术学院的“一画一课”工程，探索将美术作品运用于思政课教学之中，鼓励美术类学生结合教学内容，搜集中国近现代以来各种形式的美术作品，描述作品创作的时代背景、表现内容和艺术成就，并将其整理成教学资料，以提高思政课教学的针对性、吸引力、亲和力和学生参与度。星海音乐学院开展首届“弘扬社会主义核心价值观歌词创作大赛”，同时开展“党员之歌”“廉政文化”等主题歌曲创作大赛，几年来师生累计创作主旋律歌曲 1 000 多首。北京舞蹈学院设置“社会主义核心价值观与艺术创作”思政实践课，鼓励学生以新创或复排的方式感受和传承舞蹈作品中的红色基因。

二、将视觉元素融入艺术类院校思政课教学的思考

习近平总书记在 2016 年 12 月召开的全国高校思想政治工作会议上的讲话中特别指出，要运用新媒体新技术使工作活起来，推动思想政治工作传统优势同信息技术高度融合，增强时代感和吸引力。总书记这一讲话为艺术类院校开展思政课教学改革提供了基本遵循。在新时代，艺术类院校思政课要因时制宜、因地制宜、因人制宜地开展教学活动，适时适度地将新媒体技术运用到教学中，为信仰的课堂插上腾飞的翅膀，把恰当内容和完美形式结合起来，努力实现思想性、科学性、艺术性的统一，使学生既受到理性启迪又得到美的熏陶。

第一，根据院校特征和学生特点，采取适当的教学方法和手段，是提高艺术类院校思政课教学效果的重要前提。我们不能用千篇一律的方式对待受教育背景、个人关注点乃至性格特征千差万别的学生。孔子在几千年前就提出“因材施教”，承认差别、尊重差别，是艺术类院校思政课教师乃至全体教育工作者的应尽之义。

第二，艺术类院校思政课教师必须与时俱进。习近平总书记在学校思想政治理论课教师座谈会上的讲话中提到思政课教师要具备六种素养，其中思维要新、视野要广，就是要求思政课教师要紧跟时代潮流，随时更新自身知识结构和思想观念。现今各种视觉化手段层出不穷、瞬息万变，确实给思政课教师，尤其是年龄偏大的教师带来了不小的挑战。但为了和一代又一代的“新新人类”保持步调一致，能够听懂其所说、明白其所感，同其进行较为顺畅的交流，并以其喜闻乐见的方式开展思政课教学，艺术类院校思政课教师必须提高自我要求，在知识结构、思想观念、表达方式、技术手段等方面进行持续的自我更新。

第三，艺术类院校思政课视觉化手段的使用也要实事求是、适时适度，避免一窝蜂和形式主义。一切手段和形式都是为内容服务的，所有关于思政

课教学手段和形式的尝试，都应围绕一个统一的目的，就是实现“立德树人”的目标。因此，在进行教学手段和形式的改进时，我们始终不应偏离这一目标，不能为了创新而创新、为了形象而创新、为了成绩而创新，盲目的、不加以充分可行性研究的尝试，只会加重艺术类院校思政课教师的负担，造成人力财力的浪费，不但无助于教学效果的提升，还会掉入形式主义的误区。

三、将视觉元素融入艺术类院校思政课教学的路径探索

信息技术发展的日新月异，为艺术类院校思政课教学的改革创新带来了前所未有的契机。思政课教学突破了传统课堂面对面讲授的方式，具备了开展从线上到线下、从校内到校外的全方位思政课教学的条件。在利用各种手段和方式丰富思政课教学的过程中，尤其要注意结合艺术类院校的学生特色，将各种视觉因素作为拓展教学内容和形式的重要突破口。笔者认为，艺术类院校思政课实践教学中有效融合视觉元素，可以从以下四方面切入。

第一，以短视频点亮课堂教学。随着移动网络、智能手机的普及和各类视频软件的层出不穷，短视频已成为人们获取信息、休闲娱乐乃至展现自我的重要渠道。作为最善于接受和传播新鲜事物的青年大学生，他们对短视频的喜爱和依赖程度可想而知。笔者的教学经验表明，在课堂上，青年大学生对短视频的关注度非常突出，播放短视频时的课堂抬头率要明显高于其他时间。因此，思政课教师也必须与时俱进，顺势而为，精选出一定数量的主题突出、制作精良、时长适度、对课堂教学效果有促进作用的短视频作为课堂教学的必备内容。例如，在“思想道德修养与法律基础”课上，选取了我校近几年服务国家或首都重要活动所承担或参与的艰巨设计任务，包括 APEC 领导人服装设计、平昌冬奥会“北京八分钟”发光服设计、新中国成立 70 周年女民兵服装和群众游行方队的服装设计，以及我校教师赵冰清担任女民兵方队领队的视频等，极具视觉冲击力的画面引起了学生强烈的共鸣，很好地将思想政治教育寓于专业教育中。

当然，如何选择适当的短视频，是对思政课教师提出的新要求。一是视频必须政治导向正确，且符合课堂教学内容，可以对课堂教学构成明确有效的补充；二是视频必须具有时代感，能够与社会热点事件或社会变迁的最新趋势紧密结合，并保持较高的更新率；三是视频时长也需要任课教师根据实际情况进行考量，必要时还需要进行进一步的剪辑，以防因视频时间过长、

节奏过慢而使学生产生倦怠感。

第二，以原创微视频作品丰富课堂互动。为使课堂更加灵动、活跃，在课堂互动环节，除了保留原有的主题演讲、小组讨论、辩论赛、情景剧等传统互动方式以外，鼓励学生制作微动画和微视频、拍摄微电影，对艺术类学生来说也是不错的选择。例如，在“马克思主义基本原理概论”课教学中，针对服装设计、艺术设计、新媒体设计、时尚传播等艺术专业的学生，可以通过艺术设计作品的繁与简的关系，服装设计中传统与时尚、审美与实用的关系等解读马克思主义基本原理，引导学生制作蕴含丰富哲理的微动画；在“毛泽东思想和中国特色社会主义理论体系概论”课教学中，就纺织服装产业发展、服装服饰流行趋势和生态文明建设，鼓励学生走出课堂开展社会调研并制作微视频；在“中国近现代史纲要”课教学中，回溯服装服饰发展变迁的历史，搜集不同时期具有代表性的服装服饰，制作微动画、微视频，解读历史上的重大事件、重要思想；在“思想道德修养与法律基础”课教学中，就设计师应具备的职业素养、大学生的青春梦想和公德意识等，制作微动画、微视频，或拍摄微电影。

因上述微视频作品的制作和拍摄，相对静态艺术作品的创作，更需要团队合作，可以建议学生组成小组、分工协作，不仅可以培养学生的团队合作精神，还可以发挥集体智慧和力量，荟萃每个人的创意，创作出高质量的作品。每门课程可以根据教学安排和进度，选择在学期中或学期末某一时间节点集中展映、师生点评并计入期末总成绩。

第三，以原创静态作品带动实践教学。艺术类院校相比其他院校的一个显著优势，即可以充分利用自身专业优势，非常方便而有效地将视觉化元素融入思政课教学当中。早在几年前，我校就启动了“参观博物馆，感受古都文化”社会实践，指导学生参观首都博物馆、纪念馆、名人故居等历史文化遗存，同时将参观感悟以艺术创作的方式表达出来。在延续该方式的基础上，近几年又紧紧围绕国家重要事件，如改革开放 40 周年、戊戌变法 120 周年、五四运动 100 周年、新中国成立 70 周年等设定主题，要求学生以书法、绘画、摄影、手工等静态艺术作品形式提交实践作业，学生通过回眸历史、观照现实，用画笔倾诉他们对国家发展的历史、现实与未来的感悟和思考，在创作过程中加深对课程内容的理解和认同。对提交的作品，思政课教师会同专业课教师以思想性、艺术性为标准遴选优秀作品，于每年年末举办思政课实践教学艺术作品展，延伸“课程思政”影响力。

作为课程的实践教学环节，将实践作品分数纳入期末总成绩，这样既可以激励学生认真参与实践教学，自觉消化吸收实践教学成果，也可以使课程评价方式更加多样和客观。这一形式因紧密结合学生专业特色、赋予学生较大发挥个人专长的空间，广受好评。而每学期涌现出的为数不少的优秀作品，也给了教师自我思考、自我提升的可能，实现了教学相长。

第四，以视觉化考核方式补充课程考核。与教师最关注教学效果不同，学生最关注的往往是课程考核问题。在考核方法中加入视觉化的内容，能够引起他们对课堂教学和课程任务的足够重视，也有助于教师将教学过程中融入的视觉化手段的效果落到实处。考核中的视觉化内容，可以结合院校特色拓展范围，根据课程设定主题，以思想政治教育为主题的画作、微视频、微动画、微电影等艺术创作都可纳入考核形式的范畴。

根据教育部关于思政课“坚持闭卷统一考试为主，与开放式个性化考核相结合，注重过程考核”的要求，充分考虑艺术类大学生的特点制定科学合理的考核方案。期末考试可采取闭卷考试方式，而平时成绩、实践教学环节可以采取绘画、雕塑、动画、微视频、微电影等形式的视觉化考核，平时成绩、实践成绩与期末考试成绩共同构成学生学期总成绩，由此形成艺术类学生自成一体的考核体系。这样做的好处显而易见：一是利用学生对专业的热衷和关注，提高学生参与课程的积极性，加强教学效果；二是强调过程性考核，避免用一张考卷的成绩来评价学生整个学期的学习表现，使考核结果更为客观；三是有助于改变学生对思政课“死板、老套”等固有印象，提升思政课在青年学生中的认同程度。

总之，立足于学校的办学特色和学生的专业特长，将思政教育和专业学习有效融合，将视觉元素和手段融入艺术类院校思政课教学，可以极大地丰富思政课的教学内容和方式，使思政课接地气、有生气，最大限度地发挥学生在教学中的主体地位，唤醒其自我教育意识，以润物无声的方式收获学习成果，最终提升艺术类院校的思政课教学水平。

（本文成文日期为 2020 年 4 月。）

新时代“名家领读经典”课程的本位、维度及向度

北京理工大学马克思主义学院

张　雷　张舒瑜

2019年3月，习近平总书记在学校思想政治理论课教师座谈会上强调，要“理直气壮开好思政课，用新时代中国特色社会主义思想铸魂育人，引导学生增强中国特色社会主义道路自信、理论自信、制度自信、文化自信，厚植爱国主义情怀，把爱国情、强国志、报国行自觉融入坚持和发展中国特色社会主义事业、建设社会主义现代化强国、实现中华民族伟大复兴的奋斗之中”，“要完善课程体系，解决好各类课程和思政课相互配合的问题，鼓励教学名师到思政课堂上讲课。各地区各部门负责同志要积极到学校去讲思政课”。习近平总书记的讲话进一步阐明了“什么是新时代的思政课，怎样在新时代做好思政课”的重要问题，思想政治理论课要根据新时代、新要求明确自身的功能定位和优化路径。

一、“名家领读经典”课程的特征和发展

“名家领读经典”是一门由北京市委教育工委组织开展的思想政治教育课程，以系列讲座为主要形式，以首都大学生为授课对象，由多位不同学科领域理论名家构成师资团队，带领学生从不同角度研读经典文化，使思想政治教育以文化为载体，增强亲切感和感染力。自2016年开设以来，“名家领读经典”经历三个发展阶段。一是市级选修课阶段。2016年，为解决高校思想政治理论课感染力、针对性不够强的问题，更好地满足学生的需求和期待，北京市委教育工委组织开展“名家领读经典”市级选修课作为本科生四门思想政治理论课的互补课程，以北京大学、清华大学、中国人民大学、北京师

范大学为中心划分为四个片区集中教学。本阶段的课程师资主要来自哲学社会科学领域，以专题讲座为主要教学形式，以研读哲学社会科学经典著作为主要教学内容。二是市级-校级选修课阶段。2017 年起，为满足学生需求，北京各高校在市级选修课的基础上，开设具有本校特色的校级“名家领读经典”课程。这一阶段的课程师资不只局限于哲学社会科学领域，还包括自然科学领域的名师。教学形式不再限于专题讲座，还包括小组研读、实践教学、答辩展示、汇报宣传等。教学内容也不再限于领读经典著作，还包括介绍人物故事、传统风俗等经典文化。三是市级-校级+艺术选修课阶段。2017—2018学年，为满足艺术类院校学生的需求，更好地发挥艺术在思想政治教育中的重要作用，“名家领读经典”课程设置艺术片区，在艺术院校开设“艺术名家领读经典”课程。此阶段的课程呈现出更多的课堂表现形式，并增加了音乐、光影等艺术手段。从整体上看，“名家领读经典”课程呈现出课程覆盖面逐渐广泛、师资团队领域逐渐全面、文化资源应用逐渐深入、教育资源整合逐渐完善的发展特点。

二、新时代“名家领读经典”课程的育人本位

（一）立德树人是“名家领读经典”课程的根本目标

育人之本，在于立德铸魂。2018 年 5 月 2 日，习近平总书记在北京大学师生座谈会上强调，“育人的根本在于立德”，“要把立德树人的成效作为检验学校一切工作的根本标准”。大学生处在人生的“拔节孕穗期”，需要教育工作者的精心引导和“合力”栽培。“名家领读经典”课程将德育置于课程目标之首，倡导社会主义核心价值观和爱国主义精神，通过课程学习使学生增强服务国家、服务人民的社会责任感。课程通过“名家领读经典”带领学生深入思考，增强信仰的力量，培养学生的“理论自觉”，进而达到“实践自觉”。“名家领读经典”课程主要通过课程学习培养学生坚定的理想信念和深厚的爱国主义情怀，培养学生坚定“四个自信”，通过“课程育人”努力培养担当民族复兴大任的时代新人。“名家领读经典”课程紧紧立足新时代大学生成长成才的新需求，充分整合第一课堂和第二课堂思想政治教育资源，课程的设立是在对思想政治教育方法创新规律的深刻认识基础上，结合新时代大学生思想政治理论课学习和经典阅读方面的新问题，对于思想政治理论课和通识课的创新发展。“名家领读经典”课程以立德树人为根本目标，课程的开发、教

学、管理等各环节均以“德智体美劳全面发展”为育人向度，以培养“德才兼备”的人为育人中心，是高校思想政治教育系统的重要构成。

（二）“现实的人”是“名家领读经典”课程的立足点

马克思认为，人具有现实性，“是一切社会关系的总和”。“名家领读经典”课程以“现实的人”为出发点和立足点。一是“现实的人”是具有思想情感和具体需求的人。随着社会主要矛盾的转变，人们对思想情感、物质水平、精神发展有了更高、更丰富、更多样的需求，新时代的高校思想政治教育要做好价值引领、提升课程内涵、创新教学模式、丰富教学风格，以更好地适应社会发展需要和学生发展需求。“名家领读经典”课程关注00后学生的群体特征和接受特点，从不同专业背景学生的兴趣点出发调动学生的积极性，提升课程的亲和力和针对性。二是“现实的人”是处于社会关系中的人，人的发展和社会发展具有本质上的契合性。“名家领读经典”课程着力于引导学生认识个人理想与中华民族伟大复兴中国梦的契合性，认清时代责任和历史使命，在个人发展与社会发展的统一中实现人生价值。三是“现实的人”是“历史的发展的人”，是受特定传统文化影响、有特定文化记忆的人。“名家领读经典”课程讲中国故事、说中国历史、看中国未来，引导学生树立文化自信，成为有中国心、中国情、中国味儿的人。

（三）经典著作研读是“名家领读经典”课程的具体指向

研读经典著作对于大学生至关重要，可以使大学生感悟经典作家的崇高价值追求，升华思想境界，使大学生掌握科学思想方法，体悟问题意识，获得启发、认清方向。马克思主义经典著作是马克思主义理论的本源和基础。研读马克思主义经典著作对于掌握马克思主义基本理论、树立马克思主义信仰具有重要作用。研读中华传统文化经典著作对于推动中华优秀传统文化传承创新具有重要影响。近年来，大学生经典阅读状况总体不容乐观，“功利性阅读”较多，经典阅读较少，广度不够，层次较浅，效果欠佳，经典阅读的氛围也不够浓厚，远远达不到“研读”的水平。长期以来，多数大学生主要通过思想政治理论课和课程教材来学习马克思主义理论，其他方面的学习远远不够。大部分学生对于马克思主义的内涵与发展的理解还不够深入，仍有待于深入学习、研读马克思主义经典著作，特别是加强新时代新经典的研读。除此之外，文学、历史、哲学、伦理等方面的经典阅读也有待加强。大学生在经典著作研读方面仅仅靠自学很难达到较好效果，需要各方面专家的有效指导。“名家领读经典”课程的开设就是为了解决这一问题，更好激发大学生的经典阅读热情，营造经典阅读氛围，提升学生的理论素养和文化素养，充分发挥经典阅读在文化传承和立德树人中的重要作用。“名家领读经典”课程是根据新时代思想政治教育创新过程的具体矛盾，优化思想政治教育方法，推动思想政治教育创新发展的一种有效尝试。

三、新时代“名家领读经典”课程的价值维度

（一）整合教育资源，发挥联动效应

北京作为我国的首都，集国家首都、文化古都、全国政治中心、全国文化中心、国际交往中心等于一身，北京文化功能作为“政治功能的延伸和载体”，是其多重城市特征的聚合点和辐射点。2012 年，北京市人大常委会在调研中指出，首都作为全国文化中心，具有“代表展示功能、示范带动功能、向心凝聚功能、服务保障功能、辐射影响功能”。“名家领读经典”课程充分利用首都北京的价值策源功能和文化聚合–辐射–联动功能，实现北京教育资源共享。一是“名家领读经典”课程充分利用北京高校众多、教育人才荟萃的特点，构建多学科多层次的名师团队，聚合多中心“名师效应”，形成聚合强、辐射广的“名师团队效应”。二是“名家领读经典”课程深入挖掘北京的文化历史资源，实现文化古都的育人作用。在“走进国粹艺术，彰显爱国情怀”“从景泰蓝的名称看非遗的传承与创新”等课程中，京剧、景泰蓝等文化符号承载着古都文化和家国情怀，给予学生情感熏陶和精神滋养，发挥文化“无声的力量”。

（二）领读经典著作，传递价值导向

信息化社会的信息传播呈现出数量大、种类多、速度快、范围广的特征，纷繁复杂的碎片化信息催生了“快餐文化”。传统阅读的“读”和“想”逐渐变成信息化时代的“看”和“听”。文化传播的“直观化”在满足了人们感官需求的同时，容易使人们仅仅满足于感官刺激，而忽视对于价值、思想、理性的思考，停留在“感性认识”的表面止步不前，从而失去对事物本质认识的把握。“名家领读经典”课程选择部分经典著作作为教学内容，引导学生研读经典，树立正确的价值观念。一是“名家领读经典”课程深入挖掘经典著作中的逻辑框架、文化底蕴，引导学生从“看”和“听”向“读”和“想”转变，提升学生的理性思维能力。二是“名家领读经典”课程由教师“领读”经典著作，充分发挥教师主体性作用，引领学生从整体视角看待问题、用系

统方法分析问题，以科学方法解决问题，避免分析视角的狭隘性和抽象性。三是“名家领读经典”课程充分利用“名师效应”增强课堂亲和力，教师运用自身人格魅力及丰富教学经验，用“小故事”阐述经典著作中的“大道理”，传递主流文化精神，强化正确价值导向。

（三）传承古今文化，凝聚民族精神

习近平总书记指出，“坚定文化自信，是事关国运兴衰、事关文化安全、事关民族精神独立性的大问题”。梳理文化资源是坚定文化自信的内在要求。中华民族五千多年历史孕育的灿烂文化，铸就“礼仪之邦”的赞誉，如儒家提倡的“天下为公”“为政以德”“推己及人”，墨家提倡的“兼爱”“非攻”等思想，具有深刻的精神内涵，在现今仍有丰富的教育意义。“名家领读经典”课程系统梳理中华文化中的教育元素，进行中华优秀传统文化的创新性转化和创造性发展。一是“名家领读经典”课程充分挖掘中华文化中的哲学思想，在“我读《庄子》有啥用？——中国传统文化与艺术”“少数民族音乐在中华民族多元一体化格局中的体现和特征”等课程中，《庄子》中蕴含的“天人合一”“相济相和”，中华民族多元一体格局中蕴含的辩证统一等哲学思想引发学生深深的思索。二是“名家领读经典”课程用当代表达方式传承中华优秀传统文化，例如，在“中华优秀传统文化的创造性转化创新性发展”这节课中，《傩·情》《井冈·井冈》两部舞剧向学生阐释了“傩”文化和井冈山精神的深刻内涵。三是“名家领读经典”课程充分挖掘中华优秀传统文化的现实价值。在“培育和践行社会主义核心价值观”“《资治通鉴》中的用人之道——探寻习近平总书记用人思想的传统资源”等课程中，授课教师带领学生梳理了中国古代传统文化和“文化自信”“文化强国”建设的关联、中国共产党在治国理政中对中国古代选官用人制度中优秀资源的汲取和发展等，使学生充分感受到中华文化深厚的历史底蕴和现实价值，坚定文化自信。

四、新时代“名家领读经典”课程的优化向度

（一）完善聚合-辐射-联动机制，增强课程育人合力

首都文化的价值策源功能和文化聚合-辐射-联动功能是思想政治教育的有效传播载体，发挥首都文化思想政治教育功能的辐射性作用将有助于思想政治教育资源更加平衡而充分地供给和分配。“名家领读经典”课程不仅要整合教育资源，实现教学资源联动，还应充分发挥课程整体的辐射性作用，以

“名家领读经典”课程整体促进更大范围的课程联动。一是打造备课、教学、反馈一体化课程管理平台。课程要广泛发挥师资合力，建设课程资源信息库，保证教学内容的系统性和立体性；全面共享教学进度，紧抓课程链条，保证系列课程的连贯性和衔接性；实时记录课堂反馈，关注学生兴趣点与接受度，保证课程的针对性和有效性。二是建设“名家领读经典”课程共享与交流平台。课程要积极共享课程教学资源，建设课程教学资源库，发挥“名家领读经典”课程的辐射作用；按照专题设置讨论交流区，群策群力，丰富课程教学资源，发挥协同创新合力。三是打造具有主题特色的“名家领读经典”课程品牌。市级、校级两级选修课可根据不同课程的不同特色打造各自的课程品牌，征集课程宣传语，制作课程主题标识，创作课程主题曲，以突出课程主题特色，提高课程宣传效果。

（二）创新课堂教学模式，实现大众性与经典性相统一

文化的经典性和大众性是一对矛盾，都以发挥文化育人作用、丰富精神世界、提升幸福感为目的，但由于作用机制的不同，二者在具体作用、内容、形式上存在差异。一是文化的经典性强调文化的理性深度，以一定的价值观念引导人们反思和批判自身现实，从而提升精神层次，促进自身发展；文化的大众性强调丰富的感官体验，以人民大众喜闻乐见的形式缓解生活压力，调整心态。二是文化的经典性强调文化的思想指导作用，其内容以具有先进性的主流文化为主体，以浓缩的主流价值观凝聚思想，提升民族凝聚力；文化的大众性强调文化的多元性，其内容主要是对日常生活丰富性和多样性的反映，满足人民群众的日常需求。三是文化的经典性要求其理论性、系统性较强，高于人民大众现有认识水平，引导人们通过“仔细推敲”和“冥思苦想”摄取文化中蕴含的伦理道德和价值观念，因而具有形式上的灌输性和作用上的深远性、持久性；文化的大众性要求其通俗易懂，与人民大众现有认识水平相一致，通过感官映像获得直接经验，因而具有形式上的自发性和作用上的短时性。随着现代信息技术的发展，文化传播日益感性化和碎片化，高强度的多通道感官刺激带来短时的强烈体验，使信息被迅速接受。与此同时，过度的感官刺激也带来思维的惰性，人们更倾向于选择来自感官刺激的直接经验，而不愿意选择“冥思苦想”获取知识的理性深度，将文化的大众性与经典性相统一成为文化发展的必然趋势。

“名家领读经典”课程在着力于内容的经典性、传递主流文化的同时，应关注教学形式的大众性。一方面，“名家领读经典”课程应坚持内容上经典性与大众性的统一，选择人民大众关注的焦点、热点作为课程主题，以科学的理论和方法引导学生正确认识和看待这些问题，使课程内容既具有理论意蕴，又富有时代气息，促进课程内容的认同和接受。另一方面，“名家领读经典”课程应坚持形式上经典性与大众性的统一，将传统教学方式与新媒体教学方式相结合，既传承传统“读、写”在培养理性思维方面的优势，又发挥新媒体技术“看、听”在丰富感性认识方面的独特效果，促进学生的全面发展。

（三）加强课程整体性建设，实现显性教育和隐性教育相统一

2019 年 3 月 11 日，习近平总书记在学校思想政治理论课教师座谈会上强调，思政课要坚持“八个相统一”，其中包括“坚持显性教育和隐性教育相统一”。“名家领读经典”课程旨在引导学生树立正确的世界观、人生观、价值观，促进学生德智体美劳全面发展，必须加强课程整体性建设，实现显性教育和隐性教育相统一。一是加强教师团队整体性建设。“名家领读经典”课程教师需要保证自身素质的整体性，不仅熟练掌握专业知识，还需具有高尚的道德品质、严谨的治学态度和良好的精神面貌，发挥为人师表的榜样作用；不仅课程教师间需加强交流，增进专题备课的相关性，还需与学生保持良好的师生关系，带领学生营造良好的集体氛围，发挥“名师效应”。二是加强课程内容整体性建设。“名家领读经典”课程教师需在集体学习和充分讨论中明确“名家领读经典”课程的课程定位及其与思想政治理论课间的内在联系。课程各专题教学内容需围绕课程主线进行整合，理论教学和实践活动协同进行，保证专题内容的整体性。三是加强课程制度整体性建设。“名家领读经典”课程需具备立体性课程制度，既保证课程制度的严谨性，规范课程运行，又保证其合理性，遵循学生身心发展规律和教学规律；既发挥教师作为教学主体的主导性，又鼓励学生参与课程制度的设计、实施、监督和评价，发挥学生主体性作用。四是加强课堂环境整体性建设。“名家领读经典”课程需营造与课程相匹配的课堂环境，既增强课堂环境的人文性和艺术性，保证环境的干净整洁和合理布局，使学生通过感官的直接体验得到美的享受，优化学习状态，又要增强课堂环境的知识性和价值性，保证环境的青春朝气和积极向上，使学生在潜移默化中得到正确的价值引导。

［本文系 2019 年度国家社科基金高校思政课研究专项“新时代国际化视野下高校思想政治理论课建设路径研究”（19VSZ125）、2018 年度首都大学生思想政治教育一般课题“理工类高校‘名家领读经典’系列课程优化设计研究”（BJSZ2018YB07）的阶段性成果。本文成文日期为 2019 年 12 月。］

关于深化“思想道德修养与法律基础”课专题化教学的几点思考

——基于华北电力大学本科教学实践

华北电力大学马克思主义学院

侯丹娟　孙竹青

为全面落实全国高校思想政治工作会议要求，深入贯彻党的十九大精神、全国本科教育工作会议精神、全国教育大会精神和习近平总书记系列重要讲话精神，2018—2019 学年第一学期，华北电力大学对“思想道德修养与法律基础”（以下简称“基础”）课进行了专题化教学改革探索，并于 2019 年 1 月中旬开展了一次教学改革满意度调研活动。调研结果显示，专题化教学改革取得了良好成效，多数学生对专题化教学组织模式、教学方法、师资力量、教学效果表示充分认可与肯定，但与此同时也存在一些不足。本文在分析这些不足成因的基础上，就“基础”课专题化教学提出了一些具有针对性的改进举措。

一、“基础”课专题化教学满意度

为全面、准确了解教学改革成效，我们分别从教学组织模式、教学方式、教学师资、教学效果四个方面就学生对“基础”课专题化教学满意度进行了调查。

（一）专题化教学组织模式满意度

绝大多数学生对专题化教学组织模式表示认可。问卷调查结果显示，86.58%的学生认可“基础”课专题化教学组织模式，其中，46.79%的学生表示“很满意”，39.79%的学生表示“满意”。其中，具有代表性的观点包括“模式很好，老师讲的专题各有侧重，很喜欢”“模块化的教学很好，每个老师都有自己的风格和长处，比传统的授课方式更容易让人接受”“有多个教师进行模块式授课，体验多种教学方式，学生更易接受”。也有学生认为：“每个老师都把自己教学的部分讲得很好，这样的安排提高了教学质量，也使一部分学生的积极性增加了。”

（二）专题化教学方式满意度

在专题化教学方式中，教师纷纷采用“雨课堂”这一新媒体手段开展“基础”课的教学工作。有学生表示：“感觉很好，各位老师也很负责，应用的‘雨课堂’小程序也很新颖，使上课更加方便了，增添了乐趣。”还有学生表示：“‘雨课堂’这种教学方式很好，是对学生的一种督促，也是对课堂的一种尊重。”问卷调查结果显示，76.83%的学生对于“雨课堂”这一新媒体教学手段表示肯定。其中，44.15%的学生表示“很满意”，32.68%的学生表示“满意”。就性别差异而言，较之于女生，男生对“雨课堂”这一教学手段的认可度略高一些。除采用“雨课堂”这一教学手段增强师生、生生互动外，授课教师还通过其他方式来增强课堂互动。调查结果显示，86.01%的学生对“基础”课专题化教学课堂互动表示肯定，其中，45.56%的学生表示“很满意”。

（三）专题化教学师资满意度

绝大多数学生对于专题化教学师资表示满意。其中，具有代表性的观点包括：“每位老师授课的方式都很生动有趣，感觉只有‘基础’课才有这样放松的氛围，老师讲课很热情，内容也比较有趣。”“我觉得老师那么激情澎湃地讲真的很负责任，我在老师的态度上也收获很多，决定让自己多见识见识外面的世界，这样对自己积极世界观的形成也很有帮助。”通过问卷调查，我们发现 92.43%的学生认可“基础”课专题化教学师资力量，其中，57.82%的学生表示“很满意”。

（四）专题化教学效果满意度

对于专题化教学效果，有学生表示：“‘基础’课真的开阔了我的视野，让我在课堂上领略了古今中外文化的差异，学到了最前沿的思想。”也有学生认为：“由不同的老师上课，可以得到不同老师的教授，获益匪浅。”问卷调查结果显示，85.20%的学生对专题化教学效果表示肯定，其中，43.69%的学生表示“很满意”，41.51%的学生表示“满意”。课堂氛围在很大程度上能够反映课堂教学效果。为了更全面地了解学生对专题化教学效果的满意度，本文还就学生对课堂氛围的满意度进行了调查。有学生表示：“‘基础’课课堂轻松的气氛让我们在快乐中学知识，让学知识变得开心。”

二、“基础”课专题化教学存在的不足及成因

“基础”课专题化教学改革在得到大多数学生认可与肯定的同时，也存在一些亟待改善和解决的问题。对于“基础”课专题化教学中存在的不足，下面将从微观、中观、宏观三个角度进行考察并分析其成因。

（一）微观层面：部分专题化课堂教学缺乏足够的吸引力

从根本上讲，学生学习态度是其学习兴趣的集中体现，受多种因素影响。这些因素包括学生自身对于课程的重视程度及学生自身的兴趣度，当然也包括“基础”课教学的吸引力。就课程重视程度和自身兴趣度方面而言，在访谈中我们了解到，部分学生对“基础”课存在先入为主的偏见，认为“基础”课不重要。“‘基础’课老师上课很认真，但这门课程的性质决定了很多人上课兴趣不足。”

除学生自身因素外，“基础”课教学也存在一些不足。一是课堂互动不够。有学生认为：“有些老师的课堂互动环节不够，没有让学生充分地发言和思考，希望以后能更多地给学生一个案例进行思考。”二是教学内容重点不够突出。有学生认为：“老师上课讲的内容常不按课本走，有时不知道老师在讲哪部分内容。”三是理论讲授未能贴近现实生活。有不少学生提出，希望“基础”课教学能够“更贴近生活一点”，“多讲一些现实生活中的案例”。四是缺乏趣味性。不少学生认为“基础”课教学缺乏趣味性。例如，有学生明确提出：“课堂上应多增加一些趣味活动，多讲一些有趣的例子和案例视频。”

部分专题化教学缺乏吸引力，这与教师密切相关。一是当前评价机制和评价指标体系不够完善，导致教师对教学工作的重视程度不够。随着评价指标体系被滥用，目标管理、绩效奖金愈发被强调，这些因素形成合力驱使大多数教师努力将自身打造成学术研究能手，也在很大程度上消磨了他们内心对于教学工作的热情、专注力和好奇心。这实际上是所有高校教师，而不仅仅是“基础”课教师面临的难题。二是教师墨守成规，难以用开放的态度从客观现实出发开展教学工作。部分教师由于长期从事“基础”课教学，自认为对教学了如指掌而无须再花费时间和精力学习并研究教学新进展，将自己

囿于过去对教学的理解和经验中，安于现状。殊不知，随着近年来中央、教育部和学校对思想政治理论课教学要求的变化，以及学生群体本身的变化，这种墨守成规、周而复始的教学方式已经不能满足当前对“基础”课教学的需要和期待。三是教师对专题化教学的理解和认识不到位。不少教师认为专题化教学降低了教学压力、减轻了教学负担，只需完成所负责章节的专题教学任务即可，故而对其他章节的教学不太关注，这导致各章节之间的联系不够紧密，直接影响学生对整个课程知识体系的理解。四是教师教学方式方法、手段不够丰富。适合学生、深受学生喜爱的教学方式方法能达到事半功倍的效果；反之，则事倍功半。在采用新技术手段的同时，当前教师仍然主要通过理论讲授方式开展教学活动，且在讲授过程中不能很好地与现实生活，尤其是学生的实际生活紧密联系，无形之中降低了学生的获得感。

（二）中观层面：专题化教学中各专题之间缺乏紧密的关联性和渗透性

专题化教学模式最大的优势就是充分发挥每位任课教师的研究专长和教学志趣，让授课教师就课程的某个章节集中进行研究和讲授，以此拓展该章节教学内容的深度和广度，但同时也存在各专题之间缺乏紧密关联性和渗透性的问题。实际上，从“基础”课教材各章节内容安排来看，它们之间有着极为密切的联系，如第一章“人生观”、第二章“理想信念”与第四章“社会主义核心价值观”之间的联系。人生观决定了个人理想的选择，影响对未来奋斗目标的设定，而理想信念体现了个体的人生选择和价值倾向。人生观专题中必然涉及个体价值观与社会价值观内容，那么如何引导学生在人生观选择和确立过程中形成对社会主义核心价值观的认同是该专题讲授过程中应该关注的问题。

各专题教学之间缺乏紧密关联性和渗透性的根本原因在于授课教师对于专题化教学模式的认识还不够准确、全面。专题化教学的核心目的是尊重和发挥教师教学兴趣和研究专长，使每个专题的讲授都成为“精品”，进而将整门课程打造成“精品课”，但并非因此否定各专题内容之间的内在联系。所以，专题化教学是建立在教师对该课程所有章节主要知识点、重难点熟知的基础上，进而在教学过程中将所讲授专题的内容与其他专题中与之相关的内容联系、融会贯通起来，以形成课程教学内容的整体性和统一性。而正是由于授课教师对专题化教学本身认识上的偏差，导致其将主要精力放在所负责的专题教学内容上，而对其他专题教学内容关注不多，认识不深不全，进而难以促进整个“基础”课内部知识之间的相互渗透与融合。

（三）宏观层面：“基础”课专题化教学缺乏与其他思想政治理论课之间的关联性

尽管高校五门思想政治理论课在教学内容和要求上有所区别和侧重，但其根本任务和目标均为“立德树人”，“培养社会主义建设者和接班人”，“提高学生思想水平、政治觉悟、道德品质、文化素养，让学生成为德才兼备、全面发展的人才”。从教学内容上看，“基础”课与其他思想政治理论课之间有着极为密切的关系。例如，“基础”课“人生观”专题讲授中必然涉及“马克思主义基本原理概论”课中“人的本质”“价值观”等问题；“中国精神”专题讲授中必然涉及“中国近现代史纲要”课中我国近现代以来历史发展的轨迹和重要事件，必然涉及“毛泽东思想和中国特色社会主义理论体系概论”课中新时代中国发展的道路和决策，也必然涉及“形势与政策”课中当前国际国内的形势等内容。但此次调研中，有学生明确表示：“‘基础’课与其他思政课之间的联系不够紧密。”

出现上述情况，主要有以下原因。一是授课教师自身知识储备不够。学科分化、细化，使得每位教师“术业有专攻”，除自身学科外，对其他学科知识的了解不多。在这种情况下，很难要求“基础”课教师有效地将与其教学内容有关的其他思想政治理论课内容融会贯通到所讲授专题之中。二是教师对“基础”课与其他思想政治理论课之间联系紧密、同向同行的认识还不到位、不全面。与中观层面专题化教学存在问题的原因类似，正是由于教师在认识上的偏差和局限，导致在实际教学过程中，教师均侧重于从“基础”课本身讲授“基础”课，轻视、忽视“基础”课教学内容与其他几门思想政治理论课教学内容之间的有机联系，导致尽管每一位“基础”课教师都想要教好课，但却很难有成效。

三、“基础”课专题化教学模式改进举措

专题化教学改革的关键在于教师。那么，“基础”课专题化教学应向何处去？如何应对当前的问题？彼得·圣吉的《第五项修炼》或许能给我们一些启示。

（一）不断超越自我，改善心智模式，建立共同愿景

教师个人心态和认知模式的转变是专题化教学有效开展的前提和根本。因此，想要进一步提升“基础”课专题化教学质量，就要鼓励教师努力学习，

不断调整自我心态，超越自我，建立共同愿景。

首先，努力学习，进而实现自我超越。所谓自我超越是指“在生活的每个方面，包括个人和职业等方面，都有一种特殊的精通和熟练”。同时，“自我超越是不断澄清和加深我们的个人愿景的修炼，是持续集中我们的能量、增强我们的毅力，并客观地观察现实的修炼。因而，它是学习型组织的重要基石——或者说是学习型组织的精神基础”。精熟“自我超越”，能够使人不断发掘和实现其内心深处的愿望，形成全心投入、不断创造和超越的生命态度，进而实现终身“学习”。这就要求“基础”课教师要形成不断超越自己能力的愿望，有热情和动力去学习。比如，对教学内容把握的准确度、全面性的不满足，对自己教学能力的不满足等，只有有了这些不满足的动力，教师才能投入精力不断精进。

其次，改善自我心智模式。“心智模式是决定我们对世界的理解方法和行为方式的那些根深蒂固的假设、归纳，甚至是图像、画面或形象。”它“不仅决定我们如何理解世界，而且决定我们如何采取行动”。每个人看这个世界都有一些固定的想法、观点及思考问题的方式，在不同人的大脑里面对这个世界的认知和解释其实是不一样的，每个人的一言一行都是在其心智模式的影响下产生的。另外，心智模式基于一定的事实而形成，它具有一定的稳定性。因此，要大幅地改进自己的行为，提升自身能力，真正要做的就是改变心智模式，让自己理解和认识这个世界的方式更合理。对“基础”课教师个人而言，要以开放的视角和心态去仔细、全面观察和触摸客观世界的变化，包括物质世界和精神世界的变迁。众所周知，随着全球化、信息化及经济的发展，当今世界发生了翻天覆地的变化，教师要深入研究中国社会的深层次变革，以及社会方方面面出现的新变化。与此同时，教师也要关注基于物质世界变化而引发的精神层面的变化。教师不仅要关注国家精神层面，还要关注当前伴随着互联网时代而成长起来的大学生的精神世界，了解他们认知、看待世界的方式和态度，以及他们对“基础”课教学内容、教学方式方法和教学手段的期待、需求。在这种以开放姿态面对世界、观察世界、理解世界理念的影响下，教师还要深入思考并不断反思，实现自我心智模式的改善和更新。

最后，建立共同愿景。“对于学习型组织而言，共同愿景是至关重要的，因为它是学习实践的焦点，也是其动力来源。适应性学习没有愿景也可以进行，但是，生成性学习则只有在大家为真正关切的事业而努力时，才能发生。”共同愿景是团队成员在认识达成相对一致的基础上，真心追求同一团队目标的行为或真心追求的同一团队目标。同时，在这一过程中，成员也将团队目标内化为其个体愿景。“基础”课专题化教学本身就是团队合作开展的教学活动，这不仅要求团队成员之间互相协作、有效配合，也要求所有教师具备共同愿景。毋庸置疑，“基础”课专题化教学团队的共同愿景就是提升课程整体教学效果。这就要求教师改变原先“各自为政”的状态，肯定、认同这一团队愿景，将各自授课任务的完成效果置于共同愿景之中，彼此之间相互信任、相互学习，努力发掘“基础”课专题化教学中存在的盲点，放弃自身固有看法，并承认个体存在的不足和需要改进的方面，以及“基础”课教学团队存在的问题。

（二）积极开展集体备课活动，加强团队学习

团队学习是一种组织内部的学习，它不仅在规模上超越了个人学习，而且在内容上也完全不同于个体学习。团队学习既是团队的活动方式，同时又是检视心智模式、建立共同愿景的载体和手段。彼得·圣吉认为，未能整体配合的团队，其成员个人力量会被抵消、浪费。在这些团队中，个人可能格外努力，但他们的努力难以有效转化为团队力量。当一个团队能整体搭配时，就会汇聚出共同方向，调和个别力量，使团队成员力量的抵消或浪费降至最低，整个团队就像凝聚成的激光束，形成强大合力。当然，强调团队整体搭配，并不是指个人要为团队愿景牺牲自己的利益，而是指将共同愿景变成个人愿景的延伸。事实上，要不断激发个人能量，促进团队成员的学习和个人发展，首先必须要做到整体搭配。那么，如何开展“基础”课专题化教学教师的团队学习呢？集体备课活动就是最佳途径。通过集体备课进行团队学习，能使每个人亮出自身心智模式，从而互相启发，彼此磨合，共同进步。

首先，“基础”课教研室内部进行集体备课活动。一是“基础”课教师要预先熟知该课程每个章节的具体内容、重难点。无论专题授课教师的研究专长、学科背景、教学志趣侧重在哪，都有责任了解和掌握整个“基础”课的教学内容，这是团队学习的前提和基础，若非如此，集体备课活动将难以进一步深化。二是强化集体备课活动中的讨论环节。只有深入、广泛的讨论才能够帮助教师更加准确、全面、深刻地认识某一问题，更好地掌握“思想的武器”以有效开展教学活动。授课教师在了解和掌握整个“基础”课知识脉络体系的基础上，还需要在以下三个方面继续深化学习。一要深入研究和讨论当前学生的思维模式、认知特点及学生对“基础”课教学内容和方法的需要及期待。二要深入思考、研究各个专题之间的内在联系，并构建“基础”

课专题教学体系。三要深入研究、探讨有效的教学方法。有效的教学方法能够帮助教师将理论顺利并准确地传递给学生；相反，则可能导致“教师讲得津津有味，学生听得无精打采”。

其次，“基础”课教研室还应积极联合其他思政课教研室开展跨学科集体备课活动。尽管各门思政课具体教学内容和教学目标具有一定区别，但整体而言，其教学目的一致，教学内容相互渗透。因此，团队学习还应突破本教学团队集体备课的范围，扩展到其他思政课集体学习中去。所谓参与其他思政课团队学习，并非加入其所有集体备课活动，而是“基础”课教师在梳理好与其他课程有关内容，并通过自学掌握一定知识储备的前提下加入其他课程与“基础”课教学有关章节、内容的团队学习之中。在参加过程中，“基础”课教师要积极参与讨论，勇敢表达自己的不解和疑惑，并认真聆听、领悟相关信息，从而增强对相关知识理解的深度和准确度。此外，“基础”课教师应将所获得的信息和知识有效、有机地融入“基础”课教学之中。尽管其他课程的部分内容与“基础”课紧密相关，但“基础”课是一个有机的整体，任课教师必须找准契合点和切入点，将这些内容合理嵌入“基础”课教学之中，使之成为“基础”课的有机构成部分。

（三）采用有效教学方法增强课堂教学吸引力

尽管专题化教学组织模式得到了绝大多数学生的充分认可，但如何提升微观课堂教学的吸引力仍然是“基础”课授课教师面临的一个难题。通过调查，我们认为采用有效的教学方法对提升课堂教学吸引力至关重要。除理论讲授、情景模拟、角色扮演等教学方法外，我们可以主要从以下两个方面入手。

一方面，通过对话和讨论增强课堂互动。长期以来，我们主要通过教师提问、学生回答的形式开展课堂互动。尽管已开始采用“雨课堂”这一新媒体手段增强课堂互动，但从学生反馈来看，这种课堂互动形式仍然没有满足他们的需要和期待，很多学生希望“可以在交流环节中再多一些创新形式”，“多增加老师与同学的互动”。事实上，师生之间民主、平等交流的教学方式有很多，其中对话和讨论是最主要的两种。就对话而言，它主要是指教师与学生之间的交流。对话是师生之间相互交流的一种态度、一种方式，不同于自上而下的灌输方式，它是一种平等、开放、自由、民主、协调、富有情趣，并能激发新思想产生的人与人之间的交流。在课堂教学中，教师应避免唱“独角戏”，而应以促进学生全面发展为目标，了解学生的思想状况及其思考问题的能力，尊重学生主体性，努力激发其参与对话的积极性，自觉地将自己放在与学生相互平等的地位，真心地、平和地与学生就社会热点问题、社会政治现象等进行沟通和讨论。就讨论而言，它主要是指在教师引导下进行的学生之间的交流，是学生群体内部的一种沟通方式。课堂讨论并非自发的，而应在教师的指导下进行，这样可以避免讨论主题的分散。教师在学生讨论过程中，应保持宽容的态度，营造轻松自由的课堂氛围，以便学生自由表达看法与观点。

另一方面，采用案例法增强课堂教学的现实针对性和吸引力。在调查中，不少学生提出：“非常喜欢老师在讲课时讲一些生活中的实例，有趣的例子会极大地吸引同学的注意力”，“希望能够多举实例，理科生在理解概念或一些理论时会有困难”。因此在理论讲授中可以引入现实生活中的重要事件、案例以增强理论与现实之间的关联性。那么，“案例”包括哪些呢？笔者认为主要有这样两类。一是社会热点问题。社会热点问题能够引起学生强烈关注，对于学生思想观念的形成和发展具有重要影响，加之当代大学生接触信息范围广，对各种社会热点问题非常敏感，因此引入对社会热点问题的讨论，不仅能够增强教学的现实针对性、趣味性，而且能够在很大程度上激发学生学习的积极性和主动性，促使他们深入理解和领会所学理论知识，提升其分析现实社会问题的能力，进而帮助他们树立正确的世界观、价值观和人生观。在引入社会热点问题时应遵循以下几个原则。一是时效性。所选取的社会热点问题，必须是新近发生的、与时俱进的，只有具备时效性的社会热点问题才能够在很大程度上引发学生兴趣和思考积极性，并产生共鸣和认同。二是契合性。所选取的社会热点问题必须与“基础”课内容相契合，并服务于“基础”课教学。因此“基础”课教师要抓准社会热点问题与所讲授专题教学内容之间的结合点，并分析出社会热点问题背后所蕴含的理论。教学内容只有贴近学生现实生活，才能引发学生积极关注、思考，也才能使学生认识到所学理论的有用性，进而增强学习获得感。教师在讲授过程中应着力选取贴近学生现实生活的案例来帮助学生正确面对生活，深入认识。除对话、讨论和案例教学外，教师还可以采取其他教学方法，如影像教学、情景模拟、角色扮演、引导学生自我教育等开展教学活动。

［本文系中央高校基本科研业务费专项资金“思想政治教育需要的现实困境与合理性建构研究”（2017MS065）、华北电力大学2018年校级双一流教学改革项目、华北电力大学2019年校级教改重点项目的阶段性成果。本文成文日期为2020年1月。］

高校思想政治理论课过程性评价体系的构建

北京信息科技大学马克思主义学院

王英红

2019 年 8 月，中共中央办公厅、国务院办公厅在《关于深化新时代学校思想政治理论课改革创新的若干意见》中指出，高校思想政治理论课（以下简称思政课）要努力培养担当民族复兴大任的时代新人，培养德智体美劳全面发展的社会主义建设者和接班人。目前高校思政课还存在课堂教学效果仍需提升、评价体系有待健全等问题。为了提升思政课教学质量，各高校正在不断探索和完善考核方法，力求建立一个考核全面、评价科学的思政课过程性评价体系。

一、高校思政课过程性评价的含义及理论依据

（一）过程性评价的含义

美国著名心理学、教育学和教育评价专家布卢姆认为，评价的目的是用来改进教学，评价更应看重过程的评价而不是只重结果的评价。他认为教育应达到的目标包括认知领域、情感领域和精神运动领域三部分，评价应与教学结合起来，利用评价的反馈机制，使评价成为提升教学工作的有力手段，成为激发教育对象挖掘潜力，促进智能发展的重要途径。布卢姆教育评价理论的独到之处在于教育评价机制实现了从终极性结果评价到形成性过程评价的转变。20 世纪 80 年代以来，过程性评价作为一种新的评价范式逐渐被人们认识和运用。"所谓过程性评价是一种在课程实施过程中对学生的学习进行评价的方式。过程性评价采取目标与过程并重的价值取向，对学习的动机、效果、过程及与学习密切相关的非智力因素进行全面的评价。"过程性评价理论认为学生的学习质量不仅反映在学习效果上，也反映在学习过程中的学习动机、学习策略上，因此，过程性评价的内容既包括教学过程中学生对知识

的构建、能力的发展，学生学习动机的激发、学习策略的运用，也包括学生学习中所形成的情感态度。过程性评价的目的是激发学生的学习热情，促进其主动、积极地学习，同时要鞭策教师反思和改进自己的教学，以达到优化教学效果、提高教学质量。

（二）过程性评价的理论依据

一是马克思主义人的全面发展学说。马克思主义经典著作对于教育学的最重要、最直接的贡献是关于人的全面发展学说。马克思主义关于人的全面发展理论认为，人的全面发展应包括四个有机联系的含义：“其一，是人的体力和智力同时获得充分的自由发展。其二，是人的才能和志趣获得充分的多方面发展，成为‘各方面都有能力的人，即能通晓整个生产系统的人’。其三，是人的道德精神和审美情趣的发展。其四，是人利用客观规律改造自然和社会的自觉程度，达到了‘从心所欲，不逾矩’的境界，真正获得了自由，成为自由的主人。”马克思主义的人的全面发展理论作为科学的世界观和方法论为高校思政课过程性评价提供了哲学依据。对学生思政课学习效果的评价，除了考查学生对课程基本理论知识掌握的客观情况外，还要考查学生在学习过程中表现出来的动机、情感、信念、意志等主观精神现象。这就内在地规定了高校思政课对学生学习成果的评价不能是仅以试卷考核知识理论的单一的、静态的评价方式，而应该是多方位、动态地考核学生对马克思主义的思想、观念、理论的认同与实践应用，这样的评价方式才能促进学生的全面发展。

二是人本主义学习理论。罗杰斯人本主义的学习理论认为，学习方式有无意义学习和有意义学习两种。有意义学习中，学习者可以自己评估自己的学习需求、学习目标是否完成。人本主义教育思想对于高校思政课的教学评价启示是对大学生学习效果的评价应充分发挥学生主观能动性，改变传统的学生被动式的接受状态，注重学生评价者的参与，使评价活动成为学生自我完善、自我发展的有效手段。

三是建构主义学习理论。建构主义学习理论认为，建构是人们认识世界、了解世界的一种方式，学习是学生自己主动地建构知识的意义而不是简单被动地接受信息的过程。建构主义重视自我诊断、分析、反馈、调控，认为通过培养学生在学习过程中的自我诊断与分析能力，可以帮助学生改进学习方法和学习策略，获取学习的持续性进展。高校思政课的教学评价方式应借鉴建构主义学习理论，在注重对知识建构过程评价的同时，还应重视学生在知识建构过程中的自我诊断、自我管理、自我分析能力等方面的表现，鼓励树立问题意识和创新能力，加强评价标准的多元化和多样化。

二、高校思政课实行过程性评价的意义

（一）有利于思政课教学目标的实现

高校思政课的教学目标是培育和提高学生的思想政治素质和道德素质，而思想政治素质和道德素质不仅体现在对知识的记忆及掌握上，更多体现在思想认知程度和践行能力上，是整个思想政治觉悟和政治素质的提升。因此，高校思政课既要重视基本理论知识的教学，也要重视素质能力培养的实践。在教学实践中，教师尝试了合作性学习、研究性学习、探究性学习及基于问题的学习等多种创新性学习形式。理论知识的学习成果可通过书面考试的方式进行考核，但由于教学方式的多样性和学生行为养成的复合性，如果仅采用这种评价方式，难以体现多层次立体性的世界观、人生观、价值观、道德观的认同与行为实践的学习效果，同时社会实践的复杂性决定了对实践的检测一定是立体的、多层次的、复合型的评价结构。因此，过程性评价的主体多元性、考核维度多方位性及考核过程动态性能反映思政课教学过程的丰富多样性，全方位呈现思政课对学生知识、价值观、素质能力培养过程，促进学生知行合一行为的养成。

（二）有利于提升教师的教学效果

高校思政课的教学质量不仅反映在学生的学习效果上，也反映在学习过程中学习方法的优劣和学习活动的组织方式是否匹配上。目前高校思政课教学中主要采用期中、期末书面考试等终结性评价方法对学生学习成果进行评价。终结性测验对学生智能发展的过程性成果，如动机取向、信息加工水平和学习策略等学习成果无法很好地加以反映。过程性评价中，学生通过自评和互评、学生之间相互观察，可以学习借鉴正确的学习方式、合适的学习策略，从而提升学习效果和质量。另外，通过学习过程中的评价，教师能随时了解学生的学习情况，跟踪学生的学习过程，优化教学方法，提高教学质量。

（三）有利于促进学生的全面发展

在评价内容方面，过程性评价将教学过程中学生对知识的构建、能力的发展和学生学习动机的激发、学习策略的运用，以及学生学习中所形成的情感态度等非智力因素都纳入评价体系中。高校思政课具有独特的学科性质，

注重学生情感、态度、价值观的培养。非智力因素中学生的理想、信念、世界观对学习活动具有持久的影响，个性心理品质，如需要、兴趣、动机、意志对学习活动也具有一定的制约作用。过程性评价通过考查非智力因素，促使学生更加全面、深入地认识和发展自己，以实现自身的全面发展。

三、高校思政课过程性评价体系的设计

（一）发挥教师的主导作用，重视学生在过程性评价中的主体地位

在教学评价中，教师作为评价的组织者和监控者，主导着教学评价的内容、方法和程序的设计。在构建高校思政课评价体系中，教师发挥其主导作用。首先，教师要转变评价观念和评价策略，遵循以学生为本的评价原则。设计过程性评价方案时，教师应重视学生作为评价主体的地位和作用。通过学生参与评价引导学生重视学习过程，检验所学知识，互鉴学习方法。其次，教师应制定详细的评价标准。评价标准对于学生学习和教师教学都有指向性意义。学生通过评价标准可以明确目标，完善学习方法和策略，提高学习效果。教师通过评价标准也可以修改和完善教学内容及方法，提高教学水平。最后，由于学生对过程性评价的标准和程序理解有限，可能会出现一定的偏差，因此教师要对学生的评价有正确的引导。

（二）采用有效的评价方法

不同的评价方式对学生的评价视角不同，针对思政课的过程性评价，要尽可能根据学科内容、学生群体特点及教学方法进行选用。例如，如果教学中采用了鼓励学生自主学习、合作学习和探究性学习等学习方式，学生一般通过小组交流、分工协作学习来获得知识、技能和学习经验。评价目标大多涉及传统评价方式不可测量的情感与方法。要评价这些目标，过程性评价中可采用课堂观察法、成长记录法、态度调查法、量表测量法等多种评价方法。在使用量表测量法时，可将学习态度、与人合作、自主创新、积极交流等纳入评价过程与方法维度，评价可以设学习态度、学习方式、参与程度、合作意识、探究性、知识与技能的应用等指标。学习态度的评价指标可包括学习目标是否明确，是否重视学习过程的反思，是否积极优化学习方法；学习兴趣是否浓厚，能否保质保量按时完成学习任务；是否重视自主探索、自主学习、拓宽视野。学习方式的评价指标可包括自主学习能力，在学习过程中的参与程度，采取合作学习方式的意愿，能否在合作中分工明确地进行有序和

有效的探究，在学习中能否自主反思、发挥创新精神、积极地提出问题和讨论问题等。参与程度的评价指标可以包括能否认真参加学习活动、积极思考、善于发现问题等。合作意识可以从是否勇于接受任务、敢于承担责任，小组合作中是否能取长补短、乐于助人，能否公平、公正地进行自评和互评，评价过程是否认真、负责，是否有诚信合作意识等方面来考核。探究性主要考查学生是否具有严谨的科学态度和科学精神，是否敢于质疑、善于反思，能否认真观察理论与实际生活的联系并对所观察的社会现象积极体验用马克思主义理论解决实际问题，是否具有应用马克思主义理论解决实际问题的意识。

（三）选取实用的评价工具

在过程性评价的实施过程中，过程性评价量表、成长记录袋是最为重要的两种评价工具。过程性评价量表是学生自评和互评的依据与记录载体。设计过程性评价量表时，评价目标必须全面，可以从知识与技能、过程与方法、情感态度与价值观等三个维度进行评价。科学合理的评价量表不但有助于规范学生评价行为，而且可以将过程性评价演变成一种有指引性及约束力的自我学习和相互学习的教学过程。以“思想道德修养与法律基础”课为例，对于学生评价量表的设计，为了解决学习过程、学习方法、学习态度等评价内容难以量化的问题，可以设定基础分和加减分，加减分部分设计开放性的评价，克服评价内容量化难的问题。首先，每位学生的基础分为 60 分，在此基础上进行加分和减分，个人根据加分、减分进行统计，然后将分数填在表格中。其次，每班组织 3～5 名道德观察员，对学生自我评价的真实性进行审核，审核结果填在“小组认定的分数”栏目中。最后，教师根据学生自我评价及道德观察员审核结果进行综合评定。加分和减分项目将评价内容设计成开放性的问题。一是理论知识的学习理解运用：你对相关理论知识和问题是否有了更深的理解和思考？取得了哪些进步、获得了何种肯定和赞扬？二是过程方法：你的学习方法让你在哪些方面有明显的进步而使你感到高兴或自豪？你在哪些方面或哪件事上做得不好而使你感到失望？三是情感态度：你与同学是否进行了良好的合作、是否积极参与小组活动和配合组员完成任务、对小组学习活动是否作了贡献？学生可根据上述要求列举出具体的项目，每个项目可根据其性质进行加分和减分，即具有积极意义的项目每项加 1～3 分，具有消极意义的项目每项减 1～3 分。这样通过开放性的问题，不但可以将正确的学习方式和学习策略等学习经验固化，提高学习质量与效果，也实现了评价价值目标的多元化；不但能客观检验学生对所学知识的掌握程度，而且关注整个学习过程中学习经验的累积，引导学生学习与思考，促进学生进步，将评价与教学融为一体，发挥评价导向的积极作用。

成长记录袋的作用是根据教学目标，收集能够反映学生学习与发展过程的各种数据与证明材料。成长记录袋可以全面记录学生学习的过程。高校思政课学生成长记录袋可以收录反映学习成果的重要资料，如活动记录、视频作品、阶段学习总结、各类评价表等，也可以收录考查学生交流、合作、动手能力及在学习过程中所表现出来的主动性、创造性和探索精神的其他材料，如根据教学要求和学生特点，设计相关题目让学生开展调查的调查报告等。通过成长记录袋积累有关学生学习与发展的记录，使思政课的教学与评价有机地结合起来。

（四）制定规范的评价流程

不同的评价方式对学生的评价视角不同，因此对学生学习的过程性评价，一般采用学生自评、小组互评、教师评价相结合的方式。教师对于思政课教学中的重难点问题往往设计分组讨论、模拟法庭、辩论会、调查等教学形式，以激发学生的发散思维、发挥创造力和想象力，促进理论知识的内化，这些教学形式往往以学习小组为单位进行。学习任务完成时，学生对于自己和他人在学习过程中的学习态度、学习方法、观点、能力、合作情况等进行自评和互评。学生互评拓展了学生参与教学的广度与深度，不但有助于学生知识和能力构建，也有利于思想观点的交流互鉴，营造良好的学习氛围。小组同学互评程序必须正式规范。一般同学间的互评按照以下程序进行：展示学习成果—评委依据评价标准和评价内容进行评议—评委记录、整理评议内容后对同学进行反馈并提出学习建议—教师组织开展评价小结。在互评环节中要注意以下问题。一是在实施过程中，教师必须对评价的标准、内容给予详尽的说明，在评价过程中给予具体指导。二是由于过程性评价目标包括传统测验不可测量的情感与方法等，作为成绩的重要依据，小组评价必须有正式的评价记录。三是任课教师的评价总结重点应是肯定一些成功的学习经验和评价方法，这样可以让学生理解评价的实质、学会自评和互评。

（本文成文日期为 2019 年 9 月。）

北京中轴线资源融入高校思政课的四重维度

——以“两个结合”为基本视域

中央戏剧学院思政部

胡政阳

习近平总书记在学校思想政治理论课教师座谈会上强调，思政课的改革创新要从思想性、理论性和亲和力、针对性上入手，要积极采用案例式、探究式、体验式、互动式教学等手段。这一论断为不同地区学校立足自身历史文化特色和地方性教育资源进行思政课教学提供了基本遵循。作为千年古都，北京蕴含着丰富多样且底蕴厚重的历史文化资源，尤其是作为脊梁和灵魂的中轴线，更是北京人文历史、民俗风情和社会发展的浓缩，这条长约 7.8 公里的城市轴线所承载的中华优秀传统文化与伟大的民族精神是高校思政课鲜活的“素材库”，用好、用巧、用活中轴线资源，可以有效提升北京地区高校思政课的实效性和特色性。

党的二十大报告强调：“只有把马克思主义基本原理同中国具体实际相结合、同中华优秀传统文化相结合（以下简称“两个结合”），坚持运用辩证唯物主义和历史唯物主义，才能正确回答时代和实践提出的重大问题，才能始终保持马克思主义的蓬勃生机和旺盛活力。”“两个结合”思想是新时代马克思主义中国化、时代化的重要内容，正如习近平总书记在文化传承发展座谈会上强调的，“两个结合”意义重大，“‘结合’的结果是互相成就，造就了一个有机统一的新的文化生命体”。

一、北京中轴线资源融入高校思政课的视野维度

北京城拥有 3 000 多年的建城史和 800 多年的建都史。1951 年，著名建筑学家梁思成先生在《我们伟大的建筑传统与遗产》一文中提出，“北京在部

署上最出色的是它的南北中轴”。由此，北京中轴线的概念被明确提出。作为贯穿城市的“大动脉”，北京中轴线不仅是北京历史文化的凝结，更是中华文化和文明发展史的见证。习近平总书记强调中华优秀传统文化、党带领人民锻造的革命文化和社会主义先进文化，为思政课建设提供了深厚力量。因此，在将北京中轴线资源融入高校思政课时，应将视野放宽，突破文化视域的局限，将其放在中华优秀传统文化、红色文化和社会主义先进文化的大视野之下，用世界眼光，以中西方文化交流和比较的大格局去审视二者的融合；用问题视野去剖析中轴线上内含的思政元素，从深层次理解二者融合的必要性和可行性。

首先，要突破视野局限，强调交叉融合的知识视野。习近平总书记在北京考察时强调：“一个城市的历史遗迹、文化古迹、人文底蕴，是城市生命的一部分。”北京中轴线资源丰厚，南起永定门，一路经过正阳门、天安门、端门、太和门、景山公园等，最后到达钟鼓楼，它是北京城的“生命线”，见证了北京的发展。在将中轴线资源融入高校思政课中，我们要将视野放宽，突破文化样式和范围的限制，不仅着眼于中轴线的历史、文化等传统角度，而且可以从文物、哲学、科技等方面进行深入剖析。北京中轴线上的红色资源丰富，如最具代表性的天安门、人民英雄纪念碑，它们见证了新中国从站起来、富起来到强起来的整个过程，尤其是人民英雄纪念碑的碑文和八幅浮雕，其以“虎门销烟”“金田起义”“武昌起义”“五四运动”“五卅运动”“南昌起义”“抗日战争”“胜利渡江”为主题，展现了中国革命发展道路的筚路蓝缕，这些内容和素材都可以融入高校思政课的教育教学之中。

其次，要突破单一维度的叙事方式，运用客观辩证的比较视野。习近平总书记多次强调文化交流和文明互鉴的重要性。在高校思政课的教学中，以世界眼光，从中外文化的比较视野进行理论分析，有助于增强内容的实效性和感染力。因此，在将中轴线资源融入课程时，应该通过古今、中外的比较视野，运用纵横比较法进行资源与课程内容的结合。如在讲到“人与自然的和谐发展”时，可以用古观象台作为案例，通过讲述古人对于天象的观测、计算及古代天文仪器的结构、设计和使用，让学生了解古人对于天地自然的敬畏。除此之外，教师还可以讲述同一时期中西方天文学的发展差异，从世界历史的角度让学生感受东西方天文学的汇通，由此引出之后的西学东渐、近代科技发展等内容。

最后，要以现实问题为导向，增强“以研促教”的问题视野。北京中轴线资源具有多样化、差异化和特质化的特点，在将其融入高校思政课教学时，教师不能仅仅做简单罗列或者“流水账”式的讲述，而要以问题视野为导向，用发问式的方法带着学生进入课程中。一方面，通过对中轴线上各类资源的收集、整合、比较，取其精华，筛选出能与思政课相结合的内容；另一方面，教师要拓宽自己的学科和专业视野，积极对中轴线资源进行深入研究，挖掘其中内蕴的“思政元素”，以“发现问题”带动“研究问题”，不断拓展二者融合的深度与广度，积极运用到解决现实问题中来，真正做到以史明智、学史知今。比如，在讲述“人类命运共同体”的相关内容时，可以把中轴线上的“科学测‘中’”引入教学内容，将保存在钟鼓楼内的莲花漏（郭守敬主持制作的精准计时器）和《授时历》天文数据作为案例素材，一方面讲述我国古代在农令授时方面取得的重要成就及对东方农业文明的积极影响；另一方面从历史的角度揭示中华民族科技文明和发展的一脉相承及辐射力，让学生能够深刻理解“人类命运共同体”思想提出的文化渊源和历史必然性。

二、北京中轴线资源融入高校思政课的理论维度

思政课的本质是讲道理。习近平总书记强调，思政课的“讲道理”不能只是浅尝辄止、蜻蜓点水，而应该做到“讲深、讲透、讲活”。高校思政课的内容包括了马克思主义哲学、政治经济学、科学社会主义，同时还涉及了政治、经济、文化、党建、科技等方面，这些内容逻辑严密，深刻揭示了自然界、人类社会和思维发展的内在规律，因此在教育教学时，不仅要讲清楚其中蕴含的理论逻辑，凸显理论深度，而且还要通过“道理”的讲述，引导学生深入理解思政课的理论性。

首先，从思政课的基本属性看，理论性和思想性要贯穿课程的始终。思政课不是单一地做理论灌输或者政策宣讲，更不是一味地用娱乐化的“故事”去迎合学生，而是要在课程讲授中，时刻把“思想深度”“学理解析”放在首位，通过透彻的理论分析和缜密自洽的逻辑论证让学生深刻理解马克思主义理论的真谛，体现课程的理论性和思想性。从这个方面来讲，北京中轴线资源与高校思政课的融合必须时刻坚持马克思主义的分析方法，以习近平新时代中国特色社会主义思想为指导，运用中轴线上丰富的资源素材将思政课的理论内容生动鲜活地揭示出来，让课程温暖鲜活、可亲可信。以“思想道德与法治”课为例，在讲到“中国精神”相关章节时，可以围绕中轴线的“中”

来讲述中国精神的丰富内涵，如“以中为尊”的对称理念、“中正仁和”的价值追求、“公允求中”的治国智慧等。在讲述时，思政课教师要懂得用“小切口、小故事”来引申出“大道理”，紧扣理论性和思想性的目标要求。

其次，从思政课的重要任务上来看，立德树人是其关键所在。高校思政课的重要任务是让学生从党史、新中国史、改革开放史和社会主义发展史的学习中坚定马克思主义信仰，知国情、世情和党情。因此，充分挖掘中轴线中蕴含的“四史”内容，以“两个结合”为引领，可以更有效地实现高校思政课的“知理明信”。以中轴线上“鼓楼地区的腾退与历史风貌的恢复”为例，教师可以用近几年北京地区对于钟鼓楼附近的腾退为切入点，讲述北京城市化建设的进程，同时引出“腾退与历史文化风貌的恢复”等相关内容。这里可以从钟鼓楼的历史、古人的“时间文化”“晨钟暮鼓”的文化传承等进行穿插讲解，同时，还可以将钟鼓楼地区在新时代发展中涌现出的“北京榜样”作为案例素材，讲述他们身上的感人事迹，这样不仅能让学生感受到中华传统文化与马克思主义理论的结合，而且还可以从中领悟到中轴线在新时代的新发展、新展现、新面貌。

最后，从思政课的逻辑理路上来看，整体性和联系性是融入的基本要求。马克思主义理论的发展有其内在逻辑，这就决定了高校思政课的教育教学具有系统性、相互性和过程性的特征。因此，在将中轴线资源融入其中时，要把握好理论之间的交互融合及系统演进。以“马克思主义基本原理”课为例，其包含着马克思主义哲学、政治经济学和科学社会主义三部分内容，具有整体性和系统性，在教学中，应该将三者视作一块“整钢”，而不是割裂对待，尤其是在结合中轴线资源时，应该将“结合点”着眼于三个部分的交汇处。比如，在讲到“科学的实践观”相关内容时，可以讲述中轴线的恢复、保护和创新，如《汉书·食货志》里曾写道的“圣王域民，筑城郭以居之”，这句话体现的是都城规划与人民安居乐业之间的关系。近几年对中轴线及周边人居环境的各项改善措施，正是国家对于人民美好生活的重视，是治国理政的重要举措，而对中轴线的申遗更是对历史的传承和尊重，是中华传统文化的创造性转化和创新性发展。教师不仅可以用其讲述“实践观”，而且还可以将其放在政治经济学和科学社会主义的视角下，对比资本主义国家看待文化和人民生活的不同态度，让学生从中看到中轴线所具有的人民属性，感受到我国在推进中国式现代化的进程中对于人民精神文化需求的重视和强调。

三、北京中轴线资源融入高校思政课的价值维度

习近平总书记在中国人民大学考察调研时强调，思政课教学要“绵绵用力，久久为功，止于至善”。北京中轴线作为都城核心建筑群的集合，汇聚了自13世纪以来中国历史上有深远意义和重要价值的礼制建筑、纪念建筑和标志性建筑，它们见证了北京文明乃至整个中华文明的发展。将如此多具有独特性和世界性的资源融入高校思政课中，可以让整个课程教学达到“润物细无声”的育人效果，具有多重价值。

首先，以中轴线资源为载体，为高校思政课赋能。思政课的教学要将政治性和学理性相统一贯穿始终，旗帜鲜明地讲政治。在教学中，有的教师对于“政治引导”的理解局限于复述教材内容或者念文件，这样的方式欠缺生动性和互动性，起不到入脑入心的效果。中轴线是一本厚重的“历史文化故事书”，如果教学中能将其作为素材进行有机融入，势必会让思政课的“政治引导功能”更加鲜活生动。例如，在讲到“文化自信”主题时，如果只是简单罗列文化自信的提出、概念解析和重要价值，那肯定会显得单调、枯燥，这时，教师可以引入中轴线资源。以故宫为例，其本身就有无数的“宝藏”，体现着文化自信。如三大殿的斗拱设计，它用榫卯结合的方式让屋顶、柱子、屋脊等构件融为一体，不仅美观，而且在遇到不同震级的地震时可以让建筑屹立不倒；同时，榫卯的设计，一凹一凸，象征一阴一阳，体现中国人对于天地形成的哲学理解。这些丰富的延伸内容，一方面给学生科普了中华优秀的建筑文化，是“两个结合”的生动体现；另一方面也可以让学生发自肺腑地对中华文化产生认同感和自豪感，从而深刻理解“文化自信”的应有之义。

其次，以中轴线资源为载体，促进思政课智育、德育和美育等多重价值的实现。就思政教育的本质而言，立德树人是基本目标之一。作为育人的重要课程，思政课承载的不仅是理论讲授的功能，而且是实现智育、德育和美育的重要载体。古老的中轴线，是古都文化的生动“缩影”，它的每一个地标都有很多可利用的“结合点”。以“习近平新时代中国特色社会主义思想概论”课为例，在讲到“坚持和发展中国特色社会主义的总任务”专题时，“四个全面”和“五大发展理念”的理论可以将中轴线资源进行融入，同时发挥出两者共同蕴含的智育、德育和美育价值。如论述“中国式现代化与社会主义现代化强国”时，可以引入以中轴线为代表的首都规划建设，如1953年的中轴

线北延与北京城市空间结构的扩展、20 世纪 80 年代中轴线的重新规划和保护、新时代北京中轴线申遗保护三年行动等，从历史发展和逻辑演进的角度，让学生首先了解中轴线的历史发展，达到"智育"。此外，中轴线从元代规划建立到现在，涌现出了很多可歌可泣的英雄人物和事迹，他们有的是名臣名士，有的是革命英雄，还有的是为保护中轴线而贡献智慧和力量的专家、学者和志愿者等。可以说，这条中轴线是"历史之轴""时间之轴"，更是"红色之轴"，它凝聚着在推进中国式现代化进程中所展现出的"北京精神"，将这些内容融入教学中，可以让学生从内心感受中轴线的精神内涵，达到"德育"的目标。最后，教师以长卷式的"画面性"讲解来呈现中轴线的壮丽，如中轴线上各个地标性建筑的设计之美、秩序之美、文物之美，还有其包含的以非物质文化遗产为代表的活态艺术之美，如"燕京八绝""京作""京韵大鼓""京剧脸谱艺术"等，达到"美育"的目的。

最后，讲述中轴线故事，要把握好价值评价的"度"。当教师在以中轴线资源作为素材时，其实就是默认了其有一定的价值，当对这一"价值"进行深入阐释后，势必会面临对它的评价，即价值评价。在这个意义上，中轴线融入高校思政课，兼具着知识传递和价值评价的双重性，正如习近平总书记所强调的："要善于利用国内外的事实、案例、素材，在比较中回答学生的疑惑，既不封闭保守，也不崇洋媚外，引导学生全面客观认识当代中国、看待外部世界，善于在批判鉴别中明辨是非。"因此，教师在进行讲授时，不仅自身要保持客观清醒的认识，既不崇洋媚外、妄自菲薄，也不能夸大、夸张事实，要时刻以道路自信、理论自信、制度自信和文化自信的态度去对待引用的案例和素材，引导学生树立正确的历史观和价值观。

四、北京中轴线资源融入高校思政课的实践维度

习近平总书记在"如何上好思政课"这个问题上强调，要"坚持理论性和实践性相统一""高度重视思政课的实践性"。因此，思政课不能仅仅局限在课堂教学，而应该到社会大课堂中去，在新时代中国特色社会主义的生动实践中让学生获得真知。北京中轴线资源可以融入思政课的实践教学之中，其独特丰富且多样化的表征形态，是全面实现思政课实践育人的重要载体。

一是在创新教育教学模式上，教师可以用"行走中轴线"的方式讲好具有"北京特色"的思政实践课。中轴线作为活态文化遗产，其自身不仅具有

强大的生命力，而且通过众多的文物古迹串联起了一部气势恢宏的中华文明和文化史。从这个意义上，将思政实践教学与“行走中轴线”相结合，一方面，能让学生身临其境地感受“可触摸”的中轴线历史文化；另一方面，在“行走”中，教师可以适时将思政内容融入进去。比如，走到先农坛和天坛时，教师可以先讲述它们的历史沿革和使用功能；接下来，可以结合“感性认识到理性认识的升华”及“透过现象看本质”等哲学原理让学生从先农坛、天坛的建立深入分析其内在蕴含的价值。例如，天坛“天圆地方”的设计理念是古人对于天地最早的哲学理解，圜丘坛和祈谷坛更是表达了古人对于自然的崇拜和敬畏，是人与自然和谐理念在建筑上的具象化表达；先农坛则体现出古人对于粮食谷物的美好祈愿，是以农为本发展理念的展现。可以说，“行走中轴线”与思政实践教学的双向融合，不仅增加了理论内容的生动性、实效性和针对性，而且也可以发挥“中轴线+思政+北京特色”与“课内+课外+实践”的全方位育人优势。

二是在延伸教育教学载体上，北京中轴线资源在当今数字化的大背景下，可以扩展高校思政课教育教学的载体。传统的思政课教学模式，由于课程时间和内容体系的限制，教师一般在课堂上完成知识的讲授，即便有实践教学的环节，也大多采取参观历史文化博物馆或者红色景点等方式。在信息技术高速发展的今天，各类新媒体的出现难免对学生的思维模式和价值观产生影响，因此，教师应当立足数字化教学的特点，利用其产生的积极成果提高教学的质量和水平。在这一方面，北京中轴线资源有强大的数字化技术进行支撑，从传统的航拍测绘，到如今的实景三维系统、虚拟仿真实验室等，以突破空间、跨次元、云计算、大数据、智慧图谱等形式让其“可见、可感、可触摸”。因此，教师应该积极利用数字中轴的成果，如让学生佩戴 VR、AR 眼镜进入中轴线虚拟仿真实验室中，身临其境地走进中轴线；再如，教师讲解时可以利用科技手段，打破中轴线的空间限制，将多个地标性建筑或者文物资源进行同一时空的纵横对比讲解。同时，教师还可以发挥学生的积极性和主动性，如创作以“中轴线与思政课”为主题的短视频、微电影等，通过“新媒体+思政+中轴线”的形式让学生参与到思政课的教学中。

在“两个结合”的基本视域之下，北京中轴线资源所承载的中华优秀传统文化与高校思政课的立德树人根本目标有着内在的一致性。从视野、理论、价值和实践四个维度来看，中轴线资源体现的不仅是“北京的具体实际”，而且是“中国的具体实际”，更是“中华五千年文化发展的具体实际”，它和思政课的双向建构能让教育教学的整个过程更具时代感和吸引力，让学生在浩瀚博大的古都文化中厚植家国情怀，坚定文化自信。

[本文系中央高校基本科研业务费专项资金资助的中央戏剧学院学习宣传贯彻党的二十大精神专项“传统与现代：中国式现代化与中华传统文化的双向建构逻辑研究”（YNZX2304）的阶段性成果。本文成文日期为 2023 年 7 月。]

第二篇

大中小学思政课一体化

习近平给科技小院学生回信精神融入大中小学思政课一体化研究

中国农业大学

赵少华　刘格菁

2023 年五四青年节前夕，习近平总书记给中国农业大学科技小院的学生回信，肯定了中国农业大学学子通过科技小院深入田间地头和村屯农家做学问，以实干服务乡村振兴事业、不断发扬“自找苦吃”的精神，并寄语学生把书本知识和乡村实践紧密结合起来，厚植爱农情怀，练就兴农本领，在乡村振兴的大舞台上建功立业。近年来，习近平总书记多次强调乡村振兴战略的重要性，认为全面推进乡村振兴战略能否实现，与不同学段学生的知农爱农情怀和强农兴农使命培育息息相关，并高度重视和积极推进大中小学思想政治理论课（以下简称思政课）一体化建设。在以中国式现代化全面推进中华民族伟大复兴的新征程上，将习近平总书记给科技小院学生的回信精神融入大中小学思政课一体化建设，不断拓展大中小学思政课一体化建设的内容与形式，对培育一代又一代投身农业、农村、农民（简称“三农”）事业、立志民族复兴的建设者和接班人具有重要意义。

一、习近平给科技小院学生回信精神融入大中小学思政课一体化的价值意义

习近平总书记给科技小院学生的回信表达了对青年学子投身乡村建设的肯定，彰显了国家对知农爱农强农兴农人才的渴求，也使学生对自身责任有了更深刻的了解。将回信精神融入新时代大中小学思政课一体化建设，能够有效强化思政课育人实效、促进德育目标完善、增强思政课教师使命感、引导学生价值取向、培养新时代具有社会责任感的有为学子。

（一）有助于强化思政课立德树人实效，推动思政课改革创新

思政课是落实立德树人根本任务的关键课程，贯穿大中小学的各个学段，并始终着眼于“培养什么人、怎样培养人、为谁培养人”的根本问题。大中小学思政课引入习近平总书记给科技小院学生的回信精神这一重要内容，是学习贯彻习近平新时代中国特色社会主义思想、落实思政课立德树人根本任务、引导学生深入理解党和国家各项方针政策的必然要求。思政课堂作为具有政治性、前沿性、启发性的重要阵地，要在理论和实践两个层面全面回应和贯彻落实习近平总书记的回信精神，以习近平总书记关于“三农”工作的重要论述为指引，引导学生深刻领悟习近平总书记的重要论述精神，将乡村实践根植于总书记“知之深、爱之切”的“三农”情怀，将思想层面和实践层面对人才的培养紧密结合，在政治理论宣讲、专业知识传授、先进精神指引等方面发挥重要作用。习近平总书记指出：“思政课建设要向改革创新要活力。”将回信精神融入大中小学不同学段思政课教学，也有助于促进思政课“因时而进，因势而新”，推动不同学段思政课程的改革创新，使大中小学思政课堂成为内蕴理性之思、内含价值取向、关涉学生发展、兼备理论深度与实践高度的课堂新范式，进而不断提升思政课铸魂育人的针对性和实效性。

（二）有助于引导学生树立乡村振兴的价值取向，熔铸奋斗精神

理想信念是指引人生航向的重要价值坐标。思政课作为立德树人的关键课程和教书育人的主渠道，对引导大中小学学生树立正确的世界观、人生观和价值观具有关键作用。随着中国式现代化的不断推进，人民的物质生活和精神生活水平同步提升，但与此同时，部分学生群体中也开始出现“躺平”“佛系”等现象，尤其在面对急剧变化的社会环境时，部分小学生热衷上网、贪图享乐，中学生盲目崇拜、敏感叛逆，大学生精神内耗、焦虑迷茫。涉世未深的大中小学学生容易由于意志不坚定而难以抵御不良诱惑，亟须通过思政课堂来引导其摒弃错误思想、坚定价值追求、弘扬奋进精神，激励其以民族复兴为目标而奋斗。在大中小学思政课堂讲好习近平总书记对学生吃苦精神的肯定及希望当代学子投身乡村振兴实践的重要内容，引导大中小学不同学段的学生分层次有侧重地树立以人民为中心的价值取向，使学生深入理解乡村振兴战略是全面建设社会主义现代化国家的重要组成部分，进而坚定其为民族复兴而奋斗的理想信念。通过开展与大中小学学生年龄和心智相适应的乡村振兴实践活动，培养学生的创新精神和实践能力，让学生在实践中逐步深化对乡村全面振兴的理解，增强实现乡村全面振兴的信心和能力。

（三）有助于厚植学生爱农情怀，培育担当民族复兴大任的时代新人

“三农”问题始终是关系国计民生的根本问题。习近平总书记在回信中寄望当代学子能厚植爱农情怀，练就兴农本领，不断砥砺奋进，成为乡村全面振兴事业的参与者和推动者。思想是行动的先导，知农爱农理念也是强农兴农实践的前提。将习近平总书记的回信精神融入大中小学思政课堂，循序渐进、螺旋上升式培育不同学段学生的“三农”情怀、筑牢大中小学学生投身乡村振兴事业理论根基，是激励学生在乡村全面振兴舞台积极实践的重要引擎。大中小学学生不仅是乡村振兴事业的受益者和学习者，也是未来实现农业农村现代化的服务者和贡献者，应当立鸿鹄之志，做务实之功，把“爱农情怀”扎根心底，用“兴农本领”服务基层，主动关心农民生活状况，关注农业农村发展，通过多重角色服务“三农”，将理论创新与实践创新结合，在基层沃土践行初心使命，以过硬的本领为乡村建设添砖加瓦，做知农爱农的时代新人。

二、习近平给科技小院学生回信精神融入大中小学思政课一体化的核心要点

把握育人导向是新时代大中小学思政课一体化建设的关键原则。推动习近平总书记给科技小院学生回信精神融入大中小学思政课一体化，应在把握好各学段学生身心发展特征和接受能力的基础上制定相应的教学目标，在融入的过程中注重循序渐进、螺旋上升的原则，统筹好教学内容和学生需求实际的关系，将习近平总书记的回信精神既“分解”又“融合”，使大中小学各学段学生都能领会回信精神的阶段要点，将回信精神转化为强大的精神动力。

（一）小学阶段：以培养吃苦耐劳精神为重点的启蒙教育

才从苦中长，功从苦中建。习近平总书记在信中高度肯定了农大学子“自找苦吃”的精神，同时也激励了广大青年学生志存高远、脚踏实地，继续发扬吃苦耐劳、艰苦奋斗的精神。党的二十大报告中也指出：“广大青年要坚定不移听党话、跟党走，怀抱梦想又脚踏实地，敢想敢为又善作善成，立志做有理想、敢担当、能吃苦、肯奋斗的新时代好青年。”新时代新征程，当代学生的成长环境与发展前景无比光明，但是吃苦的精神永不过时。要想以青春之躯担起时代重托，学生必须从小吃苦，而且要会吃苦、能吃苦、敢吃苦，

“吃”得有收获、“吃”得有价值、“吃”得有成就。

小学阶段的学生处于身体成长、情感萌芽、思维构建的关键时期，意志力刚开始形成且不稳定，注意力集中时间较短，世界观、人生观、价值观都处于塑造阶段，需要给予正确的引导以帮助他们形成良好的行为习惯和优良品质。因此把习近平总书记的回信精神融入小学思政课程，要侧重于启蒙学生的劳动意识与吃苦精神，使学生在劳动认知与情感体悟中激发爱农情怀。例如，在义务教育统编教材《道德与法治》四年级下册第三单元“美好生活哪里来”的专题教学中，可以将吃苦耐劳精神融入“美好生活的保证”框题，告诉学生农业生产与人们的生活联系密切，粮食的获得唯有依靠辛勤的农业劳作。此外，小学思政课要讲好“自找苦吃”的道理，还可以发挥榜样人物的模范作用，以讲故事、演话剧等形式来开展，让学生聆听老红军等英雄模范的事迹，也可以带领学生深入田间地头，参观农民伯伯劳作的场景，让小学生们参与一些简单的农耕活动，知晓“粒粒皆辛苦”的深刻释义，增强对“民族要复兴，乡村必振兴”的理解。

（二）中学阶段：以铸牢乡村振兴理念为重点的知识教育

向下扎根，才能向上生长。习近平总书记在信中对广大爱农学子深入田间地头和村屯农家做学问的精神给予高度肯定，寄望当代学生以实事求是的态度、坚定不移的信念在乡村振兴的大舞台上建功立业。党的二十大报告中指出：“全面建设社会主义现代化国家，最艰巨最繁重的任务仍然在农村。”农村是大中小学学生们大有可为的新天地，也是其大展身手的锻炼场，乡村现代化建设的道路上需要青春力量的契合与注入。当前学生们普遍存在缺少乡村生活经历和抗挫折能力、缺少与农民群众的密切交流、缺乏对民情农情的了解等问题，要解决这些问题，就需要让肩负时代使命的学生群体了解关于“三农”问题的一系列政策文件，对乡村振兴战略了然于心，说“乡土话”、沾“泥土气”。只有在田间地头“俯下身子”，在村屯农家“沉下心来”，才能了解真实的乡土人情和地理风貌，在乡村实践中打牢根基，在乡村振兴中建功立业。

中学阶段是学生身心快速成熟、接受能力迅速提高、自我认知进一步提升的时期，这一学段学生对事物的认知及想问题的角度都比小学阶段更加成熟，意志品质也有较大的发展，其主观能动性也显著增强。中学阶段思政课要做好与学生的沟通与引导，既要指引学生明确自身的主体地位，又要及时筑牢学生的知识基础，为深入学习和研究打好根基。把习近平总书记的回信精神融入中学阶段思政课，应当强化中学生的知农爱农情怀，激发中学生的责任意识与投身乡村建设的担当精神。例如，在义务教育统编教材《道德与法治》八年级上册第四单元“维护国家利益”的专题教学中，引导中学生关心国家发展，关注乡村全面振兴；在八年级上册第三单元“勇担社会责任”的专题学习中，引导学生及早树立服务乡村振兴的责任意识。

（三）大学阶段：以提升强农兴农能力为重点的责任教育

大道至简，实干为要。崇尚实干是中华民族一以贯之的优良品德，回顾中国革命、建设和改革的悠长历史，中国共产党能从驾驶小小红船到掌舵巍巍巨轮，探索出一条中国式现代化新道路，完成全面建成小康社会等辉煌成就，无一不是埋头苦干实干的结果。新时代新征程，习近平总书记高度重视弘扬实干精神，强调“为者常成，行者常至，历史不会辜负实干者”。在全面建成社会主义现代化强国，实现第二个百年奋斗目标的新征程上，习近平总书记反复教导当代学生们要时刻保持奋斗状态，在乡村实践中磨砺本领、增长才干，不因一时的荣辱得失而动摇，不因一时的挫折困难而退缩，有多大的担当才能干多大的事业。大中小学学生作为国家重点关注和培养的时代新人，要肩负起党和人民赋予的重任，必须厚植爱农情怀，练就兴农本领，坚持一切从实际出发，筑牢厚实的理论功底，增强解决问题的能力，做知农爱农强农兴农的新时代好青年。

大学阶段的学生世界观、人生观、价值观已经基本形成并定型，心智趋于成熟，有独立思考问题和解决问题的能力，具有良好的情绪稳定力、社会适应力、自我控制力，大学是迈入社会前的关键阶段。大学阶段的思政课不能囿于照本宣科，而是要在课本内容的基础上做好知识面和时政要闻的扩充与补给，把道理讲透彻、讲深刻，让学生明确自身肩负的强国重任。“思想道德与法治”课程可以在“在实现中国梦的实践中放飞青春梦想”框题中激发学生励志乡村振兴的理想信念和使命担当；“习近平新时代中国特色社会主义思想概论”课程需要在“建成社会主义现代化强国的战略安排”的框题教学中，引导大学生明确“两步走”的社会主义现代化强国目标，引导学生理解“三农”问题是强国建设最大的短板，建设农业强国刻不容缓；在“五位一体”总体布局和“四个全面”战略布局内容讲授上，引导学生明确农民生活水平提高、农村共同富裕，离不开农业农村高质量发展。同时，通过一系列理论学习、专题讲座、志愿服务、参观实践等方式把习近平总书记的回信精神阐释好，引导学生明确好乡村振兴与民族复兴之间的目标关联，平衡好个人利益与国家利益的价值关系，主动扎根基层，参与乡村实践，让学生把爱国情、强国志、报国行自觉融入民族复兴大业的奋斗之中。

三、习近平给科技小院学生回信精神融入大中小学思政课一体化的推进策略

中华民族伟大复兴战略全局和世界百年未有之大变局相互交织的时代背景，对大中小学思政课建设提出了更高的要求。大中小学思政课建设必须以高质量发展为目标，以培育社会主义建设者和接班人为指向，不仅要使民族复兴事业“后继有人”，而且还要“后继人优”。将习近平总书记给科技小院学生的回信精神有效融入大中小学思政课一体化建设，需要明确以学生的发展为导向，在融入的内容上注重系统性，在融入的形式上注重多元性，在融入的效果方面突出有效性，致力于形成和完善新时代各学段思政课一体化育人体系。

（一）完善融入大中小学思政课的系统性

在当前大中小学思政课一体化不断推进的背景下将习近平总书记给科技小院学生的回信精神融入课程内容，必须站在党和国家事业发展全局的高度，坚持以学生为中心的目标导向，践行好立德树人根本任务。《关于深化新时代学校思想政治理论课改革创新的若干意见》中强调“小学阶段重在启蒙道德情感、初中阶段重在打牢思想基础、高中阶段重在提升政治素养、大学阶段重在增强使命担当”。从顶层设计上制定一体化教学大纲和设计一体化教材，需要根据不同学段学生的认知特点和教学目标，明确各学段的教学内容、教学要求和教学重点，确保教学的连贯性和系统性。同时依据一体化教学大纲，组织编写适合不同学段学生的思政课教材，注重教材内容的衔接和进阶，避免重复和脱节。

行远必自迩，登高必自卑。在大中小学思政课一体化的内容制定上，要根据不同学段学生的身心特点和对知识的接受程度分层次、递进式制定教学内容，保证融入内容的连贯和系统。小学阶段在融入时首先要让学生知道什么是“三农”，以及“三农”问题的由来，以启发式的内容引导学生深入了解乡村振兴战略，涵养学生的爱农情怀，在思想上有所觉悟。中学阶段在融入时要在原有思想启发的基础上，提升学生的政治素养。引导学生厘清当前我国农业科技的发展现状、面临的机遇挑战及实现农业农村现代化的目标任务，

引领学生主动关注农业科技，关注国家发展，对中国特色社会主义充满信心，对乡村全面振兴事业充满信心。大学阶段在融入时要注重以马克思主义理论为指导、以习近平新时代中国特色社会主义思想和党的创新理论为指导，强化大学生的理论根基，坚定大学生强农兴农的理想信念，培养其辩证看待和分析“三农”问题的能力，让学生自觉将爱农情怀转化为强农实践，增强为人民服务意识，主动为民族复兴事业砥砺奋斗。

（二）创新融入大中小学思政课形式的多元性

思政课不仅要在课堂上讲，更要讲在祖国的大地上，讲到每一位学生的心中。习近平总书记给科技小院学生的回信中强调要把课堂学习和社会实践紧密结合起来，为此，大中小学思政课要尽可能带领学生走出课堂，走出课本，走入田间地头，与农村点对点对接，与农民面对面交流，通过劳动教育、社会参与、实践研修、志愿服务、数字技术等多种方式，拓展思政课育人范围。亲身参与乡村实践能够激发学生的实践兴趣，也能挖掘学生的潜能，拓宽其视野，引导他们在实践中发现问题、提出问题、分析问题、解决问题，将理论所学真正应用到实践中去。只有通过真实的乡村生活体验，才能对乡村振兴战略有更深入的了解。

任其事必图其效，欲责其效，必尽其方。将习近平总书记关于科技小院的回信精神融入大中小学思政课一体化的过程中需要创新教学方法和教学形式，激发学生学习了解“三农”的兴趣和主动性，培养学生思维能力和实践能力。在不同学段的教学中，应根据学生的特点和教学内容，采用渐进式的教学方法，逐步提高学生的“三农”认知水平。此外，新媒体数字技术的运用使思政课教学有了新的载体和形式，不仅拓宽了思政课的教学空间，而且还打破了教育壁垒，增强了教育的交互性。新媒体在发挥实践育人方面有重要的辐射带动作用，各学段思政课教师要利用现代化的教学媒介，在课堂上进行理论讲授时辅以“三农”相关的图片视频，在课后把课堂资料和相关微课视频等放在线上平台与学生进行交流共享，根据不同学段教学目标循序渐进设置不同的线上学习内容，并与学生进行及时的交流互动，了解学生的疑惑困难与学习进度，进而提升思想政治教育的亲和力。

（三）保障融入大中小学思政课的有效性

大中小学思政课能否办好，要看是否有合理完善的体制机制，包括工作机制、评价机制、激励机制和协同机制等，还要看教师队伍的专业化程度。大中小学思政课各学段协同育人局面的实现需要完善的体制机制来保障。在教材方面，加强党对大中小学思政课教材编审的统一组织领导；在教学评价方面，根据各学段思政课教师在融入习近平总书记回信的内容合理度、学生满意度、课后反馈度等制定完善的评价标准，并构建合理的奖励机制；在教学实践方面，加强各学段思政课的实践基地和线上平台搭建，力求实现各学段协同配合的工作格局。一体化的关键在于将不同要素有效整合，实现协同。在协同机制创建上需要加强大中小学思政课一体化合作与交流，各学校各学段定期开展思政课教学研讨、课程观摩、经验分享等，促进不同学段教师之间的合作与共同进步。在实现大中小学思政课一体化的过程中，也应充分发挥各学段的特色和优势，形成互补、协同发展的良好局面。同时，应根据不同地区的实际情况，因地制宜开展一体化教学，避免一刀切的现象。

“办好思想政治理论课，关键在教师。”随着新时代党对思政课的重视程度不断加深，对大中小学思政课教师政治理论素养和教育教学能力的要求也在逐步提升。各学段思政课教师要根据自己所在学段制定合理清晰的教学内容，讲深、讲透、讲活习近平总书记在回信中提出的发扬“自找苦吃”精神、厚植爱农情怀、练就兴农本领等内容，并努力做到“政治要强、情怀要深、思维要新、视野要广、自律要严、人格要正”。主动落实以学生为中心的具体要求，使大中小学思政课教学一体化有序推进。各级教育主管部门、各类学校也要主动创造条件，加强对不同学段思政课教师的培训和交流，提高教师的专业素养和教学能力，促进教师之间的合作和共同进步。

（本文成文日期为 2024 年 1 月。）

大中小学思政课教材一体化建设现状及提升方略

——基于全国最新统编思政课教材的分析

中国传媒大学　钟思雨
中国人民大学　吴　楠

推进大中小学思政课一体化建设是推进教育现代化的重大战略举措，而教材一体化建设是大中小学思政课一体化建设的关键环节，影响和制约着顶层设计、课程建设、评价体系建设等。义务教育新课标出台后所编写的教材是研究大中小学思政课一体化建设理论与实践最好的“靶子”。由此，总结原有教材的内在逻辑对新一轮大中小学教材建设规划的制定，推动教材建设高质量发展具有重要意义。以全国最新统编思政课教材为文本依托，以点及理、以线带面，分析探索教材内容设定的学段逻辑、学生成长逻辑、形式编排逻辑等，展开对一体化的纵横分析，既有理论推演，又有落地情境的假设性推导，提升内容设定合理性和实效性。

一、总体建构围绕立德树人根本目标和核心素养展开

大中小学思政课教材一体化以根本目标和核心素养为依据。立德树人的根本目标规定教材一体化建设的文化基因与发展方向，核心素养作为中间环节，确保思政课教材整体布局的建立。

（一）将立德树人作为教材一体化建设的最高价值导向

立德树人揭示立德是做人的最高境界、育人的终极追求、治理的高级艺术。马克思指出，“人来源于动物界这一事实已经决定人永远不能完全摆脱兽性，所以问题永远只能在于摆脱多些或少些，在于兽性和人性的程度上的差异。”要平衡人性与兽性，就要铸造德性。中华文明自古以来重视“德”的养

成，视德为一个人安身立命之本。“明明德”为大学三纲领之首，“立德”与教育相结合，成为育人的终极追求；“立德”同“立功”“立言”并称为“三不朽”，居人生最高的目标体系之首位；有别于以刑罚为执政的手段，德性教化是更高明的国家治理方式，发挥着“有耻且格”（《论语·为政》）的功效。“纵观世界文明史，德者之精神能位列不朽，占据至尊地位，也是极为罕见的文化现象”，立德树人揭示教材建设的文明意蕴与精神底色。

立德树人根本目标是教材一体化建设的出发点和落脚点。中国共产党人将马克思主义基本原理与中华优秀传统文化相结合，其教育任务和方针经历“德智体”三要素到“德智体美”四要素再到“德智体美劳”五要素的发展历程，“德”始终居于首位。习近平总书记指出：“要坚持把立德树人作为中心环节，把思想政治工作贯穿教育教学全过程，实现全程育人、全方位育人，努力开创我国高等教育事业发展新局面。”立德回答了为谁培养人的问题，明确各级各类人才培养的方向；树人回应的是培养什么人的问题，规定着各级各类人才的培养规格和质量。而推进思政课教材一体化建设是落实立德树人根本任务的关键之举。“坚持把服务中华民族伟大复兴作为教育的重要使命”，习近平总书记提出“培养担当民族复兴大任的时代新人”的战略任务。这意味着教材一体化建设要服务于中华民族文化认同、价值认同和国家认同强化的诉求，在方向上保证不同学段的教材所传达的思想内容和精神实质的一致性，在精神上教材内容要做到不同学段相互衔接、持续有效，致力于塑造国民共性和“我们感”，在行动上激励人民为实现教育使命和民族复兴而不懈奋斗。

（二）围绕核心素养为教材一体化建设谋篇布局

各学段核心素养共同构成大中小学思政课教材一体化建设的逻辑排布。核心素养是“介于党的教育方针、落实立德树人根本任务与具体课程内容目标之间的中观概念”。《义务教育道德与法治课程标准（2022 版）》的核心素养包括政治认同、道德修养、法治观念、健全人格、责任意识，从四大素养向五大素养转变，其结构更为系统完备，为实现立德树人根本目标提供重要抓手。《普通高中思想政治课程标准（2017 年版）》于 2020 年修订完善，其规定核心素养包括政治认同、科学精神、法治意识、公共参与，这同义务教育阶段所规定的核心素养一脉相承，是育人方式的阶梯式上升和培养目标上的一体化设计；《中等职业学校思想政治课程标准（2020 年版）》规定的核心素养包括政治认同、职业精神、法治意识、健全人格、公共参与。每一核心素养是逻辑完整的子系统，由根本目标、基本维度和实践逻辑构成，包含理论与实践两大向度。

道德修养的育人导向，突出教材一体化建设在培养时代新人方面的独特价值。“青年是引风气之先的社会力量，一个民族的文明素养很大程度上体现在青年一代的道德水准和精神风貌上。”在核心素养的总体设计中，道德修养具有重要的育人价值，它有助于“增强民族气节，明大德、守公德、严私德，形成健全的道德认知和道德情感，发展良好的道德行为”。道德修养指的是养成良好的道德品质与行为习惯，将道德规范内化于心、外化于行，包括个人品德、家庭美德、社会公德、职业道德四个维度。较之以往课标，《义务教育道德与法治课程标准（2022 年版）》在逻辑的严密性、结构的完整性、内容的层次性、情感的适切性和实践的可行性等方面皆有所突破，对道德修养基本内涵的表述顺承《新时代公民道德建设实施纲要》基本精神，体现党和国家的最新要求；注重体现党的百年奋斗重大成就和历史经验，强调理想信念坚定，防止道德上堕落；根据本阶段学生特点进行调适，与普通高中、中等职业学校及大学阶段课程培养的核心素养有效衔接。

二、大中小学思政课教材一体化的内容体现纵向衔接与横向贯通的要求

教材内容是教材一体化的核心要素。当前，大中小学思政课教材的内容编排是由连续性与间断性相统一的纵向衔接，与政治性、时代性、可读性、科学性的横向贯通组成的。

（一）体现连续性与间断性相统一的逻辑排布

连续性表示事物间的持续联系，间断性表示事物过程的相对独立性。大中小学思政课教材蕴含螺旋式上升的逻辑链条，也以各学段核心向度彰显对不同学段学生的生命关怀。

第一，以循序渐进、螺旋上升的原则设计连续性的逻辑链条。“在大中小学循序渐进、螺旋上升地开设思想政治理论课非常必要，是培养一代又一代社会主义建设者和接班人的重要保障。”循序渐进，发端于《老子》“合抱之木，生于毫末”的渐进性思想，经由朱子创造性总结成“循序而渐进”（《论语集注》），规定着教材的知识要点和价值理念按照一定顺序和步骤渐进延展。螺旋上升顺应人的认识“近似于螺旋的曲线”的特征，规定教材内容的相关

主题或核心范畴在不同的年龄段、不同的情境下恒定出现。以“社会主义核心价值观的培养”为例，小学阶段教材帮助学生认识“社会主义核心价值观”的基本内涵，初中阶段凸显“在日常生活中自觉践行”的“行”之维度，高中阶段加上“信”，强调树立共产主义远大理想和中国特色社会主义共同理想，大学阶段重视道德养成。相关范畴和主题呈现符合知识结构自身的辩证法，遵循知识传达与学生领会的渐进规律，呈现出认知由浅入深，情感由弱到强，由意念到信念信仰的升华，由被动转向主动践行的态势。

第二，依据各学段核心向度，形成重视生命间断性的设计思路。“要针对青少年成长的不同阶段，有针对性地开展思想政治教育。”向度代表不同学段的本质表征，研究不同学段的核心向度是揭示教材一体化建设内在规律的必然要求。小学教材彰显启蒙性向度。根据儿童发展轨迹设计相应主题，以绘画式图像表达，重在启发儿童主动学习。初中教材突出体验性向度，教材内容以学生感性的生活经验为起点，借助聚焦主题、正面陈述、揭示矛盾、有递进地分析、更为普遍的通则、行动力指导的环节，上升为理性体验。高中教材的核心向度是常识性。常识是基本的事实知识及其包含的道理，重在“依于这些理解而生的基本的判断力”。以大概念如“中国特色社会主义”为统摄，借助“综合探究”等引导学生以理论解释具体情境与从现实事例中验证与丰富相关理论，强化其知识迁移能力与夯实政治认同。大学教材重在理论性，打造概念群，统筹知识要点的横向拓展与纵向衔接，指引学生从“知其然”向“知其所以然”的方向前进。

第三，嵌入阶段性话题，统一生命的连续性与间断性。“时”原初意义为“埋在泥土下的种子在阳光的照耀下发芽”，揭示着生命的绵延；“间”，《说文》曰，“间，隙也”，内属于生命绵延中的独特片段。人的生命是时间的产物，若忽视间断性而缺乏引领，学生便难以顺利迈入生命成长的下一阶段。从小学过渡到中学的关键时期，七年级上册第一单元“成长的节拍”以唤醒、比较、澄清等方式，使得学生适应新环境。从初中向高中过渡，教材导入“相聚与别离”“升学与工作”“过去与未来”的命题，启迪学生确定人生发展方向。随着青少年身心成长、自我的理解与需求和思维水平在不同成长阶段的变化，其同一性呈现出解构和重构的特征。在学生身心急速变化时期，提供适当的心理延缓期，保证其健全人格形成。

（二）凸显政治性、时代性、可读性、科学性协同共进的特点

政治性是教材的本质属性；时代性是教材先进性的彰显；可读性是检验

教材实效性的依据；科学性既包括教材内部系统的谋篇布局，又体现与政治性、时代性、可读性的相互协调。

第一，肯定主体地位，凸显内容的政治性。教材注重同政治需要相融合，尊重学生的主体地位，以形象与思辨相结合的形式，塑造学生的政治认同。小学、初中侧重于形象呈现，高中、大学重在思辨呈现，但两者并非割裂。小学阶段通过将学生情感向客体投射（国旗、国徽、党旗），使其情感世界在对个人与国家关系的领略中增添新的体验。小学、初中阶段也重视政治认知的培养，以直观感知中国特色社会主义的伟大成就，促使学生产生维护国家利益和祖国尊严的意识行动。高中、大学阶段从历史视野出发聚焦中国特色社会主义和中国梦教育，重在引导学生总体把握中国特色社会主义的形成和发展。通过展示爱国人物，将情感投射于崇高品质中，深化学生的爱国情怀。

第二，坚持问题导向，彰显内容的时代性。保持时代性的关键在于，从理论原点、社会热点和学生现实困惑中抓住真问题。科技成为生活的“架构”，人与技术的关系备受关注。基于此，小学阶段四年级上册“信息万花筒”列举眼睛的“抗议书”、沙发里的土豆等现象，使学生了解沉迷网络的危害；初中阶段八年级上册“网络生活新空间”明确网络“双刃剑”性质；大学阶段《思想道德与法治》教材中“网络生活中的道德要求”呼吁学生加强网络道德自律等，内蕴发现问题、分析问题和解决问题的逻辑，留给学生延伸思考的空间。

第三，转化重要理论成果，保持内容的科学性。党和国家最新理论成果是政治性话语，较为刚性且严谨正规，若等同于教材话语会显得严肃性有余、亲和力不足。掌握“射箭要看靶子，弹琴要看听众”的要领，大中小学思政课教材对政治话语进行柔性处理，实现意识形态的宏大叙事与日常生活的微观叙事相结合。比如“新发展理念”是习近平经济思想的重要内容，高中必修二“贯彻新发展理念”同人民的生活夙愿建立联系，阐明以人民为中心的发展思想，消除话语隔阂，提升内容的亲和力。

第四，融入行动指引，提升内容的可读性。“教材自身难以呈现主体性的实践知识，这是教材的局限性，也是教材的边界。”针对这一局限，初中教材设计“拓展空间”，引导学生自主实践，提供操作方法，如“‘努力’也有方法”“建立友谊的方法”“与父母沟通的技巧”，提升学生的实践能力；高中阶段落实课程标准议题式教学和活动型课程的倡议，优化设计实践活动、自主学习体验，合作探究教材形态，避免知识积累和实践创新的脱节。值得注意的是，当前大中小学思政课教材也不可避免地存在简单重复、倒挂与断裂等情况，阻碍了教材内容一体化的形成。

三、大中小学思政课教材一体化的编排呈现聚散、上下、正反交替的特点

编排揭示着教材基于教育目标与核心素养，在一定篇幅和体量中将内容嵌入的具体方式。集中呈现与分散嵌入相统一、情感体验“上达”与理论知识“下探”相结合、正反呈现形式相互交替的三大编排逻辑，旨在提升内容的层次性、情感的适宜性、实践的可行性，保障学生最大程度地接受教材内容。

（一）集中呈现和分散嵌入相统一

所谓集中呈现，就是以知识主题或实践专题等形式，集中在某一册、某一单元探讨特定主题，旨在引发学生系统性的思考与探究；所谓分散嵌入，就是既将相关主题的知识点分散在各个阶段或者不同主题，又将知识“隐线”提前埋入教材体系中，打开学生认知的“触角”。大中小学思政课教材对于法治素质的培养是极为关注的，遵循集中呈现与分散嵌入相结合的原则。如小学阶段呼应道德法律意识教育，其内容主要分布在六年级上册，旨在引领学生形成对宪法、公民义务与权利较为系统的认知。此集中呈现的优点在于，教师能够在完整时段传递一个重要知识点，避免逻辑线条断裂和知识碎片化。法治意识塑造也需要隐性的、分散的形式予以强化。经过教材分析，一年级上册“家中的安全与健康”、二年级上册“我们的班级”“吃饭有讲究”“别伤着自己”“班级生活有规则”等内容重在对学生安全意识、游戏规则意识、课堂纪律意识、校园规则意识的培养，提前为系统性知识埋好暗线，使集中探究主题的呈现更为流畅。此思路为其他学段、主题所沿袭，集中与分散相辅相成、明线与暗线齐头并进。

（二）情感体验“上达”与理论知识“下探”相结合

研究显示，学生的“‘情’（情感倾向）优于‘知’（认知水平），‘知’优于‘行’（行为选择），‘行’优于‘思’（思辨能力），‘思’优于‘信’（价值取向）”。

第一，小学、初中阶段思政课教材以学生的情感体验为逻辑起点，打造系统完整的“上达”形式。以“人与自然的关系”为例，有一年级下册“我

和大自然”、二年级下册“绿色小卫士”、六年级下册“爱护地球共同责任”、九年级上册“文明与家园”等内容。以“自在的生命经验”为起点，教材将学生同大自然接触的日常情境（如春天来了、家乡山水、白色污染、自然灾害）以文字呈现，使之对象化，变成与大自然接触的丰富体验；通过特定行为活动（节约用水、减少塑料垃圾、节能低碳），指引学生在个体经验中发现环境保护的意义，进而同社会经验、国家经验（建设美丽中国）、人类经验（共筑生命家园）相融合，塑造人与自然和谐共生的生命境界。

第二，高中、大学阶段思政课教材呈现以理论知识“下探”学生生活经验的形式。高中必修二“我国的经济发展”阐述“绿色发展理念”理论知识，设计“如何推动绿色生产与绿色消费”主题活动，把人与自然的理性认知提升到国家层面探讨。从绿色消费活动切入，将学生前一阶段的体验与新的生活经验进行联结，从绿色消费扩展到绿色校园建设、绿色社区建设，再到国家生态文明建设、人类命运共同体构建，强化学生对生命意义的体认。大学阶段《马克思主义基本原理概论》教材从“实践”“人类社会及其发展规律”等方面，将“人与自然”问题上升到“生态文明”理论层面进行探究，通过经验与知识良性互动，转化为合目的性与合规律性的实践活动。

（三）正反呈现形式的相互交替

《易经·系辞上》曰：“一阴一阳之谓道。”大中小学思政课教材以正反交替等教育形式演说道理，提升学生辩证思维与共情能力。

第一，以他者示范促进学生的自我建构。一年级下册的“引导学生养成良好习惯”中，引入教学案例“生活中的小拖拉……改改这个坏习惯”，通过“说一说你们见过哪些不整洁的样子”的反向经验回溯，引领学生思考改变之法。当学生的原初行为表现与图像文字表达相抵触时，教材内容便发挥劝服功能，学生转变为“明智的旁观者”，辨析“不好”与“好”，领会“他者”所蕴含的崇高品质；追溯自身“不好”行为的源头，形成适宜性行为模式。

第二，以苦难体验提升学生的共情能力。引入悲伤、痛苦事件，鼓励学生体会痛苦。三年级上册第三单元“安全护我成长”中，教材呈现“一天16名学生溺亡”带有悲伤色彩的案例，以《吾儿臭臭》一文让学生换位思考以体会母亲失去儿子的痛苦，提升其共情能力、强化其安全意识。同时，鼓励学生直面苦难，将历史上的困难经历内化为向上向善的精神力量。五年级下册第三单元梳理中华民族兴衰历程，指明落后就会挨打、自强不息才能立于不败之地。通过“从消极之维去化育人的苦难意识，增进个体对苦难的体验”，培养理性与感性兼备之人。

第三，以冲突性的话题塑造学生的辩证视野。高中必修一“中国特色社会主义道路”中“为什么圣西门、傅里叶、欧文建设美好社会的努力都以失败告终”“谈谈近代中国人民的各种尝试和斗争为什么没能改变自己的悲惨命运”，以失败案例引发学生思考，前者以失败经历凸显广大人民群众的力量，后者强化“资本主义道路在中国走不通”的道理，激发人民对中国特色社会主义道路的认同感。

聚与散、“上达”与“下探”、正反交替等交叉并行在一定程度上解决了以往编排形式较为生硬单一的问题，但仍存在内容同学生需求有较大“距离感”、学生的学习主动性和积极性有待提升等问题，须进一步重视活动设计与话语表述。

四、大中小学思政课教材一体化建设的提升方略

大中小学思政课教材一体化建设基本形成了总体架构、纵横衔接、编排组合的格局，但教材建设仍需设置具有民族性与时代性的主题，打造递升性、渐进性的教材体系，在活动设计与文本呈现上下功夫。

（一）设置具有民族性与时代性的主题，强化思政课教材的政治属性

大中小学思政课教材的意识形态属性不能淡化，亦不能将核心内容中性化。由此，立足思政课教材的政治属性，以时代性与民族性的主题发挥铸魂育人功效。

第一，打造具有时代性的知识体系，扩充教材内容的思想含量。教材建设唯有同时代发展同频共振，在理论教育上补充和更新内容，才能获得学生的共鸣与认可。学生从青春期步入成人前期，往往表现出强烈的自我认识欲望与价值实现诉求。由此，高中阶段和大学阶段应从个人理想与社会理想、竞争与合作、权利与义务、自由与纪律等思辨性话题入手，回应学生的生命困顿，发挥思维启迪的功效。知识具有“势位差统”机制，即“‘高势位’的认知（知识和价值）凭借自身的势能和位能优势能够自动统合‘低势位’的认知（知识和价值）”。在回应过程中，既要以概念命题重塑事物的性质，又要引入现实世界的内容以丰富知识体系。以时代性、高势能的知识体系扩充教材的思想容量，以规律性认知统合经验性认知、以全面认知统合不全面认知，实现以理服人。

第二，形成具有民族性的理论专题，强化教材内容的文化引领。将“天人合一”“阴阳和合”等价值理念嵌入教材，结合探源工程对中华文明的起源、形成、发展的历史脉络进行发掘与梳理，讲清楚中华文明的五大特性。“阴阳和合”的价值理念应嵌入教材以解释生命消长，使学生形成从无到有、从有到无的生命认知。选取鲜活故事，培养学生高尚的生命品质。以颜回“一箪食，一瓢饮”的故事折射“安之若命”的生命乐趣，以子路“君子死，而冠不免”的故事彰显“杀身成仁”的生命追求，以庄子“鼓盆而歌”的故事体现“生死互渗”的超拔境界，形成进取又逍遥的人生观。坚定文化自信，在教材建设中开辟新境界，打造蕴含中华文明价值内核的思政课教材。

（二）打造递升性、渐进性的教材体系，克服简单重复、倒挂与断裂问题

当前，大中小学思政课教材一体化建设中存在简单重复现象。譬如高中阶段的思政课教材中一些内容的抽象性较高，如经济部分中有关社会主义经济制度优越性的内容、政治部分中有关实现共产主义远大理想的内容、哲学部分中哲学基本原理内容等，具有较强的理论性，对学生的抽象思辨能力有很高的要求，不亚于对大学生的要求。这导致部分学生对思政课教材内容熟知而非真知，影响知识内化与价值引领，基于此，应从以下几个方面着力。

第一，以核心素养为衡量标准，形成递升性的教材体系。简单重复指大中小学思政课教材出现不必要的重复和交叉重叠情况，同一知识点在同一学段或不同学段的教材中以同样的深浅程度再次呈现。由此，既要以核心素养为标准，逐条分析现行标准与知识点的适恰程度，纵向删除整合表述雷同的、不符合该学段学生特点的内容，横向观测核心素养在不同章节的编制排布；又以核心素养的基本维度为依据，对每一类型的知识点进行系统分类与方案设计，保证各自的切入点、侧重点不雷同，实现形式多元、层层递进。

第二，重视教材的阶段性，打造渐进性的教材体系。重视人的成长、成熟、成才阶段的铺陈，提升教材内容的连续性。思政课教材应有机融合政治要求、文化素养与创新精神，把握整体与部分的统一性、部分与部分的序列性及教材整体建设的连续性，回应思政课培育目标的“全人”指向，以教材建设培养兼具核心素养的自由而全面发展的人，避免内容断层现象。平衡不同学段间的客观差异与核心素养的内在张力，保障各学段教材内容的流动性。根据不同阶段学生发展特点和生活经验，将主题承载的基本理论作为起点，辅之以生活暗线，在前一学段适当增添下一学段的内容，下一学段联合前一学段的要点，提升各学段、各年龄知识能力的系统迁移性，克服内容倒挂现象。

（三）在活动设计与文本呈现上下功夫，消除理论阐释的“距离感”

内容与形式的辩证关系规定教材建设还要以情境嵌入、问题导引、思考探究等活动，提升教材语言的审美性、内容的针对性，在形式上下足功夫。

第一，采用情境嵌入、问题导引、思考探究等活动，提升教材的现实感与实践性。首先，以情境嵌入打通知识内容和生活世界的壁垒。介入真实情境，促进教材知识的情境化，激活学生个体经验，并与他人经验建立联系。其次，以问题为导引，统筹理论知识和生活关切。遵循问题、事实、价值的认知逻辑，引导学生在提出问题和思考问题中依据事实作出对比、判断、选择，树立正确的价值观。最后，以活动形式组织学生自觉阅读、漫谈、讨论。这一形式生动演绎着“一切为了学生，一切依靠学生”（根本立场）—“从学生中来，到学生中去”（教育方法）—“把教育理论变成学生的自觉领悟与行动”（目的）的逻辑链条。

第二，重视教材语言的审美性与适宜性，保障风格一致性与差异性的统一。教材语言既要准确规范，简明扼要地表达相关教学内容，又要亲切自然，便于学生接受和掌握。在教材中，更多地使用能够激发学生主体性的词汇，避免生硬词汇的大量出现，使教材内容更具柔性，起着润物细无声的功效；嵌入美文赏析，适度引用各种名言警句或表达内心活动的内容，引导学生领会“不能言传”的情感，消除理论阐释所带来的“距离感”；教材呈现还要考虑到学生认知水平等差异。着眼于学生全面发展，符合普遍规定的知识类别、覆盖广度、难易程度，充分考虑城乡差距、男女平等的议题，在生活场景截取、范例选择和图片呈现等方面考虑城乡二元文化的合理比重，打破性别刻板印象，整体上以教材所建构的平衡结构调节现实中存在的不平衡发展。

（本文成文日期为 2024 年 3 月。）

基于主题式教学的大中小学思政课一体化策略研究

——以“走中国特色社会主义政治发展道路”主题教学为例

北京中医药大学　蔡　祎
北京师范大学附属中学　王　辰

习近平总书记在党的二十大报告中指出，教育、科技、人才是全面建设社会主义现代化国家的基础性、战略性支撑。育人的根本在于立德。作为落实立德树人根本任务的关键课程，思想政治理论课（以下简称思政课）在坚定青少年中国特色社会主义“四个自信”上发挥全程性作用。因此，大中小学思政课一体化是实现思政课循序渐进、螺旋上升的题中应有之义。不难发现，大中小学思政课在知识的理论深度、情境的复杂程度等方面存在明显差异，但其主题都聚焦于新时代中国特色社会主义的理论与实践。在系统梳理和把握思政课主题的基础上，设计具有序列化、递进式的课程，能够更好地实现大中小学思政课一体化。不同学段的思政课所面临的实际问题不同，如小学阶段对思政课的重视程度不够、中学阶段面临考试压力等因素，限制了思政课教师了解其他学段教学实际的情况，一定程度上制约了大中小学思政课一体化的发展。如何更好通过主题式教学实现大中小学思政课一体化，既是一个值得研究的理论问题，也是一个需要解决的现实问题。本文以“走中国特色社会主义政治发展道路”为例，结合教学实际，进一步探索基于主题式教学实现大中小学思政课一体化的教学策略。

一、坚持目标导向，确定课程主题

确定课程主题是实现大中小学思政课一体化的前提。确定合适的课程主题，首先需要从宏观层面准确把握不同学段思政课的共性与个性。《关于深化新时代学校思想政治理论课改革创新的若干意见》中明确指出，思政课要引导学生立德成人、立志成才，树立正确的世界观、人生观、价值观，坚定对马克思主义的信仰，坚定对社会主义和共产主义的信念，增强中国特色社会主义道路自信、理论自信、制度自信、文化自信，厚植爱国主义情怀，把爱国情、强国志、报国行自觉融入坚持和发展中国特色社会主义事业、建设社会主义现代化强国、实现中华民族伟大复兴的奋斗之中。在此基础上，充分考虑思想政治教育规律和学生认知发展规律，不同学段思政课的目标导向和教学重点上有所差异。小学阶段开展启蒙性学习，重在培养学生的道德情感；初中阶段开展体验性学习，重在打牢学生的思想基础；高中阶段开展常识性学习，重在提升学生的政治素养；大学阶段开展理论性学习，重在增强学生的使命担当。

在把握不同学段思政课共性与个性的基础上，确定有学科价值、适合学生深度学习的课程主题有利于更好开展一体化教学。好的课程主题能够精准深入把握核心主题，并基于学生认知水平，以学科大概念为引领，对教学内容进行结构化整合。教师在发掘课程主题的过程中，应当定位和聚焦在那些各学段都需要涉及的具有普遍性的学科内容与价值观念上。从学科内容来看，新时代中国特色社会主义的理论与实践是思政课的共同主线，经济、政治、文化、社会、生态文明等领域都是需要讲授的学科大概念。教师可以通过相关理论的权威研读，理解学科大概念的深刻内涵，明确教学内容的本质和理论重点。从这一视角出发，体会各自学段的差异化内容，可以更加准确把握不同学段教学内容的设置意图，而未涉及的主干内容是超越本学段学生认知发展规律的内容。不同学段之间的差异化内容是相应学段学生的“最近发展区”，是一体化教学设计中重点讲授的内容，教师应当在此着重发力。从价值观念上来看，政治认同、法治意识、公共参与（责任意识）等是各学段共同的育人导向，在这一方面，中小学阶段以核心素养作为课程育人的集中体现。在此基础上，教师对教学内容进行梳理和把握，可以更好确定课程主题，深入挖掘课程体系中那些更具有育人价值的内容进行一体化设计。确定课程主题时，教师应当充分从这两个角度考虑，并比对其他学段的教学内容与本学段的区别和联系，这样不仅可以迅速确定学生应当具备的认知水平，也可以明确为下一学段奠定基础。例如，小学阶段讲授“责任在肩，人民在心”，初中阶段讲授“生活在新型民主国家”，高中阶段讲授“人民民主专政的本质”，大学阶段讲授“坚持党的领导、人民当家作主、依法治国有机统一”。这些内容看似不同，但认真研读和分析教学内容后，可以确定一个共同的课程主题。这个课程主题统摄了各学段教学内容的核心概念与本质问题，即中国特色社会主义政治发展道路。这一内容是思政课教学的重要内容，重点涉及新时代中国特色社会主义政治建设，是“五位一体”总体布局的重要组成部分。教师将“中国特色社会主义政治发展道路”确定为课程主题，各学段的教学内容服务和服从于这一主题。在内容和价值主线一致的基础上，开展各自的教学设计，能够使各学段的课程内容相互照应，更好实现一体化目标。

二、把握课程主题，强化情境设计

确定课程主题后，各学段教师需要围绕各自的教学内容，结合学生的认知规律和特点，开展教学内容、情境选取等方面的教学设计。一堂课的设计，应当有清晰的目标导向和对教学内容全面、准确的把握。值得注意的是，现实中，教师往往针对自身学段的教学内容展开教学，缺乏对问题更宏观的把握，导致一定的局限性。而实现一体化教学，无论哪个学段的教师，都要全面、准确地把握这一大主题的主要内容。因此，教师必须要在把握课程主题的基础上，确定教学的总体目标。通过集体备课等教研形式，形成对课程主题系统、全面的理解。如果做到了这一点，无论哪个学段的教师在设计具体课程时都会事半功倍。

教师基于总体目标理解课程主题后，需要进一步研究本学段学生的特点，有的放矢地选取和加工情境，通过设计不同的问题线索，引导学生形成对问题的整体性理解。正如 2022 年五四青年节前夕，习近平总书记在中国人民大学考察调研时所说：“青少年思想政治教育是一个接续的过程，要针对青少年成长的不同阶段，有针对性地开展思想政治教育。”在情境与问题设计中，教师既要关注思想政治教育的连续性，也要做到针对性，妥善处理好连续性与针对性之间的对立统一关系。例如，设计“走中国特色社会主义政治发展道路”课程内容，不同学段就需要采取不同的处理方式。

小学阶段，学生的生活范围不断扩大，具备一定的道德是非判断能力。他们需要初步了解国情和中国特色社会主义制度的优越性，形成中国人的身份认同。基于这一目标，就需要侧重启蒙道德情感，使学生对于民主有初步感知，激发政治参与的意愿。因此，讲授“责任在肩，人民在心”这一主题时，要更加贴近学生的现实生活，将对于“国家一切权力属于人民”的理解贯穿其中。设计这节课时，教师以“全国两会”相关新闻导入，结合“人大代表来自人民”的角度，引导学生理解人大代表构成的广泛性，通过引入案例，分析人大代表与人民的关系，引导学生学习人大代表是如何行使权力、履行职责的。这样的处理方式，使得学生初步了解我国的人民代表大会制度，对于人大代表和人民的关系也有了一定的认知，有助于增强他们的国家认同感和民族团结意识，提高主人翁意识。其间，学生通过小组学习的方式，讨论学习人大代表的职责；课堂上穿插“共和国勋章”获得者申纪兰的故事，阐释人大代表为人民的深意；教师还可以鼓励学生课下通过多种途径进一步感知人大代表在我国政治生活当中的重要作用。

初中阶段，学生独立思考能力和判断能力进一步增强，可塑性更强。他们需要更加坚定对伟大祖国、中华民族、中华文化、中国共产党、中国特色社会主义的认同。因此，在讲授“生活在新型民主国家”这一主题时，需要进一步加深对“人民民主是社会主义的生命”的理解。具体来看，围绕民主问题，从学生日常生活中的实际状况出发，以北京市“背街小巷”整治过程中的公民民主参与和民主管理为例，创设情境，以“点”带“面”。通过密切联系社会生活和学生生活实际，选取富有时代气息的鲜活内容，帮助学生认识和认同社会主义民主政治的本质特征是人民当家作主，社会主义民主是维护人民根本利益的最广泛、最真实、最管用的民主。同时，需要把握的是，要鼓励学生在社会生活和实践中拓宽自己的视野，做到学以致用、知行合一。教师注重培养学生解决问题的能力，通过解决“背街小巷”整治后出现的居民生活不便利等新问题，使学生体会人民民主的真谛，分析选举民主与协商民主的特点，感受不断发展的协商民主是我国民主政治的特有形式和独特优势。

高中阶段，学生知识积累增多，社会接触面扩大，思想意识日趋活跃，已经具备一定的学科核心素养和关键能力。基于这样的特点，高中课程需要做到坚持政治性和学理性相统一、价值性和知识性相统一、建设性和批判性相统一，更需要讲深、讲透。因此，讲授“人民民主专政的本质——人民当家作主”这一主题时，需要学生切实感受，从而加强道路自信和制度自信。具体来看，由“全国两会”视频引导学生得出“人民的声音很重要，要重视人民的声音”的结论，进而激发学生对人民当家作主与民主之间关系的思考；接下来对国徽的含义进行思考，帮助学生理解我国的国家性质，了解工人阶级的特点和工农联盟在中国革命和建设中的作用；通过阅读《从两会代表委员构成看民主》《从两会提案落实情况看民主》《从两会通过“十四五”规划看民主》等材料，与西方式民主做对比，引导学生思考中国特色社会主义民主的特点——各项数据都在全方位展示我国社会主义民主是维护人民根本利益的最广泛、最真实、最管用的民主，是全过程人民民主。

大学阶段，学生需要深刻领会习近平新时代中国特色社会主义思想，运用马克思主义立场观点方法分析和解决问题。政治性、思想性、综合性应当在教学过程中充分体现。教师选取国际社会中存在的各种错误观点和思潮进行辨析，以引导学生接受主流意识形态，感悟真理的强大力量。因此，讲授“坚持党的领导、人民当家作主、依法治国有机统一”主题时，需要突出坚持中国特色社会主义政治发展道路，坚定学生的道路自信。教师通过“历史终结论”的破产及延安“窑洞对”的故事，引导学生分析并理解中国共产党之所以走过百年辉煌路，其重要原因就在于“坚持走中国特色社会主义政治发展道路”；对“走好中国特色社会主义政治发展道路，必须坚持党的领导、人民当家作主、依法治国有机统一”进行解读并依次分析；以“十四五”规划的出台过程为案例，引导学生进一步理解党的领导、人民当家作主、依法治国有机统一于我国社会主义民主政治伟大实践；最后对比中西方民主方式，辨析各种错误思潮，有创见地批驳封闭僵化或改旗易帜的主张，阐明走中国特色社会主义政治发展道路的坚定信念，形成坚持党的领导、人民当家作主、依法治国三者有机统一于我国社会主义民主政治伟大实践。

综合来看，小学阶段使学生心中获得一颗真善美的种子，通过了解人大代表的故事，理解人民代表大会制度，对于我们身边的民主有初步的感知。初中阶段通过对生活案例的解析，使学生理解我国新型民主的特点与优越性，尤其是对社会主义协商民主更加自信与坚定。高中阶段进一步提升、引导学生结合历史的观点看待民主探索之路，并通过中西对比，感悟社会主义民主最广泛、最真实、最管用的特点，在横向和纵向上对民主问题产生更深理解。大学的思政课教学，承接中小学对于民主问题的讲授，在此基础上更注重逻辑性和理论深度，更加突出大历史观的纵深，站在百年党史的角度，分析中国特色社会主义政治发展道路，厘清党的领导、人民当家作主、依法治国的侧重点与关联，提升辩证思维能力，循序渐进让学生理解知识、提高能力，在情感态度价值观上有质的飞跃，在潜移默化中体现螺旋上升。

三、深耕课程主题，理解教学差异

现实中，各学段教师对于课程主题欠缺整体的把握，对于其他学段的教学内容甚至非常陌生。破除各学段间壁垒，“了解其他学段教什么、怎么教，思考如何衔接本学段跟其他学段的教学内容，如何挖掘不同教材体系中承载的政治引领、价值引领功能，将教材中的知识体系转化为教学体系，将教材中的知识转化为学生的信仰等问题”至关重要。教师需要进一步熟悉不同学段的教材、教学内容、重难点等，寻找打通各学段之间的连接点，避免教学内容的简单重复与关键内容的遗漏。做到这一点，最简单的方法是阅读教材。这是基于教学内容和知识层面的贯通，也是实现一体化最重要的基础。

一方面，教师不仅需要明确学科大概念的理论逻辑，更应明确其在各个学段呈现方式的差异性。值得注意的是，在阅读其他学段教材的过程中，大部分教师更多关注的还是教材的正文、辅助文等文本内容的差异，缺乏对于教材之间联系的进一步探究，也没有对于教学实践方面的具体研究。想要解决这一问题，教师必须明确，教材中知识点的选择和配置都是服务于特定学段的，尤其要反映出这一阶段学生的特点。在这背后，必然产生渐进性呈现，每一学段都是在前一学段的基础上有所增添。教师首先要把握的是学生已有的知识储备。在这一点上，越是后续学段的教师所需要做的工作越多，也应当在此下足功夫。同时，教师应当把握本学段教材做了哪些“加法”，这一部分怎样实现“上升”，以此推动开展教学的重点。《义务教育道德与法治课程标准（2022 年版）》中提出，“教材的内容体系是主次分明、层次清晰、相互支撑、螺旋上升的，教师只有把握了这一点，才能全面落实思想政治课理论的育人功能”。

另一方面，教师应当走进真实的课堂，了解其他学段的教学实际。例如，利用国家智慧教育公共服务平台的资源，了解中小学课程的主要呈现方式，重点把握教师在授课过程中选取了哪些情境、是如何处理这些情境的、设计哪些有思维力度的问题引导学生理解知识。通过这种方式，不仅能够理解不同学段教学内容的差异，也可以通过学生的观点表达把握学生的思维特征。例如，在大学思政课教学当中，理论性较强、内容枯燥，可能会造成抬头率不高的问题。这一点可以在中小学思政课教学中获得一些启发，中小学教学互动的方法多样，如教师提供资料包，引导学生阅读材料并分析理论问题。

这需要教师在教学设计中，尽可能呈现生活中的真实情境，为学生提供丰富的、现实的、可扩展的解释空间，让学生在课堂中能够有所表达，从而有所收获。教师应当尤其注重设计典型的、具有挑战性的问题和任务，让学生在课堂里“动”起来。

在全面把握课程主题的过程中，教师应当多与其他学段，尤其是相邻学段思政课教师加强沟通交流，这有利于精准地备课。例如，对于北京高中学段未选考思想政治、历史科目的学生来讲，其大学的思政课学习存在一定难度。面对学生基础薄弱的情况，就需要加强师生间的互动，选取适合学生学情的教学方式方法，包括教学节奏，激发起学生的学习兴趣，并让学生跟上教学节奏，学有所得。通过笔者的研究和教学实践发现，中医药院校用好专业资源，可以为中小学思政课提供更多丰富素材，树立文化自信、讲好中国故事。又如，当前对于“大思政课”构建的重视，大中小学也可以发挥各自优势，在社会实践上整合更多资源，贯通建设，打造更多“金课”。

正如习近平总书记在中国人民大学考察时指出：“思政课的本质是讲道理，要注重方式方法，把道理讲深、讲透、讲活，老师要用心教，学生要用心悟，达到沟通心灵、启智润心、激扬斗志。”大中小学思政课一体化建设需要各方努力，切实增进思政课立德树人的实效，推动习近平新时代中国特色社会主义思想“三进”走深、走实。

（本文成文日期为 2023 年 1 月。）

大中小学思想政治理论课一体化建设的三维探析

北京印刷学院

杨利利

2022 年 4 月 25 日，习近平总书记在考察中国人民大学时，鼓励各地高校积极开展与中小学思想政治理论课（以下简称思政课）共建，协同推动大中小学思政课一体化建设。2019 年 8 月，中办、国办印发了《关于深化新时代学校思想政治理论课改革创新的若干意见》（以下简称《意见》），明确提出，“在大中小学循序渐进、螺旋上升地开设思政课，引导学生立德成人、立志成才”。为落实《意见》要求，2020 年 12 月，中共中央宣传部、教育部颁布的《新时代学校思想政治理论课改革创新实施方案》（以下简称《实施方案》），对推进大中小学思政课一体化建设作了重点强调，并就课程目标体系、课程体系、课程内容、教材体系、组织领导等问题作了相关部署，为大中小学思政课一体化建设提供了方向指导。新时代，需明确思政课一体化建设蕴含的价值意义，找准影响一体化实现的现实难题，通过路径优化推动大中小学思政课在课程目标、课程内容、教学评价、队伍建设等方面协同创新，以有效落实立德树人根本任务。

一、大中小学思政课一体化建设的价值意蕴

（一）培养社会主义建设者和接班人的重要保障

习近平总书记指出：“在大中小学循序渐进、螺旋上升地开设思政课非常必要，是培养一代又一代社会主义建设者和接班人的重要保障。”思政课作为立德树人的关键课程，肩负着培养社会主义建设者和接班人的重要使命。当前，意识形态领域的形势严峻复杂，处在“拔节孕穗”期的青少年的

价值观正处于形成与定型期，其在是非问题的判断上尤其需要得到精心引导。这就要求思政课教师必须站在“为党育人、为国育才”的战略高度，审时度势地认清社会主义意识形态教育持续开展的现实意义，“坚持把立德树人作为中心环节，把思想政治工作贯穿教育教学全过程”，实现各个阶段育人的无缝对接，确保思想政治教育的连贯性和进阶性。深入推进大中小学思政课一体化建设，就是将立德树人根本任务和铸魂育人使命贯穿在大中小学各阶段，持续不断地为学生成长提供正确的政治导引和价值指引，启蒙小学生萌生做社会主义建设者和接班人的愿望，增进中学生做社会主义建设者和接班人的思想意识及政治认同，引导大学生努力成为德智体美劳全面发展的社会主义建设者和接班人。

（二）遵循学生认知发展规律的逻辑使然

个体对事物的认知发展经历由低级到高级、由简单到复杂的过程，体现为顺序性和阶段性的辩证统一，整体呈现出循序渐进、螺旋上升的特点，正如列宁指出，“人的认识不是直线（也不是沿着直线进行的），而是无限地近似于一串圆圈、近似于螺旋的曲线”。推进大中小学思政课一体化建设，一要遵循学生认知由“感性认知—知性认知—理性认知”发展的一般规律，在课程总体目标的指导下，依照“梯次展开、衔接递进”的原则，统筹规划不同学段的思政课程要素，促进知识内容在各学段的分层展开、对接贯通，使学生在“启蒙—认知—感知”中逐渐深化对知识内容的理解。二要遵循学生认知发展的阶段性规律。认知发展是分阶段完成的过程，处在不同学段的学生，其认知方式有很大不同，且对同一事物的认知程度也具有显著差异性，应据此有针对性地开展思想政治教育。大中小学思政课一体化建设的推进，就是在把握学生认知发展一般性规律的基础上，找准各学段学生认知发展的特殊性，采取具体化措施推动思政课教学的开展，从而避免“一刀切”式的大水漫灌教育。

（三）实现思政课内涵式发展的必然要求

习近平总书记指出，“要把统筹推进大中小学思政课一体化建设作为一项重要工程，推动思政课建设内涵式发展”。内涵式发展与外延式规模的扩大、数量增长等指标要求不同，其更为侧重质量层面的改进加强，强调通过内在提升与建设，从根本上深化思政课的育人实效。推动思政课内涵式发展，主要是要重视思政课本身，强化思政课的本质和内容。因此，克服知识的简单低效重复，在知识累积的基础上不断形成新的知识增量，是推动思政课内涵式发展的关键所在。大中小学思政课一体化建设重在推进教育要素结构的优化，既保持知识的有效衔接，又体现知识总量的螺旋上升。由此，实现不同学段课程内容的连贯性和进阶性，增进思想政治教育的科学性、规范性、系统性，从而更好地明确思政课发展方向，更有靶向性地提供教育养分，更精准地满足学生的成长需求，以提升思政课的教学质量。

二、大中小学思政课一体化建设的实践困境

（一）课程目标聚焦性与统合性有待强化

课程目标具有统领作用，决定着教学的实践开展，因而课程目标一体化是思政课一体化建设中需解决的首要问题。所谓课程目标一体化，即形成贯通各学段的整体性和统一性目标，不同学段在这一共同目标的指导下，根据实际特点设置具体目标，并实现各阶段目标的依次渐进，整体衔接。据2021年上海市的一项调查显示，有38.1%的教师认为当前课程目标一体化方面存在问题。一是课程目标聚焦性有待提升。作为落实立德树人根本任务的关键课程，思政课各学段的具体目标最终都必然指向立德树人这一根本任务的落实。部分学校在制定学段目标的过程中，并未明确与有效聚焦共同目标，而是着重对知识目标的强调。二是课程目标统合性需要强化。现有目标制定中缺少一定程度的系统规划，独立设置、自成一体。由于缺乏对其他学段的了解，出现目标定位不清、错位越位等问题，由此导致学段目标分散化、区分度不强、层次不明，进而影响到思政课程目标的进阶和衔接。

（二）课程内容进阶性、连贯性与匹配性有待优化

近年来，在党和国家的重视下，思政课程内容衔接取得一定成效。但由于学段分割、部分内容逻辑混乱，仍存在一些不容忽视的问题。一是部分内容低效重复。在大中小学思政课程部分内容中，由于缺少对重难点的有效区分，在知识呈现、论证方式上出现简单重复、交叉重叠的现象。二是部分知识断层。由于课程知识结构不同步，部分课程内容缺乏必要的衔接与过渡，不同学段无法实现知识的平稳对接。一方面，需在高年级学段进一步深化的内容被削弱或只出现在了低年级学段，如生命教育内容在中小学段得到了较好的贯彻落实，但在大学阶段却相对薄弱。事实上，大学生面临着学习、就业、生活等多重压力，对生命的认知亟待通过生命教育进一步加强。另一方面，需在低年级学段夯实的基础内容出现缺位，进而导致高年级学段的知识

内容“架空”。三是部分内容出现倒挂。有的内容前置，部分思政课程内容过于抽象，与学生生活实际相脱节，有的内容超出学生的认知水平和理解范围；有的内容后置，部分思政课内容的难度增长与学生的身心发展规律不匹配，出现了内容滞后的现象。

（三）教学评价渐次性、多元性与科学性有待提升

思政课教学评价一体化建设成效取决于能否做到科学规范评价，这既为提高评价质量提出了要求，也反映出现实中的一些问题。一是教学评价渐次性有待增强。各学段由于隶属于不同的管理体制，因而在教学评价中形成了多重评价标准，进而导致了大中小学思政课部分评价内容重复交叉、方式雷同。二是评价主体有待多元化。大中小学思政课教师、班主任、高校辅导员在各学段中的评价主体地位凸显，掌握评价的主要话语权，因而评价结果很难精准反映学生的客观实际。三是评价方式科学性有待提升。在中小学，学生的考试成绩与升学情况成为评判思政课成效的重要指标；在大学，学生获得的各种荣誉奖项、各类奖学金往往直接与思想品德优良的判断挂钩。这种以偏概全的功利化评价方式，使得知识性评价僭越价值性评价，不仅无法客观真实地反映学生的思想道德水准，而且背离了思政课立德树人的价值初衷。

（四）教师衔接意识与沟通交流有待增进

各学段思政课教师是推动大中小学思政课一体化建设的主体，其“各自为教”“各自为研”“各自为学”的现象仍一定程度存在，由此制约了思政课一体化建设的总体进程。一是思政课教师衔接意识不强，对思政课一体化建设重视程度不够。部分教师对上好思政课的长远认识不到位，在实践中往往专注于“守好一段渠，种好责任田”，对思政课一体化建设的重要意义认知不足，缺乏主动自觉地推进大中小学思政课衔接的意识。二是思政课教师沟通交流不足。不同学段思政课教师之间的互动交流，需要通过相应的组织活动和平台来实现。而现实中诸如思政课一体化的培训活动、教研平台、资源共享平台建设等都在一定程度上存在不足，从而制约了不同学段思政课教师的集体备课、集体研讨等活动开展。

三、大中小学思政课一体化建设的路径选择

（一）明确要求，整体规划课程目标

根据目标统揽范围不同，思政课程一体化的目标可分为总体目标与阶段

目标。其中，总体目标统揽全局，决定着各分段目标的制定。阶段目标体现总体目标的要求，是总体目标的具体落实。在总体目标的指引下，各阶段目标侧重不同，层次分明，同向同行，逐级递进，实现有序衔接。总体目标与阶段目标辩证统一，前者体现了思政课目标的统一性，后者体现了不同学段目标的多样性和差异性。《实施方案》指出，“引导学生坚定‘四个自信’，做德智体美劳全面发展的社会主义建设者和接班人”。这从根本上规定了思政课一体化建设的总体目标，各学段在制定阶段目标中，以总体目标为根本依循，落细落小落实立德树人的根本任务要求。为此，应立足思政课的政治属性，将立德树人的根本任务贯穿大中小学不同学段，并结合各学段学生的年龄特点、认知规律等因地制宜地制定具体目标。小学思政课应以启蒙学生道德情感为目标，通过趣味性、故事性内容的呈现及启蒙性活动的设置，引导学生形成爱党、爱国、爱社会主义、爱人民、爱集体的情感。初中思政课以打牢学生思想基础为目标，通过体验式、参与式学习等方式增进理论认知，引导学生把党、祖国和人民装在心中。高中思政课以提升学生政治素养为目标，通过知识灌输、情境教学等方式引导学生拥护党的领导，增进对中国特色社会主义的政治认同。大学思政课以增强使命担当为目标，通过系统的理论阐释实现“以理服人”，以丰富的实践活动增进“知行合一”，引导学生矢志不渝听党话、跟党走。

（二）立足全局，统筹推进课程建设

思政课程建设是对课程目标的有效落实，包括课程体系和课程内容建设。一是明确主线，推进课程体系设置。习近平总书记指出，“课程设置要相对稳定，坚持大中小学纵向主线贯穿、循序渐进，各类课程横向结构合理、功能互补的原则”。为此，将爱党、爱国、爱社会主义、爱人民和爱集体教育这条主线贯穿课程设置始终，注重习近平新时代中国特色社会主义思想向各学段思政课的融入，形成逻辑清晰、层次分明的“必修课+选修课”课程体系。二是遵循学生成长规律和认知特点，进行课程内容设置，使各学段课程内容设置各有侧重，做到有效贯通和接续，实现课程内容的循序渐进，螺旋上升。具体而言，小学阶段以学生的生活为基础，注重启蒙性课程内容设置，主要进行道德和心理教育。中学阶段以学生的体验和认知为基础，注重体验性和常识性课程内容设置，侧重于开展政治和法治教育。大学阶段注重理论性和探究性课程内容设置，重点进行理论教育。

（三）注重衔接，完善教材一体化机制

教材是思政课程知识的载体，课程教材的一体化建设是大中小学思政课一体化建设的重要保障。一是编制统一课程标准。课程标准是编写教材的纲领性文件，在课程标准制定中，按照学段衔接、要素接续、分层递进的制定思维，把握好课程标准的统一性与阶段性，明确合理性重复和不必要重复的标准，在对课程目标研究的基础上研制贯通各学段的课程标准。二是依照学科知识逻辑布局教材内容知识结构。既要立足特定学段把握知识内容逻辑的连续性，又要将知识内容置于整个纵向的教材内容体系中分析其与前后学段知识的内在逻辑与关联，确保本学段教材内容的逻辑自洽性及不同学段内容的平稳过渡。三是注重话语表达与论证方式的多元化。结合各学段学生的知识结构、认知理解水平等，选取具体话语表达的形式，如小学教材注重感性话语表达，中学阶段注重生活性话语表达，大学阶段注重逻辑性话语表达，增强教材话语面向不同学段学生的吸引力。在论证方式上，坚持正反论证相结合、逻辑论证与事例论证相结合、理论论证与事实论证相结合，保障教材编写的逻辑性和针对性。四是加强贯穿教材编写、编审、使用与评估过程的制度建设。增进不同学段教材编写人员的沟通协作，规范教材的审核与投入应用，及时跟踪、反馈教材的使用情况，通过不断改进以提升教材内容编写的规范化和科学化水平。

（四）系统谋划，推动教学评价改革创新

教学评价一体化是推进思政课一体化建设的“调节系统”。一是从顶层设计层面统筹规划，推动各学段评价的渐进发展。具体而言，明确立德树人的评价导向，并据此构建契合不同学段学生特点和认知规律的分段评价指标，确保评价目标的平稳过渡、评价内容的错落有致、评价标准的循序渐进。二是构建多元主体参与的评价机制。发挥教师的评价主导作用及学生的自评作用，同时将学校行政管理人员、家庭和社会等评价主体吸纳进来，提升评价的全面性和客观性。三是丰富评价的方式方法。打破传统功利化评价导向下的固化评价模式，遵循科学性与规范性、统一性与多样性的原则，探索面向思政课教学过程、教学要素、教学效果的多维度评价方式方法。一要坚持过程性评价与结果性评价相结合。既要重视最终考核结果，也要关注学生成长与发展过程，整体上把握育人成效。二要坚持定量评价与定性评价相结合。以定性评价保障评价的正确方向性，以定量评价避免评价的空洞化，推动评价结果更为科学。三要坚持知识评价与价值评价相结合。以知识评价作为工具手段，以价值评价作为目的指向，确保立德树人根本任务的落实。四要坚持动态评价与静态评价相结合。运用发展的观点审视教学过程和学生的思想动态变化，宏观上做好思政课教学全程的追踪、审视和预测，微观上聚焦处于特定学段的教学所体现出的稳定性和静态性，依据阶段目标对教学质量作出客观评价。五要坚持线上评价与线下评价相结合。促进大数据、人工智能等技术与教学评价的深度融合，实现线上线下评价优势与作用的互补，探索构建智能时代贯通大中小学思政课全程的一体化评价体系。

（五）强化意识，搭建教师沟通交流平台

各学段思政课教师处在不同环节，各司其职，在思政课一体化建设中形成“教学共同体”。一方面，着力加强思政课教师的衔接意识。引导其树立“大思政”协同育人观念，增强课程衔接的“瞻前”与“顾后”意识。另一方面，推动教师沟通交流的立体化平台建设。打破各学段条块分割的局面，深化科研、教学一体化建设。《意见》指出，坚持培养高素质专业化思政课教师队伍，积极为这支队伍成长发展搭建平台、创造条件。一是搭建教学资源共享平台。借助技术手段整合教学内容、教学方法、教学名师等资源，形成各级各类资源数据库，探索资源链接网状共享模式，免费向大中小学思政课教师开放。高校马克思主义学院具有显著资源优势，应向区域中小学下沉资源。各级教育行政部门做好统筹规划，提供相应的资金、政策、制度支持。大中小学主动作为，既要积极加入资源平台建设，也要及时为思政课教师提供便利服务。二是搭建集体备课平台。建立各类思政课的线上虚拟教研室，吸纳各学段思政课教师加入，以“同上一堂课”“手拉手”等集体备课活动为抓手，针对一体化建设中的突出问题展开深入研讨，形成一批有示范意义的思政“金课”。三是搭建教师研修平台。加大思政课教师的一体化培训力度，提升其跨学段衔接的能力与综合素养，并通过思政课教师骨干力量的建设形成辐射带动效应。此外，鼓励高校思政课教师多深入中小学挂职锻炼、学习交流，创设中小学思政课教师进入高校马克思主义学院挂职进修的条件，以此强化思政课教师对不同学段教学内容边界的了解，深化对教学规律的认识与把握。

（本文成文日期为 2022 年 7 月。）

中华优秀传统文化对大中小学思政课一体化建设的影响刍议

北京工业大学

王爱民　王　锋

2019 年 3 月 18 日，习近平总书记在学校思想政治理论课教师座谈会上，开篇就讲了“蒙以养正，圣功也”。这句话出自《周易》蒙卦，意思是说在蒙童时代培养正直无邪的品质是人才培养的必经之路。周易六十四卦，蒙卦排第四，在“谈天论地”的乾、坤卦和描述万事万物肇始躁动的屯卦之后，被古人称之为“教育之卦”。可见中华优秀传统文化非常重视教育在培养人浩然正气中的重要作用。习近平总书记引用《周易》中的话，给全国思政课教师提出了“教给他们正确的思想，引导他们走正路”的明确要求，同时也为大中小学思政课一体化建设指明了方向。中国有五千多年的文明历史，重视从中华优秀传统文化中汲取管理精义，有助于进一步加强大中小学思政课一体化建设，特别对加强大中小学思政课一体化顶层设计，深化大中小学思政课一体化机制研究有着重要实践和理论意义。

一、中华优秀传统文化在大中小学思政课一体化建设中的借鉴作用

2020 年 9 月，习近平总书记在湖南考察时强调，要把课堂教学和实践教学有机结合起来，充分运用丰富的历史文化资源，紧密联系中国共产党和中国人民的奋斗历程，深刻领悟马克思主义中国化的内在道理。在大中小学思政课一体化建设的实践研究中，要注重加强以马克思主义中国化最新成果——习近平新时代中国特色社会主义思想为指导，在研究方法上多用马克思主义的辩证法，多用中国哲学的辩证法，善用中华优秀传统文化丰富的营养助

力我们的实践研究。

《周易》作为中华文化的基础，是诸子百家学术思想的源泉。用易学之理作为大中小学一体化思政课衔接机制的研究方法，其本身就体现了中华优秀传统文化和现代管理文化之间的有机衔接，也体现了中华优秀传统文化传承。这种衔接和传承是如盐在水、顺理成章，而不会产生水土不服、生拉硬扯的排异反应。特别是《周易》中一些道理表达和规则的设立，对大中小学思政课一体化的创新实践和理论研究有重要的借鉴意义。

《周易》有“易者，易也。变易也，不易也”之说，还有“穷则变，变则通，通则久”之理。《周易》的这种变与不变及何时变，对衔接机制研究有着明确的引领作用。立德树人是中国教育永恒的主题，也是所有教育工作者的不变初心。同时，改革创新是中国强盛和民族复兴的时代要求。积极主动地把学习《周易》获得的启示，运用于大中小学思政课一体化建设，特别是运用于衔接机制的创新实践中，既是非常有益的尝试，也是勇敢的探索，更是办人民满意教育的客观需求。

用中华优秀传统文化思考现实问题，用的是其原理或者是逻辑和方法。“取其精华、去其糟粕”始终是坚守中华文化根脉、弘扬传统文化所应坚持的原则和态度。用《周易》解读衔接机制，不是把全部拿出来照搬照用，而应把其中的“阴阳互动”“旺极而衰”等有着辩证思想的原理理解好、运用好。

二、“变与不变”规律与大中小学思政课一体化衔接机制

《周易》不变的是大道，是根本，是“乾为天、坤为地、震为雷、巽为风、艮为山、兑为泽、坎为水、离为火”的规定性。而“易”的核心是变易。也就是说，没有变化就没有易。不变是一以贯之的根本，是一阴一阳的本原，变的是阴阳组合的形式，是观察角度的不同方式。大中小学思政课一体化建设过程中，首要的一点是，要明确在大中小学思政课上，不能变的是马克思主义的指导思想和共产主义的远大理想，不能变的是爱国主义、集体主义。决不能允许任何人打着“学术自由”的幌子，兜售历史虚无主义的私货。可以变的，是根据不同年龄段的学生情况、根据不同学校的校情，为了坚持指导思想、为了坚定远大理想而采取的各种不同的教学模式和教学方法，是为了弘扬讴歌爱国主义、集体主义的各种生动活泼的实践探索。

《周易》中的“象”是规定性的，是不能讨论、不能亵渎的。思政课中的

“大是大非”同样是原则性的，也是不能质疑、不能亵渎的。对“不变”的部分，只能通过自身努力学习提升理论素养，而不能因自己一知半解、理论功底不够，就以怀疑的口气去对“不变”的部分妄加评论，以达到所谓活跃课堂气氛的目的。这不是所谓的学术自由，而是贻害无穷的哗众取宠。加强大中小学思政课一体化建设，重要的是在“一体化”上着力。“一体化”不排斥不同学段安排不同内容的学习和讨论，认可这样的学习和讨论也是“一体化”建设有益的组成部分。但是不能因此就忽视、弱化不同学段中坚持不变的共同内容：国旗在幼儿园的教室里要有，博士上课的教室也要有；要给幼儿园的孩子讲革命先烈的英雄故事，也要给硕士生、博士生宣传新时代涌现出的可歌可泣的英雄事迹等。在大中小学思政课一体化建设中的“变与不变”体现了衔接机制建设的重要性。“不变”的内容要先定下来，然后再去根据知识的传授规律和学生的成长规律，安排不同形式、不同学段特点的不同教学内容。

习近平总书记要求要“守好一段渠、种好责任田”。守好一段渠，为的是让“促进学生德智体美劳全面发展，培养学生爱国情怀、社会责任感、创新精神、实践能力”的源头活水不被污染。同时要坚持变和不变的统一，渠的沿途地貌可以有变化，让学生们感受到渠水流经的不同地段应有的不同风貌，同时也要让学生知晓“水往低处流”“百川归大海”的颠扑不破真理。一体化建设要有跃升也要有依从，“循序渐进、螺旋式上升”。如果只看到螺旋的最新上升，而看不到原有的出发点和旋转的过程，就不会有全面客观的分析，同时也不能感受到螺旋式上升应该有的美感。

三、“当位、得位”之说与大中小学思政课一体化建设的环境氛围

《周易》中有“当位、得位”之说，是诸多易理阐发的重要根据。“当位、得位”做得好，就是摆对了位置，认清了方向，做事就能起到事半功倍的功效。具体到大中小学思政课一体化建设上，既不能因为各学段学生年龄、身心不同而忽视了一体化建设的重要性，又不能因为需要衔接就无视各学段教育管理者相对独立的地位。既要重视各学段在一体化建设过程中的整体性，又要发扬各学段在一体化建设过程中的创新性。只有各学段各自做好、做得有特色，一体化建设和衔接机制才能做得好。

研读《周易》会发现，适当留白有一定的道理。在大中小学思政课一体化建设中，同样要正视教育管理特别是教育顶层设计的留白。当然，这个“白”并不是“真空”，也不是一无所有，而应该是让学生有无限发展空间，有利于成长的社会大环境。没有好的社会环境，思政课要达到立德树人的教育目的将会是非常困难的。要十分珍惜党的十八大以来社会大气候越来越好、社会大环境越来越净化这样一个非常有利于教育，特别是非常有利于思政课达到其立德树人教育目的的机会。在《周易》中多有“利见大人”的表述。对“大人”的理解，乾卦文言传：“夫大人者，与天地合其德，与日月合其明，与四时合其序，与鬼神合其吉凶，先天而天弗违，后天而奉天时。”“利见大人”可以理解为“可以用伟大思想武装学生的头脑”。新时代的好气候、好环境，就是“大人”，就是思政课教师和思政课教学的“大人”，是发扬光大、顺势而为、更好完成立德树人任务的有利时机。

四、大中小学思政课一体化建设的“管理精义”

“易有太极，是生两仪，两仪生四象，四象生八卦。”这本身就是一个生发的过程，从无到有、从小到大、从少到多的过程。教育管理应该也是这样，一体化建设和衔接机制研究更应是这样一个过程。蒙卦的卦辞爻辞和“三岁看大、七岁看老”的传统俗语，其中蕴含着深刻的道理。国内外相关研究表明，人的智力发育在五岁以前已构建了一半以上。所以，从幼儿园抓起，在幼小心灵里播撒下高尚的种子，是非常必要、也是可行的。

在幼儿和小学阶段，教育不要多、不要复杂，但是又不能没有目标，忽视根基。要有目标，也就是新时代的教育方针和培养社会主义接班人的根本目的。如果没有目标和根基，只是遵从“潜龙勿用”，只是强调顺从天性，给些所谓这个年龄段喜欢的东西和能接受的东西，那就很有可能让孩子们在玩耍中失去了在幼小心灵里种下伟大种子的机会。中学和大学，正是学生血气方刚、阳气旺盛的时期，是年轻人要努力奋斗实现人生愿望的时期。思想政治教育工作者在这个时期应该千方百计加大力度，努力使教育的目的成为他们的人生愿望，让教育目的在这个时期得到强化，扎根在他们的内心深处，成为他们思想的一部分。

乾坤二卦，撑起天地，天地育人于自然。立德树人，最终是要培养中国特色社会主义事业的建设者和接班人，培养“顶天立地”的有用之才。然而，人的世界观、人生观的形成过程是复杂的，不会有如同年龄长大一般线性的规律。就如同教孩子学说话，虽然不能直接讲《语言学》，但如果常常多说话、多引导，对其语言能力的培养肯定是有益的。

利用中华优秀传统文化的精髓来推动思想政治教育应该成为一种新的探索。研读《周易》能给人以各种启示和启发，就像大海的广大和深邃、富于变化和精彩。在大中小学思政课一体化建设过程中，借鉴其中的一些观点，可收到庖丁解牛之效。

（本文成文日期为 2022 年 4 月。）

新时代学校思政课开展青少年民法典教育的一体化设计

中国政法大学

袁　芳

深入开展法治宣传教育、弘扬社会主义法治精神是习近平法治思想的重要内容，是我国全面推进依法治国的基本遵循。2021 年 1 月 1 日正式施行的《中华人民共和国民法典》（以下简称《民法典》）是全世界最新的一部民法典，标志着我国民事法律制度的专门化和体系化，开创了中国特色社会主义法治的新时代。习近平总书记提出，“要把民法典纳入国民教育体系，加强对青少年民法典教育”，这深刻揭示了青少年民法典教育一体化的战略部署。2020 年 12 月，中共中央宣传部、教育部印发《新时代学校思想政治理论课改革创新实施方案》，提出推进法治教育“全面融入”现有课程内容的要求。立足中华民族伟大复兴战略全局和世界百年未有之大变局的战略高度，学校思政课构建一体化的青少年民法典教育体系，不仅凸显了民法典时代法治教育的新内涵新要求，而且为学校思政课建设注入了新理念和新思想。目前学界围绕青少年法治教育开展了广泛研究，但对学校思政课如何开展大中小一体化的民法典教育聚焦不足，亟待开展深入探析和澄明，设计可操作性的方案。

一、新时代学校思政课开展青少年民法典教育一体化的逻辑理据

我国《民法典》蕴含中国特色的法治理念、价值标准、道德智慧和时代精神，与新时代学校思政课的政治导向性、价值引领性具有契合点。“法治教育也是思想政治教育的新内容和重要内容”，学校思政课是开展青少年民法典教育的主渠道，大中小学开展一体化的民法典教育非常必要，具有重要的战略意义。

（一）贯彻落实习近平法治思想“三进”要求的战略需要

伴随着我国全面深化改革的推进，中国共产党对于法治推动改革重要性的认识日趋成熟，全面推进依法治国已经从我国治国理政的领域性方略拓展为全局性方略。2020 年 11 月召开的中央全面依法治国工作会议确立了“习近平法治思想”，这对我国法治建设具有长期性和全局性的指导作用。习近平法治思想内涵丰富、系统完备，具有强烈的现实针对性，明确了社会主义法治文明的现实路径，提出了法治中国的发展目标，由此升华了法治在社会主义现代化强国建设中的基础性、引领性和支撑性地位，这驱动着我国法治教育正在进入一个新的发展阶段。法治建设不仅需要人人守法，而且需要人人用法并捍卫法治，这离不开对全民开展法治教育。通过发挥法治教育的媒介作用和引领功能，中国特色社会主义法律体系才能转化为现实的法治力量。习近平总书记指出：“只有内心尊崇法治，才能行为遵守法律。只有铭刻在人们心中的法治，才是真正牢不可破的法治。”《民法典》作为社会生活的“百科全书”，是中国特色社会主义制度现代化的重大成果和法治中国的显著标志。习近平总书记提出，“民法典要实施好，就必须让民法典走到群众身边、走进群众心里”。针对青少年开展一体化的民法典教育，不仅是我国法治建设夯基垒台的基础工程，也是高瞻远瞩的战略任务，为全面推进依法治国提供观念共识和价值引导。

（二）深入开展社会主义核心价值观教育的重要途径

社会主义法治不仅仅是一种工具和手段，更有不可替代的内在价值；法治不仅仅是国家的价值目标、社会的价值取向，更是全体人民的价值准则。《民法典》具有重要的导向和保障作用，能够指引人们衡量行为的是非曲直、利害得失、合法非法，引导人们自觉履行法定义务和责任。《民法典》第一条明确指出弘扬社会主义核心价值观是民法典的立法目标之一，这是贯彻落实习近平法治思想中坚持依法治国与以德治国相结合的立法实践。习近平总书记提出，“立法、执法、司法都要体现社会主义道德要求，都要把社会主义核心价值观贯穿其中，使社会主义法治成为良法善治”。从基本原则来看，《民法典》提出的平等原则、自愿原则、公平原则、诚实信用原则、守法和公序良俗原则、绿色原则和社会主义核心价值观具有高度契合性。《民法典》多次提及和确认平等的价值共识和价值目标，为平等的实现提供了统一标准和切实的法律保障。习近平总书记指出：“平等是社会主义法律的基本属性，是社会主义法治的基本要求。”通过民法典教育，有助于引导人们深刻理解社会主义法治所提倡的平等是从最广大人民群众的根本利益出发，从社会发展水平和全体人民的视角来看待平等的实现。从具体规则来看，《民法典》针对现实生活出现的新情况和新问题，创造性地提出了独具中国智慧的利益协调方案，最大程度地维护人民群众的利益，彰显了社会主义法治“以人民为中心”的价值追求。在学校思政课教学中大力开展一体化的民法典教育，有助于拓展社会主义核心价值观教育的途径，促进青少年自觉践行社会主义核心价值观。

（三）弘扬社会主义法治文化和增强“四个自信”的基础工程

法律作为一种精神延续和文化样态，被赋予特定国家、民族和地区的历史沿革和约定俗成的内在基因。习近平总书记指出，“民法典系统整合了新中国成立70多年来长期实践形成的民事法律规范，汲取了中华民族5 000多年优秀法律文化，借鉴了人类法治文明建设有益成果，是一部体现我国社会主义性质、符合人民利益和愿望、顺应时代发展要求的民法典”。《民法典》以中华优秀传统文化的创造性转化为基础，包含着讲仁爱、重民本、守诚信、崇正义、尚和合的精神密码，渗透着定分止争、关怀弱者的习俗及和谐美满的家风传统，推动了优秀传统文化与现代法治精神的有机结合。耶林精辟指出国民私权教育对国家发展的重要性，“对国外要发扬国家的声望，对国内要建立强国的基础，莫贵于保护国民的权利感情；且应施以教育，使国民的权利感情能够滋蔓”。在学校思政课教学中开展一体化的民法典教育，有助于发挥民法典文化传承的重要功能，弘扬社会主义法治文化。尤其是当前，民主法治一直是西方在意识形态领域攻击中国的主要借口，他们经常利用我国社会生活中的法治热点事件进行渲染，故意制造社会情绪，不乏为了博取眼球而虚假夸大的成分。这在一定程度上干扰了青少年对我国民主法治建设的评价，进而干扰他们对中国特色社会主义法治道路的认同。“党大还是法大”“党治还是法治”等逻辑悖论问题，容易误导青年、青少年跌入西方二元化的法治思维陷阱。《民法典》最大程度地维护人民群众的利益，彰显社会主义法治“以人民为中心”的价值追求。学校思政课开展青少年民法典教育，有助于澄清是非，认清西方民主的双标实质和危害，同时有助于全面了解我国法治建设的发展进步，增强社会主义法治的道路自信、理论自信、制度自信和文化自信。

（四）促进青少年成长成才和全面发展的客观要求

时代新人法治素养的培育来源于法治和教育的发展，已经成为我国国民教育体系的重要组成部分，体现法治文明建设对人的素质和能力全面发展的新要求。在人才素质结构中，法治素养和道德素质是法律和道德在个体素质上的集中体现。道德素质为法治素养提供思想指引和价值基础，对法治素养具有重要的滋养作用；法治素养为道德素养提供导向和保障作用。法律规范具有基础性和普遍性，通过确认法律权利和法律义务的方式约束一切社会成员。不同于宪法、刑法、行政法的公法特点，《民法典》具有私法的本质特征和生活关怀的重要属性，在我国法律体系中和青少年的日常生活最为密切，蕴含为人处世、安身立命、待人接物、经营为商的行为规范和交往法则，具有人格塑造和行动指引的教育功能。学校思政课开展一体化的民法典教育，为青少年的日常生活提供明确的行为规范，有助于引导青少年在守法的基础上养成善行，不仅懂得保护自己的权利和承担相应的义务，还能学会尊重他人的权利，指引青少年处理个人与他人、个人与网络、个人与社会、个人与自然的关系，从而形成积极关照国家、社会和他人的健全人格。马克思提出："一个人有责任不仅为自己本人，而且为每一个履行义务的人要求人权和公民权。"民法典教育作为国家培育公民素养的重要方式，有助于实现知行统一，引导人们将法律正义转化为伦理善行，促进青少年法权人格、道德人格和心理人格的协调统一。目前我国青少年法治教育尚停留在碎片化的法律条文教育、知识教育、说服教育阶段，滞后于青少年全面发展的需求。因此，学校思政课开展一体化的青少年民法典教育不仅具有必要性，而且具有现实紧迫性。

二、新时代学校思政课开展青少年民法典教育一体化的目标定位

教育目标规定着教育内容、方式方法，直接制约教育的实际效果。要推进青少年民法典教育的一体化，首先要明确一体化的教育目标。2021 年 10 月 29 日，共青团中央印发了《共青团中央关于贯彻实施"八五"普法规划 深入开展青少年法治宣传教育的意见》，指明青少年法治宣传教育的总体要求是引领青少年做社会主义法治的忠实崇尚者、自觉遵守者、坚定捍卫者，促进法治成为广大青少年的思想共识和基本准则，夯实全面依法治国的青少年群众基础。遵循社会发展和人的发展辩证统一的规律，学校思政课开展青少年民法典教育不仅要反映新时代我国社会发展的现实需求，还应遵循青少年成长成才的规律，以此才能明确学校思政课开展青少年民法典教育的科学方向。

（一）从社会发展的现实需求看，学校思政课开展民法典教育不能脱离全面依法治国的战略任务和立德树人的根本任务

随着我国社会主义市场经济的建立，与此相适宜的商业信誉及契约文化

逐渐开始萌芽，民法开始发挥促进市场交易、维护社会秩序的重要功能。当前我国进入民法典时代，开启了以权利为核心的利益协调模式，《民法典》的颁布标志着国家治理开始步入私法自治的现代化进程。由此，全体民众尊崇和认同法治成为新时代中国特色社会主义法治建设的灵魂和关键所在，中国特色社会主义法治开启了从国家到人民的主体转换、从制度到行动的形态转换，这为我们重新审视青少年法治素养的培育提供了契机。此外，新时代将立德树人作为教育的根本任务，是党的教育理论创新的最新成果。习近平总书记强调：“人无德不立，育人的根本在于立德。这是人才培养的辩证法。办学就要尊重这个规律，否则就办不好学。”由此，新时代学校思政课开展青少年民法典教育具有塑造现代公民的时代内涵，不是一般意义上的法学理论教育、法律知识教育或普法工作，而是一项培育青少年法治素养的育人工程。通过法治素养的培育，有助于引导青少年认同中国特色社会主义法治道路，树立社会主义法治价值观，提高青少年的权利义务观念、守法观念、责任观念和契约精神及理性参与社会公共事务的法治能力，促进时代新人全面发展。学校开展青少年民法典教育虽然涉及政府、学校、教师、青少年多个主体，但主线应是有利于青少年的健康成长和全面发展。从统筹“两个大局”的战略高度出发，新时代学校思政课开展青少年民法典教育的一体化目标在于“两个提升”，即以持续提升青少年尊法学法守法用法的法治素养为重点，以提升青少年法治教育的针对性和实效性为着力点，由此塑造适应法治文明发展需要的现代公民，培养担当法治中国建设重任的时代新人。

（二）从青少年的长远发展来看，学校思政课开展民法典教育应尊重青少年的主体地位，遵循青少年法治素养形成发展的规律

法治的真谛不仅体现为人们对法律制度的自觉遵守和遵从，更表现为人们对法治理念和价值的自觉认同和践行，将“法治”本身内化为自身的生活方式，在日常实践中表现出彰显法治精神和法治思维的具体行动。由此，法治素养属于现代公民公共精神的重要体现，法治素养的主体是个人，体现了人的社会性本质。青少年法治素养形成的过程包括个体内化、外化过程及环境演化过程，具有多维系统性、知行统一性和动态生成性的规律性特征。法治素养是一个多序列、多要素和多层次的复杂系统，受到多种因素的影响，青少年法治素养的形成和发展是在学习中升华、在内省中完善、在自律中养成、在实践中锤炼的结果。由此，法治素养不仅包含法治认知、规则意识、权利义务观念等思想观念，还表现为法治思维、法治能力等实践能力。针对青少年开展民法典教育，不仅体现为在认知层面对《民法典》的理解和认识、在情感层面对《民法典》的尊重和信任，更表现为在价值层面对《民法典》的尊崇和认同、在实践层面对《民法典》的遵守和维护，将民法精神内化为一种价值观、一种生活方式。政治社会化理论强调青少年自身的心智发展与政治意识阶段性发展具有重要关系，提出由于心智发展阶段具有不同的认知行为能力，这种差异造成了政治社会化的阶段性特征。青少年法治素养的形成是一个动态持续的过程，以法治认知为开端、法治情感为桥梁、法治观念为条件、法治思维为支撑、法治行为为归宿。在这一理论基础上，小学阶段的民法典教育重在培养法治情感，初中阶段重在培养法治观念，高中阶段重在提升法治思维，大学阶段重在增强法治建设的使命担当，促进法治行为的形成，由此实现青少年对民法典认知、情感、观念、思维和行为的有效互动。

三、新时代学校思政课开展青少年民法典教育的一体化设计方案

《民法典》的颁布和实施为青少年民法典教育提供了重要契机和前提条件，但实践中青少年法治教育仍面临定位模糊、重视不足、师资力量短缺、课程资源开发不足、课程评价缺失等诸多问题，这给学校思政课开展青少年民法典教育提出了现实挑战。2021 年出台的《共青团中央关于贯彻实施“八五”普法规划 深入开展青少年法治宣传教育的意见》提出新时代青少年法治宣传教育应坚持以习近平法治思想为引领；坚持服务大局、服务青少年；坚持守正创新、提质增效；坚持实践育人、知行合一。这“四个坚持”的提出，为新时代学校思政课开展一体化的青少年民法典教育提供了基本遵循。从教与学、教与育、法治教育和道德教育、课堂教学和课外实践一体化融合发展的视角，运用整体建构观对青少年民法典教育进行一体化设计，可以从目标的价值导向性、内容的融会贯通性、方式的灵活多样性、机制的整体完善性等方面探索前瞻性和可操作性的创新思路及方案。

（一）科学选择青少年民法典教育的内容，发挥课程之间的协同效应

由于《民法典》条文最多、体量最大、编章结构最为复杂，必须要精准选择教育内容。习近平总书记提出，“要聚焦民法典总则编和各分编需要把握好的核心要义和重点问题，阐释好民法典关于民事活动平等、自愿、公平、诚信等基本原则，阐释好民法典关于坚持主体平等、保护财产权利、便利交易流转、维护人格尊严、促进家庭和谐、追究侵权责任等基本要求，阐释好

民法典一系列新规定新概念新精神”。“一个聚焦”和“三个阐释”为学校思政课开展民法典教育提供了重要指导。学校思政课教师可以通过讲解《民法典》的基本原则、基本要求和创新亮点，阐明《民法典》的中国特色、实践特色和时代特色。

大中小学思政课是一个系统整体，可以根据课程特点选择青少年民法典教育的侧重点，积极发挥课程之间的纵向协同和横向协同，避免内容重复。小学阶段“道德与法治”课的重点内容是引导学生初步了解《民法典》为我们每一个人的成长保驾护航；初中阶段“道德与法治”课的重点内容是了解《民法典》的核心内容，讲解《民法典》观照自身、与人为善、拥抱家庭、审视社会、热爱祖国、保护生态等方面的内容；高中阶段“道德与法治”课的重点内容是了解《民法典》的基本原则，提高青少年的权利义务观、自由责任观及自觉守法意识和契约精神。《民法典》专门规定了保护英雄烈士的条款，有助于引导青少年树立正确的英雄观和文化观，理解爱国主义不仅是一种情感，更是一种法律义务。绿色原则作为《民法典》的新增原则，有助于引导青少年树立节约资源、保护环境的生态文明观念和法律责任意识。针对网络技术和科技发展领域的新型道德风险，《民法典》第 1008 条专门规定人体临床试验的伦理审查制度，第 1009 条首次规定从事人体基因、胚胎等医学和科研活动不得违背伦理道德，有助于引导青少年树立正确的科技伦理观。

大学阶段民法典教育的重点内容是学会运用《民法典》分析和解决现实问题，培育大学生的法治思维和法治行为。高校有五门思想政治理论课，依据不同课程的特点，应加强课程内容之间的横向协同。“思想道德与法治”课可以将民法典教育融入爱国主义精神、社会主义核心价值观、社会公德、法治思维培育等章节讲解中。通过介绍中西方对平等、自由、公正的不同理解，依托《民法典》的条款设置，可以生动直观地阐明社会主义核心价值观的思想理念、价值立场和道义力量。“马克思主义基本原理”课可以将民法典教育融入马克思主义法治理论的讲解中，“中国近现代史纲要”课可以将民法典教育融入中国共产党民事立法的历史进程的讲解中，“毛泽东思想和中国特色社会主义理论体系概论”课可以将民法典教育融入“四个全面”和“五大布局”的讲解中。“形势与政策”课可以结合最新的民法典案例，引导青少年深入理解《民法典》蕴含的时代精神，澄清西方国家对我国民主法治建设和人权保障的污名化言论。

（二）坚持以育人为导向，调控学生的情感体验，切实提高青少年的参与度和获得感

习近平总书记在肯定青年的活力、激情、想象力和创造力的同时指出，“青年人阅历不广，容易从自身角度、从理想状态的角度来认识和理解世界，难免给他们带来局限性。这是青年成长的规律，我们要尊重这个规律”。为了引导青少年超越思想认识上的局限性，可以借助《民法典》独特的育人优势，培育青少年的法治价值观。“一种价值观要真正发挥作用，必须融入社会生活，让人们在实践中感知它、领悟它。要注意把我们所提倡的与人们日常生活紧密联系起来，在落细、落小、落实上下功夫。”法治价值观教育必须从人的需要满足的角度来引导青少年尊法学法守法用法，真正将法治融入青少年的学习生活之中，引导他们从主体需要的视角理解法治、感受法治、认同法治，认识到法治是国家治理和人的生存发展所需要的价值体系。学校思政课可以采取实践式、体验式、参与式等方法，不断创新方式方法，推动法律知识传授向法治素养培育的转化、知识灌输式讲授向互动启发式教学的转化、单一说教向开放对话的转化。学校教师在课堂教学中可以为青少年提供高层次、挑战性思考的机会，引导青少年在课堂教学中的参与、互动和思辨。在学校法治教育的实践教学中，可以根据学生实际情况，引导、支持学生自主制定班级规则和校园文明公约等，帮助学生在学习生活实践中感受《民法典》的自治力量。学校应积极推进法治教育和道德教育的融合发展，把《民法典》的约束力量、底线意识与道德教育的感化力量、提升精神紧密结合。

由于青少年的情感体验直接影响着学校思政课的教学效果，教师在课堂讲授中要增进学生的获得感，关照学生的情感体验。尤其是线上教学中如何调动青少年的情感和情绪，成为新时代学校思政课面临的巨大挑战。法律在人们心目中往往是威严的象征，给青少年一种距离感和陌生感。青少年民法典教育如何传递情感的温度，通过一定的教学策略调控学生的情感体验，是增强课程关注度和接受度的重点任务。习近平总书记提出“一个案例胜过一打文件”，高度肯定了案例作为法治文化代言人的育人功能。《民法典》热点案例是思政课教学的重要资源，是实践中发生的鲜活的法治教材，有助于提高思政课教学的亲和力和针对性。学校思政课教师通过运用民法案例向青少年释法说理，有助于讲好中国特色的法治故事，有助于增强社会主义核心价值观教育的实效性。民法实务中涌现的首例居住权案、首例环境污染民事公益诉讼案等典型案例，通过具体个案审理确立法律规则，能够引导青少年既

看到《民法典》适用的过程，感受《民法典》蕴含的人民至上、生命至上、绿色至上的时代气息，也看到国家机关保护人民群众利益、维护社会和谐稳定的最大努力，激发青少年弘扬法治精神的责任感和使命感。

（三）发挥教育部门、司法部门、基层社区、大众媒体和家庭的作用，形成合力推进的工作机制，塑造良好的法治氛围

新时代青少年民法典教育是一项系统工程，不能仅仅依靠学校单兵作战，应构建涵盖学校教育、家庭教育、社会教育等不同教育形态的融合体，发挥政府、学校、家庭、社会组织的协同作用，形成合力推进的工作机制，避免随意性、盲目性和形式主义。政府可以出台相应政策加强法治教育的专兼职师资队伍建设，通过国家教育支援计划为青少年法治教育暂时落后的地区输送相关的课程资源、教材资源和教师资源。社会各级组织尤其是大众传媒应切实承担起民法典教育传播的社会责任，利用重大纪念日、传统节日等开展法治文化活动，塑造良好的法治氛围，让青少年在法治文化建设中感受法治的力量。只有在全社会都树立遵守法律为荣、违法乱纪可耻的法治文化，全民守法才有坚实的基础。“法治文化所追求的，正是要让法治精神、法治思维、法治方法和法治效果渗透于社会生活的方方面面，使人们日常的社会生活以法治为规范，形成整体安全、高效、和谐的统一面貌，确保中华文明复兴给中国和世界带来的，是一种先进的、健康的文明。”学校应大力提高教师的法治教育能力，针对思政课教师开展法治素养培训，聘请法官、检察官和律师作为兼职教师，打造专兼职结合的法治教师队伍。可以充分发挥法科学校开展法治教育的优势，通过网络平台向中小学尤其是欠发达地区的中小学输送课程资源。还可以协同政府、社区和家庭，大力开展法治社会实践活动，促进青少年将课堂理论知识转化为实践能力。组织青少年走进法庭，参与法庭旁听，把法庭庭审现场作为法治教育课堂，启发“情境感”“参与感”“意义感”的法治体验。还可以积极和司法部门、城市社区和农村基层开展合作，建立青少年法治教育基地和青少年法治志愿者制度，选拔法律专业大学生开展法律咨询服务，促进课堂教学和实践教学相结合。各地可以充分挖掘红色法律文化资源，建立法律文化纪念馆、图书馆等。大中小学可以建立青少年法治素养滚动测评的长效机制，通过健全学校立德树人的评价体系，为学校思政课改革提供有效反馈和外在保障。

（本文成文日期为2022年3月。）

在推进大中小学劳动教育协同发展中展现大学担当

中国劳动关系学院

曲　霞　张泽汉

2020年，中共中央、国务院印发的《关于全面加强新时代大中小学劳动教育的意见》（以下简称《意见》）和教育部印发的《大中小学劳动教育指导纲要（试行）》（以下简称《纲要》），均对大中小学提出了全面加强劳动教育的要求。这意味着大中小学的劳动教育需要相互支撑、协同发展。这种协同发展的实质是运用系统思维，对大中小学各类劳动教育资源进行整体优化，构建目标明确、重点突出、实施分层、协调同步的一体化劳动教育体系，促进大中小学劳动教育的共同发展。大学不仅应着力补齐自身人才培养体系之劳动教育短板，还应以高质量人才培养和高水平科学研究在推动大中小学劳动教育协同发展中发挥重要的引领作用。

一、大中小学劳动教育协同发展的重要意义

《意见》和《纲要》强调大中小学各学段对劳动教育进行贯通的一体化设计，既是对教育基本规律的尊重，也是切实解决劳动教育被弱化、淡化问题的现实之需，更是中国特色社会主义制度下协同治理优势的集中体现。

一是尊重教育规律的基本要求。任何优秀品质的养成都不是一蹴而就的，教育本身就是一个贯穿人一生、久久为功的过程。劳动教育的四大主要目标——树立正确的劳动观念、具有必备的劳动能力、培育积极的劳动精神、养成良好的劳动习惯和品质，都不是短时间内能完成的，必须从小学甚至从幼儿园开始，经历初中、高中到大学阶段的持之以恒、循序渐进、不断强化的训练，这就需要不同学段的劳动教育围绕这四大目标进行既各有侧重又彼

此衔接的系统构建和协同化、渐进式的扎实推进。

二是提高劳动教育实效性的必要保障。新中国成立以来，劳动教育一直是我国国民教育体系的重要组成部分，对新中国教育事业的恢复与改造发挥过重要作用。但由于劳动教育在整个国民教育体系中缺乏大中小学一以贯之、协同推进的设计，导致劳动教育在实践中出现课程内容重复单一、教师专业能力薄弱、考核评价流于形式等一系列问题，严重削弱了劳动教育的成效。只有高度重视大中小学劳动教育协同发展，持续强化劳动教育的体系建设，才能逐步消除劳动教育实践中的诸多问题，为切实改变劳动教育被淡化、弱化的现象铺路搭桥，推动劳动教育行稳致远。

三是中国特色社会主义治理优势的重要体现。坚持系统思维、协同治理，是习近平治国理政思想的一个突出特点，也是中国特色社会主义的治理优势所在。2018 年 9 月 10 日，习近平总书记在全国教育大会上指出，“办好教育事业，家庭、学校、政府、社会都有责任”。对思想政治教育，习近平总书记明确作出了“把统筹推进大中小学思政课一体化建设作为一项重要工程，推动思政课建设内涵式发展”的指示。对劳动教育，习近平总书记则提出要“把劳动教育纳入人才培养全过程，贯通大中小学各学段和家庭、学校、社会各方面，教育引导青少年树立以辛勤劳动为荣、以好逸恶劳为耻的劳动观，培养一代又一代热爱劳动、勤于劳动、善于劳动的高素质劳动者”。这一切都充分体现了习近平总书记推进教育工作的全局观念、系统思维。这充分说明，大中小学劳动教育的协同发展包含“纵向衔接”和“横向贯通”两个基本维度：“纵向衔接”是指大中小学之间的劳动教育要前后衔接、循序渐进；“横向贯通”是指学校、家庭、社会要协同育人、形成合力。

二、大学在大中小学劳动教育协同发展中担当作为的现实需要

大学作为以高质量人才培养和高水平科学研究为核心职能的专业机构，理应以高质量的人才培养与科学研究为大中小学劳动教育协同发展提供高质量的专业化支持。同时，大学又是人才培养的最后一站，是学校向社会输出人才的终端，只有通过有效整合、巩固、深化中小学教育的成果，才能最终完成好培养德智体美劳全面发展的社会主义建设者和接班人的使命。

（一）人才培养担当：劳动教育师资培养培训主阵地

人才的培养关键在教师。劳动教育作为大中小学通识教育学科之一，需

要一支高素质的专业师资力量，这既是培养社会主义建设者和接班人的现实需要，也是顺利开展劳动教育实践工作的必要保障之一。关于劳动教育师资力量的培养，《意见》和《纲要》都作出了明确要求，“要加强劳动教育师资培养”，做好劳动教育师资的全员培训和专项培训。大学作为当前大中小学师资力量的主要来源，在劳动教育专业师资培养培训上责无旁贷，理应积极担当这一责任。

（二）科学研究担当：劳动教育研究创新主力军

教学与研究是高等院校的主要工作和任务。教学是科研的基础，科研是教学的延伸与发展，将二者有机结合，相辅相成，协调发展，才是培养高素质人才的重要途径。《纲要》也提出要“鼓励高等学校依托有关专业机构开展劳动教育教学研究”。虽然，《意见》和《纲要》颁发后，在政策推动下，各地各校的劳动教育实践蓬勃开展，展现出一派欣欣向荣的发展态势。但如果缺乏必要的理论研究及针对现实问题的扎实的政策研究，劳动教育是很难可持续健康发展的。大学具备汇聚各学科高端人才、引领各学科研究前沿的独特优势，是进行理论研究和智库研究的中坚力量，理应在推进新时代劳动教育研究中发挥主力军作用。

（三）主动学习担当：向中小学学习，找准定位

我国中小学教育阶段有重视劳动教育的优良传统，一些地区的中小学长期以来也一直坚持开设“劳动”或“劳动技术”课。但相较于中小学而言，大学对劳动教育的重视程度和课程化水平都明显较低。自《意见》和《纲要》发布以来，高校对于劳动教育的关注持续上升，劳动教育的实施也呈现良好的势头。但从全国高校整体推进劳动教育的实际效果看，高校在劳动教育教什么、怎么教、如何体系化等问题上仍存在一些认识误区，对劳动教育课程该怎么开设的问题尚未破题，在实施推进中还存在与中小学劳动教育混同化，劳动教育设计活动化、碎片化、浅层化等问题。为此，各高校要在充分了解中小学劳动教育的课程目标和内容基础上，结合高等教育阶段人才培养目标和要求，建构更加科学合理的大学劳动教育体系，避免与中小学劳动教育混同化。

三、大学在大中小学劳动教育协同发展中担当作为的主要途径

（一）开办劳动教育相关专业，加强专业化劳动教育师资培养

有研究发现，目前中小学中从事劳动教育的教师基本上由通用技术课、

综合实践活动课、体育课、思想政治课等课程教师或者班主任兼任。高校劳动教育教师则多由马克思主义学院教师、辅导员、班主任、外聘的行业实践导师甚至后勤管理人员兼任。应该说，在普遍缺乏专任教师又必须大力推进劳动教育的背景下，广泛采用兼任教师是当下可行且必要的做法，但并不是一个值得长期推广的做法。因为新时代劳动教育的核心并不是简单的劳动技能学习，而是劳动价值观的引领和塑造。这就需要劳动课教师要自己先深刻理解马克思主义劳动观、劳动教育观的核心内容及其内在逻辑，并能够科学、系统地设计劳动教育的内容与活动，在相关内容及活动的组织开展中潜移默化地渗透科学的劳动观念、积极的劳动精神和正确的劳动态度，如缺乏专门教育和系统培养，普通教师很难具备这方面的自觉意识和专业能力。

虽然，《意见》和《纲要》已明确提出了“高等学校要加强劳动教育师资培养，有条件的院校开设劳动教育相关专业”的要求，但必须承认，当前高校开设劳动教育专业确实存在诸多困难。比如，在缺乏科学规范的专业标准情况下，如何设计劳动教育专业的课程体系与评价标准？在各地教师管理制度未明确劳动教育教师资格要求和职业发展路径的情况下，如何解决劳动教育专业毕业生的就业问题？在社会大众对劳动教育的认知程度较低甚至存在偏见的情况下，如何保障劳动教育专业的招生质量？这些问题都是在实践过程中需逐步解决的。有条件的高校应积极响应国家的号召，在深入调研中小学劳动教育师资需求基础上，与中小学合作共建，开办劳动教育专业，做好推动大中小学劳动教育协同创新、高质量发展的人才储备。

（二）加强专业研究与引领，推动建设大中小学劳动教育有效衔接、整体推进的课程体系

课程是教育的主渠道，是人才培养的核心要素，是学生在学校教育中受益最直接、最核心、最显效的环节。将劳动教育纳入人才培养全过程、贯通大中小各学段、形成系统性和连续化的教育结构的主要载体就是课程，没有这一平台和载体，劳动教育很容易被虚化、弱化、放任自流，最后成为空中楼阁。因此，《意见》特别强调要整体优化劳动教育课程设置，构建体现时代特征的劳动教育体系，《纲要》则进一步明确了不同学段劳动教育课程教学的重点，找到了实现劳动教育在大中小学贯通推进的主要载体。

高等院校作为理论研究和政策推动的智库机构，应当在劳动教育课程体系建设中发挥更强的专业引领作用，提供专业化意见指导。一方面，要按照课程设计与开发的一般原理，从课程目标、课程内容、课程实施、课程评价四方面，建构贯通大中小学各学段的统一的课程结构框架，确保大中小学劳动教育影响的总体一致性；另一方面，要紧扣社会主义建设者和接班人的劳动价值取向、劳动精神面貌和劳动技能水平的培养要求，结合不同学段的教育目标和学生身心发展特点，围绕爱劳动、会劳动、懂劳动三大主题，科学规划不同学段劳动教育的重点，避免大中小学劳动教育混同化。具体来说，小学阶段劳动教育的重点是教育学生体验劳动、爱劳动，回归劳动的生活属性，引导学生在日常化的劳动实践锻炼和各种兴趣小组活动中初步体验劳动的价值，养成热爱劳动的好习惯；中学阶段的重点是教育学生认识劳动、会劳动，开展职业启蒙教育，引导学生在各类学习参观活动中初步认识劳动的基本分工、社会价值、主要形态，掌握基本的通用劳动技术，养成认真负责、吃苦耐劳的劳动品质和安全意识，增强公共服务意识和担当精神；高等教育阶段，作为大学生走向职场的最后一站，不仅要教育学生爱劳动、会劳动，更要教育学生懂劳动，明劳动之理，悟劳动之美。以马克思主义劳动观为指导，结合学科专业开展生产劳动和服务性劳动，准确把握劳动发展的未来趋势与劳动者素质要求。

（三）搭建多元化交流平台，推动建设大中小学劳动教育协同创新的稳定工作机制

实现大中小学劳动教育协同创新需要有专门的组织机构保障。与中小学相比，高等院校具有更突出的人才优势、资源优势和更灵活的政策支撑，因此在推动大中小学劳动教育协同创新发展机制建设上应该更主动地担当作为。

一是要充分利用自身科研优势，积极申报成立新时代劳动教育协同创新中心，遴选一批从事劳动教育理论研究的专家学者，同大中小学劳动教育一线教师一起，聚焦劳动教育实施推进中的一些关键问题，如劳动教育课程建设、劳动教育评价、劳动教育实践基地建设等，开展联合科研攻关，在理论与实践的交互对话、大中小学的协同研究中，抓准劳动教育中的真问题，做好真研究、推动真创新、确保真管用。

二是通过建设虚拟教研室等方式，建立大中小学劳动教育集体备课、集体研修的新机制。可借鉴思政课大中小学集体备课制度，建设本地区甚至全国性的劳动教育教师网络集体备课平台，推进大中小学劳动课教学案例、教案、课件等教学资源的共建共享；可定期举办大中小学劳动课教学竞赛和教学展示活动，相互邀请参加教学攻关、说课评课，以集体教研、集体备课的形式，推动大中小学劳动教育课程教学的改革创新。

三是定期举办大中小学劳动教育峰会或研讨会。以峰会或研讨会等形式，在全国范围内汇聚关注大中小学劳动教育的各方面力量，同台交流、同台展示，深化交流、相互学习。例如，2020年，在重庆市委宣传部支持下，中国劳动关系学院与中国教育科学研究院联合主办了首届全国大中小学劳动教育峰会，会议以“共话劳动教育・共创美好未来”为主题，邀请教育界专家学者及来自全国各地的大中小学校长、代表，进行了深入的专题交流和成果展示。今后，峰会将在中国高等教育学会劳动教育专业委员会的指导下持续举办，力争成为推动大中小学劳动教育协同创新的常态化交流平台。

（本文成文日期为2021年10月。）

师范生全员全过程全方位养成教育模式研究

——以小学教育专业为例

首都师范大学

刘婧媛　方煜东

百年大计，教育为本；教育大计，教师为本。2016 年 12 月，习近平总书记在全国高校思想政治工作会议上强调，“要坚持把立德树人作为中心环节，把思想政治工作贯穿教育教学全过程，实现全程育人、全方位育人，努力开创我国高等教育事业发展新局面”。中共中央、国务院 2018 年 1 月 20 日颁布的《关于全面深化新时代教师队伍建设改革的意见》提出“把提高教师思想政治素质和职业道德水平摆在首要位置，把社会主义核心价值观贯穿教书育人全过程，突出全员全方位全过程师德养成”。

师范生教育承担着为党和国家培养新时代“四有”好老师的重任，将立德树人实效性作为评价师范生教育成效的标准，是一项系统工程，需要通过为师范生创设一个人人育人、时时育人、处处育人的育人场域，使师范生在师范文化的浸润中，自发进入一个对教师职业“理论认知–情感认同–意志品行–知行合一”螺旋式上升的养成教育体系，实现对“四有”好老师、卓越教师自觉的价值追求。小学教师是基础教育的基础，小学教师培养质量直接关系到基础教育质量。本文以小学教育专业为例，探讨师范生全员全过程全方位养成教育模式，探索在院系层面搭建微观一体化育人生态环境的实施路径。

一、师范生全员全过程全方位养成教育的基本内涵

“养成”在《现代汉语大词典》中的解释是“修养使形成；培育使成长”。“养成教育”是指受教育者通过学校长期的训练和文化熏陶，在不断实践和体验基础上，自主生成良好品质与素养的过程与方式。师范生全员全过程全方

位养成教育指以师范生为教育对象，在“三全育人”工作体系下，整合政府、高校、基础教育资源，将师范生思想政治工作融入人才培养各环节、贯穿全过程，使师范生在长期不断教育实践、师范文化的浸润熏陶、职业活动体验中主动生成教师专业素养的过程。

师范生全员全过程全方位养成教育，强调将“三全育人”放在高等师范院校全局性战略性高度，将思想政治工作体系贯穿学科体系、教学体系、教材体系、管理体系，实现“大思政”工作格局，具有整体性、系统性、发展性的特征。

一是“全员”体现养成教育的整体性。基于学校文化理论，养成教育的最高境界是全校师生拥有共同的精神追求和共同的价值观，赋予制度以温度，尊重主体精神，体现人文关怀，使师范生在长期浸润、濡染、潜化的过程中，实现“知情意行”的统合。在“大思政”格局下，整合辅导员、班主任、教学管理人员、专业教师、朋辈导师、退休教师、校外导师等全员性育人队伍力量，在师生的深度互动中实现价值观的传递，确保了养成教育的整体性。

二是“全过程”体现养成教育的发展性。基于辩证唯物主义理论，养成教育是量变到质变规律的运用，强调将教师职业素养内化为教师职业信念、教师职业情感、教师职业能力的自我养成过程，尊重师范生成长的阶段性特点、把握成长关键环节，贯穿师范生成长全过程的工作体系，确保了养成教育的发展性。

三是“全方位”体现了养成教育的系统性。基于教师专业发展理论，教师专业规范和专业标准是教师专业发展的重要依据和标尺，教育部《普通高等学校师范类专业认证实施办法（暂行）》的制定和高等学校师范类专业认证工作实施，为师范生培养提供了更具操作性的标准。以小学教育专业为例，立足《小学教师专业标准（试行）》和《小学教育专业认证标准》，明确小学教育专业师范生养成教育目标，确保了养成教育的系统性。

二、师范生全员全过程全方位养成教育的基本要求

师范生全员全过程全方位养成教育，强调通过育人生态系统的创设，使高校中的一人一事、一草一木皆具有教育功能，激发师范生成长内生动力，

着力促使师范生实现对教师职业的政治认同、身份认同、价值认同、情感认同，对知识体系的主动建构，对教师素养的自我完善，在对教育事业的执着追求中实现自身价值。这就要求师范院校在全员全过程全方位养成教育推进方面，要关注“三种现象”，在提升思想政治工作协同力、原动力、影响力方面下功夫。

一是关注“两张皮”现象，在提升思想政治工作协同力方面下功夫。当前在一些教师中，仍不同程度地存在对“三全育人”工作意义、内涵、要求理解不到位的现象，即关注思想政治教育的人与关注学生学习生活的人相分离的现象，主要表现为三个“没有认识到”：将“三全育人”当作工作要求、工作任务，没有从学理层面认识到“三全育人”是马克思主义对人的全面发展的新时代凸显；没有从人才成长规律的层面认识到学生事务与学术事务相统一是促进学生智力因素与非智力因素能力成长有效融合的必然途径；没有从学生情感需求层面认识到师生的深度交流是学生解决自身成长困惑的深切期待。要解决好这个问题，需要通过全员育人，做到拓宽“宽度”，增强思想政治工作的协同力。多措并举使全体教师形成“三全育人”共同愿景，在全校层面建设“三全育人”制度体系和工作机制，激发教师教书育人、管理育人、服务育人内生动力。

二是关注“不平衡”现象，在提升思想政治工作原动力方面下功夫。当前在思想政治工作实践层面，教育者因受思想政治教育规律、学生成长规律、认识水平差异及思想政治工作手段实效性差异等方面的影响，在一定程度上存在“三全育人”工作顶层设计不足，依靠惯性和感性工作的现象，导致思想政治教育工作“施力不均”，出现思想政治教育供求不平衡、不同受教育群体接受思想政治教育机会不平衡，教育资源在时间空间分布方面不平衡，教育手段和现实需求不平衡。这些不平衡都是激发思想政治工作内涵式发展，推动思想政治工作因事而化、因时而进、因势而新的原动力。需要在不断发现和解决众多“不平衡”的过程中，不断满足学生成长成才需求，提升思想政治工作质量。

三是关注“不解渴”现象，在提升思想政治工作影响力方面下功夫。当前在思想政治工作现实路径层面，在一些教育活动中，不同程度地存在活动预期与活动实效错位的情况，没有达到学生对于精品思想政治工作的期待，学生感到“不解渴”。要解决好这个问题，需要立足学生成长成才需求，实现

“大水漫灌”与“精准滴灌”两种教育方式相统一，促进全过程全方位育人，提升工作“精度”，增强思想政治工作影响力。

三、师范生全员全过程全方位养成教育的现实路径——以小学教育专业为例

各师范院校肩负着为党育人、为国育才的神圣使命，应深入推进高校内涵发展，落实全国高校思想政治工作会议精神，深入推进全员全过程全方位育人工作。2017 年，教育部、财政部、发展和改革委员会公布了全国世界一流大学建设高校、世界一流学科建设高校名单，北京师范大学、华东师范大学两所师范高校入选世界一流大学，华中师范大学、南京师范大学、首都师范大学等 8 所师范院校入选世界一流学科建设高校，为进一步提升中国特色的师范生高等教育综合实力和国际竞争力搭建了平台。2018 年、2019 年教育部分两批开展了“三全育人”综合改革试点工作，共有北京师范大学教育学部、首都师范大学初等教育学院等 13 个师范院校及其所属院系获批为试点单位，将师范院校“三全育人”工作进一步引向深入。各师范院校在“三全育人”工作方面进行了许多有力的探索、积累了宝贵的经验，在为国家基础教育培育优秀师资方面发挥了重要作用。

在我国基础教育阶段，小学教育无疑处于一个重要的位置，小学教育的好坏直接影响孩子的一生。小学生对于教师有高度的依赖和期望，观察教师时会产生“放大”与“模仿”效应，因此对于小学教育专业的师范生而言，通过养成教育，浸润师德、规范言行具有更加重要的意义。本文立足小学教育专业特点，构建小学教育专业师范生全员全过程全方位养成教育 AIM 工作模式（见图 1），探索构建微观一体化育人生态环境的实施路径。

一是小学教育专业师范生全员全过程全方位养成教育目标。围绕小学教育专业人才培养方案，整合政府、高等师范院校、基础教育优质资源，坚持以学生为中心，针对小学教育专业师范生成长阶段的特点，以浸润式教育为特色，以培养践行师德、学会教学、学会育人、学会发展的新时代“四有”好老师为目标（AIM）；构建“愿景、使命、目标、文化、体验”五维职前小学教育养成教育实施体系（implementation）；通过四项保障机制（mechanism）

深入推进全员全过程全方位育人，提升师范生养成教育的科学性和实效性。

AIM工作模式突出目标导向，以培育新时代“四有”好老师为总体目标，突出了在小学教育专业师范生培养过程中以思想政治素质提升和职业道德水平提升为首要地位的育人导向；在指标体系建立方面，以《小学教育专业认证标准》为依托，突出了将思想政治工作纳入人才培养体系的育人导向，以及思想政治工作与教学工作、管理工作、服务工作的深度融合。

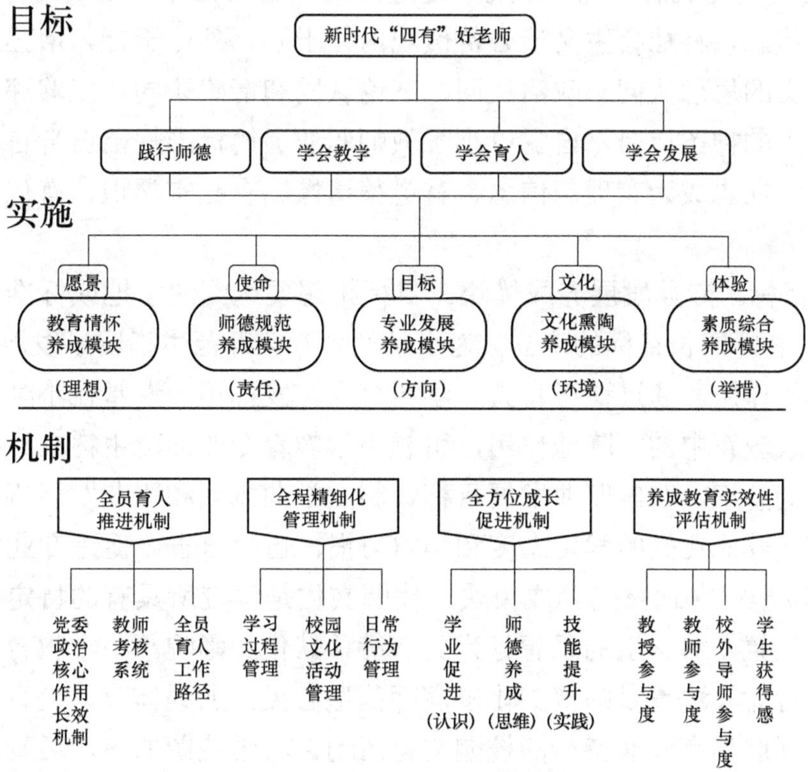

图1 小学教育专业师范生全员全过程全方位养成教育AIM工作模式

二是小学教育专业师范生全员全过程全方位养成教育实施体系。五维小学教育专业师范生养成教育实施体系，基于以学生为中心的育人理念，从学生视角出发，沿着“激发愿景、明确使命、规划目标、文化浸润、职业体验”的成长路径实现浸润式、体验式成长。

激发愿景：教育情怀养成模块。愿景是人们心中或脑海中所持有的意向或景象。它根植于个人的价值取向、个人的目标定位，得到个体的深度关切，具有感召人心的力量。小学教育专业师范生愿景的激发即教育情怀的养成，按照“专业认知、专业情感、专业信念、专业理想”递进式的教育情怀养成路线，增强学生专业认同和专业自信，热爱小学教育专业，能够将个人发展同教育事业的发展紧密结合起来，树立远大的教育理想；努力发展专业自我，热爱儿童、了解儿童，自觉增强人文底蕴和科学精神，做学生锤炼品格、学习知识、创新思维、奉献祖国的引路人。

明确使命：师德规范养成模块。使命指应尽的重大责任，小学教育专业师范生的使命具体表现在师德规范的养成。通过思想育人、组织育人，按照“师德感悟、师德内化、师德践行”递进式的师德规范养成路线，引领师范生坚定理想信念，将社会主义核心价值观内化于心、外化于行，增强对中国特色社会主义的思想认同、政治认同、理论认同和情感认同。能够深入理解教师立德树人的神圣使命，自觉以小学教师职业道德标准规范自身言行，增强法治观念，立志成为有理想信念、有道德情操、有扎实学识、有仁爱之心的好老师。

规划目标：专业发展养成模块。目标指想要达到的境地或标准，新时代“四有”好老师成长目标的确立，为小学教育专业师范生指明了发展方向，并具有激励的作用。通过课程育人、学科育人，发挥第一课堂在小学教育专业师范生养成教育中的主阵地作用，引领小学教育专业师范生树立终身学习与专业发展的意识，明确职业发展目标，制定学业规划和职业发展规划，做到知行合一，养成良好的学习态度和学习习惯，自律自省，促进专业发展。

文化浸润：文化熏陶养成模块。校园文化是学校所具有的特定的精神环境和文化气氛，对学生的思想行为具有潜移默化的影响。小学教育专业师范生养成教育尤其注重以师范文化浸润师范生心灵，加强体育、美育、劳动育人工作，开展具有专业特色的校园文化活动，与学校图书馆、后勤集团等部门通力合作，打造具有师范特色的校园文化氛围，使学生在长期的文化浸润中树立德育为先、育人为本的理念，通过参与、策划、组织等方式体验高校的校园文化活动，提升班级指导和综合育人的能力。

职业体验：综合素质养成模块。情境学习理论认为，学习的本质是个体参与到实际情境中，经过实践和体验，与他人及环境相互作用的过程。小学教育专业师范生教学实践活动体验，以“综合培养、发展专长、注重研究、全程实践”为理念，通过实训、实践、科研等活动，按照“理论认知、实践体验、科研探索、理论升华”的综合素质养成路径，促进学生知识整合、教学能力提升、教学技术融合，开阔学生国际视野，培育学生的创新意识和教育教学研究能力。

三是小学教育专业师范生全员全过程全方位养成教育保障机制。小学教育专业师范生养成教育四项保障机制，是推进养成教育工作科学化、精细化发展的重要举措，突出协同育人、精细化管理，增强养成教育的针对性和实效性，提升小学教育专业师范生的获得感。

全员育人推进机制。着眼于全员育人，统筹政府、基础教育和社会等各方资源，充分发掘和调动育人元素，坚持协同培育和合作共赢，提升育人能力，重点有三方面的创新措施。学院党委加强顶层设计，构建发挥党委政治核心作用的长效机制，从政治上保障全员育人的有效实施。建立完善激励机制，激发教师内在育人动力；在原有教师考核评价系统只将教学、科研计入考评体系的做法上，增加对每位教师职工参与德育工作的量化考核，确保每位教师职工都身体力行参与到学生思想政治工作中。建立协同工作机制，形成协同育人工作路线图，通过 UGS“大学-政府-小学”协同育人模式、“百年师范、信仰传承”关爱下一代行动计划、高水平教师担任领航班主任制度、党员导师担任大学生成长导师制度、新生班级双班主任制度、专业教师担任社团指导教师制度、辅导员“三进”（进课堂、进宿舍、进网络）制度、部门会商制度等制度机制，使“三全育人”工作成为人人愿意做、人人必须做、全社会共同做的工作。

全程精细化管理机制。从三个层面发力，进而对学生成长过程进行精细化管理。学习过程管理：通过辅导员、班主任进课堂，班级考勤，舍风、班风建设等方式，加强对学生学习过程的管理。校园文化活动管理：在两个维度实施“一人一册”，实现对校园文化活动的精细化管理。一方面，制定学生精细化服务手册（供学生使用），从学生维度，为每位学生定制《我的大学生活——精细化服务手册》，建立学生成长活动记录制度，便于学生制定计划、记录活动、反思总结。学生工作部门根据学生的记录不断丰富和完善评价激励形式，督促学生多参与、多反思，进行自我评价和激励。另一方面，制定学生成长档案（供班主任使用）。从班主任维度，指导每个学生填写学生成长档案，包括学生各类基本信息、成长关键事件、学生面临的困难及学生学业规划，使班主任及时掌握学生成长动态，并做好学生成长档案管理。日常行为管理：通过班级班规制定、学生综合测评制度体系的建设与实施，加强对学生日常行为的规范化管理。

全方位成长促进机制。立足师范生成长规律，从学业促进、师德养成、技能提升三个维度促进学生成长，实行“四每”保障机制，即为每位学生配备一位学业导师，为每个班级配备一位校外成长导师，为每位学生配备一块小黑板，每周组织学生开展两次晚自习。在认知层面，促进学生的学业发展；在思维层面，增强学生对专业的认同，自觉成长为师德高尚、具有仁爱之心的合格教师；在实践层面，加强师范生的技能实训和实践育人，为师范生打下扎实的教师基本功，提升实践能力。

养成教育实效性评估机制。为进一步增强小学教育专业师范生养成教育的科学性和实效性，需要加强养成教育实效性的评估，将教授参与度、教师参与度、校外导师参与度、学生获得感作为评估小学教育专业师范生养成教育的四个重要维度，从三个层次进行考核。在全员育人的层次，定量分析教授、专业教师、校外导师等参与到小学教育专业师范生养成教育工作中的情况；在全过程育人层次，绘制师范生成长路径图，分析小学教育专业师范生养成教育发力的均匀度；在全方位育人层次，以“愿景、使命、目标、文化、成长”五个维度，制定访谈提纲和调查问卷，按年度评估师范生获得感及五个维度下的成长情况，为进一步推进小学教育专业师范生养成教育的理论研究和实践深化提供数据支持，推动小学教育专业师范生养成教育的科学化发展。

（本文成文日期为 2020 年 4 月。）

第三篇
课程思政

在“共同成长”中诠释课程思政：对书院制人才培养的几点思考

清华大学人文学院

顾　涛

当一位年轻学者获得了博士学位，登上高等院校的讲台，就意味着他从此踏上了“经师”的新征程。所谓“经师”，采清末张之洞之说，是对儒家的十三经能够“专精其一”，虽“兼通群经”，然“以一经名家”。教育学家徐特立说，“中国过去教经书中的知识的称经师，现在是教科学知识，为了容易记，所以仍袭用这个名称”。汉代以来，精通一经堪任博士，弟子乃从师受经，经师的身份由此确立。同样，现代的研究生在某一学科、某一专业获得博士学位，成为某一领域的专家，从此获得教授系列的席位。按徐先生的理解，古今相通，在某一专攻的学术领域拥有了精深的知识储备和宽厚的理论修养，具备了前瞻性的学术视野和创新性的科研能力，这是传授弟子、教书育人的学术基础。与之配套，高校理应为刚入职的青年教师提供相契合的教学培训，助力其迅速、有效地激活在博士学位获得时已打下的知识和能力基础，尽快胜任“经师”这一职业定位。

由“经师”再出发，1951 年徐特立即提出，“除了教学问以外，学生的品质，学生的作风，学生的生活，学生的习惯”教师都要管，“我们的教学是要采取人师和经师二者合一的，每个教科学知识的人，他就是一个模范人物，同时也是一个有学问的人”。2022 年 4 月，习近平总书记在考察中国人民大学之际，向广大高校教师发出号召：“培养社会主义建设者和接班人，迫切需要我们的教师既精通专业知识、做好‘经师’，又涵养德行、成为‘人师’，努力做精于‘传道授业解惑’的‘经师’和‘人师’的统一者。”正所谓“经师易得，人师难求”，对高校教师实现这一“二合一”的高标准和严要求，贯穿新中国高等教育育人理念的始终，也是对中国教育文化传统精髓的继承和弘扬。

清华大学近年来启动和实施书院制，以此进一步推动本科教育教学改革，抓手之一就是要为教师通过言传身教切实指导学生的全面发展提供制度保障，让“经师”“人师”二合一的多样化路径在书院内付诸实践。

一、由“经师”再出发

实施书院制人才培养，首要的工作重点是四年一贯推行导师制。自 2020 年起，清华大学为实施“强基计划”，新成立致理、日新、未央、探微、行健五个书院，导师制成为要落地生根的第一项重要制度。

为大学本科生配备导师，不仅应该在高年级指导学生进行论文写作和科研实践，更应伴随本科四年求学生涯的全过程，让教师成为学生随时可以切磋请益、交流讨论的学术与人生的双导师。尤其是为本科低年级配备导师，虽然在有些学校也曾经试行过，但是效果并不尽如人意。为此，书院管理中心制定了统一的导师聘任与管理办法，向全校各院系招募新生导师。同时，为确保这一制度的有效实施，落实每学期一次考核和续聘的严格管理办法，并配以相应的津贴发放标准。对于导师的工作职责，明确要求每位导师一般指导不超过 5 名学生、平均每周投入不少于 5 小时、每学期在书院听课 3 次以上等基本规则，由此构成书院内导师工作的最低限度。然而导师制成效的最终呈现，显然并非仅仅体现在这些硬任务的完成上，而是师生之间有效交流、互动、濡染的时间和频率，是导师真正花在育人上的时间和精力投入，最终要落在对学生的培植、引领、转变和提升上，使其获得宽阔的成长空间和充足的成长幅度。

对于一名“经师”型的青年教师来说，从任教之初的教书授课，转向课内课外全方位育人，显然是一项具有高挑战性的工作，不可能一蹴而就。因此，书院在导师的聘任上，充分考虑老、中、青三个年龄段的教师在同一届搭班、配组，彼此可以汲取经验，取长补短。书院定期召开导师座谈会，推介导学经验，书院内、书院间彼此交流取经。比如清华大学学堂班的 6 位首席教授——丘成桐、朱邦芬、张希、施一公、姚期智、郑泉水，具有极为成功的导学经验，“6 位院士则可谓亲力亲为，从课程体系和教学环节的设计，从学术活动的安排到与学生的密切接触，从指导学业方向到修改学生的 PPT，几位顶尖学者投入了大量心力。姚期智先生在每年亲自授课之余，三年前他指导年轻教师开设‘自动驾驶’课程，他自己参与讨论设计教案，甚至还坐进教室与学生一起听课，还出现过与学生互不相让、争着抢答问题的场面。……丘成桐先生每周与学生一起几次进餐，自己参与设计课程体系、安排讲座，还为了养成学生的家国情怀和人文素养，亲自带着学生去殷墟和兵马俑、避暑山庄等地考察。”此外，未央书院的新生导师曹良才带领学生参观研究所和实验室，和学生一起参加书院学生节；日新书院的新生导师李希光，定期邀请学生来家里参加家庭聚餐，与学生相约共登长城；更多的导师则把自己的 OOH（open office hour）搬到了学校的咖啡厅、餐厅……导师们各显神通，各展所能，唯一的目标就是更多地和学生亲密接触，创造充足的机会让学生袒露心声。

年轻的“经师”型学者担任大学低年级的导师，虽然经验或有所欠缺，但也具有一定的天然优势，因为他们从学生生涯进入教师群体不久，对学生的心理诉求更为了解，经历相近故而更能感同身受。对于由高中进入大学之后如何更好地适应研究型大学的学习、生活节奏，学术与人生导师所起的潜移默化的作用是至关重要的。有的学生仍在高三的跑道上朝着“唯学分绩”的内卷式学习狂奔，有的学生则在进入大学后想要“松口气、歇歇脚”从而躺平式地虚度光阴，更多的学生是在每日的上课下课中随波逐流，除了获得一张毕业文凭外，终究发现不了自己的志趣，无法形成自己的核心竞争力。我们的书院，就是要“拥有一批学术精进而又舍得在育人上下大功夫的教师”，要让“最好的老师舍得在最优秀的学生身上下最大的功夫”。书院所搭建的这一育人共同体，是“经师”们从各自的专业再出发，在讲台下与学生当朋友，学生与院士、教授等“大先生”们肩并着肩，传帮带，心相印，倾心育人。书院成为“经师”“人师”二合一的绝佳的成长舞台。

清华的书院制育人模式，是老清华“从游”文化传统的复兴。1941 年，梅贻琦校长在《大学一解》中提出学校就像水，师生如同鱼，“大鱼前导，小鱼尾随，是从游也，从游既久，其濡染观摩之效，自不求而至，不为而成”。书院要打破的就是师生在课堂之外各成一个部落，不相谋面。因为专业知识之外的言传与身教，在课堂内获得的有限，更多的是在日常生活的一举一动中自然地流露，无法掩饰，品格、意志、情绪、观念、追求，所有这一切都将在课堂之外的“亲炙”过程中不求而至。

二、将课程改革推进深水区

实施书院制人才培养，关键的攻坚环节是推动深层次课程改革。清华大学新成立的每一个书院，书院内每一个专业的培养方案，都是基于此前各相关院系几十年的培养成效，针对其中若干关键环节和结构性问题，进行深度改革、调整、重塑的结果，并重新提交学校教学委员会审议通过。

“让最合适的人上最需要的课”，是清华大学设立书院进行本科人才培养的核心要义，此举旨在打破院系长期以来难以摆脱的因人设课现象。书院没有自己的专任教师，书院课程的任课教师可从学校各院系，乃至校外、国外物色优质师资来担任。这一制度设计上的革新，极大地利于书院以学生为中心，将课程改革推进到原来院系格局下难以企及的深水区。

以承担着基础文科人才培养为主要任务的日新书院为例，书院课程改革的重心之一是人文基础课程群的建设和完善。人文基础课程群共计 27 个学分，要求学生在大一、大二必修 9 门课程，由此在每一位学生身上打上日新学术共同体的鲜明烙印。这一课程群的产生通过以下两条路径：由书院从全校已有基础课中精选，或是书院依据强基人才培养需求考虑新增，总量控制在 30 门左右。其中，每一门课均经过严格的把关，教师对课程需全力投入，书院配套课程改革资源，每一年都会对课程进行再考核，坚决将不合格者移出该课程群，甚至停开。进入这一课程群的所有课，具备三项共同特征。一是文史哲的高度交叉融合。课程师资主体来自中文系、历史系、哲学系、出土文献中心，在书院内打破彼此割裂、各自为政的局面。课程内容的安排不受专业限制，偏重人文基础，学生在该课程群中可自由选课，依据个人志趣和导师建议可个性化地进行课程组合。在大一进入专业之初，一种宽口径、重基础、跨学科、自由度高的教育理念已深入学生的内心。二是中西融汇、古今贯通的学理认识。在人文基础课的盘子中，不仅有“《诗经》研读”“老庄研读”“清华简与古代文明”这类传统文化根基类课程，而且有“柏拉图的《理想国》”“第一哲学的沉思”“西方美术史”等西方文明源流类课程，同样有“文学名作与写作训练”“中美关系史”“全球史的方法与视角”这一组现代学术气息浓厚的课程。甚至在同一门课程中，打通中西、古今这一清华学术的精神传统也在研讨内容中得以彰显。三是助推每一门课程的挑战度大幅提升。书院一方面对授课教师提出明确要求，予以严格对标，同时对开设的每一门人文基础课均实行严格考核，经由课程大纲的制定和修订，逐一与任课教师研讨、逐批与选课学生交流、召开课程研讨会等多种方式，助推每一门课程均达到较高的挑战度。书院主抓这一课程群，一定程度上已起到倒逼专业主修课改革和质量再提升的效果。

与此同时，经由书院管理中心牵头与协调，理科、文科、工科各书院在教学资源上可实现互通有无，为通专融合、文理交叉的教学理念得以落地提供了优质平台。书院定制课程就是在这一平台上结出的硕果。2021 年 6 月，中国史系列八门通识课为四个理工科书院量身定制，书院中心举行该系列校内外共九位特邀教授的聘任仪式。课程既涵盖贯通性的“中国古代文明”“中国历史地理”，也包含偏重某一断代的“《三国志》与三国史”“清史概要”课，授课模式和课堂组织也各不相同，每一位理工科学生可从该系列中自由选修一门。针对人文类专业学生对理科学术前沿知之甚少，对工业现代化、工程制造体验较为淡漠的现状，日新书院先后聘请生命科学学院、基础工业训练中心师资定制“基础生命科学”“工程实践与创新”等课程，鼓励学生在专业化教育之外，打开学术视野，涵养学术气度，游弋在清华大学的大池子中，开拓出属于自己的学术天地。

高年级的课程理应在专业化程度上提出高要求，尤其是要在培养学生具备学术创新的潜质和能力上下大力气。基于这一诉求，课程的小班化、多样化成为课程改革的难点。学生的学术志趣如何才能确立和坚持，学术热情如何才能被最大限度调动起来？——课堂必须足够“小”。如何才能在打破学生越发“内卷化”的同时，又让学生保持刻苦钻研、追求卓越的学习动力？——平行课堂必须足够“多”。日新书院“经典研读与主题研讨”（seminar）课程组的建设，就是朝着这一“小”一“多”的目标设计的。这一课程组的重点是训练学生深度研读文史哲核心经典、原始史料和高强度研讨文史哲某一学术专题的能力，是基础文科拔尖创新人才养成的必经环节。课程研读的对象将围绕人文学术中的经典文献、高难文本展开，与教授各自的学术专业领域高度契合。为确保训练的高强度和指导的精深度，每个课堂的选课人数被严格地控制在 3～10 人，由此将形成面对面、手把手教学的最佳效果。每学期开设 12 门以上的平行课堂，持续 3 学期以上，按每一届 100 名学生计算，每人必选其中两个课堂，平均每个课堂的人数在 5～6 人之间。这种持续一年的研究型学习实践，充分诠释了“强基”的核心精神，更是从低年级导师制一贯而来的“亲炙”“从游”文化的再提升、再拓展。在这一组 40 个平行小班中，师生亲密接触，导师的学术见识、研究能力、意志品格，遇到困难时如何迎难而上的勇气，探索未知时如何面对风霜雪雨的点点滴滴，都将深刻濡染到他所面对的每一位学生身上。

书院正在进行的和即将铺开的每一项课程改革，都将朝着立德树人、全员育人的硬核目标迈进，所有这一切正是为了构建全面覆盖、类型丰富、层次递进、相互支撑的课程思政体系。

三、“一人一策”与“共同成长”

实施书院制人才培养，最终的目标是造就一大批高水平的拔尖创新人才。这一目标与《中共中央关于党的百年奋斗重大成就和历史经验的决议》中对“培养造就堪当时代重任的接班人”的三个“要源源不断”的要求高度吻合，其中最后一项正是“要源源不断培养造就爱国奉献、勇于创新的优秀人才，真心爱才、悉心育才、精心用才，把各方面优秀人才集聚到党和人民的伟大奋斗中来”。

人才要在书院中源源不断涌现出来，在四年一贯导师制的学术引领、精心打磨每一门课程的扎实基础之外，在出口路径上需着力打通因材施教、个性化培养的窗口。清华书院制人才培养所采用的重要措施就是“本-研贯通”的培养模式和“一人一策”的实施路径。行健书院在“一人一策”的启动和实施方面已积累一定的经验，先后有多位学生通过这一路径，确立了自己在飞行汽车、遥感水文学、智能网联汽车等多个领域的科研志愿。书院为之匹配相关专业的导师组进行精细化指导，建立进阶式研究学习体系，通过专业评审会为学生的培养方案作出相应调整，力学与前沿工科交叉创新培养的“X型”创新人才已然呼之欲出。日新书院将以国家急需学科“古文字学”这一新成立的一级学科为平台，利用出土文献中心充足的硬件、软件资源，率先推进在这一交叉学科“一人一策”模式的落地。

“一人一策”的背后就是披荆斩棘、劈波斩浪，即将面临巨大的困难与压力是可以预见的。杨叔子院士对此讲过一段精彩的比喻：“拔尖创新宛如旅游中攀登无限风光之峰，此峰必远、必高、必险、必奇，又似探寻幽邃神秘之洞，此洞必幽、必深、必危、必奥。……‘不入虎穴，焉得虎子？！’只有涉险，只有闯入此境，方有可能观奇；只有面向国家发展的战略课题，面向经济建设与国家安全的重大项目，面向世界科技发展的重大前沿，面向人类探索未知的重大基础，方有可能获得客观世界的有关信息，方有可能突破，实现原创性的发明或发现，即拔尖创新。”这一学术探索过程得以顺利完成，固然离不开学生的执着奋斗与坚忍拼搏，同样离不开“经师”与“人师”二合一的携手同行与坚实后盾。学生在书院中成长、成才与成就卓越的过程，同样也是师生之间、生生之间相互濡染、激发、带动的过程，也是导师与学生共同成长、实现教学相长、铸就一代“大先生”的过程。

（本文成文日期为2022年7月。）

建渠以引流　构建从课内到课外的全流程育人场景

——以高校理科课程为例

清华大学计算机科学与技术系

马昱春

2016 年 12 月，习近平总书记在全国高校思想政治工作会议中指出，各类课程与思想政治理论课同向同行，形成协同效应。2020 年 6 月，教育部印发《高等学校课程思政建设指导纲要》明确指出，“专业课程是课程思政建设的基本载体。要深入梳理专业课教学内容，结合不同课程特点、思维方法和价值理念，深入挖掘课程思政元素，有机融入课程教学，达到润物无声的育人效果”。近年来课程思政已经在各类课程中开展了深入的实践，课程思政落实在日常教学工作中，存在一定挑战的同时也存在一定的认识误区。目前日常教学中，教师在实施课程思政教学设计的过程中往往聚焦课堂授课环节，有关课程思政的研究和实践也多体现在课堂教学中。但是教与学的内化反应不是仅仅在课堂授课过程中，尤其信息化时代下，教学的内涵和外延极其丰富，随时随地都在发生着育人的过程。因此以育人为目标的课程思政应该是全过程的育人体系，不应拘泥于教室和课堂。

随着近年来混合式教学的开展，越来越多的翻转课堂设计中融入了课程思政的教学设计。相关的研究和设计多集中在课堂的教学活动，如何将课堂内的课程思政设计进一步延伸到课堂后及学业外，从而因势利导建构面向学生成长全过程的课程思政体系，将提升课程思政育人效果的持久性和全面性，进一步在课堂之外引导学生助力成长，从而构建从课内到课外的全流程育人场景。本文结合计算机专业基础理论课“离散数学（1）”和“组合数学”的教学实践，首先通过梳理理科课程的特点和育人目标，明确课内的课程思政效果和课外育人流程相衔接的需求，并根据课外的环节进行深入分析，结合学科特点和以学生为中心的理念，创新性地提出并实践突破“课堂思政”的全流程课程思政设计。通过深挖教学各个环节之间的联系，强调思维养成的循序渐进，梳理教学各个环节的思政要素，形成了以课堂教学为基础，课前课中不同环节的多层级课程思政育人体系。

一、理科课程的课程思政特点

专业课程是课程思政建设的基本载体。课程思政建设需要基于学科特点，梳理专业课教学内容，结合不同课程特点、思维方法和价值理念，深入挖掘课程思政元素，有机融入课程教学，达到润物无声的育人效果。《高等学校课程思政建设指导纲要》明确指出，“理学、工学类专业课程，要在课程教学中把马克思主义立场观点方法的教育与科学精神的培养结合起来，提高学生正确认识问题、分析问题和解决问题的能力。理学类专业课程，要注重科学思维方法的训练和科学伦理的教育，培养学生探索未知、追求真理、勇攀科学高峰的责任感和使命感。”

笔者所承担的两门基础理论课“离散数学（1）”和“组合数学”作为计算机专业的基础理论课，课程内涵丰富，知识体系的发展体现了数学学科认知发展的规律性和科学范式，在培养学生学科素养，锻炼其认识问题、分析问题和解决问题的能力方面打下了基础。经过多年的积累，课堂教学效果突出，“离散数学（1）”课被评为清华大学标杆课、清华大学精品课、北京市课程思政示范课程；“组合数学”课被评为清华大学精品课、全国首批在线一流课程，其对应英文课程被评为教育部来华留学英语授课品牌课程。在课堂教学中加强课程思政建设，有效地提高了教学质量，提升了学生的获得感，助力学生成长。而随着课程思政建设的深入，如何针对教学的各个环节做到全方位、全过程的课程思政设计，成为课程建设发展的重要议题。

课堂上师生的教与学过程以知识传授、思维引领、价值塑造为目标，以知识点为工具，以学科为育人的基础，从而使得学生体会学科之美，提高学科素养，历练学科思维。但是仅仅靠课堂的传授很难形成学生对知识体系的深入理解，对整个学科的认识还不能形成内化思考和凝练，因此理科课程的课程思政不能局限在课堂讲授过程，而应该放眼到学习的全过程，具体体现如下。一是理科课程内容知识繁杂，课堂上时间有限，学生需要大量的课外时间对知识点进行巩固，甚至学生对于课堂上的课程思政设计、教师的引导也需要课外时间来进行消化和吸收，因此课堂内的课程思政设计延伸到课外是理科课程教学设计的必然。二是理科课程的课程思政目标致力于提高学生探索未知的能力和意愿，而理科课程的课堂讲授中往往以讲授为主，课程思政的设计在课堂上受到时间和空间的限制，对学生主要是外在的案例型引导，而坚持真理、不怕困难的学科精神的培养需要实践作为支撑，因此理科课程的课程思政建设不能忽略课后学习实践的重要环节。三是理科课程普遍具有抽象、难度大的特点，而且通常是大班教学，因此学生差异化现象普遍存在，课堂教学很难针对学生的个性和需求进行相应的教学设计。因此如何利用好课下的交流渠道，引导学生正确地认识自我、建立学科志趣需要个性化的设计。以学生为中心的育人理念需要全流程的师生互动过程的支撑。

因此，为了形成全流程课程思政设计闭环，需要突破“课堂思政”的局限，将课程思政建设落实到学生学习生活的方方面面，结合理科课程的特点并综合学生学习过程中课堂之外的环节。课程思政设计需要从师生交流、课后作业项目设计及课外推荐阅读的书籍等多方面开展教学设计和实施。

二、课下师生交流中的课程思政

理科教学中的痛点往往集中在课程内容体系庞大、知识点多、逻辑性强等方面，学习者往往容易产生畏难情绪。如何有效地提高学生的学科志趣，树立学术信心，需要教师深入学生的学习过程中。因此课下的师生交流、微信群里的讨论及在线的邮件或者微信答疑等环节，都渗透着学生在课程知识学习过程中建立信心、不断进取的意识养成过程。

课堂上的讲授无法做到针对学生多样化的特点实施不同的课程思政设计，而课下的师生交流是个性化的交流平台，同时教师也可以针对学生的特点进行更有效的设计和实施，从而更好地落实以学生为中心的育人理念。针对不同的学习样态，我们在课堂之外的师生交流中针对学生的特点和需求展开不同的反馈，采取不同的策略。一是头脑活跃型学生。针对这种类型的学生，日常交流中鼓励学生把问题挖掘深，把逻辑梳理顺，让学生发现自己在思维上的优势和不足之处，并鼓励学生将新发现和新想法梳理清晰后在班级中进一步展示，鼓励个人成长并形成示范效应，产生“带头羊”的效应。二是不懂就问型学生。有些学生不善于深层次思维，容易被问题卡住。针对这种学生，我们一方面倾听学生的问题描述，同时指导学生回顾概念，追本溯源，不直接给出答案，而是重点讲解为什么需要这么思考而非直接告诉解题技巧，让学生体会到从扎实的基础知识如何形成数理思维，避免造成学生局限在解题的技巧而不能灵活应用知识的困局，帮助学生形成更底层的思维范式。三是不懂也不问型学生。解决这些学生的主要问题在于如何有效地发现和无害地暴露出学习过程中的漏洞，让学生能够查缺补漏，从而建构更为完整的知识体系。因此在课堂上的表现和数据成了最有效的量表，利用信息化的工具收集数据并分析和观察，发现学生的漏洞，通过课下的主动关心帮助学生克服学习困难，从而建立学科自信。四是急功冒进型学生。随着互联网的发展，学生对于知识的获取渠道多样化，对于知识学习的过程也存在认识上的不足，会忽视知识获取所需要的必要过程和付出。针对这种学生的样态，一方面，教师需要鼓励学生保持对学科的热情和好奇心；另一方面，需要引导学生深挖知识的内涵和逻辑，明确学习路径和知识体系的前后逻辑，从而让学生体会到知识的深度和广度，为学生未来发展奠定扎实的基础。

在具体的教学过程中，除了利用传统的线下答疑、微信交流等进行师生互动之外，我们也积极采用多样化的交流手段，用好信息化工具收集数据并给学生提供课堂之外的交流渠道。尤其信息化工具的使用，不仅仅是被动接收数据，也可以设计好情境引导式地主动出击，通过高效的互动，有的放矢地了解学生需求和状态，从而能更有效地实施育人。以笔者的课堂为例，除常规的答疑及微信交流之外，我们所构建的交流场景和设计方式如下。首先，数据信息统计。除课堂上随堂题目的发送外，课后引入小题目和问卷，跟踪学生的学习样态，从而能更好地把握学生学习节奏，发现学生的学习需求。其次，雨课堂课后主观题主动出击。通过课后发布学习指导，引导学生深入思考，同时发布不计分主观题，询问学生学习上的疑问，引导学生提出疑问。通过多年的实践表明，通过主观题的反馈可以发现学生个性化的需求，同时将有代表性的问题反馈到课堂上，实现有的放矢的同时鼓励思考、反馈思考、调动思考。再次，沙龙交流。课后针对专题开展学生和助教主导的研讨沙龙，鼓励头脑活跃型学生深入思考，锻炼其分析问题、解决问题的能力，并通过朋辈分享加强学生之间的交流和示范。最后，共享文档 QA 墙。鼓励学生共享，通过群体共同努力发现问题、分析问题、解决问题，并形成过程性的记录。

三、课外读物引导中的课程思政

针对理科课程的教学，往往存在一个误区就是认为需要紧紧围绕教材，密集刷题提高解题能力。而创新型人才的培养需要深入体会知识的来龙去脉和底层逻辑，教师需要从不同的教材中汲取营养，甚至要从跨界的领域知识里寻找灵感，培养学生宽广的视野和发散性的思维。而课程思政设计目标在于培养学生的学科素养、思维能力，深入体会学科价值。这不仅仅需要教师广泛涉猎，还应引导学生在学好教材的基础上广泛阅读。因此在笔者的“离散数学（1）”和“组合数学”课堂中不仅引入国外的经典教材作为参考，同时为学生提供了科学史、数学史书籍，科学家的生平传记等课外读物，通过课堂上的引用和介绍为学生推荐优秀的课外读物，引领学生学习知识的同时培养学生更为广博的学术视野。

在课堂讲解中梳理知识点的前因后果，将知识点放入历史长河中，体会人类知识体系的螺旋式上升的必然过程。以“组合数学”中母函数知识点讲解为例，课堂上将数学史百年发展历程通过投掷骰子的问题提出，梳理三代数学大师的思维之路，从投掷多个骰子演绎到整数拆分数的计算，引出目前学科发展的前沿，并引出数学史上天才人物——“印度之子”拉马努金，介绍其生平传记《知无涯者》和同名电影。通过从知识点的演绎到数学家的生平及课外对于科学史发展中重要环节的扩展阅读和学习，扩展了学生的学术视野，加强其学科兴趣和对科学发展客观规律的深刻理解。

总体而言，对于理科课程学科素养的培养不仅仅局限于课堂上讲解科学家的生平故事，还要放在时代背景中让学生了解学科发展、历史演变及目前学科的前沿领域，因此在课外读物的引导上我们会引入不同类型的设计。一是与知识点紧密结合的论文、教材和博客文章等。例如“组合数学”课程中讲解全排列生成算法的知识点，除了引导学生设计不同的算法，同时引导学生参考图灵奖得主 Kunth 的著作《计算机程序设计的艺术》相应的章节。二是知识点扩展的学科著作。如“离散数学（1）”中针对命题逻辑、谓词逻辑及计算机相应的模型应用，结合课堂上的引用，推荐学生课外阅读经典数理逻辑著作《集异璧之大成》。三是人物生平传记、自传等著作。例如“离散数学（1）”中结合罗素的生平引入了逻辑漫画小说《疯狂的罗素——逻辑学与数学的奇幻之旅》，该书以漫画形式梳理了罗素的生平，同时也将课程知识点贯穿其中。四是科学史著作、科学方法论著作。如针对课堂知识点讲解中归纳出来的科学方法论，推荐学生课外研读著名数学家、教育学家波利亚的《怎样解题》及我国著名科学方法论学者徐利治的《数学方法论》。

通过这样的引导，使得学生能够从课堂上的单点课程思政案例，看到学科发展的来龙去脉，通过广泛涉猎打开学科视野，培养学科素养，领会学科美学，从而实现我们对于专业人才培养的育人目标。

四、课后作业实践中的课程思政

课程思政设计不仅仅要在课堂上深挖思政元素，课后作业实践也是学生学习过程中感触最深、收获最大的环节。因此课后作业的设计、课外和课内的相结合及大作业、考试等的主观题设计，都是课程思政实施的有效载体。比如，新冠疫情防控期间，我们将课程的知识点与疫情传播链相结合设计相应的作业，甚至在讲授知识点的同时追本溯源，分析专业知识体系发展中中国人的贡献，分析时代发展的必然性和偶然性，结合专业讲好中国故事，最终落实到课后的作业。以“离散数学（1）”的课程思政设计为例，“清华人，清华事，我也能”的认同进阶过程设计就贯穿了课堂、课后作业及创新作业编程实现。一是课堂。以“我爱王浩”教学设计为例，在公理化系统的介绍中，先通过多个代表性公理系统的对比介绍，引出王浩清华大学求学、植根机器证明的发展历程。通过认识了解老一辈的科学工作者如何投身科学，做出独创性的工作，从而激励青年学生志存高远，培养学科素养。二是作业。为了进一步达到育人目标，要营造有情有感的学习情境。我们进一步设计了相应的习题作业，给出三个公式，要求分别用罗素公理系统和王浩算法给出证明。通过亲自实践，学生可以深刻体会到王浩算法面向计算机设计推理规则，严谨而易于实施，与罗素公理系统需要很高的技巧性不同，王浩算法提供了程式化的证明方法。通过这样的对比，学生们深刻体会王浩作为清华大师兄作出的卓越贡献，以及自己作为计算机专业的学生未来将要投身的行业的魅力所在。学生在如此情境下纷纷在微信群里不禁发出“我爱王浩”的感慨。三是挑战式项目。通过学生兴趣指导下进行创新大作业挑战，编程实现王浩算法。以“清华人，清华事”为载体，体会老一辈科学工作者的情怀和追求；通过身份的认同，激发学生的成长自信；通过对比实践体会计算思维的精妙之处，加强学科认同，提高学术志趣。

除了针对学术志趣在作业中进行设计之外，我们也尝试针对不同的学生类型进行不同的课程思政设计。通过近年来的不断摸索和积累，将课程思政如盐入水地有机融合到知识点的讲解中，形成了以人为本课前课中相结合的课程思政。在全英文的“组合数学”课堂上，绝大多数选课学生均为留学生，新冠疫情防控期间大部分学生无法到校上课，而这些选择来到清华大学读书的外国学生对于中国文化抱有喜爱和好奇，同时他们也希望自己虽远在海外仍能感受到自己是清华大学一分子。因此我们结合传统节日为学生讲解中国风俗和清华风物，让远在海外的学生感受到了清华大学的人文关怀，并结合月饼、节日环节等设计相应的作业题，让学生在学习客观知识的同时也加强了身份认同感。

新时代我们的育人理念是希望培养学生正确的价值观和过硬的本领，而对于基于知识传授的理科课程教学来说，教师在教室的讲解将促进学生对于知识点从无到有的构建过程，那么课外通过练习及学科上的扩展学习，甚至是学业之外的成长，其知识不断积累内化的过程深度影响着学生的发展和成长。因此本文提出建构面向学生成长全过程的课程思政设计，通过建渠引流的方式形成从课内到课外的全流程育人场景。以计算机专业基础理论课“离散数学（1）”和“组合数学”的教学实践为案例，重点分析课程思政的设计如何贯穿知识传授的各个环节中，形成立体化的课程思政体系设计，深入探讨了课外建渠引流的场景，从课外师生交流的样态分类、课外读物的引导设计及课后作业的精巧设计三个方面阐述理科课程在全流程学科育人方面的要素和方法，期望能为理科课程思政建设提供一定的参考。

（本文成文日期为 2022 年 9 月。）

构建沉浸式全方位育人全景图

——以高校工科课程为例

清华大学机械工程系

牟 鹏 田 凌

2020 年 6 月教育部印发了《高等学校课程思政建设指导纲要》，不仅明确落实了立德树人的战略决策，还提出了工学类专业课程推进课程思政的指导建议。工科基础课是全面推进课程思政的主战场之一，必须塑造学生有“方向”的专业基本素养，以与思想政治课同向同行、形成全方位育人的协同效应。这既对工科核心基础课提出了新要求，也是工科课程在新时代背景下解决挑战并进行创新改革的契机。本文将以典型的工科核心基础课“制图”课为例，从教学理念、教学内容和教学过程三个方面探讨工科课推进课程思政建设以实现全程育人和全方位育人问题。

一、把握育人要义，坚持思想引领，让专业素质培养从标量到矢量

培养什么人、怎样培养人、为谁培养人是教育的根本问题。课程思政建设的核心，就是要寓价值观引导于知识传授和能力培养之中。正因为如此，工科核心基础课仅仅教授专业基础的“标量”知识是远远不够的，在教学理念上还需要将价值塑造与专业知识传授进行深度融合，帮助学生树立正确的价值观，让专业知识成为有方向的矢量。大专院校工科院系的传统核心基础课，如“制图”“力学”“电路”课等，这些课程是典型的理工科“硬”课，在推进课程思政建设时主要面临三方面的挑战。首先，这些课程的基础理论和知识框架体系主要起源于近现代西方科学的发明和发现，思政元素的提炼存在溯源上的困难。其次，工科基础课的知识体系完整、逻辑严密，课程内

容较刚性且专业性强、挑战度大，寻求专业教育与思政教育的结合点不易。最后，在探索“提质减量”，推进以通识教育为基础、通识教育与专业教育相融合的本科教育体系改革的大背景下，工科基础课推进课程思政建设面临增量（育人成效）和减量（课时学时）相冲突的困境。如“制图”课教学内容多、挑战度大，对工程图的规定多、要求多和标准多，这些都属于“刚性”内容、弹性小。“一张纸，一盏灯，一张工图画一天”是学生对“制图”课的普遍认知，在他们眼中这是一门任务繁重的画图课。但课程的知识内涵果真如此吗？工程图中到底隐藏了怎样的“真相”？在这门工科核心基础课程上，需要树立学生正确的“图学价值观”，是为铸课程之魂，这是基础课进行课程思政建设最关键的环节。

要把握工科基础课的育人要义，需要深刻理解课程思政中“思政”二字的含义。这里“思政”主要指“育人”，只要是帮助学生全面成长、激发学生爱国、诚信、道德、追求真理等正能量的内容都属于课程思政的范畴。因此，在教学中只要时刻把握住“育人”这一核心，思政寓意即会自然呈现。在讲解“相贯”这一节的重点知识“辅助平面法”时，不仅要讲授该方法的基本原理及其在相贯线求解中应用这一知识层的内容，还应进一步从育人的视角，引导学生理解辅助平面法背后的深层寓意。

在课程核心知识层面，辅助平面法是通过创建多个辅助平面来寻找相贯线上的中间点和特殊点，在此基础上，进一步引导学生理解相贯线“分层构建”的思想和方法与现在快速发展的3D打印制造技术的联系，从共性思维的角度让学生的认知从基础的相贯线求解方法提升至对3D打印制造的关键技术原理的理解，并进一步延伸至与学生探讨有关“3D打印引领中国制造”“清华学子基于3D打印的创新创业”等案例，这样就建立了辅助平面法（基础知识）—3D打印制造技术（提升）—创新实践（升华）的完整基础知识、知识引申和知识应用的过程，不仅让学生切身感受到“原来创新创业并不是遥不可及的事情”，还深刻感受到了知识的价值和魅力。

因此，在教学理念中应始终把握“育人”这一核心，将基础课的知识与马克思主义立场观点方法和科学精神的培养结合起来，提高学生正确认识问题、分析问题和解决问题的能力。引导学生从国家重大战略问题中提炼技术问题，培养学生服务国家战略的价值观，如从航空航天领域的“压力罐高质量焊接”问题中讲述相贯线的作用和意义、从自主研发的动磁式平面电机核心部件组成讨论组合体的基本概念和组成方式等。这种融入了精益求精的大国工匠精神和科技报国家国情怀的基础课教学，升华了学生的思维认知，让基础课的初心（基础知识）与学生的使命担当发生“化学反应”并形成“共振”，做到教学、育人“潜移默化、润物细无声”。

二、提升课程内涵，激发教与学共鸣，以工程之美塑造学生心灵之美

教学内容是课程思政的主要载体和桥梁，要实现更好的育人成效，必须提升课程内容质量。相对而言，“制图”等工科基础课核心教学内容的特点是比较“刚毅而硬朗”，但从育人的角度，或许“柔美而温暖”的内容更容易引起学生的共鸣和形成入脑入心的价值塑造。

“工程图”是“制图”课的主要对象，整个课程围绕工程图进行投影基本理论、体的构成及投影和形体的表达方法等内容展开。为了引导学生发现更多工程图背后的“真相”，课程应致力丰富教学内容的维度，提升课程的内涵，让学生透过图线深刻感受工程知识的魅力、领略工程之美。所谓“爱美之心，人皆有之”，只有让学生见识从未见识的真相，才能更好地以“工程之美”塑造学生的“心灵之美”。在课程知识专业性的基础上，提升工科基础课的维度、展现工程之美主要包括以下四个层面。

一是艺术层，打通认知的任督二脉。工程图由一条条各司其职、有明确含义的图线组成，线条粗细、虚实分明，具有严谨的工程寓意。然而对学生而言，他们对严谨的解读可能是“刚性、烦琐”，随之而来的是绘图时的漫不经心和漏洞百出，这是上“制图”课的学生表现出来的一个共性问题。究其原因，主要在于学生陷入了对标准和规范的关注，而忽略了图线所代表的具体工程对象，未能基于图线之意构造出工程的具体形象和发现工程之美。探索打通学生认知的新途径，这里面包含两个基本认知问题，其一打通从图线寓意到工程形象的认知联系，其二破解从寓意到形象的认知难题。

一方面，就图线寓意和工程形象的认知联系而言，工程图的图线来源于实际工程形体，如工程中最让学生头疼的截交线和相贯线，是实际形体表面平面与立体、立体与立体的交线，它们不仅是形体表面的分界线，更是构成机械构件、建筑和桥梁等工程形体空间之美的主要轮廓。如果能够在教学内容上更多帮助学生建立图线寓意和工程形象之间的联系，培养学生专业视角的审美力，打通学生认知的任督二脉，学生将能更深刻地感受工程之美。

另一方面，还要破解从图线寓意到工程形象的认知难题，即空间想象的问题，这也是学生在“制图”课上最大的困惑之一。对学生空间想象能力的培养，一般主要通过视觉（如挂图、模型）和触觉（如模型制作、立体测绘）等手段进行训练和培养。但实际上，通过听觉也可以培养空间想象能力。1993年10月，美国加州大学的弗朗西斯·劳舍尔（Frances Rauscher）在*Nature*上发表论文，就音乐认知与空间推理能力之间的关系进行了实证研究，发现了莫扎特效应，即聆听10分钟莫扎特的奏鸣曲能短暂地提高被试大学生的空间推理能力。其后，也有多位学者从生物医学、教育心理学等方面进一步验证了莫扎特效应的有效性。如此，通过在“制图”教学中引入基于音乐欣赏的空间想象能力训练方法，不仅改变了学生对工程图的固有认知，还提供了学生攻克从图线寓意到工程形象认知难题的新途径。

二是科学层，从问题导向到知识探究。工科基础课的第二个维度在于增强与科学前沿的联系，提升内容的学术性。工程图是连接设计和制造的桥梁，不仅承载着形体表达的意和象，更为重要的是工程图还有培养、塑造学生学术志趣和科学素养的责任。要实现这个目标，应建立“学术为基、育人为要”的工科基础课程内容体系，构建面向世界前沿的以学术研究为驱动、科技前沿和基础知识互为强化的基础课程教学模式。在“制图”课教学中，结合*Science*、*Nature*和其他国际顶级期刊的最新研究设计了多个融合科技前沿与“制图”基础知识的教学案例。如*Science*报道的一种头足类动物的体表突起结构对设计新型软体机器人的启示，其核心即课程讨论的重点相关问题。从相贯线的投影引导学生探索新型软体机器人的构形设计，启发学生认识到小形体中蕴藏的大智慧，通过探索、创新提升了基础知识的价值。再如*Nature*中报道的自组织机器人的核心部件与平面截切体的联系等，这些案例搭建了从基础知识迈向国际科技前沿的桥梁，突破了工科基础课程原有体系的发展瓶颈，将学生从问题导向知识探究，再到前沿探索，使基础课成为培养新型人才真正的“强基础”。

三是哲学层，从知识点到方法论。工科基础课的一个共性特点是定理、方法等基础知识点较多，在课堂上讲授和进行讨论时学生的接受度往往都很好，但课后学生在应用这些定理、方法解决问题时常会陷入困境。如“制图”课上在讨论组合体的读图时，有形体分析法和面形分析法两种经典方法，两种方法分别从体和面的角度阐释了不同类型组合体的读图要领，课堂上讨论的进程和效果似乎预示着学生已很好地掌握了该方法，但课后的练习则反映出学生在应用这些方法解决问题时仍然不得其要，难以做到“知行合一”。一种是掌握了方法要义但应用出现困难，另一种是虽能解题但思路不清晰、缺乏系统性思考。因此，在教学中需要引导学生从局部的知识点跳出来，站在方法论的角度看待问题，以学习认知规律的研学之道归纳基础知识和方法的应用之术。如此，在组合图的读图方法一节的讲授中，除了讲授基本的形体分析和面形分析外，还进一步从方法论层面，将马克思主义哲学思想与组合体的读图相结合，引导学生能够从更高维度看待问题。例如，读图时让学生在基本方法的基础上学会用“联系的观点”分析多个视图，并在读图中“抓主要矛盾”，即明确在读图中要结合多个视图进行综合分析，并善于从反映形体结构特征的视图寻求读图突破口，既要明确组合体的局部分解（盲人摸象），又要注重组合体的整体综合（合而为一）。

四是文化层，厘清知识来龙去脉。工科基础知识的价值不仅在于其解决具体工程问题的应用（去路），而且更大的魅力在于其蕴藏的深厚的文化底蕴（来路）对人的激励。文化是一个国家、一个民族的灵魂，党的十八大以来，习近平总书记多次提到文化自信，这是一个民族、一个国家对自身文化价值的充分肯定和积极践行，并对其文化的生命力持有坚定信心。教育要植根于优秀传统文化的土壤，文化的内容也最容易引起学生的共鸣。虽然工科课程多以起源于西方的现代科学为基础，但很多学科的现代知识都与中华民族的过去有着千丝万缕的联系，这背后的支撑即中华文化的传承。

“制图”课的重要理论基础“画法几何”是研究在平面上用图形表示形体和解决空间几何问题的理论和方法的学科，虽然该方法由法国数学家蒙日所创立，但“画法几何”研究的投影法则最早可以追溯到 2 400 多年前的战国时代，《列子》“说符第八”的第一章中云“列子顾而观影，形枉则影曲，形直则影正”。《列子》中对于影子的“枉直随形，屈伸任物”的论断就是现代图学理论中对正投影原理的生动阐述。《列子》之后，南朝宋宗炳在《画山水序》中还从绘画角度阐明了“竖划三寸，当千仞之高，横墨数尺，体百里之迴”的透视原理，即现代投影理论中的中心投影法，这比意大利画家勃吕奈莱斯克创立远近法的时间约早 1 000 年。此后，宋代李诫所著的《营造法式》也提出了建筑图应符合的几何规则，勾勒出了现代画法几何学科的雏形。

通过对课程中基础知识的文化追溯可以发现，虽然与工科紧密关联的现代科学及工业革命发源于西方，但中国历史上曾经早于西方发展了繁华的商业、贸易、文艺及领先世界的科技成就。在工科基础课上通过文化追溯厘清知识的来龙去脉，可以让学生深刻感受到博大精深的中华文化的吸引和召唤，提升内心的文化自信，有助于引导学生将个人抱负与家国情怀相融合一。如此，通过从上述四个层面对教学内容进行维度上的提升，课程以工程图多领域的“真相”为经，以基础知识为纬，通过精心设计的教学内容和案例穿针引线，将经线和纬线编织成了一张多维立体的育人“全景图”。

通过这张“全景图”，学生将学会如何打通认知的任督二脉，追寻图中的音乐、艺术真相，发现工程的艺术之美；如何从知识要点上升至方法论，从“优术”到“明道”，在格物而致知中追寻图中的哲学真相，打造学习的“独孤九剑”；如何从知其然到知探索，追寻图中的科学真相、培养学术志趣；如何厘清知识的来龙去脉，再从《列子》的“枉直随形，屈伸任物”到现代投影理论的知识传承中，去追寻图中的文化真相和感受家国情怀。以经纬之多维共振，达“立象”以“尽意”之目的，实现培养牢固树立社会主义核心价值观的专业人才的任务。

三、覆盖教学全过程，让思政如影随形，构建沉浸式立德树人课堂

高质量的教学内容是工科基础课开展高质量课程思政的基础，而教学过程的组织则是确保课程思政成效的重要保障。同时，课程思政也不仅仅是课堂思政，应该将课程思政的工作贯穿课前、课中、课后和课外等全过程，构建一个全过程沉浸式的立德树人育人环境，让学生在“沉浸感”中自觉地融入价值塑造。建立沉浸式课程思政教学环境主要包括两个方面。

一是应确保立德树人教学过程全覆盖。“沉浸”一词的原意是表示物体浸入液体时被全方位包裹的状态，现在也多用来描述参与者在学习等活动中完全被吸引并全身心投入到所属情境当中的一种状态。构建沉浸式立德树人教学环境将有助于提升课程思政的育人成效，这要求在教学设计时将课程思政的教学活动覆盖整个教学过程，而不仅仅是课堂教学。通过将课前、课中和课后三个阶段进行系统性整体设计，实现课程全部环节教学活动的联动，来提升学生在学习中的“沉浸感”和参与度。这实际也意味着学生在教学活动中，实现“热身–投入–反思”的循序渐进过程，让价值塑造在沉浸中形影相随、逐渐入脑入心。

对“制图”等工科课程而言，构建沉浸式学习的有效途径之一是开展主

题研讨式教与学。如前文中讨论的“探索新型自组织机器人的构形设计”案例，在具体实施时即通过三个教学环节持续推进的。

其一，课前主题预习。以*Nature*上发表的一种自组织机器人的基本结构单元为例，预先介绍新型机器人的设计前沿和构形（截切）等基本背景。从开拓科学创新思维方法的角度，向学生发出“平面体截切”的挑战，启发学生课前思考，激发学生的求知欲和探索欲。其二，课中主题研讨。课程中在讲授截切基本概念的基础上与学生深度探讨自组织机器人核心部件的构形问题，学生逐渐发现这个强大的可变形、组合和扩展的机器人的主要结构单元其实都只是一个简单的平面截切体，而作为课程核心知识要点的截交线就是这些结构单元的对接接口，这就是科学创新思维提升知识价值的魅力所在。通过课中深入的主题研讨，将学生的认知从理解“截交线”的基本概念提升至领悟创新设计中“形体接口”的意义，实现了从学习基础知识到探究科学前沿的跨越。其三，课后主题实践。通过前两个阶段的启发和探讨，学生已处于一种“摩拳擦掌、跃跃欲试”的境地，此时可进一步引导学生开展主题创新构形实践，并结合后续的3D建模和3D打印实践环节去进一步验证截交线对创新构形的重要意义，所谓“反躬以践其实”，在培养学生创新思维的同时实现学思结合、知行统一。

通过上述以研讨主题为联系的课前、课中和课后三个环节的紧密配合，从“知探索–知其然–知其所以然”给学生构建了一个全过程“沉浸式”学习体验，通过三个阶段学习过程的逐渐推进和融合更易激发学生的共鸣，在潜移默化中实现价值升华。

二是推进教学全过程评价。无论是从专业知识传授的角度，还是从课程思政建设的角度，其核心思想都是提升育人质量。保证全过程沉浸式立德树人育人成效的关键是在各个教学过程中设置合理的检查点，通过有效的全过程评价动态感知学生的学习状态和成效，深入了解学生的学习困惑和思想诉求，并给予学生精准、个性化的学习支持，实现学生的全方位、全过程培养和多样化成长。

课程思政服务于提升教学质量，是更深层次的教学改革，只有高水平的教学活动才能吸引并影响学生。“皮之不存，毛将焉附”，要做好工科基础课的课程思政建设，前提是建设好课程本身，以高质量的专业教学实现立德树人的首要目标，以课程的内在美塑造学生的心灵美。通过以覆盖教学全过程的生动知识之象尽全意来构建全方位育人全景图。这样一张“全景图”，可以将学生眼中“硬核”的工科难题变成追寻真相的有趣历程，让学生不仅“不忘初心（基础知识）”，又能“与时俱进（探索学科前沿）”，还能“牢记使命”，在发现和感受工程之魅力的前提下，乐于投身到工程学科的学习和研究之中。

（本文成文日期为2022年9月。）

“课程思政”与高校师德师风建设

北京科技大学党委宣传部

李　洁　王　亮

“课程思政”是将马克思主义理论贯穿教学和研究全过程，构建思想政治理论课、综合素养课程、专业教育课程“三位一体”的思想政治教育课程体系，探索实践各类课程与思想政治理论课同向同行、形成协同效应的重要途径。习近平总书记在全国教育大会上强调，教师是人类灵魂的工程师，是人类文明的传承者，承载着传播知识、传播思想、传播真理，塑造灵魂、塑造生命、塑造新人的时代重任。教师思想政治状况对学生思想品德的养成具有很强的示范性，学生“亲其师”进而“信其道”，教师的言传身教对学生成长具有最直接的影响力。因而，高校教师师德师风建设与“课程思政”的实施效果息息相关，“课程思政”需要“四有”好老师、“四个引路人”的支撑与执行。

一、“课程思政”的提出与意义

习近平总书记在全国教育大会上指出，培养什么人，是教育的首要问题。我国是中国共产党领导的社会主义国家，这就决定了我们的教育必须把培养社会主义建设者和接班人作为根本任务。2016 年 12 月，习近平总书记在全国高校思想政治工作会议上强调，要坚持把立德树人作为中心环节，把思想政治工作贯穿教育教学全过程，实现全程育人、全方位育人，努力开创我国高等教育事业发展新局面。要用好课堂教学这个主渠道，各类课程都要与思想政治理论课同向同行，形成协同效应。为贯彻落实习近平总书记关于教育的重要论述精神，推动实施高校思想政治工作质量提升工程，一体化构建内容完善、标准健全、运行科学、保障有力、成效显著的高校思想政治工作体系，着力培养德智体美劳全面发展的社会主义建设者和接班人，着力培养担当民族复兴大任的时代新人，教育部发起和统筹实施“三全育人”（全员、全过程、全方位育人）综合改革，这无疑对新时代高等教育发展提出了更高的要求，对教师队伍提出了更高的要求，对高校师德师风建设提出了更高的要求。

第一，“课程思政”有助于教师思想、业务素质的提升。为了实现良好的“课程思政”效果，大力提升教师队伍的思想、业务素质是一项重要任务。在课堂上，广大教师要以问题为导向，将无形的价值观教育与有形的专业知识深度融合，用生动活泼的事例，回应学生在学习生活中的现实困惑，训练学生的思维方法和思维能力，推动中国特色社会主义理论体系进教材进课堂进头脑。在整个教学过程中，教师不仅要提前在专业课程设计时将社会主义核心价值观和中华优秀传统文化教育内容融入教学大纲中，更要学会和运用好课堂教授、互动问答、教学反馈等形式，巧妙地将社会主义核心价值观的精髓要义有机融合在多样化课堂教学中，潜移默化、润物无声地实现育人目标。要注重课堂形式的多样性，注重话语传播的有效性，根据学生的价值取向、成长规律、心理特征和学习需求，坚持因事而化、因时而进、因势而新，引发学生的知识共鸣、情感共鸣、价值共鸣，强化专业教师作为学生专业能力和价值观引领者的影响力，切实提升育人实效。

第二，“课程思政”是实现全员、全过程育人的关键一步。广大高校在人才培养实践中，出于教学育人工作开展的分工，大体上形成了专业教师、实验实践教师、政工教师（辅导员等）、思想政治理论课教师四支队伍。站在“立德树人”根本任务、“教书育人”神圣天职的角度，“课程思政”不是辅导员、思想政治理论课教师的“专利”。“课程思政”能够整合各种育人资源，挖掘各群体、各岗位的育人元素，融入整体制度设计和具体操作环节，着力打通学校思想政治工作存在的盲区、断点；可以挖掘所有课程的隐性教育资源，引入人文情节和社会思考，传授有温度、有厚度的知识，实现课程工具理性和价值理性统一的一种全新教学形式；是充分体现每一门课程的育人功能、每一位教师的育人责任，使思想政治教育从专人转向人人，充分体现“春风化雨、溶盐于汤、润物无声”育人价值的一项全新教师职业生涯探索。“课程思政”工作的精髓在于：每一门课都要求思想引领，要传递价值、体现育人价值和功能，要帮助学生“专业成才”，更要促进学生“精神成人”。“课程思政”为高校落实立德树人根本任务提供了动力，为破解思想政治教育困境提供了科学的行动指南和有效的实践路径。

第三，“课程思政”是实现全方位育人的现实需要。“我国教育必须为中国特色社会主义服务、为实现中华民族伟大复兴服务，必须与生产劳动和社会实践相结合，培养德智体美劳全面发展的社会主义建设者和接班人。”然而，在当前形势下，受经济全球化、信息化、智能化的影响，教育功利化倾向更加明显。为把学生培育成某一行业的专业人员而忽视了教育目标的完整性，忽视了人的全面发展，这就使得教育越来越偏离“以学生为本”的轨道，远离了教育立德树人的根本任务。此外，高校在日常教学过程中往往重智轻德、重教学科研轻育人实践，使得学生缺乏坚定的政治立场、理想信念和社会责任。“洁洁良”等事件表明，部分学生的政治觉悟、爱国意识、思想道德、社会责任有待进一步提高。教育的根本在立德树人，立德树人的目的在全面发展，大学开设的所有课程都应该是致力于全方位育人，将知识传授和价值引领相结合，促进学生的全面发展。“课程思政”立足于挖掘所有课程中的思想政治教育元素和资源，实现思想政治教育在专业学习环节中的融合，通过价值引领，在知识的传授中实现全方位育人。

二、“课程思政”对高校师德师风建设的要求

当前师德师风建设尚存在一些问题，如受市场经济和多元文化的影响，部分教师片面强调学生的学习成绩，而忽略了对学生政治思想的引导和健全人格的塑造，导致高校教师“只教书不育人”的现象仍然存在。鉴于此，从当下“课程思政”实践经验出发，建立“课程思政”长效运行和协同创新机制，是确保“课程思政”取得实效的关键。高校教师在“课程思政”过程中具有极为重要的作用，其不仅在价值导向、思想引领、理论研究等方面具有示范作用，在建立健全机制体制、创新工作方式方法等方面也承担着主导职责。可以说，高校师德师风建设的好坏将直接影响到“课程思政”的实际成效。

第一，师德师风建设是一项复杂艰巨的系统工程，是“立德树人”理念落到实处的关键所在。针对部分教师对思想政治教育工作缺乏热情的现状，高校应深刻认识到广大教师群体在“树人”之前要先“立德”的重要性，下大力气组织开展好理论学习，引导教师认真学习党的理论方针政策，了解国情民情学情，学会用科学的方法去分析判断新情况、新问题，进一步加大高校开展教师思想政治教育工作的力度，扩大覆盖面和影响力，强化理论学习。

高校深化师德师风建设，首要任务就是进一步加强理想信念教育，引导广大教师深入学习领会习近平新时代中国特色社会主义思想，增强道路自信、理论自信、制度自信、文化自信，不断提升政治素养和政治理论水平，带头践行社会主义核心价值观。

第二，高校教师对大学生思想政治素质的培育具有直接影响。长期以来，高校专业教师教学工作的重点多是放在传授专业知识和才能技艺上，对学生世界观、人生观、价值观的引导工作不够重视。随着“课程思政”概念的提出，“全员育人”被摆在了一个非常突出的位置，这就要求所有学科和课程都要发挥思想政治教育功能，把思想政治教育贯穿教学活动全过程。为了在课堂教学中能够更好地对学生进行教育和引导，高校教师提升自身的理想信念、理论水平非常重要。只有不断提高理论水平，切实做到“认真看书学习，弄通马克思主义”，日常教学活动中主动思考如何将专业课程内容与思想政治教育进行有机结合，把马克思主义理论融入专业知识教学当中，精准地运用马克思主义的立场观点和方法分析教学中出现的实际问题，“课程思政”才能真正得以推进和实现。

第三，高校教师对大学生思想政治素质的培育起到示范效果。在课堂教学过程中，教师的言行举止会潜移默化地起到示范作用。同时，教师在教书育人中展露的理想信仰、品行修养、生活作风和工作态度等也会对学生产生一定的影响。青年学生在大学校园里，接触最多的就是自己的老师和同学，他们会效仿任课教师的言行并将其作为自己的学习对象。高校要重视新时代教师形象的塑造，切实将师德师风建设贯穿教育教学全过程。广大教师承担着“立德树人”“教书育人”的工作，不仅要讲授好专业知识，更应主动与学生平等相待、坦诚交流，打开心扉、开展互动，把正确的思想价值观念传递给学生，在日常教学活动中，春风化雨般地将思想政治工作做到他们心坎里，落实到教育教学的点点滴滴中，积极引导大学生全面发展，使其真正成长为国家的栋梁之材。

三、以师德师风建设促进“课程思政”建设的路径

教师是学生成长的引领者，是教育实践的推动者，是影响学生成长成才的重要力量。青年学生正处在世界观、人生观、价值观形成和确立的关键时期，教师的任务不应只是匆忙地穿梭于课堂和实验室之间，只向学生传授书

本和业务知识，更重要的任务应是“传道”，即思想上的引导，做“四有”好老师、“四个引路人”，全面推进“课程思政”，全力帮助青年学生系好人生的第一粒扣子。

第一，构建强有力的领导机制与运行机制。高校应成立“课程思政”改革领导小组，设立专职岗位并责成专门人员予以推进落实。在此基础上，高校各职能部门密切协同，明确将“课程思政”纳入年度重点工作计划当中，学校分管思想政治和教学工作的各部门整合资源，为“课程思政”工作的顺利实施提供制度支撑。建立“课程思政”长效运行、协同创新机制，积极构建“大思政”工作格局，确保“课程思政”取得实效。成立“课程思政研究中心”，按照必修课和选修课两类课堂，打造多种授课模式的“课程思政”“特色示范课程”。形成一个中心、两类课堂、多种形式的“1+2+*N*”的“课程思政”模式。探索“课程思政”一体化管理路径，将专业课教师、思想政治理论课教师、辅导员及优秀校友资源等打造成“育人共同体”，实现职能互补、优势叠加，做到教育与教学的有机统一。用全程化的教育理念引领进程，注重规范、有效、有序性，全面推进本科生全程导师制，构建起立体化的人才培养结构，实现教书育人理念与教师教学实践的完美融合。

第二，全面实施师德建设“五大工程”。一是实施思想引航工程，通过抓好教师政治理论学习，加强社会主义核心价值观和优秀传统文化教育，加强教师培训，引导教师坚定理想信念和正确的政治方向。二是实施党建强基工程，通过发挥教师党支部主体作用，选优配强教师党支部书记，注重青年教师党员发展，充分发挥党支部战斗堡垒和党员先锋模范作用。三是实施师德固本工程，通过全面加强师德教育，加强学术道德教育，加强青年教师业务培养，引导教师严格遵守职业道德。四是实施实践立行工程，通过积极开展教师社会实践，拓展教师育人渠道，引导教师积极参加实践锻炼，服务社会。五是实施典型示范工程，通过选树先进教师典型，并加大宣传报道力度，努力营造尊师重教的浓郁氛围。

第三，建立融入师德师风建设要求的“课程思政”科学评价体系。将思想教育及价值引领作为课堂教学评价和教师教学评价的重要指标，以立德树人为出发点和着力点，科学评价专业课程的思想政治教育效果，达到师生间的理论认同、情感认同和实践认同。建立科学的专业教师考核评估体系，坚持将师德纳入考核奖惩体系、人才遴选办法、管理评价指标，坚持在教师职务（职称）评审、岗位聘用和评优奖励等环节实行师德考核“一票否决制”，在师德标准、考核评价指标、职业道德规范、学生思想素质等方面提出明确的要求。将课程教学评价从单一的专业维度，向思想引领、人文素质、社会责任感、创新能力、创业实绩等多个维度延伸，落实好育人价值导向，开展育人功能和实效等绩效评价，着力促进教书与育人统一，最大限度发挥课堂主渠道功能。健全课堂教学管理，完善教育教学规范，创新教育教学和课程考核方式方法。针对专业教师开展有针对性、示范性的“课程思政”教学指导，形成常态化的集体备课、教学激励制度。此外，要根据学生专业学习的阶梯式成长特征，设计“课程思政”有效路径，切实将理论与实践相结合、专业与思想政治教育相结合、课上与课下相结合，不断提升教育教学吸引力、感染力和互动性，真正达到教学相长，做到立德树人。

随着经济全球化进程的加快和我国与国际社会文化交流的扩大，东西方文化思潮、价值观念、生活方式不断碰撞交汇，社会成员的思想观念日益趋向多元化。这一切对当代大学生的影响极大。对此，作为“课程思政”主力军的高校教师群体面临着前所未有的机遇与挑战，同时也在呼唤高校教师与时俱进，创新思想政治教育新模式。“课程思政”在实践过程中需要教师不断充实新内容，由此，高校教师队伍的建设也需要具有前瞻性和针对性，要始终树立以学生为本的理念，把握“课程思政”体系建设的宗旨，增强广大教师教书育人的责任感和使命感，抓紧解决队伍建设中的关键问题，努力造就一支信仰坚定、师德高尚、业务精湛、结构合理、充满活力的高素质教师队伍。

［本文系 2017 年度首都大学生思想政治教育一般课题“高校师生关系现状及增强专业教师育人意识对策研究”（BJSZ2017YB012）的阶段性成果。本文成文日期为 2019 年 1 月。］

“五分钟林思考”研究生课程教学模式

北京林业大学林学院

黄华国　陈　玲　漆建波

2016 年 12 月，习近平总书记在全国高校思想政治工作会议上发表重要讲话，指出“要坚持把立德树人作为中心环节，把思想政治工作贯穿教育教学全过程，实现全程育人、全方位育人”。2020 年 7 月 29 日全国研究生教育会议召开，习近平总书记就研究生教育工作作出重要指示，党和国家事业发展迫切需要培养造就大批德才兼备的高层次人才。面向新时代高层次培养目标，研究生教育对教师落实“立德树人”的职责提出了更高要求，因此引起了广泛重视。为贯彻落实上述讲话精神，围绕林草专业特色，深度挖掘、提炼专业知识中蕴含的思政元素和精神内涵，北京林业大学林学院“植被定量遥感技术专题”研究生课程教学团队积极探索，将“五分钟林思考”课程思政方法融入研究生专业课程教学中，取得了一定成效。

一、“五分钟林思考”课程思政建设基础

“五分钟林思考”课程思政工作是我校的特色思想政治教育工作模式，近年来已在本科生课程思政工作中发挥了重要作用。其主要思想是在林学专业课程主体内容的授课过程中，利用课堂学时的一小部分时间（如“五分钟”），潜移默化地将思想政治教育内容融入林学专业教学中，实现专业课程与思想政治教育育人的协同。教育部党史学习简报（2021 年 11 月）中指出，“北京林业大学成立‘5 分钟林思考’课程思政工作室，就习近平总书记‘七一’重要讲话精神融入课程思政开展专项建设，由 9 支重点团队组成，形成课程思政群体效应”。“植被定量遥感技术专题”课教学团队就是其中一支重点团队。该团队聚焦“五分钟林思考”在研究生课程思政中的应用，形成了“思政融入、科教融合、优势互补、师生共育”的“五分钟林思考”课程思政模

式，具备了建设课程思政的良好基础。

一是有明确的课程思政融入需求基础。“植被定量遥感技术专题”课程的学科交叉性较强，课程对学生的遥感理论基础、林学背景知识和计算机基础的要求均较高。但是，北京林业大学的研究生普遍存在林学基础较好、遥感理论和计算机基础薄弱的问题。该课程开设学期为研究生入学第一学期，正好是学生从本科生到硕士生的过渡时间，是最佳的适应期和调整期。课程思政在这个时期的有效融入成为研究生顺利攻读研究生学位的驱动力。

二是有良好的课程思政团队建设基础。教学团队坚持教师党支部在课程思政建设中的引领、推动和保障作用。团队负责人黄华国教授为学科党支部书记，也是校级“十佳导师”，他充分发挥“双带头”作用，带领学科多位青年骨干教师实现思政–科研–教学有机融合，协同教师思政和学生思政。团队获得了国家林业和草原局梁希科技进步奖二等奖 1 项和校级教学成果奖多项，出版首部《林业定量遥感：框架、模型与应用》研究生教材，充分发挥了党支部–书记–党员–非党员教师的作用。团队形成了“安安静静做学问，聚精会神育英才”的特色人才培养风格，负责人的事迹相继在《人民日报》（2018 年 4 月 19 日 17 版头条）和北京电视台得到宣传、报道。团队已形成教授–副教授–讲师梯队，提前构建师生导学关系，推动后续学业指导合力的形成。

三是有特色鲜明的课程思政指导思想。作为林学、草学、生态学、地理学等植被相关专业的专业选修课，“植被定量遥感技术专题”课以习近平新时代中国特色社会主义思想、习近平总书记关于教育的重要论述等精神为指引，以党的教育方针为根本遵循，结合我校“知山知水，树木树人”的办学理念、林学“一流”学科定位和林业与草原（林草）行业对定量遥感的强烈呼唤，为培养扎根中国大地的既懂林草生态又懂高级遥感的创新型、复合型、应用型领军人才服务。

四是有清晰的课程思政目标、维度和方法。首先，课程瞄准“德才兼备”的培养目标。作为研究生课程，本门课程有 1 个总体思政目标，即坚持立德树人根本任务，为林草行业培养高级遥感人才，为培养社会主义建设者和接班人作出新贡献。考虑到研究生的年龄结构和思想复杂性，课程把“政治认同”和“四个自信”作为 2 个基础目标。其次，深入挖掘“多维交叉”的思政维度。为实现这些目标，从 3 个角度挖掘思政维度：从林学角度，重点突出生态文明、林学情怀和理论修养；从定量遥感角度，重点突出遥感强国、专业素养和合作精神；从科研角度，强调全球视野、科学精神和创新思维。每个角度中包含 3 个方面，最后形成九大维度。最后，探索“思专结合”的融入方法。结合课程的专题授课模式，针对课程专业内容，从“双碳”（“二氧化碳排放力争于 2030 年前达到峰值，努力争取 2060 年前实现碳中和”）国家战略、院士事迹、人物案例、人类命运共同体、科技强国使命担当和辩证法思维等方面入手，自然融入生态文明、遥感强国和全球视野等思政维度。

二、“五分钟林思考”研究生课程思政模式

如何恰当利用有限的“五分钟”来落实教学总体思路，需要从操作层面展开实践，构建较为规范的“五分钟林思考”研究生课程思政模式。“植被定量遥感技术专题”课紧密结合林学、定量遥感的交叉特性和专题授课形式，面向绪论、遥感机理建模、定量遥感反演、无人机定量遥感、林业激光雷达和森林定量遥感应用案例六大类专题的专业授课内容，通过厘清思政脉络、抓住关键思政元素及其融入途径，在“五分钟”内实现思政的自然融入。

一是抓住九大维度，构建思政素材库。思政素材不能脱离课程，要来源于专业，来源于生活。课程以学生为中心、以问题为导向，紧抓九大维度，梳理提炼思政素材。首先，团队从科技领域，尤其是本课程领域的“四个面向”找问题，包括国际研究前沿、国家战略需求、国民经济发展及人民生命健康。其次，教师引导学生站在全局看问题，强调家国情怀、全球视野及林业未来。最后，教师鼓励学生思考当前困境，大胆提出解决途径，并小心求证，强调科学精神、创新思维等。比如，课程从生态文明维度找国家战略需求，作为国家重大发展战略，林草事业高质量发展是生态文明建设的重要组成部分，是植被定量遥感大有可为的地方。再如，课程从遥感强国维度找使命担当，本门课程的开设缘由和林业定量遥感方向的提出就是鲜活的案例素材，开课的初衷就是为了破解林业遥感数据和算法被国外垄断的“卡脖子”问题尽一份力。

二是面向六大专题，寻找最佳“五分钟”。思政素材只是提供了原材料，必须在最合适的专业内容章节和最佳的讲课时机下，转化为学生可以接受的思政内容。在本门课程中，思政素材被分门别类地落实到具体专题中。“绪论”是让研究生全面了解课程主题和当今研究前沿，激发学术兴趣和使命担当的重要环节。因此，可以选择的素材维度是林学情怀、遥感强国和全球视野。

在4个学时的绪论中，要让研究生认识到这门课程展现的是国际上最前沿的研究方向和进展，与国外相比，国内研究毫不逊色，进而激发学生扎根中国大地做世界一流学问的自信心。绪论的思政最佳五分钟，可以定在介绍课程的基本信息和开设历程之后。“定量遥感模型专题”主要是让研究生沉下心来，踏实学习建模思维，选择的思政素材主要是专业素养、科学精神和创新思维，最佳的“五分钟”可以安排在讲解“几何光学模型”时，引出“布鞋院士”李小文的人物事迹。“遥感反演专题”重点强调遥感反演的难点，鼓励学生科学认识困难，敢啃硬骨头，选择的思政素材主要是科学精神和使命担当，最佳的“五分钟”可以安排在讲解经验模型和物理模型的过渡间隙。“林业激光雷达应用专题”重点强调激光雷达信息提取算法，因此可将“五分钟”安排在讲解布料滤波的点云算法时，突出将点云进行反转却能获得更好结果的逆向创新思维。“无人机遥感专题”可以将“五分钟”安排在无人机与定量遥感结合概念产生的时机，突出未来从事高分定量遥感的使命担当。“定量遥感实践案例专题”主要引导研究生了解定量遥感能开展哪些应用、有哪些常见的方法及具体应用的流程、研究区、数据源和算法等，特别强调现代科研多是集团作战，团队合作至关重要，可以将“五分钟”安排在讲解案例的成果贡献上，突出全球视野和合作精神。

三是创新多种形式，提升思专融合效果。将思政素材切入课堂的形式要多样化，通常以一张新闻图片、一段文字或者视频等作为引入，然后采用描述评价、设问启发、讨论交流等方式与学生互动。比如，针对“遥感反演专题”，在教师讲解反演的难处时，教师可以先向学生展示一张松材线虫病危害的动态演进图和一张危害前后的松树颜色及结构的巨大变化图，然后教师提问“为什么松材线虫病蔓延扩散了几十年，却一直没有控制住传播，反而不断北上？”通过和学生互动后，教师继续提问：“如果遥感能早期发现病害，会不会对及时防控有用？可行吗？”这样一步步将主题引入定量遥感反演中来。紧接着，教师讲解天牛蛀干带来的复杂挑战，鼓励学生用所学的定量遥感知识去提高反演精度，进而帮助攻克难关。然后，教师展示团队一直努力做的相关科研进展。这种形式使得专业和思政无缝融合，实现了言传身教，激发了学生对科研的热情和服务林业的使命担当。把思政素材切入课堂也可以通过各种诗词、历史故事等让课程更加生动有趣，让学生不自觉地认识到自然科学和人文素养同样重要。比如，通过“天街小雨润如酥，草色遥看近却无”描述定量遥感中最常见的多角度效应。课程考核要求以定量遥感的林业应用为题，以蓄积量和叶面积指数反演为例，让学生实际动手开展遥感参数反演，服务自己的家乡、定点扶贫单位或者黄河流域的生态保护与高质量发展。

四是团队分组授课，优势互补育英才。针对课程的交叉特点和团队教师具备林学、生态学、遥感机理、遥感应用等各方面学科背景的优势，课程实行导师组分组授课、联合教学制度，给学生提供最好的教育资源。导师组由教授、副教授、讲师组成，均具有国外留学背景、均主持过国家自然科学基金项目，团队中林学背景 2 人、生态学背景 1 人、遥感机理背景 4 人、遥感应用 2 人。团队成员多数获得校级教学成果奖，在课程思政上都有一定的探索。导师团队能够给学生提供多样化的知识支撑、方法指导和人生经验，进而为学生提供充足的知识保障。为了解决导师组授课时思想政治教育的统一性问题，导师组在课前需要商讨思政素材的选择问题，避免重复，并在教案中进行明确。这个步骤不仅是为了更好地培育学生，也是为了培养年轻的团队成员。比如，教学团队中有两位教师在共同讲授一个专题时，发现两人的模型正好互补，通过有机结合形成新的研究成果，显著提高了建模效率。

三、“五分钟林思考”课程思政深化应用思考

本文以“植被定量遥感技术专题”课程思政为案例，初步构建了“五分钟林思考”在我校研究生课程上的应用模式。

一是加强积累反馈，扩充思政元素库与凝练聚焦主题并行。思政元素的挖掘和利用是研究生课程开展“五分钟林思考”的关键，增加榜样人物及其事迹最容易实施。课程最初以“布鞋院士”为起点，后来逐渐加入了徐冠华、李增元、陈镜明、董乃钧和宋新民先生等的事迹。比如，徐冠华院士在瑞典斯德哥尔摩大学求学，刻苦攻关，几乎每天都在斯德哥尔摩大学的遥感实验室里度过，后来建立了森林调查卫星数字图像处理系统，并回国推广。中国林科院李增元老师从 1994 年就开始持续推动中欧合作“龙计划”，对中国遥感技术的发展进步起到了重要推动作用。除了榜样事迹以外，思政元素还可以涉及家国情怀、使命担当、科学精神、创新思维等领域，不设置统一的模板。思政元素需要教师在平时用心积累，要密切结合实际、结合专业，从身边人、身边事入手，做有心人。虽然思政元素库可以扩充得越来越丰富，但并不意味着讲课要面面俱到。相反，由于课程时间所限，需要在精选思政素

材基础上，进行加工浓缩凝练，用最简短的语言聚焦到授课主题，实现专业和思政的无缝衔接。在这个环节，授课教师要多和督导、学生交流，使思政元素选择更加贴合研究生的认知和接受范围。

二是深挖模式内涵，探索“思专结合”推广路径。“五分钟林思考”源于本科林学教学，拓展于林草行业，理论上也可适用于更多的自然科学课程。相比本科生课程，研究生课程思政更加有针对性、专业性更强，思政融入更有技巧性。因此，“五分钟林思考”研究生思政模式的内涵还需要进一步优化，以实现通用化和个性化相结合，方便复制推广。在通用化方面，需要针对理工农医的共性，进行思政维度的再分析。实际上，万变不离其宗，研究生必须有科研实践经历，因此“五分钟林思考”只要能够和科研紧密结合，就有可能得到较好的应用。在科研基础上，教师可结合自身阅历、经验和知识背景找到思政元素，上到国家需求、下到个人修养，在课程前、中、后无缝融入教学中。在个性化方面，则要考虑不同行业、不同地域、不同课程的特点，设计出自选模块。比如，中国东西部的教育资源和教育理念存在一定差异，对科研的重视程度也不尽相同，相同思政元素的融入力度自然也有所不同。再如，南北方存在较大的文化差异，学生的性格和行为方式都有不同，思政元素的选用要“适地适树”。

三是注重自觉自然，师生共育润物无声。要注意课程思政的自然融入，“盐溶于水”，避免部分师生的抵触情绪。“五分钟林思考”并不是硬性要求每堂课都必须用五分钟专门讲思政，而是说在专业课内容中自然引入，悄无痕迹。从教师的视角来看，开展研究生课程思政是一种自发自觉自然的行为，不用刻意准备，“五分钟林思考”则提供了一种较为系统的思路供参考，避免增加教师负担。比如，教师可以从现有的九个维度出发，从自身学科的历史、先进人物、自立自强等方面找到很多思政元素。从研究生视角来看，“五分钟林思考”课程思政可以帮助学生更好地掌握本领、为人处世，助推学生成为德智体美劳全面发展的社会主义建设者和接班人。”“五分钟林思考”还需要进一步突出实践，拓展教育方式，让学生在实践中有所感、有所得、有所悟，让教师在教育中创新、磨砺、成长。

（本文成文日期为2022年2月。）

“信号与系统”课“课程思政”建设实践探索

北京交通大学电子信息工程学院

胡　健　黄琳琳　彭亚辉

在全国高校思想政治工作会议上，习近平总书记明确提出，除了思想政治理论课，“其他各门课都要守好一段渠、种好责任田，使各类课程与思想政治理论课同向同行，形成协同效应”。为深入贯彻习近平总书记关于教育的重要论述和全国高校思想政治工作会议、全国教育大会精神，近年来，北京交通大学电子信息工程学院将“课程思政”的理念与要求融入“信号与系统”课程教学，取得了一定成效。

一、“信号与系统”课“课程思政”建设的基础

“课程思政”是依托课程这一载体，以隐性教育的方法，将思想政治教育的原则、要求和内容与课程设计、教材开发、课程实施、课程评价等有机结合起来的一种思想政治教育形式。“课程思政”的重要目标是在思想政治教育原则指引下对专业课程进行深度开发，充分挖掘和激发其中的思想政治教育内涵，以有序开展思想政治教育、有效推动思想政治教育活动。

“课程思政”建设的基础在课程。没有好的课程建设，“课程思政”的功能就成为无源之水、无本之木。“信号与系统”教学团队经过多年的教学研究与实践，在课程体系、教学内容、教学资源、教学方法和教学手段等方面取得了丰硕成果，“信号与系统”课程于 2003 年被评为首批国家精品课程，2007 年被评为首批国家双语教学示范课程，2010 年被评为国家精品网络课程，2016 年被评为国家精品资源共享课程，2017 年被评为首批国家精品在线开放课程。教学团队总结提炼教学理念、教学体系和教学方法，物化教学改革成果，编著出版了《信号与系统》，此教材获评北京市精品教材、“十一五”国家级规划教材、“十二五”国家级规划教材等。高品质的课程和教材为“课程

思政”建设奠定了良好的基础。

“课程思政”建设的关键是教师。教师是教学活动的组织者，是学生日常接触和模仿的榜样。教师在培养学生的品行、学识和能力方面发挥着重要的作用，其人格力量和人格魅力是成功教育的重要条件。教师只有自身具有正确的世界观、积极向上的人生观，坚持科学知识服务社会的价值观，才能对学生起到示范榜样的作用，才能将这些精神思想传递给学生。“信号与系统”课程教学团队成员均是国家级电工电子教学团队的骨干成员，爱岗敬业、德才兼优，党员占比 71%，具备良好的“课程思政”师资队伍条件。

二、“信号与系统”课“课程思政”建设实践

（一）创建“课程思政”教学案例库

第一，课程组大力建设“信号与系统”课程基本原理相关教学案例，培养学生服务社会的价值观。例如，课程组建设了信号时域抽样在铁路机车信号识别中的应用案例，该教学案例在介绍课程知识点信号时域抽样如何应用于铁路机车信号识别的同时，还简要介绍我国高铁十年来的发展成绩，用我国创造的多个世界之最鼓励学生刻苦学习，用自己的学识将我国高铁名片越擦越亮，为把我国建设成为交通强国作出自己的贡献。再如，课程组建设了信号与系统的频域分析在通信中的应用案例，该教学案例在介绍课程知识点傅里叶变换的频移特性和系统响应频域分析应用于调制解调的同时，还简要介绍西方国家的打压和封锁也未能阻挡我国 5G 芯片、手机、基站的发展步伐，华为公司已发布业界首款 5G 芯片，中国通信技术将全球领先。这极大鼓舞了学生学习华为的企业精神，为国家和民族的振兴而努力学习。

第二，课程组深入挖掘本课程领域科学家的生平事迹，建设相关教学案例。通过这些科学家探索自然规律的方法和历程，启发学生思考如何度过一生才是有意义的，促使学生形成积极向上的人生观。课程中涉及欧拉、傅里叶、拉普拉斯、狄拉克、狄里赫勒、吉伯斯、奈奎斯特等众多科学家，如在讲解基本信号涉及的欧拉公式时，教师会介绍瑞士数学家、自然科学家欧拉的学术贡献，以及他不畏病痛的折磨潜心学术研究，即便在老年几乎双目失明的情况下仍然研究不辍的故事。在讲解利用傅里叶级数、傅里叶变换分析信号的频谱时，结合法国数学家、物理学家傅里叶本人的生平讲述他的主要成就，讲述其当年曾被拒绝发表，而现在却在数学、科学和工程等众多领域

发挥着巨大影响，说明科学的进步是无止境的，激励学生要有强烈的求知欲望和迎难而上、锲而不舍的钻研精神。

第三，课程组建设了以红色歌曲为载体的生动形象展现课程内容的教学案例，将革命精神通过专业知识进行传递。在课程教学中需要对信号进行分析、传输和处理，为了使学生能够生动形象地理解课程内容，课程中利用一些歌曲作为信号进行演示，而在歌曲选择上课程组会精心选择红色歌曲。例如，工程中非带限信号抽样将出现混叠误差，为了改善这种情况，可对待抽样的信号先进行抗混叠滤波，但由此又会出现截断误差，为了使学生加深对相关概念的理解，课程组选用电影《上甘岭》的主题曲《我的祖国》作为信号制作了教学案例。再如，在讲解含噪声信号去噪相关概念时，课程组选用电影《闪闪的红星》的主题曲《映山红》作为信号制作了教学案例。每一首红歌就是一个故事，唤起人们的红色记忆，表达对党的热爱，对革命先烈的缅怀，对美好生活的向往，由此使学生们意识到作为“强国一代”的使命和担当，让勤奋学习成为青春飞扬的动力，让增长本领成为搏击青春的能量。

（二）完善课程内容，培养学生的创新意识

世界是复杂的、不断变化的，人的认识是无止境的，人们对事物的认识常需经历一个不断修正和完善的过程。电子信息学科发展迅速，需要积极吸收科研成果，不断丰富和完善课程教学内容，反映当前理论和技术的发展趋势。“信号与系统”课程是电子信息类专业的基础课，课程内容往往被认为是经典的、无须改变的，而课程组以发展的眼光看待课程内容，在教学中结合多年来的教研和科研积累，以全新的视角诠释了信号的卷积、信号的变换、信号的抽样等内容，增加了信号处理、通信系统、生物医学相关的应用。如信号的卷积不只是计算系统响应的工具，而且揭示了输入、输出和系统三者之间在时域的内在作用机理。根据信息技术的发展修正了时域抽样模型，完善了现有国内外同类教材中普遍存在的关于“抽样定理”的表述和结论，以全新的角度揭示了信号时域抽样定理的本质内容。通过这些内容的讲解，引导学生要勤于思考、敢于质疑，逐步培养学生的创新意识，增强创新能力。

（三）明确课程目标，培养学生的科学思维方法

课程组深入教学研究，注重分析课程重点和难点，剖析课程的核心内容，明确“信号表示、系统描述”的教学目标，以优化的课程内容为载体培养学生的科学思维方法和学科认同。“信号与系统”课是电子信息类专业的核心课，该课程的基本原理和方法对所有工程类的专业都很重要，美国学者奥本海姆

称其是工程类学生在大学教育阶段所修的课程中最得益的一门课。在课程内容中，信号和系统、连续和离散等内容具有辩证的关系，通过辩证关系的讲解，使学生建立辩证思维，从而正确地分析和综合认识对象，找到规律性，科学地理解客观事物和现象，学会科学的工作方法。信号与系统分析包括时域、频域和复频域多角度分析，不管是从哪个域分析信号，其核心都是将复杂信号表示为一些基本信号的线性组合，通过研究基本信号的特性来探究复杂信号的特性；系统分析的核心是通过基本信号作用在系统上的零状态响应获得系统在不同域的描述，以实现对系统特性的有效分析。强调复杂问题简单化的分析思想，突出多角度分析问题的基本方法，揭示信号与系统之间的内在作用机理，不仅培养了学生的科学思维方法，而且展现了事理之间的相通性，增强了学生的学科认同感。

（四）利用实践环节，培养学生的团结协作精神

课程组加强实践环节，通过开展基于问题驱动的研究性教学专题研讨，使学生具备将所学理论知识与具体工程实践相结合的思维方式，培育其提出问题、分析问题和解决问题的能力，同时培养学生良好的团结协作精神。专题研讨载体结合工程实际进行设计，内容分级设置，既有基本原理的简单应用又有综合应用，还具有一定高阶性、创新性和挑战度的内容。专题研讨实施以小组为单位进行，成绩按小组进行评定。每组 4～5 人，其中包括学习能力强者 1 人、学习困难者 1 人、普通学生 2～3 人，组长负责组织本组成员分工协作，共同完成课题研究、报告撰写、成果展示。学生反馈通过专题研讨，他们“体验到了‘纸上得来终觉浅，绝知此事要躬行’”，“真正感受到了‘1+1＞2’的效果，提高了团队合作能力”，“培养了接受新思想的能力和永不满足、追求卓越的学习态度”。

三、对“信号与系统”课“课程思政”建设的思考

（一）围绕专业课程建设开展“课程思政”建设

“课程思政”建设应当围绕专业课的教学内容开展。在“信号与系统”课多年的教学改革实践中，建设了包括铁路控制信号识别、音乐信号去噪、系统零状态响应求解及其应用等十余个具有一定应用背景的教学案例，以及包括电子音乐合成、4G 通信信号的数据采集、列车传动齿轮图像采集中的信号谱分析等近十个具有高阶性、创新性、挑战度的研究性学习载体。依托这些

课程建设成果开展“课程思政”建设，如针对电子音乐合成内容，将其中最后一项具有挑战性的研究内容“选择一首你喜欢的歌曲，将其合成电子音乐”修改为“选择一首你喜欢的红色歌曲，将其合成电子音乐”，且在研学交流展示时要求学生简要介绍为什么选择该首歌曲，其背后有什么红色故事。实践表明，在生动形象、引人入胜的专业知识教学的基础上开展的思想政治教育更具有说服力，更能深入学生的内心。

（二）“课程思政”的教学形式应灵活多样

在专业课程教学中，讨论式教学、案例教学、研究性教学等以学生为主体的教学形式同样适用于“课程思政”教学，且教学效果优于单纯的讲授式教学。例如，在科学思维方法和学科认同的培养过程中，针对复杂问题分解为简单问题的思维方式，可以拟定一个相关的讨论题，请正反双方学生分别进行发言并讨论。这不仅在教学形式上更易于让学生接受，而且能够促使学生更加深入地思考相关问题，真正地认同这样的思维方式。再如，在讲解抽样定理在铁路控制信号识别中的应用案例时，当学生了解到所学习的理论知识原来能够以特定的方式应用到实际问题中去时，教师趁热打铁，适当将教学内容延伸，引入我国近年来高速铁路的飞速发展和未来的规划蓝图，让学生不由自主地产生对国家繁荣富强的认同，坚定走中国特色社会主义道路的信心。实践表明，长篇大论的说教并不受学生的欢迎，而引导式的、开放式的问题更容易获得学生的共鸣。

（三）提高教师立德树人能力

课程伊始，由于教师对学生缺乏了解，师生间情感尚显生疏，说教式的思想政治教育往往会引起学生反感，教师应在教学过程中加强与学生的沟通，充分了解学生的思想动态，在此基础上选择适当的方式开展思想政治教育。通过“课程思政”实现教书与育人目标的统一，也是教学相长、共同提高的过程。教师应以“四有”好老师、“四个引路人”和“四个相统一”标准严格要求自己，加强对思想政治教育的理解。在“课程思政”建设和实施中不断提高自身的师德修养和专业水准，潜心研究教育规律，从整体的角度认识本学科体系的知识逻辑关系，领悟其中所蕴含的科学思维方法，以及学科知识在社会生活中所起的作用，再从中提炼出能够对学生产生精神层面影响的资源，以适当的、易于学生理解和接受的方式展现出来。实践表明，只要用心用情，专业课也能上成一堂人生大课。

（本文成文日期为 2020 年 7 月。）

课程思政视角下高校校史档案育人路径试析

中国矿业大学（北京）档案馆　朱　彤
中国矿业大学（北京）马克思主义学院　雷丽媛

2021年7月6日，习近平总书记指出，档案工作存史资政育人，是一项利国利民、惠及千秋万代的崇高事业。校史档案具有深厚的历史文化底蕴，赓续着高校光荣的历史传统，内含高校卓越的精神价值。高校应挖掘校史档案中的思政元素，发挥校史档案的文化育人功能、服务育人功能、课程育人功能，遵循历史性与时代性、科学性与教育性、导向性与时效性原则，从而在课程思政建设过程中发挥校史档案的积极作用。

一、校史档案的育人功能

（一）校史档案文化育人功能

校史档案是一种文化资源，彰显高校特色和文化底蕴。高校可以挖掘校史档案的历史文化内涵，通过校史档案追溯学校历史事件，深入挖掘其所承载的文化内涵，可以使校史档案成为历史留给后人的珍贵文化遗产。通过对校史档案的开发，一件件真实立体的校史故事能让大学生的思想政治教育更具说服力与可信度，让大学生通过校史档案真正感受革命、建设与改革的精神之所在，从而形成深厚的爱国热情和坚定的理想信念，提升高校思想政治工作的文化内涵。如北京联合大学校史馆在“大学分校时期”展区的一个拐角处的墙上描绘有一个当年在简陋的教室里上电学课程的场景，参观者到此，好像穿过时光隧道在与学长们进行精神交流，起到了校园文化的熏陶作用。北京科技大学话剧社将学术大师作为原型人物，创作出《燃烧》《绽放》《奔流》三部曲，展现了学校悠久的历史，在学校形成了爱校荣校的文化氛围。

（二）校史档案服务育人功能

高校档案馆要发挥自身优势与各省市综合档案馆和企业档案馆、博物馆加强联系合作，共享社会力量资源，让校史档案以现代信息化的方式呈现，利用多媒体交互技术等进行展览展示，以更加科技化、信息化的方式展现在师生和校友面前，激发师生和校友利用校史档案资源的积极性与主动性。同时利用高校的学术资源来促进校史档案资源的收集整合、再利用与再开发，形成相互促进、协调联动、合作共赢的作用机制，提升校史档案工作服务育人功能。例如首都体育学院奥林匹克教育博物馆通过馆藏实物档案，全方位展示了中国与奥林匹克发展史。通过馆藏实物档案让师生和校友及社会各界人士学习奥林匹克知识，体验和感受奥林匹克精神，增强校史档案的服务育人功能。

（三）校史档案课程育人功能

高校校史资源非常丰富，充分利用好校史档案于课程教学中，以一定的方式成为一个配置合理的整体，不仅利于校史档案资源整合，完善资源共建共享，同时依托校史档案资源全面建设，完整构建历史记忆，为思政课提供真实可信素材，激发大学生爱党爱国爱校的情怀，涵养大学生的精神价值。高校将校史档案融入课程思政，大学生在课程中感悟校史文化，在校史中接受思想政治教育，能够强化新时代大学生的理想信念与精神价值，达到潜移默化的效果。“共和国勋章”获得者袁隆平是西南大学的杰出校友，用一粒种子改变世界，倾尽一生造福人民。西南大学校史档案中记载着袁隆平院士在农学院求学的点滴，西南大学档案馆还保留着袁老曾使用的老旧手提箱和历年回母校留下的照片及袁老为母校师生题词祝福的珍贵手稿。利用校史档案记录袁隆平院士的生平事迹，能够使学生切身感受到袁隆平院士为我国的粮食安全、农业创新发展做出的突出贡献。发挥高校校史档案的课程育人功能，通过杰出校友的事迹激励大学生学习榜样的崇高精神和高尚品格，更是为大学生上一堂生动、具体的思政课。

二、课程思政与校史档案有机融合的原则

（一）历史性与时代性相统一

历史性侧重于“是什么”，即各专业课教师在进行专业课程思政的教学设计时，要加强对校史校情的了解，挖掘专业学科的建立、形成、发展过程，吸收本专业老教师的教学实践经验，达到育人效果。时代性侧重于“怎么做”，即各专业课教师在进行课程思政的设计时，不仅要注重对于校史校情的教育，而且要引导学生学习习近平新时代中国特色社会主义思想，在校史档案中凝

练爱国主义、集体主义等内容，陶冶学生的高尚情操，树立共产主义理想信念，激励学生为实现中华民族伟大复兴而不懈奋斗。

（二）科学性与教育性相统一

科学性是指专业课程在吸收校史元素进行思想政治教育时，要坚持以马克思主义为指导，通过“取其精华，去其糟粕”，传授学生现代先进的科学理论知识，帮助学生树立马克思主义的世界观和方法论。教育性是指专业课程在吸收校史元素进行思想政治教育时，结合知识、技能中的德育元素，注重对学生进行政治、思想和道德教育，使学生树立正确的世界观、人生观和价值观。学生只有在掌握了科学的理论知识之后才能够把握事物的本质和规律，进而达到科学性与教育性的统一。

（三）导向性与时效性相统一

导向性是指教师对专业课程与校史元素进行融合时，自身的思想观念和价值观念要与国家意识形态主旋律保持一致，发挥教师的主导作用，成为学生的思想引领者和行为指导者。时效性是指教学实践要与时俱进，即专业课程在融入校史元素进行思政教育时，要注重理论联系校史校情实际，激发学生的内生动力。这样不仅生动活泼、新颖有趣，还贴近生活、契合学生兴趣。

三、在课程思政建设中用好用活校史档案

（一）校史档案与专业课程构建立体式教学体系

在课程思政建设中，以校史档案作为载体，与专业课程相结合形成教学体系，需要将思想政治教育的要求与校史档案中体现的思政元素相结合，挖掘校史档案中的思想政治教育元素，有机融入教学内容。这样既可以赋予思想政治教育新的活力，也能发挥高校校史档案的育人价值，丰富专业课程的教学体系。在课程思政中，把校史档案中体现的理想信念、价值追求、精神谱系、治学理念、做人道理融入课程教学中，达到“全员、全过程、全方位”育人。深入挖掘校史档案中的思政元素，有机融入课程教学，整合校史档案和专业课程的共同价值目标，推动学校校史档案融入思想政治教育体系，打造校史档案和专业课程的立体化教学；发挥专业课教师“主力军”作用，提高校史档案在专业课程教师队伍中的推广度和执行力，使专业课程开展与育人“同频共振”，使爱党、爱国、爱校情怀在高校人才培养中生根发芽。

（二）校史档案丰富课程思政的教学手段

在课程思政体系中，校史档案融入教学环节，有助于培养专业课程“育人共同体”，思想政治教育的要求与校史档案自身所蕴含的思政元素有机结合，这不仅能够赋予思想政治教育体系新的生机与活力，而且可以丰富校史档案的育人价值，扩展高校校史档案的功能。在备课阶段，教师要钻研学科教学内容及挖掘学科的形成历史，通过收集整理反映高校专业研究方向、研究成果的科技档案加入专业知识教学中，加强学生对专业学习的兴趣，根植科技强国的信念，提升育人实效。在教学实施环节，各专业课教师要将校史校情在专业课讲授中进行有机融入。校史档案和专业课程的融合，使大学生在专业知识的学习与能力素养的提高中树立信念、信仰、信心，促使大学生增强对专业的认同感与获得感，筑牢积极向上的学习态度和求真务实的科学精神。

（三）校史档案创新课程思政的教学方法

专业课教师在设计教学方法时，根据时代需求，把握学生特点，注重理论与实践相结合、线上线下相结合、校内校外相结合、育德和熏“心”相结合。同时在对专业课程进行教学设计时，积极引入研讨启发式教学、情景沉浸式教学等教学模式，让学生在与教师互动中感悟校史文化，无形之中传授学生专业课程中所蕴含的精神价值，达到润物无声的育人效果。同时，专业课教师在教学方法中注重发挥环境和文化的双重作用，利用学校档案馆、博物馆等进行实地教学，教学中因材施教、取长补短，实现全方位育人效果。在教学方法中以校史档案为载体，挖掘校史档案中的思政元素，并将其融入专业课程教学，不仅注重学科知识的传授，而且要培养大学生对知识的运用能力，解决现实中思考能力、动手能力和创新能力不足的问题，实现对大学生品德、品性、品质的培养。

四、课程思政视角下高校校史档案育人功能的实现路径

（一）搭建协同联动的育人平台

高校是对大学生进行思想政治教育工作的主要场所，课程思政为探寻专业课程发展提供了新思路，挖掘校史档案为课程思政提供了广阔平台，将校史档案与课程思政协同联动，引导学生形成正确的历史观、国家观、民族观，对大学生进行“知校、爱校、荣校”的教育，增强文化自信，是新时代落实

立德树人根本任务的具体要求。高校校史档案协同联动育人体系需要在校史档案与专业课程融合中，理顺学科内部的历史关系，搭建一个覆盖全方位、全领域、全学科的课程平台。首先，各高校教师在梳理专业课教学大纲的同时，要探索校史档案与专业教育的结合点，深入挖掘校史档案蕴含的思政元素，将校史档案经过提炼整理，形成专业课程的教学内容。其次，各学院教师要资源共享、教学相长。教师作为教学的主体，要注重提升自身的历史素养和科学文化修养，努力钻研学校历史。学校将优秀教师在课堂中讲的校史案例进行评选、收集、展示，引导广大教师结合专业和课程特点，用好校史素材，深入推进课程思政。最后，大学生要从中提高自身的学习和吸收能力，加强自身知识储备。这样有利于提升学生的家国情怀，有利于学生传承学校的人文精神，有利于学生树立专业认同的理念。

（二）线上线下相结合的路径

通过线上教育方式注重拓宽档案资源的广度，利用多种载体对学生进行宣传教育。学校通过对校史档案资源的收集整理，建设数字化校史档案资料库，实现校史档案的育人功能。随着互联网技术的快速发展，出现了诸如“云课堂”、腾讯课堂、慕课等新型教学方式。网上课堂的蓬勃发展，便于学生观看各大平台的直播课程。因此，高校可以积极开展线上课程，利用网络传播面广、速度快等特点，向大学生传播校史文化。同时，各高校可以加强校史档案方面网站的建设，创立自己的社交媒体公众号，利用微信、微博、抖音等平台传播高校的校史文化。通过线下方式注重拓展档案资源的深度，加强对校史档案的研究。首先，加强校史研究队伍的建设，吸纳专业的思想政治教育、档案学、历史学等学者参与校史研究。其次，注重对校史研究成果和各类课程的整合，通过专家学者深入的研究，不断丰富专业课程的教学内容。最后，将校史档案资源延伸到思想政治教育的教学、管理活动中，编制体现思政元素的校史档案教材，使课程思政工作真正落实生效。

（三）校内校外相结合的路径

校内注重讲好校史故事。在课堂上，课程思政教师在课堂内容中通过播放学校历史宣传视频、展示学校历史档案图片等形式让学生了解校史，提高学生对本专业的认知、认同。在课外，通过学生社团开展校史文化知识竞赛，举办校史征文活动，还可以制作校史档案文化创意产品，用活校史档案资源。此外，还可以通过排练校史舞台剧、拍摄短视频，讲好校史故事，传承学校文化。利用丰富的校园活动和新颖的方式提升大学生对校史学习的兴趣。校外通过联系老校友，邀请他们讲述学校早期发展历程、学科发展历史及学校在改革开放中的奋斗史，让在校青年学子感受前辈的创业精神与学科发展的艰辛，感悟前辈的家国情怀与责任担当，激励青年学子面对时代新课题披荆斩棘、乘风破浪，在前辈的基础上砥砺前进、再创辉煌。

（四）档案部门创新方式融入课程思政

2020 年，河北省档案馆与河北大学就共同开办档案思政课达成共识，为实现档案教学和档案工作实践双提升奠定了基础。在档案部门融入高校课程思政的实践中，笔者所在高校也在不断探索中，2019 年以来，档案部门开展以抢救学校历史资源为目的的寻访工作，访谈老教授、老专家、老校友、老领导 50 余位，并形成口述校史书籍。通过口述资料中的很多细节，弥补文书档案的不足，使历史极具真实性、现实感，同时又充满吸引力和感染力，拓展了校史编研的途径，丰富了课程思政素材。在本科生的一门专业实践课中，以口述校史书籍为素材，向学生们讲述老教授们在学校不同历史时期的学习和工作经历及学校历史发展脉络，让学生们真切感受老前辈的深厚爱国爱校情怀和为党育人、为国育才的无私奉献精神，期许在档案部门融入课程思政的实现路径上以校史档案为载体，通过课堂引领和资源引领，进而达到价值引领和意识引领的思想政治教育效果。

在课程思政视角下，将校史档案与专业课程相结合，是推进课程思政创新的一个崭新尝试，也是校史档案在高校育人功能得以有效发挥的一次崭新体验，更是激发大学生爱党爱国爱校情怀，提升大学生的专业信仰、做人准则和道德情操的一种崭新途径。未来应将校史档案与专业课程二者进一步有机结合，双管齐下，形成协同效应，推动高校课程思政工作走深走实。

［本文系 2021 年度北京高校思想政治工作研究课题一般项目“档案资源传承红色基因育人价值及其实现路径研究”（BJSZ2021YB32）、2022 年度中国矿业大学（北京）文法学院“课程思政”培育项目的阶段性成果。本文成文日期为 2022 年 2 月。］

高校外语专业课程思政建设探索

——以西班牙语听力课程为例

北京第二外国语学院欧洲学院

朱晓金

2019 年 3 月，在第四届全国高等学校外语教育改革与发展高端论坛上，教育部高等教育司司长吴岩以“新使命、大格局、新文科、大外语”为题发言，指出外语教育应“超前识变、积极应变、主动求变，着力培养高素质国际化人才”；亚洲基础设施投资银行行长金立群则从国际化人才的实际需求出发，指出“国际人才要具备跨文化理解与表达能力、国际视野与协商合作能力以及分析问题与解决问题能力”。2020 年《普通高等学校本科外国语言文学类专业教学指南》发布，号召外语专业教育应落实立德树人根本任务，培养具备家国情怀、国际视野、沟通能力和人文素养的复合型外语人才，为外语专业思政教育指明了方向。本文响应当前思政教育改革应“科学设计、分类推进、全过程融入课堂”的号召，立足外语专业学科特点，以其核心课程体系中听力课程为研究对象，西班牙语听力教学为案例，探讨落实思政教育的思路和做法，拟从思政教育目标具体化、教材资源挖掘精准化、课堂教学模式适配化三方面加以具体说明。

一、高校外语专业听力课程思政教学目标的具体定位

外语学科是大学教育的重要组成部分。大学课程思政教育战略强调将思想启迪、道德品格塑造、价值观引领融入专业课程知识和技能教育中，大力提升人才培养质量。从外语学科自身来看，其由于天然蕴含丰富的中外文化教育，承担培养跨文化沟通交流人才使命，可谓思想、道德与价值观教育宝贵的资源库。然而，由于我国高等外语教育长期侧重“工具性”语言训练，

对人文知识、思想及价值教育的理念、模式探索不足，从而导致“人文性”教育难以系统、深入地展开，专业课程体系往往呈现语言技能类、文学知识类课程“二分”，知识层次教学又难以升华到思维、能力层次教学的现象。此外，传统外语专业的学科基础较为狭窄，主要为语言学与文学，这从源头上造成外语专业教学缺乏广阔的学科理论支撑，缺乏多元分析方法训练，实际课堂“教”与“学”的思想广度、深度及方法均有不足。在此现状下，外语学科“人文资源库”的功效发挥严重不足，人才培养实效与目标仍有差距。此外，高校外语专业学生在学习过程中会频繁接触他国语言，而中国文化在我国外语专业教学体系中相对“失语”，在这一背景下，文化价值观与思辨能力培养缺位很容易导致学生文化本位意识不清晰，文化自信不足。因此，大力推进外语专业思政教育刻不容缓。

依据 2018 年《普通高等学校本科专业类教学质量国家标准（上)》，以文明交流为导向的外语专业教学目标进一步明确。基于此目标，学科基础在传统外国语言学、外国文学、翻译学之外，新引入国别与区域研究，比较文学与跨文化研究两大类知识体系，使得外语教学的理念、方法得到极大丰富。以其辅助课程设计，可促进语言与文化教学真正达到融合，扩大知识教学，提升能力教学与人文教学层次，从而为实现“家国情怀、国际视野、沟通能力和人文素养”的思政教育培养总体目标提供科学方法和路径。从听力课程来看，以西班牙语高级听力课程为例，在知识目标、能力目标与综合素养目标三个层次上其思政教育目标可具体定位如下。

第一，加强对西班牙语国家当下国情、社情、舆论的跟踪理解，建立全球视野。传统教学体系倚重阅读类、翻译类教材文本，内容多以西班牙语国家自身历史、文化知识介绍为主体，呈现出一定的单一性和封闭性。相较而言，听力课程可大量编选西班牙语国家电视媒体视听材料，反映当前西班牙语国家政治、经济、社会、自然、艺术、体育等全方位社会动态，其在内容时效性、前沿性、议题丰富性上具有显著的优势；此外还不乏其中包含的有关全球、区域或国别的重要观点、立场。全球以西班牙语为官方语言的 20 个主权国家及一个属地跨欧洲、美洲、非洲三个大陆，既有发达国家，也有大量新兴市场国家和不发达国家。大力加强此类材料在课堂教学中的合理使用，可以有效扩大学生的文化理解水平，并在此基础上多视角理解西班牙语国家与全球议题，逐步构建全球视野。

第二，提升跨文化比较和交流能力，建立批判性思维，提高政治免疫力。

电视媒体素材语篇兼具地区性与全球性视角，本质上具有强烈的文明对话特点。视听材料可帮助学习者打破地理空间局限，第一时间进入西班牙语国家舆论场，“听见不同的声音”。在此基础上，通过合理设计议题与教学过程，可在语篇比较的基础上展开跨文化比较，从而深入了解不同“声音”之间的共性与差异。具体可通过探索式、研讨式学习引导学习者发现不同文化对话中能够达成的共识、识别可能存在的误读，在此基础上形成批判性思维，讨论跨文化协商、合作的应对策略。此外，从他国视角反观中国国情、文化、立场，也有利于学生提升国情研判能力，提高对中国文化和中国政治立场的坚守意识。

第三，在学习过程中以任务为导向，培养求真务实、团队合作的精神。外语专业视听类课程学习具有交互性强、发散性强的特点，并且课堂本身即一个交际场域，一个思想和文化交流、交融、交锋的过程。因此，在整个学习过程中，可合理设计以任务为导向的课堂模式，引导学习者在小组作业中合理分工协作，在资料查阅、引证和论证中遵守规范，都有利于锻炼学生以求真务实、团结合作的精神发现问题、解决问题的能力，有利于提升其综合素养。

二、高校外语专业听力课程基于思政教学目标的教学内容选编

教材是课程目标、标准的具体化表现，是课堂教学的重要前提。外语课程教学材料（或教学文本）的质量，即内容选择与编排直接决定了学习者的认知广度与思维深度。由于听力技能训练过程固有的瞬时性、难以观测性等特点，传统外语听力教学理论与实践探索相对薄弱，各语种的听力教材相对匮乏。在视听类课程时效性强、制作成本相对高的情况下，多数既有自编教材又侧重纯听力技能训练，导致文本题材零散、缺乏系统性，语篇质量参差不齐的现象较为普遍。在此背景下，“弱内容、弱思维”的听力教学文本反过来又进一步对学习者失去吸引力，导致学习者“听”的动机下滑，听力课程实际教学效果大打折扣。以西班牙语听力课程为例，依据三个方面的思政教学目标，其教学内容编选相应遵循以下三项原则。

第一，国别和区域特性鲜明，有利于打破文化认知的“刻板印象”。电视媒体语言被视作当代社会文化的重要载体和各国文化软实力的重要输出途径。西班牙语广播电视媒体数量众多，既有以西班牙语为母语的国家和地区

性电视媒体，也有联合国、法新社、美国有线电视新闻网等国际媒体的西班牙语频道等。教学者只有通过广泛筛选，选择具有鲜明、独特“西语国家”视角的素材才能帮助学生提高文化认知效能。例如，拉丁美洲南方电视台“访谈”节目是一档立足拉美看拉美、看美国、看世界的文化节目。编选其中部分素材可帮助学生建立“美洲视角”，了解该地区国家和民众对重大地区和国家热点问题的新鲜观点，从而了解拉丁美洲真实的社会文化面貌。此类素材既可极大拓展学生对西班牙语区文化的认知广度和深度，又可有效打破其以往从中国媒体、西方媒体看美洲、看世界所建立的文化“刻板印象”。

第二，议题具有一定的普遍性，且在跨文化视域中兼具文化共性与差异性，有利于提升跨文化思辨与沟通能力。为便于深入开展跨文化比较与沟通，在教材编选过程中，可选择一部分诸如教育、科学、艺术、体育等符合大学生认知水平的大众议题素材，此外具体的语篇内容应包含多元观点，可折射出文化共性与差异性。例如，选择西班牙国家报集团（El País）制作的 40 周年系列文化访谈节目之一“当代西班牙艺术”，可了解到欧洲社会对“艺术创作商品化、消费化现象”的批判，以及西班牙艺术家对“公共艺术空间应承担发挥多元社会功能”的观点，这些现象与亚洲、中国社会对于当代艺术的讨论有相似之处，也有诸多不同，可引导学生就其中的具体观点进行比较与讨论，从而建立更丰富全面的文化艺术观，也为相关议题的跨文化沟通打下基础。

第三，议题可发挥价值观引领作用，有利于启发思维，锻炼分析和解决问题的能力。价值观是文化的深层结构。针对高校青年群体的心理和认知发展特点，可选择与其日常生活、学习息息相关并包含鲜明价值立场的话题素材，引导学习者吸收“他者”的智慧，启迪思维，指导实践。例如，在西班牙面向青少年公众的“我们一起学”文化对话栏目中“没有人仅凭天赋成功”这期节目中，西班牙网球巨星拉斐尔·纳达尔的教练托尼·纳达尔以自身在体育界数十年的执教经验为基础，引用实例分析了天赋与勤奋在成功中发挥的作用。该素材受到学生的热烈欢迎，被学生评价为“非常真诚”和“十分令人信服”并且“令人感动”，从而对大学生起到了积极的思想启迪和行为引导作用。

三、高校外语专业课程的思政教学课堂模式探索

外语课程思政教育的特征之一是其思政学习目标，特别是隐性的能力学

习目标往往在语料、语篇之外，因此，教师在精心选择设计课程文本、引导学生在掌握显性的知识目标基础上，只有通过贯穿课前、课中、课后及测试等各环节课程教学活动设计，采取多元灵活的教学方法，才能逐步“解析”和“显性化”课程思政学习能力层次的目标，使前期知识层次教育逐渐过渡到中后期能力教育层次，拓展育人效果。

以西班牙语听力课程中拉美南方电视台“对话”节目中“拉美裔眼中的美国大学教育改革”这一期的电视访谈素材为例，具体课堂教学实践展开如下。

首先，在课前预习环节，采取“雨课堂”教学平台工具发布预听材料“第三级教育”与主题阅读材料“中国高级职业技术教育”，帮助学生理解西方语境下的“第三级教育”即高等教育的相关概念，了解当前中国高等职业教育面临的问题。其次，在课上采用即时听练的方式，引导学生回答以下问题。一是美国私立高等教育的弊病是什么？二是对于美国拉美裔居民来说，接受公立高等教育或职业技术教育是否影响其职业前景的实现？三是在劳动力市场中，学历与能力哪一个对职业成就更为重要？再次，通过课上小组讨论的形式请学生比较中美高等教育与就业，形成核心观点并进行 3 分钟的论点阐述。最后，布置课后听力练习“南美洲的教育发展与就业”，要求以小组形式完成 3 分钟听力综述与评论。

通过以上过程设计，学生在听力活动中的问题意识得以持续强化，并在相同或相似主题下中外国情文本的对照式学习中进行跨文化比较，最终对“学历是进入就业市场的第一步，而工作过程的发展性学习积累和能力提升才是决定长期职业成就的重要因素”这一观点形成广泛的跨文化的认同，又通过了解到南美洲国家职业教育地区发展严重不平衡的现状，反观我国现阶段高等教育相对较高的普及性、可获得性，产生珍惜学习机会，重视终身学习，注重以能力培养为重要导向的学习等价值观，较好实现了知识、能力和素养三个层面的思政教学目标。此外，经过该主题课程学习，学生课下自主听练听写的正确率达到 100%，课后综述与评论质量显著提升，表示其愿意继续尝试团队协作、进行拓展听练和阅读的自主学习、探究式学习意愿与能力明显提升。

高等外语教育是国家对外开放的“桥梁”和“纽带”。高等外语教育关系到高等教育人才的培养质量，关系到中国同世界各国的交流互鉴，更关系到中国参与全球治理体系的改革建设。在未来一个时期的语言教学中，以课程思政为统领，大力推动对全球不同语言片区的区域、国别文化理解，渗透中外文化比较、跨文化沟通、协商与合作等“隐性”能力培养，对培养求真务实、团结合作、具有宽广国际视野的对外交流“协商者”，乃至“领导者”意义重大。高校外语教学体系中视听类课程作为外语专业教学的重要组成部分，在思政教育方面具有独特优势，通过深入对其课程特点、规律及教学资源的研究，科学组织课程材料、重构教学模式是推动落实具体思政目标的必由之路，但也有待进一步的实践探索。

（本文成文日期为2022年10月。）

“课程思政”语境下的思想政治理论课

北京联合大学马克思主义学院

闫晓峰　邱　东

自全国高校思想政治工作会议召开以来，高校在深入学习贯彻党的十九大和习近平总书记在北京大学师生座谈会上的重要讲话精神，特别是在习近平新时代中国特色社会主义思想的指引下深化“课程思政”工作，“三全育人”的格局正在形成。在此格局中，为讲好思想政治理论课，办好思想政治理论课，思想政治理论课教师应以习近平总书记在学校思想政治理论课教师座谈会上的重要讲话精神为根本遵循，以更高的站位、更强的担当、更实的作为作出更突出的贡献，服务于立德树人根本任务。

一、思想政治理论课是落实立德树人根本任务的关键课程

习近平总书记指出：“思想政治理论课是落实立德树人根本任务的关键课程。”习近平总书记在全国高校思想政治工作会议上指出，“其他各门课都要守好一段渠、种好责任田，使各类课程与思想政治理论课同向同行，形成协同效应”。“古今中外，关于教育和办学，思想流派繁多，理论观点各异，但在教育必须培养社会发展所需要的人这一点上是有共识的”。人才培养目标和宗旨必然体现在课程设置上。开设思想政治理论课是党的思想政治工作在高校的具体体现，也是我们的优良传统和基本经验，更是确保我国大学马克思主义这一最鲜亮底色的基本要求。习近平总书记指出：“要抓好马克思主义理论教育，深化学生对马克思主义历史必然性和科学真理性、理论意义和现实意义的认识，教育他们学会运用马克思主义立场观点方法观察世界、分析世界，真正搞懂面临的时代课题，深刻把握世界发展走向，认清中国和世界发展大势，让学生深刻感悟马克思主义真理力量，为学生成长成才打下科学思想基础。”在“课程思政”语境下，如果把其他课程的思想政治教育工作画作

同心圆结构系统，那么，思想政治理论课就是其中心的内核。同向同行的要求就是其他课程在育人方向上要与思想政治理论课一致，其他课程要与思想政治理论课在育人节奏上保持同频共振。

二、“课程思政”语境下推动思想政治理论课改革创新

习近平总书记指出，“推动思想政治理论课改革创新，要不断增强思政课的思想性、理论性和亲和力、针对性”，这明确了思想政治理论课的建设方向，意味着要把思想政治理论课 5 门课程作为整体，按照预定教学方案、给定的时空，统筹教学主体、理念、内容、方法、机制等教学要素，进行内容讲授、谈话、辅导、答疑、操作、示范等教学活动，把做人做事的基本道理、把社会主义核心价值观的要求、把实现民族复兴的理想和责任贯穿在课堂教学之中。这需要从“培养担当民族复兴大任的时代新人”的新要求、新高度出发，改进加强思想政治理论课建设。

（一）发挥马克思主义理论学科的领航作用

马克思主义理论学科的首要任务是支撑高校思想政治理论课建设。马克思主义学科作为对马克思主义进行整体性研究的学科，要注重发挥在学科发展方向上的领航作用，加快构建中国特色的哲学社会科学，主动“以我们正在做的事情为中心，从我国改革发展的实践中挖掘新材料、发现新问题、提出新观点、构建新理论”：一是要领航学科育人，统筹人才培养，完善人才培养方案，在育人育才方面起到“一马当先”的作用；二是要强化马克思主义学科对思想政治理论课建设的支撑力度，特别是在思想政治理论课建设的重大、难点、瓶颈问题上下功夫，为思想政治理论课建设提供强力支撑。

（二）夯实思想政治理论课的核心地位

“课程思政”是以构建“三全育人”为格局，以“立德树人”为宗旨的综合教育理念。“课程思政”要义有三。一是教师教书育人职责的深化和拓展。习近平总书记指出：“人才培养一定是育人和育才相统一的过程，而育人是本”。“古今中外，每个国家都是按照自己的政治要求来培养人的，世界一流大学都是在服务自己国家发展中成长起来的。我国社会主义教育就是要培养社会主义建设者和接班人。”二是教书育人体系化。“课程思政”是把思想政治工作贯通于学科、教学、教材、管理等体系的制度性尝试，是“三全育人”的重要体现。“课程思政”从人才培养体系来看是面，从教师教书育人的职责

看是条线。三是高校思想政治工作通过“课程思政”制度设计，解决了各类课程与思想政治理论课同向同行，形成协同效应的制度机制问题，深化和拓展了教师教书育人的责任和各类课程育人的深度与广度。

在“课程思政”格局下，作为落实立德树人根本任务的关键课程的思想政治理论课不可替代，必须讲好思政课、办好思政课：要以更高的政治站位、更宽广的视野、更深邃的穿透力审视思想政治理论课，挖掘、归纳、总结出更为深远的育人因素，做到内容新、设计新、形式新。在“互联网+”的模式下，学生能在课下时间，迅捷、时时、点点进行学习，并得到及时反馈并作用于学生的日常生活。

（三）把“课程思政”与思想政治理论课有机融合

思想政治理论课为“课程思政”提供先期准备，“课程思政”拓展了思想政治理论课的深度与广度，并为思想政治理论课提供了更为宽广的视域，更能滋润学生的心田，二者共同服务于立德树人根本任务。

三、“课程思政”语境下思想政治理论课建设

习近平总书记指出，“办中国特色社会主义教育，就是要理直气壮开好思政课”。在“课程思政”语境下，发挥好思想政治理论课不可替代的作用，必须坚持以下原则，加强对思想政治理论课建设。

（一）以习近平新时代中国特色社会主义思想为指南

习近平总书记围绕立德树人根本任务提出的光辉思想和论断为思想政治理论课建设提供了理论指导。一是以学生为中心，思想政治理论课教学从根上说是做人的工作，必须围绕、关照、服务学生，使学生成为“德智体美劳全面发展的社会主义建设者和接班人”。二是主渠道，用好思想政治理论课课堂主渠道，发挥其更为深远的育人功能，守好一段渠，种好责任田，与其他课程一道服务于立德树人根本任务。三是三个规律，思想政治理论课建设，要做到因事而化、因时而进、因势而新，遵循思想政治工作规律、教书育人规律、学生成长规律，服务于立德树人根本任务。

（二）办好思想政治理论课的关键在教师

习近平总书记指出，“办好思想政治理论课关键在教师”，要把立德树人的成效作为检验学校一切工作的根本标准，把师德师风作为评价教师队伍素质的第一标准。思想政治理论课要以立德树人的成效作为“根本标准”来建

设，做到习近平总书记在学校思想政治理论课教师座谈会上提出的“六个要”“八个相统一”。教师要以师德师风建设为“第一标准”，按照习近平总书记在学校思想政治理论课教师座谈会上对思政课教师提出的政治要强、情怀要深、思维要新、视野要广、自律要严、人格要正的要求提高修养和能力，做新时代“四有”好老师，提升做“四个引路人”的能力。

（三）找准思想政治理论课建设的触发点

首先，遵循习近平总书记强调的“培养德智体美劳全面发展的社会主义建设者和接班人”的育人目标，按照因事而化、因时而进、因势而新的要求，做到习近平总书记在学校思想政治理论课教师座谈会上提出的“八个相统一”，深化专题教学改革，开展因专业施教，把“北京教育元素”融入思想政治理论课教学中，使大学生树立爱家爱国爱北京的家国情怀，深化对习近平新时代中国特色社会主义思想的认识。

其次，把知识体系与国家主流价值体系联系起来，把握好知识体系的传承和国家主流价值观的传递。知识的传授，是通过知识筛选和传达方式的选择，来传递或隐或现的价值观。脱离知识体系，缺乏事实载体，价值观引领也就无法实现。弘扬社会主义核心价值观，教导大学生如何表达、思考，坚持真理、反对谬误。思想政治理论课教学，要通过事实和思辨磨炼其品德，使学生不被各种错误言论所迷惑。思想政治理论课的关键在于“一致性”：原则和行动一致，传授的知识体系和传授方式一致，教育大学生欣赏的事物和表达的民族复兴伟业的方向一致。向大学生展示历史中的杰作和未来民族复兴的前景，是我们要始终坚守且为之奋斗的目标。

最后，以学生为中心，以学生对重大问题的模糊认识为切入点，挖掘思想政治理论课育人因素的新增长点。

如“思想道德修养与法律基础”课在面对大学生“正当防卫靠跑”的模糊认识，引用“昆山判例”深挖其立法、判例背后的价值引领，正确认识和行使正当防卫。“昆山判例”认定于海明的行为属于正当防卫，不负刑事责任。不仅于海明的合法权益得到了维护，更倡导了社会法治思维，提升了社会法治意识，对大学生而言，也是一堂生动的社会主义法治课。法律“以至详之法晓天下，使天下明知其所避”。

如“马克思主义基本原理概论”课中生产力与生产关系原理是马克思主义理论体系中最为基础的内容。习近平总书记强调：“学习马克思，就要学习和实践马克思主义关于生产力和生产关系的思想。”要让学生真正体会到“德智体美劳全面发展的社会主义建设者和接班人”中的“劳”方面的重大意义，就要深刻理解马克思关于生产力的重要论述。“劳动首先是人和自然之间的过程，是人以自身的活动来引起、调整和控制人和自然之间的物质变换的过程。”可以说，没有劳动者和劳动者的劳动，生产力构成中的其他要素都会归于零。

如“中国近现代史纲要”课面对历史虚无主义历史观，教师该用怎样的历史观进行授课，引导大学生用辩证唯物主义和历史唯物主义的方法，从中国近现代社会演变中认识社会发展规律，激发学生为实现伟大中国梦想而奋斗的精神动力，是关乎新时代青年该坚持怎样立场、走怎样道路的大问题。教师只有立足中华优秀传统文化和革命文化，深挖历史事件和英雄历史人物中的时代引领价值，才有助于把大学生培养成为“拥护中国共产党领导和我国社会主义制度、立志为中国特色社会主义奋斗终身的有用人才”。2019 年是新中国成立 70 周年，两年后是建党 100 周年。在重大时间节点上，教师要坚守马克思主义历史观，把握好历史主题和主线，传承好党、民族、人民、军队的光辉历史，是历史赋予教师的艰巨任务。

如“毛泽东思想和中国特色社会主义理论体系概论”课在面对国企改革上的国企垄断论、国企与民争利论等模糊认识，要依据宪法中的规定，坚决在教学中予以澄清。习近平总书记指出“国有企业是中国特色社会主义的重要物质基础和政治基础，是我们党执政兴国的重要支柱和依靠力量”。必须从意识形态的高度，引导大学生增强对我国现阶段基本经济制度的自信。

习近平总书记指出，“思政课作用不可替代，思政课教师队伍责任重大”。在“课程思政”格局中，思想政治理论课建设需要以更高的政治站位、更宽广的视野、更深邃的穿透力重新审视，既要发挥马克思主义学科的领航作用以支撑思想政治理论课建设，又要精细梳理其知识体系，挖掘、整理、归纳、总结出更为深远的育人因素，做好课程设计，打造符合新时代要求的思想政治理论课，为培养“德智体美劳全面发展的社会主义建设者和接班人”作出更突出的贡献。

（本文成文日期为 2019 年 4 月。）

“课程思政”背景下高职院校思想政治理论课与专业课实践教学融合研究

北京财贸职业学院马克思主义学院

莫俊峰

教育要同生产劳动和社会实践相结合。重视实践教学一直是高等职业教育人才培养的特色和传统。加强高职院校思想政治理论课（以下简称思政课）与专业课实践教学的有效融合，就是要使思政课更具“高职特色”，使专业课更契合学校立德树人要求。习近平总书记在2016年全国高校思想政治工作会议上的讲话中指出，“思想政治理论课要坚持在改进中加强，提升思想政治教育亲和力和针对性，满足学生成长发展需求和期待，其他各门课都要守好一段渠、种好责任田，使各类课程与思想政治理论课同向同行，形成协同效应”。这一重要论述为高校推进“课程思政”建设提供了基本遵循，也为加强高职院校思政课与专业课实践教学融合指明了方向，即在学校“课程思政”建设的背景下，积极构建学校“大思政”工作体系，整合学校思想政治教育资源，调动高职院校专业课实践教学的思想政治教育元素，落实课程育人、实践育人建设措施，全面推进高职院校思政课与专业课实践教学的有效协同，形成思想政治教育合力，增强高职院校思想政治教育的亲和力、针对性和实效性。

一、高职院校思政课与专业课实践教学融合的必要性

当前，高职院校思政课实践教学主要是指高职院校思政课课堂教学中设计的一些如讨论、演讲等实践环节和在课堂教学之外进行的与思政课教学内容相关的社会调研活动。在“课程思政”建设背景下，所有专业课都有育人功能；专业课教师肩负着立德树人、教书育人的使命和责任；专业课实践教学中蕴含着丰富的专业精神、专业文化、专业素养、职业道德等思想政治教

育元素。

（一）增强高职院校思想政治教育针对性的需要

学校思想政治教育是一个基于现实生产劳动和社会实践活动的系统性、过程性工程。思政课是高职院校思想政治教育的主渠道。高职院校思政课实践教学创新是高职院校思政课建设创新的重要组成部分，也是完善高职院校思想政治教育系统的重要环节。高职院校思政课与学生的日常生活、学习联系密切，不应该有脱离学生日常生活和专业学习的思政课教学和思想政治教育。高职院校思政课实践教学（社会实践课）和专业课实践教学（实习实训课）同属高职院校实践教学体系，二者在目标实现、内容设置、教学安排及具体运作机制方面均存在诸多交集和协同合作的空间。实现高职院校思政课实践教学与专业课实践教学的有效融合，使高职院校思政课直接服务于高职的专业教育建设，助力专业课程“课程思政”建设；高职院校思政课实践教学与学生所学的专业知识、技能应用有机衔接，也将使得高职院校思政课更贴近学生、贴近实际、贴近生活，更具有“职业特色”，思想政治教育也将更具有吸引力、说服力、感染力，进一步增强高职院校思想政治教育的亲和力、针对性和实效性。

（二）推进高职专业课“课程育人”建设的需要

专业课程是专业教育的核心。高职专业课建设关系高职院校的人才培养质量、办学特色及学校在相关专业和行业领域的地位及影响力，也事关学生未来的就业和职业发展。当前，从“课程育人”的角度来说，2016 年教育部颁布的《高校思想政治工作质量提升工程实施纲要》（以下简称《实施纲要》）明确提出，要大力推动以“课程思政”为目标的课堂教学改革，梳理各门专业课程所蕴含的思想政治教育元素和所承载的思想政治教育功能，融入课堂教学各环节，实现思想政治教育与知识体系教育的有机统一。习近平总书记在学校思想政治理论课教师座谈会上提出，“要坚持显性教育和隐性教育相统一，挖掘其他课程和教学方式中蕴含的思想政治教育资源，实现全员全程全方位育人”。很显然，加强高职院校思政课与专业课实践教学的有效融合，有助于高职专业课程实现“课程育人”的目标。新时代做好高校思想政治工作，要因事而化、因时而进、因势而新。要遵循思想政治工作规律、遵循教书育人规律，遵循学生成长规律，不断提高工作能力和水平。实现专业课“课程育人”目标，高职院校要充分挖掘和运用各门专业课程蕴含的思想政治教育元素，发挥专业课教师在“课程育人”中的主导作用，整合学校专业课“课程思政”资源，统筹推进专业教育中的“课程思政”和“课程育人”工作。

（三）提升高职院校“实践育人”质量的需要

高校加强思想政治工作，要强化社会实践育人功能，提高实践教学比重，组织师生参加社会实践活动，完善科教融合、校企联合等协同育人模式。一直以来，高职院校非常重视专业课实践教学（实习实训），“校企合作，产教融合”是高职院校的办学特色和标准育人模式，专业课实践教学（实习实训）是高职人才培养的关键环节，在专业教育中至少安排一半的学时用于学生实践教学。在“课程思政”背景下，无论是高职院校思政课实践教学，还是专业课实践教学（实习实训），都属于学校实践教学的范畴，都是高职院校实践育人体系的重要组成部分。《实施纲要》提出，高校要坚持理论教育与实践养成相结合，整合各类实践资源，要深入推进实践教学改革，分类制订实践教学标准，适度增加实践教学比重。完善支持机制，推动专业课实践教学、社会实践活动、创新创业教育、志愿服务、军事训练等载体有机融合，形成实践育人统筹推进工作格局。高职院校思政课与专业课实践教学都具有思想政治教育功能和实践教学活动的特征，应该在同向同行的过程中加强协同合作、有机融合，最大程度实现实践育人的效果。

二、高职院校思政课与专业课实践教学融合的可行性

从实践教学的角度来说，虽然高职院校思政课实践教学与专业课实践教学都属于学校实践教学的范畴，但又分属不同的课程教学体系。思想性、政治性和理论性是思政课教学的主要特征，技术性、职业性、教育性及应用价值取向则是专业课教学呈现的主要特点。在“课程思政”背景下，思政课教学意识形态色彩明显，具有政策解读和价值引领等显性的思想政治教育特点，专业课教学则具有隐性的思想政治教育功能；同时，高职院校思政课与专业课在实践教学层面具有教育目的一致性、教育内容互补性和教育资源共享性等特点，并以此形成了高职院校思政课与专业课实践教学有效融合的基础。

（一）教学目的的一致性

2018 年，习近平总书记在北京大学师生座谈会上的讲话中指出，教育要培养社会发展、知识积累、文化传承、国家存续、制度运行所要求的人。高校的根本任务是立德树人，无论思政课还是专业课，都应为高校实现立德树人服务。高职院校以培养高素质技术技能型人才为目标，高职院校思政课是

高职院校落实立德树人根本任务的关键课程。高职院校思政课坚持用习近平新时代中国特色社会主义思想武装学生头脑，从思想性、政治性和理论性的角度对学生进行马克思主义理论教育，通过课堂教学和实践教学实现立德树人的目标；高职院校专业课教学坚持以社会主义核心价值观为引领，培养学生健全人格和文化素养，遵守职业道德，追求职业精神，通过专业教育和专业实习实践活动实现立德树人的目标。在高职院校“课程思政”的背景下，思政课与专业课教学虽然分属不同的课程体系，但二者在教学目的上是一致的，都是为高职院校实现立德树人根本任务提供支撑和服务。高职院校思政课与专业课实践教学具有共同的使命和责任，应加强统筹和协作，有效融合，形成合力，不断提高学校“课程育人”“实践育人”的能力和水平。

（二）教学内容的互补性

目前，高职院校思政课教材与普通本科院校一样，教学内容同质化明显。在从教材体系向教学体系的转化中，高职院校思政课教学要增强针对性，体现高职的特点；要善于挖掘专业课教学中的思想政治教育元素，充分运用专业课教学中反映生产生活实际的鲜活案例和“专业话语”，以增强思政课教学对学生的吸引力、说服力和感染力。高职院校专业课教学内容服务于各专业教育教学要求，具有明显的专业特色和职业特色，但往往对其中的思想政治教育元素挖掘不够，缺乏时代感和思想政治教育视野。高职院校思政课与专业课实践教学要在教学内容上相互借鉴、优势互补，要在日常教学管理运行中增强二者的有机衔接和融会贯通，既可以丰富思政课教学的内容，又帮助明确专业课教学的育人目标和发展方向，进一步增强高职院校思想政治教育的亲和力、针对性和实效性。

（三）教学资源的共享性

高等职业学校具有高等教育和职业教育的双重属性。高职院校思政课建设不仅要为高等教育的发展服务，也要为职业教育的发展服务。高职院校思政课和专业课建设都要服务于高职院校发展，不能仅仅局限于本课程的课堂教学和知识传授，必须加强教学与研究，必须理论联系实际。从教学与研究的角度出发，无论是思政课教师，还是专业课教师，都需要了解高等职业教育发展的历史、趋势及人才培养的规律和特点，从“课程思政”建设中学会“遵循思想政治工作规律，遵循教书育人规律，遵循学生成长规律。”研究和把握高等职业教育的规律和特点，高职院校思政课和专业课具有许多共同的课题和资源。高职院校应进一步拓展实践教学资源，加强不同部门的协同合作，克服传统教学与研究手段的不足，简化相关工作流程，避免低效重复劳动，满足高职院校思政课和专业课在服务高等职业教育发展方面的需求。

三、高职院校思政课与专业课实践教学融合的策略

实现高职院校思政课与专业课实践教学的有效融合，需要高职院校在“大思政”工作格局下，从顶层设计、资源整合、队伍协同等三个方面充分调动实践教学方面的各种资源和有利因素，形成合力，协同推进融合的策略和措施。

（一）做好顶层设计

首先，在思想观念上必须形成共识，即高职院校思政课与专业课实践教学可以实现融合，融合具有必要性和可行性。在当前“课程思政”建设背景下，这种共识业已形成。尤其全国高校思想政治工作会议上习近平总书记关于“各类课程与思想政治理论课同向同行，形成协同效应”的指示，以及学校思想政治理论课教师座谈会上关于“要完善课程体系，解决各类课程和思政课相互配合的问题”的要求，为高职院校加强思政课与专业课实践教学的融合提供了理论和政策指引。其次，要在学校层面做好相关政策的贯彻落实。高职院校应该成立思想政治理论课教学指导委员会或思想政治教育委员会一类的校级指导机构（一般应由校党委书记牵头，分管思想政治工作的副书记、分管教学的副校长及马克思主义学院、党委宣传部等部门共同参与），统一研究和解决思政课与专业课程实践教学融合过程中出现的人、财、物等调配问题。思政课是学校落实立德树人根本任务的关键课程，高职院校落实学校思想政治理论课教师座谈会精神，要理直气壮做好思政课建设的顶层设计。

（二）加强资源整合

目前，高职院校思政课实践教学仍以课堂实践环节和校内社会实践活动为主，专业课实践教学则以学生专业实训、顶岗实习及企业提供的专业实习为主。要实现高职院校思政课与专业课实践教学的有机融合，高职院校必须加强思想政治教育资源和实践教学资源的整合。首先，高职院校思政课要善于利用学校加强“课程思政”建设和构建“大思政”工作格局的契机，把各类专业、行业的专家（领军人物、先进人物）请进思政课的课堂，让他们“以身说法”，见证学校思政课和思想政治教育工作在各行各业发展中的重要作用。其次，高职院校思政课教师要“走出去”，调研了解相关专业、企业对人

才培养的需求，参与学校专业人才培养方案论证、学生专业实习实践指导等活动；善于在专业课实践教学中发挥自己的作用，并将专业教育方面的鲜活案例和人物故事融入思政课教学，增强高职院校思政课的亲和力和针对性。最后，鼓励专业课教师积极参与“课程思政”项目建设，及时将党的最新理论和政策融入专业教育教学活动，不断挖掘专业课实践教学中的思想政治教育元素和专业精神文化资源，与思政课同向同行，形成协同育人的良好效果。

（三）落实队伍协同

处理各类问题的关键是人才，做好高职院校思政课与专业课实践教学有效融合，关键是加强相关管理部门之间的协同合作，抓好从事实践教学的人才队伍建设。当前，高职院校承担专业课实践教学任务的是各二级教学部门的专业教师（包含部分聘请的企业员工），负责思政课实践教学的是学校马克思主义学院（思政部）的专兼职教师。在“课程思政”背景下，高职院校需要整合相关部门人员力量，组建一支“大思政”教育教学团队。思政课专任教师、学生管理干部（辅导员、党团干部）等思想政治教育专兼职教师队伍是这支团队的当然成员，学校各二级教学部门所有参与“课程思政”建设项目的人也都应该纳入这支团队。当然，人才队伍的整合不是简单的纳入，必须在分工和协作过程中分清主次、核心和外围的关系。需要强调的是，一定要围绕立德树人根本任务，敢于和善于打破传统部门和课程体系的界限，整合各方力量，真正形成全员、全方位、全过程育人的工作格局。

（本文成文日期为2020年7月。）

第四篇
实践教学

红色资源在构建高校大思政工作格局中的教育价值及其实现路径

北京大学

张莉鑫

红色资源是中国共产党领导人民在革命、建设、改革进程中创造的先进文化，具有得天独厚的育人价值，是开展思政教育、塑造政治品格、培养时代新人的重要素材。习近平总书记在思政、文化传承发展等领域，深刻指出红色资源是我们党艰辛而辉煌奋斗历程的见证，是最宝贵的精神财富，要用好红色资源，加强革命传统教育、爱国主义教育、青少年思想道德教育。将红色资源融入大思政工作格局，是高校学习习近平文化思想的应有之义，是贯彻党对高校全面领导的基本要求，是坚持社会主义办学方向的内在动力，也是落实立德树人根本任务的有效途径。

一、红色资源在高校大思政工作格局中的教育价值

红色资源内涵丰富、形式多样，具有先进性、时代性和人民性等特征。将红色资源引入高校思政工作领域，充分发挥红色资源育人价值，促进高校思政工作坚持正确方向，为思政工作提供生动素材，把立德树人根本任务落到实处。

（一）红色资源的先进性，为思政育人坚定政治方向

红色资源在中国共产党领导人民进行革命、建设和改革的伟大实践中创造和形成，见证着中国共产党人不断践行“为中国人民谋幸福、为中华民族谋复兴”的初心使命，成为中国共产党外在形象和精神气质的表征，具有天然的“先进性”。“先进性”决定了其具有强大的精神感染力与明确的思想政治导向作用力。

党的二十大报告指出：“弘扬以伟大建党精神为源头的中国共产党人精神谱系，用好红色资源，深入开展社会主义核心价值观宣传教育，深化爱国主义、集体主义、社会主义教育，着力培养担当民族复兴大任的时代新人”，这是对红色资源思政功能的重要诠释。红色资源中蕴含的革命精神，不仅强烈彰显了共产党人的优秀精神品质，红色资源的形成过程，也反映了中国共产党的伟大发展历史。将红色资源融入思政教育中，能够深化学生对中国革命历程的了解与认识，引导学生深刻理解中国共产党为什么能、中国特色社会主义为什么好、中国化时代化马克思主义为什么行，在此过程中坚定政治立场，增强“四个自信”，成长为合格的社会主义建设者和接班人。

（二）红色资源的时代性，为学生成长提供价值引领

红色资源的传承和发展根植于社会实践，在新民主主义革命时期、社会主义革命和建设时期、改革开放和社会主义现代化建设新时期、中国特色社会主义新时代等不同历史阶段，中国共产党人带领中国人民创造了具有时代特色的红色文化，形成了不同的红色资源。这些红色资源既保持了文化精神的连续性，又体现了内容的独特性。比如革命战争年代，共产党员抛头颅、洒热血形成的“一不怕死、二不怕苦”的大无畏牺牲精神，时至今日依然鼓舞着共产党人在国家、民族、社会面临重大灾害、重大风险、重大疫情时挺身而出。一脉相承的精神和传统，贯通于大中小学思政教育当中，成为学生成长稳定的价值导航。而在现实土壤中产生的精神和传统，体现国家战略和发展方向，印刻着当下的社会思潮和情境，同样也需要学生与时俱进地接受。如北京冬奥精神，展现的是大国责任和担当，锻造了一群成长于新时代背景下自信有为的青年群体。

（三）红色资源的人民性，为思政教育创造生命活力

人民性是红色资源的根本特征，人民群众是历史的主体，也是创造红色文化资源的生力军。第一，红色资源是人民群众实践活动的智慧结晶。红色资源是在党领导广大人民群众进行实践的过程中产生的，抗震救灾、脱贫攻坚等重大事件中，没有人民群众的万众一心，就不会产生脱贫攻坚精神等红色资源。人民性使得红色资源更加具有生命力，成就了红色资源发展的力量源泉。第二，红色资源始终为人民服务。红色资源的人民性与先进性是辩证统一的，它始终引导着人民群众的价值取向与道德追求。学生怀着对红色精神的崇敬，在红色文化教育基地和培训学校进行参观、学习和交流，有了人民的传承和弘扬，红色资源才能进一步引领风尚、服务社会、推动发展。

二、关于实现红色资源在构建高校大思政工作格局中教育价值的路径思考

高校应坚持党的领导，发挥党委集中统一领导、总揽全局、协调各方的政治优势，牢牢把握正确政治方向，应充分发挥思政工作有关部门职能，加强统筹协调，形成党委统一领导、党政齐抓共管、部门各负其责的红色资源育人机制。

（一）将红色资源融入思政课程与课程思政，着力拓展高校思政工作的广度

习近平总书记高度重视“大思政课”建设，思政课具有鲜明的政治属性和政治引导功能，是红色资源融入高校思政工作格局的重要载体。

在红色资源融入思政课程方面，应当在三个方面上下功夫。一是在课堂上下功夫，运用红色资源促进课程内容多元化。以红色资源充实课程内容，邀请老一代革命前辈、新时代榜样模范等进入思政课堂教学主渠道。二是在教材上下功夫，运用红色资源促进课程载体多元化。要推动红色资源、红色文化进教材，系统归纳整合教材内容，讲好党的故事、革命的故事、根据地的故事、英雄和烈士的故事，进一步凸显革命传统教育、爱国主义教育及思想政治教育导向。三是在实践上下功夫，运用红色资源促进课程形式多样化。采用实践走访、情境教学等形式，组织学生前往红色遗址、革命旧址，通过情境表演还原红色历史场景，增加实践教学考察比重，打造高水平思政课程。

红色资源蕴含着丰富的教育价值，应进一步走入其他各类课堂，在课程思政中发挥教育功能，实现知识传授和价值引导的有机统一。一方面，借助红色资源充实课程内容。高校专业教师应当加强红色资源运用，把政治属性和专业属性结合起来，善用学术讲政治、用政治促学术，将党的创新理论的道理学理哲理讲深、讲透、讲活。例如，在政治学类课程教学中，可引入革命先烈事迹，阐释中国共产党在革命锻造中更加坚强有力、在坚持和发展中国特色社会主义的历史进程中成为坚强领导核心的历程；在历史学类课程教学中，可以“四史”为脉络，引导学生学史明理、学史增信、学史崇德、学史力行。另一方面，借助红色资源丰富课堂体验。高校教师应打开思路，善用各类红色资源，开拓实地课堂、网上课堂，推动学生实现从被动接受教育到主动寻求指导的转变。例如，可赴革命纪念地开展历史教学，赴国家航空

航天基地等开展实地教学，发挥网上直播、虚拟现实、增强现实等手段，提升学生学习沉浸感、参与感、获得感。

（二）将红色资源融入校园文化环境建设，着力提升高校思政工作的厚度

构建高校大思政工作格局，既需要课堂教学直接灌输，也需要文化环境浸润熏陶，通过营造润物细无声的红色文化氛围，进一步提升高校思政工作实效性。

着眼于高校内部挖掘，运用好高校自身红色资源优势。2021 年 7 月，国家文物局与教育部联合下发《关于充分运用革命文物资源加强新时代高校思想政治工作的意见》，进一步明确要用好红色资源，赓续红色血脉，不断开创新时代高校思想政治工作新格局。我国众多高校具有悠久历史，在与党同心同向同行的奋斗历程中，孕育了大量红色资源，既有革命圣地、红色旧址遗存，又有英雄人物、新时代楷模等，构成高校丰富的红色资源优势，也是校园文化的重要组成部分。一是深入挖掘实物资源。可设计党史校史学习路线、校园革命文物“打卡”路线，将其融入新生入学教育、毕业离校教育等，让师生置身红色场馆，了解校园光荣历史。二是深入挖掘文化资源。依托校园文体活动，将红色文化融入节目、搬上舞台，如举办红色文物摄影比赛绘画比赛、校园历史题材话剧展演等活动，塑造红色资源教育的生动环境。三是注重发挥校内典型人物作用。邀请校内获得“光荣在党五十年”称号的老教授、改革先锋称号获得者、“七一勋章”获得者等时代楷模走进课堂，以其故事教育人、激励人、塑造人。

着眼于向外拓展，营造好红色文化环境氛围。积极运用新媒体手段，宣传好高校红色基因，全方位多角度营造浓厚红色文化氛围。如拍摄校园红色文化纪录片、微视频等，通过高校官方微信公众号、视频号、抖音号等发布，提升红色资源育人覆盖面；组建师生宣讲团，在校内红色场馆搭建沉浸式宣讲台，引入 VR 技术，录制宣讲全景视频，通过云端宣讲为师生受众提供沉浸式学习体验；搭建红色资源精品展陈平台，融通多媒体资源，搭建“云上展厅”，具像化、全景化呈现革命文物，增强表现力、传播力、影响力，使红色资源进一步入脑入心。

（三）将红色资源融入高校思政实践平台，着力增强高校思政工作的力度

实践基地和平台建设是开展高校思想政治工作的重要载体和依托。高校各级党组织要坚持和加强党的全面领导，注重管理考核、强化资源整合，将红色资源运用好、管理好，让主旋律更加响亮、正能量更加强劲，努力培养对党和人民忠诚可靠、堪当民族复兴大任的时代新人。

注重实践管理，将红色资源有效融入学生校内外学习生活。高校应高度重视思政课的实践性，建立健全思政实践学分制度，将思想政治实践锻炼纳入教学培养体系，把思政小课堂同社会大课堂结合起来。应充分发挥校内外红色资源的教育功能，设计符合大学生认知特点的教育活动，以红色遗址、革命文物、重大历史事件等红色资源为生动教材，组织学生赴红色地标开展社会实践。

强化资源整合，高质量打造校地深度合作共建平台。高校要积极开展对外合作，充分整合校内外红色资源，建设富有特色的红色体验教育基地、革命传统教育基地、爱国主义教育基地，依托基地开展思政教育实践，让学生以身临其境的形式受教育，将党的理论方针政策内化于心、外化于行，形成学校与社会协同构建思政格局的育人合力。高校要充分发挥科研优势，统筹研究力量，组织相关学科专家学者积极开展革命史料的抢救、征集和研究工作，与红色景观、革命旧址开发管理单位联动，形成红色资源共建平台，扎实做好新时代的高校思想政治工作。

三、北京大学运用红色资源构建大思政工作格局的实践探索

2021 年 9 月，习近平总书记在中央政治局第三十一次集体学习时指出，北大是新文化运动的中心和五四运动的策源地，最早在我国传播马克思主义思想，也是我们党在北京早期革命活动的历史见证地，在建党过程中具有重要地位。近年来，为贯彻落实习近平总书记重要指示精神，北京大学积极用好红色资源，赓续红色血脉，教育引导师生坚持理想信念、牢记初心使命，为构建学校大思政工作格局不断探索。

（一）运用红色资源推动思政课程提质增效

为提升学生对习近平新时代中国特色社会主义思想的认识，党的十九大召开后，学校于 2017 年下半年开始试点开设“习近平新时代中国特色社会主义思想概论”课程（以下简称“概论”课），2018 年春季学期正式开设，北大成为国内最早开设这一课程的高校之一。课程充分挖掘红色资源这一思政课“富矿”，通过深耕开发、加工改造等方式，全面、立体、生动运用红色资源，讲深、讲透、讲活思政课，力促知、情、意、行相统一。

在具体实践中，一是充实授课主体资源库。创新性地从红色资源中挖掘

更多授课主体，“概论”课授课教师中既有领衔北大思政金课教学的骨干教师，也有英雄航天员王亚平、共和国勋章获得者樊锦诗、援鄂医疗队成员等英雄楷模，因势利导强化红色人物的育人效果，为学生营造沉浸式的课程体验。二是创新改革教学方式。立足于本校红色资源，授课过程中穿插红色人物、事件、精神的讲授和示例，推进红色资源与课堂教学相融合。组织学生前往中国航天员中心、延安红色教育基地、临沂革命老区等实践研学，在潜移默化中感召学生。

（二）运用红色资源促进校园文化创新发展

学校充分发挥红色资源的教育功能，丰富校园文化内涵，以文化人，提升思政工作实效。2021 年，在建党百年的重大时间节点，学校在未名湖畔创造性开展党史学习教育，通过实景歌舞表演、革命历史情境展演等活动，在提升思政教育沉浸感的同时，为红色景观及红色文化充分注入新鲜活力。近年来，北京大学邀请《觉醒年代》《长津湖》《理想照耀中国》《人民万岁》等重大历史题材影视剧主创人员走进校园，与师生面对面交流，使红色资源不断深入人心、落地生根。组织师生宣讲团、各地选调生校友，深入全国各地开展二十大主题宣讲，充分运用高校红色资源优势，提升思政工作高度与厚度。

学校积极运用新媒体手段，宣传高校红色基因，全方位多角度营造浓厚红色文化氛围。2020 年起，为更好地觅踪文物、寻迹燕园，保护燕园文物，建立文物数字化档案，学校开设了燕园文物数字博物馆，对燕园文物建筑、革命文物等进行数字化呈现，进一步深化师生对学校红色文化及其时代价值的理解，打造“全景式”“沉浸式”红色资源文化场景，增强影响力与覆盖面，使红色资源进一步入脑入心。

（三）运用红色资源推进实践工作转型升级

为学习贯彻落实习近平总书记在学校思想政治理论课教师座谈会上的重要讲话精神，进一步用习近平新时代中国特色社会主义思想铸魂育人，全方位落实立德树人根本任务，2018 年起学校面向本科生开设思想政治实践课程，建立学分制度，并将思政实践课作为学校思想政治理论课改革的重要组成部分。自开课至今，学校以陆续建立的近 400 个思政实践课教育基地为依托，积极运用京内外红色资源，设置年度实践主题，不断打磨精品实践课程。2021 年思政实践更是以“赓续红色血脉 永远跟党走——2021 年思政实践课上的北大青年”为主题，设置“学习党史 践行初心——读党史”“走向复兴 中国自信——读新中国史”“改革开放 中国道路——读改革开放史”“乡村振兴 中国力量——读社会主义发展史”4 条主线，通过重温入党誓词、历史场景再现、英雄事迹现场教学、前沿技术沉浸式体验等模式，构建立体式教育场景，让学生身临其境，切实感受厚重的历史文化与革命火种在新时代的延续，激发对革命先辈、对新时代奋斗者的敬仰之情。

（本文系 2021 年度北京高校思想政治工作研究重点课题“北京红色资源优势提升大学生思政工作实效的路径研究”的阶段性成果。本文成文日期为 2024 年 2 月。）

思想政治教育实践育人的逻辑与实践

——以北京大学光华管理学院为例

北京大学光华管理学院

徐瑗依　鞠　晓

高校思想政治工作关系高校“培养什么样的人、如何培养人以及为谁培养人”这个根本问题。新时代新征程上，思政课建设面临新形势新任务，实践育人逐渐成为高校提升思想政治教育质量的关键途径。习近平总书记在与北京大学师生座谈时指出，“学到的东西，不能停留在书本上，不能只装在脑袋里，而应该落实到行动上，做到知行合一、以知促行、以行求知”。思想政治教育学是应用性很强的学科，其实践性质决定了它与实践育人之间存在紧密的联系。实践育人不仅是思想政治教育学理论的具体应用，也是它有效性的检验标准。分析实践育人的逻辑和实践，有利于推动以社会实践、调查研究为载体的实践育人和课程思政协同共进，引导学生将理想信念内化于心、外化于行，促使高校思政教育实践育人走深走实。

一、实践育人的价值意蕴

在思想政治教育领域，实践育人有助于落实立德树人根本任务的时代要求，在贯彻党的教育方针的实践中逐步完善，成为推动人的全面发展的重要途径，具有深厚的价值意蕴。

（一）落实立德树人根本任务

坚持党对教育事业的全面领导，坚持立德树人根本任务，坚持社会主义办学方向，坚持以人民为中心发展教育，坚持深化教育改革创新等规律性认识，为新时代高校实践育人工作提供了根本遵循。作为一个具有鲜明的社会属性和阶级属性的概念，立德树人强调高校要加强课堂理论知识教育，发挥主阵地、主渠道的作用；要加强校园文化建设，发挥校园文化对大学生品德教育潜移默化、润物无声的作用。苏联教育家苏霍姆林斯基表示，“无论课堂上所学的教材具有多么充实的政治思想和道德思想，但学生在掌握知识的过程中总是把认识的目的放在第一位：知道它、学会它、记熟它。而且教师也是全力以赴地追求这一点。这个目的越是被置于首先地位，它就越是有力地占据了学生的内在力量，而思想也就越来越远地退居次要地位，从而把知识转化为信念的有效系数就越来越低”。也就是说，把一些抽象的道德规范教给学生常常是得不到教育效果的，并且在实际上是行不通的，而实践育人则能很好地弥补课堂知识学习的枯燥和单一理论说教的不足，起到其他育人手段所不能起到的作用。大学生只有投身和参与社会实践，才能接触社会和了解实际，形成适应时代要求的时代精神和符合社会发展的实践，从而全面落实立德树人根本任务。

（二）贯彻党的教育方针

重视实践育人，坚持理论性与实践性相统一，强化思政课实践教学改革，是党一以贯之的教育方针，也是党的思想政治教育的优良传统。2004 年，中共中央、国务院《关于进一步加强和改进大学生思想政治教育的意见》首次提出“实践育人”，指出要把理论武装与实践育人结合起来，既重视课堂教育，又注重引导大学生深入社会、了解社会、服务社会。党的十八大以来，中国特色社会主义进入新时代，以习近平同志为核心的党中央根据新时代党和国家事业发展的需要，全面落实党的教育方针，进一步加强高校实践育人工作。2017 年，中共中央、国务院印发《关于加强和改进新形势下高校思想政治工作的意见》，其中明确提出，“把思想价值引领贯穿教育教学全过程和各环节，形成教书育人、科研育人、实践育人、管理育人、服务育人、文化育人、组织育人长效机制”，实践育人成为新形势下高校思想政治工作的重要方式。同时，在不同场合，习近平总书记多次指出，“‘大思政课’我们要善用之”，“要把课堂教学和实践教学有机结合起来”等内容，突出强调了把实践育人作为贯彻党的教育方针的必然要求。

（三）促进人的全面发展

马克思主义哲学强调，“人的本质不是单个人所固有的抽象物，在其现实性上，它是一切社会关系的总和”。这意味着个人的实践不仅是自我实现的过程，也是个体在社会关系中形成和发展的过程。通过实践活动，个人能够提升自我效能感，形成积极的自我认同。大学生作为人类社会的群体成员，其全面发展首先体现在能获得生存和发展所必需的物质生活资料上，并在主动参与的实践中获得精神体验和享受，从而认识到人的价值。虽然大学生参加的实践活动一般不直接创造社会财富，但在实践的过程中，大学生能够结合专业所学，在实践活动中探寻自我价值，体会社会价值，促进自身发展。马克思主义哲学认为，人发展的最高境界是人的自由全面发展，是人的本质的真正实现，共产主义社会是“以每个人的全面而自由的发展为基本原则的社会形式。”社会学家马克斯·韦伯提出，社会行动可以定义为个体或集体在其社会环境中，为了实现目标而采取的有目的的行动。实践育人作为一种社会行动，有助于塑造社会成员的共同价值观和行为规范，促进社会凝聚力和文化传承。只要我们有目的、有意识地对大学生的实践活动加以引导，就能让广大青年学生在社会实践中受教育、长才干、作贡献，学思践悟、奋发有为，实现个人与社会的相互促进与和谐发展。

二、实践育人的生成逻辑

实践育人的生成逻辑强调了实践与育人之间的动态互动和相互促进关系。马克思主义实践观、中国传统育人理念、中国共产党在不同的历史阶段提出的教育改革方针及知行合一的教育思想等，均为实践育人提供了坚实的理论依据。

（一）实践是育人的基础和途径

“实践”是一个非常重要的哲学和现实话题，其出现和使用反映了对人类活动和经验深层次理解的长期发展。早在古希腊罗马时期，苏格拉底就说过：“只要一息尚存，我永远不停止哲学的实践。”这一阶段，“实践”是一个近乎理想化的美学概念。后来，康德、费希特、黑格尔和费尔巴哈等人，将“实践”作为一种社会现象引入哲学范畴，由此对其概念有了比较充分的认知和讨论。但是，这些都没有形成科学、系统、完善的实践观。直到马克思主义哲学吸取了前人的优秀成果，系统阐述了有关实践的系列观点，辩证唯物主义的实践观才得以形成。马克思明确指出，人类的“全部社会生活在本质上是实践的”。实践的观点、生活的观点是马克思主义认识论的基本观点，实践性是马克思主义理论区别于其他理论的显著特征。在马克思主义哲学视域中，实践是人类生活的必然要素，它是人类生存、发展，认识世界、改造世界，实现自我和创造文化的基础。

立足思想政治教育实际，不断强调实践的重要性，引导青年学生学以致用、用以促学，是培养全面发展的人的关键。首先，实践是社会关系形成的基础。通过参与社会实践活动，如户外参访、志愿服务和理论宣讲等，青年学生能够亲身体验和理解人与自然、人与人及人与其意识之间的关系。这种实践经历有助于他们建立正确的社会观念，学会在实际生活中处理各种社会关系，从而促进个体的社会化过程。其次，实践构成了社会生活的基本领域。其中，物质生产实践不仅是社会生活的基础，也是青年学生理解社会运作和经济发展的关键。最后，实践构成了社会发展的动力。青年学生在服务国家战略规划和基层高质量发展的生动实践中，走出校园、深入社会、了解国情、增长才干，从而进一步激发他们的创新精神和应用能力，鼓励他们在改造自然、社会和人自身的实践中发挥积极作用。

近年来，《关于深化新时代学校思想政治理论课改革创新的若干意见》《关于全面加强新时代大中小学劳动教育的意见》等一系列重要文件的出台，既为推动实践在高校思政育人过程中发挥应有作用提供了根本遵循，又为新时代思政小课堂与社会大课堂的融合指明了前进方向。实践不仅是获取知识的过程，更是培养能力的过程，它不是纯粹地对知识进行解构或者重构，也不是被动地适应外部环境，其本身就是一种教育的过程，原因在于教育的目的之一就是帮助个体实现全面发展，而实践提供了实现这一目标的舞台，在新时代的教育改革中发挥着至关重要的作用，是推动学生全面发展、适应社会需求、实现教育目标的重要基础和有效途径。

（二）育人指导实践的方向和内容

“育人”的理念，深深植根中华优秀传统文化。《说文解字》对“育人”有精辟的诠释：育，即养子使作善也；人即天地之性最贵者也。《论语·雍也》中，孔子又提出了“君子博学于文，约之以礼”的教育理念，表示君子不仅要广泛地学习文化知识，还要用社会的行为规范和道德礼数约束自己。随着儒家思想的逐渐发展和丰富，《大学》系统给出了格物、致知、诚意、正心、修身等一系列育人和做人的原则。这些传统的育人理念，始终影响至今。

新中国成立以来，我国坚持把育人工作放在教育工作的中心位置，在教育方针上有明确的要求和体现。从党的十六大提出的“坚持教育为社会主义现代化建设服务”到党的十七大“坚持育人为本、德育为先，培养德智体美全面发展的社会主义建设者和接班人”，再到党的十八大报告中首次提出教育的根本任务是立德树人，党的十九大报告中明确“落实立德树人根本任务”，进一步深化了育人先育德的重要思想。育人，顾名思义，通常解释为教育和培养人的过程，本质上是指对人的思想言行的塑造和改变。从教育主体上说，育人包括自我提升和教育他人。从目的宗旨上说，育人不仅仅是传授知识，更重要的是培养其世界观、人生观、价值观及道德品质和社会责任感。从实施路径上说，育人主要依托理论课堂、校园文化阵地和学生社会实践等形式，推进主渠道与主阵地协同育人。

立足思想政治教育实际，育人不仅是实践的指导，也是实践的成果体现。一方面，育人为实践提供了价值导向和目标设定。育人作为一种教育理念，要求教育的一切出发点都是为了人，一切归宿和落脚点也都是为了人。实践只有回归到育人这一目标，才能为个人发展与社会发展的相互协调、共同促进提供一定的条件。因此，育人是以人为本的基本理念在教育领域的体现，更是实践教育活动践行以人为本理念的现实途径。根据育人工作的整体要求，对实践的开展情况和整体安排进行顶层设计和整体谋划，对实践的具体时间、方式和效果等有所预期和监控，确保实践取得扎实成效。另一方面，作为一种实践活动，育人的本身也体现了实践的根本目的。如今，各高等院校开展的实践活动形式多样、内涵深刻，但无一不落脚在育人上。育人的初衷，要求实践的内容和设计必须加强对青年大学生的理想信念教育，引导青年大学生把好世界观、人生观、价值观这个总开关，在基层实践中将理论学习和实践学习紧密结合，努力做到知行合一。

三、实践育人的实践路径

深化实践育人是贯彻党的教育方针的重要举措，是完善大学生思想政治教育的有效形式。分析实践育人的价值意蕴和生成逻辑，对于高校思想政治实践课程建设具有重要意义。长期以来，北京大学光华管理学院始终牢记“为党育人，为国育才”初心使命，将思政教育与经管实践创新融合，致力于打造实践育人示范品牌——“沃土计划”思想政治实践课程（以下简称“沃土计划”），按照“理论—实践—总结—反哺”的四位一体实践环节，构建全员参与、全过程覆盖、全方位渗透的育人模式，推动实践育人与服务社会双向赋能，为落实好实践育人工作积累了具体经验。

（一）挖掘实践育人的精神特质

实践育人的本质在于将教育与现实生活紧密结合起来，通过具体的实践活动促进学生的全面发展。“沃土计划”正是这一理念的生动体现。“沃土”，意为植根中国大地、植根基层社会的肥沃土壤，从试点探索到广博深耕，从书本知识到奔赴河山，从校园小课堂到社会大课堂，从实践活动到课程设计的系统化等。“沃土计划”通过系统化的课程设计，将思政理论与实际问题紧密结合，构建了“理论—实践—总结—反哺”的闭环式育人模式。

一是选课阶段的理论教学，包括思政课程、专业课程和专题讲座。思政课程涵盖马克思主义哲学、政治经济学、科学社会主义等内容；专业课程涉及经济学、管理学、政策分析等；专题讲座则邀请专家学者就当前经济社会发展的热点问题进行讲解。通过系统的理论学习，使学生掌握马克思主义基本原理、中国特色社会主义理论体系和现代管理学知识，为后续“沃土计划”的开展奠定坚实的理论基础，体现了实践育人理论联系实际的精神特质。

二是暑假期间的实地调研，在“广”与“深”上下功夫。通过广阔的地域覆盖和多样的调研对象，拓宽了学生的视野；同时，通过精准的选题对接、深入的问题诊断和严谨的调研过程，提升了调研的质量，这不仅增强了学生的社会责任感和公民意识，也锻炼了他们的创新思维和解决问题的能力。

三是秋季学期的汇报展示，既有实践成果又有反思总结。学生将实践中的所思、所想、所得进行凝练提升，通过数据分析和系统总结，形成有价值的调研报告，不仅验证了理论的适用性，还发现了理论在实际应用中的局限性和改进空间。

四是基地回访、见习实践等活动，让学生在思政课堂上获得的理论认知通过进一步的反馈得到深化，为全院师生提供了深入中国社会实践的有效途径。

（二）完善实践育人的融入机制

实践育人，蕴含着对实践和育人关系、党的教育方针和人才培养规律的准确把握和远大追求。这一系列内容只有充分融入思政教育活动，落实到顶层设计、课程组织管理等各个环节，才能从体制机制上确保“实践育人”的效果。

自2012年“沃土计划”启动以来，北京大学光华管理学院党委高度重视、精心谋划、统筹推进，将“沃土计划”作为双一流专业课程思政建设的重要组成部分。期间，学院党委充分发挥总揽全局、协调各方的领导核心作用，通过指导团委制定《“沃土计划”思想政治实践课程手册》《“沃土计划”思想政治实践课程指导教师工作说明》《关于开展“沃土计划”思想政治实践课程主题党团日活动的参考方案》等文件，进一步完善人员配备、师资力量、育人载体、专项经费等四项支持，持续推动“沃土计划”提质增效。

第一，严格按要求落实辅导员、思政课教师和党务干部的配备；第二，建立实践项目指导教师库，科学规定指导教师的工作内容、考核指标与激励保障措施，确保其参与学生选题、实践、总结的全流程，提升实践质量与深度；第三，创立沃土论坛、乡村振兴专题培训课程等品牌项目，拓展课程外延、丰富育人载体；第四，学院层面设立专项经费予以支持，优化开展实践育人各项工作的资源渠道和资金保障。学院党政联席会定期听取“沃土计划”工作汇报，主要领导多次带队调研指导，带头讲党课、组织日评会，以上率下抓好思政实践课建设，保证“沃土计划”的顺利开展。

（三）整合实践育人的多方资源

高校思想政治教育是一项系统性工程，需要调动一切育人主体、发掘一切育人资源、形成强大育人合力。在不断探索的过程中，“沃土计划”通过构建实践平台与资源共享、校地协同与人才培养、成果转化与持续发展三种方式，形成了全员参与、全过程覆盖、全方位渗透的实践育人体系，充分调动了全院师生的积极性，有效整合了校内外的多方资源。

一是全员参与，构建协同管理机制。在学院党委的领导下，“沃土计划”由党政领导、教学科研、学工团委、行政后勤等主体组成授课队伍，逐步形成党委统一领导、各项目部门分工协作、师生职员共同参与的三大育人支撑体系，构成了多元化的育人合力。这种全员参与的模式，确保了思想政治教育的广泛性和深入性，使得青年学生在不同角色的引导和支持下，能够在实践中获得全面的成长。

二是全过程覆盖，促进教育内容融合发展。做好教育内容的融合渗透，并将实践育人工作贯穿学生从入学到毕业的全过程，是推进思想政治实践课程与理论教学协调联动的抓手之一。“沃土计划”致力于将课堂知识与中国实际相结合，带领学生奔赴祖国经济建设前线，亲身感受、深入了解不同地域经济的发展现状、形态及特色，强调理论指导实践、以实践反哺理论，让学生在思政课堂上获得的理论认知通过社会实践得到深化，近距离体悟地方产业发展与乡村振兴，引导青年结合调研报告形成创新作品，在“挑战杯”全国大学生课外学术科技作品竞赛、中国国际“互联网+”大学生创新创业大赛等比赛中取得优异成绩，更有学生以选调生身份，回到当年实践课程开展地，扎根基层、奉献青春。这种全过程的覆盖，使得学生能够在不同阶段接受有针对性的思想政治教育，激发学生学习的主体性和参与度，从不同的角度、不同的层次受到教育，形成了一个连贯式的育人链条。

三是全方位渗透，创新院地合作模式。学校是“小社会”，社会是“大课堂”。社会是教育的基础资源和平台，社会化是一个渐进的过程，引导大学生正确认知社会、走进社会是高校人才培养的重要目标。在“沃土计划”中，实践育人不局限于课堂内，而是延伸到了课外、线上和线下，促进青年学生将社会实践与贡献社会相结合。学院将思想政治教育的种子播撒到更广阔的领域，通过建立博雅图书室等公益类志愿服务项目、举办“沃土计划”思想政治实践课程论坛等活动，让学生在多维度的实践中体验和学习，促使学生从被动教育转变为主动教育，增强学生的参与感和获得感，为思政实践教育基地建设提供了持续的支持和服务。

四是双向赋能体系，实现教育与社会的双效增益。“沃土计划”为学院师生提供了很好的社会实践平台，是院地双方资源共享、人才共育的现实所需，也是建设双效赋能体系的务实之举。近年来，“沃土计划”的实践基地从最初地（广东揭阳）增至25地（截至2024年11月），共计组织109支（批次）实践团、1 000余名学生奔赴祖国各地，通过与地方政府和企业的合作，实现资源的有效共享，为地方发展提供智力支持，也为师生提供了丰富的实践素材和经验。以“沃土计划”为基础，学院发挥自身优势，构建“沃土论坛”广阔平台，通过设置专题讲座、交流研讨会和实践参访等模块，为来自不同实践基地的代表提供了知识更新和技能提升的机会。这些活动不仅涵盖了经济学、管理学和政策分析等多个领域，还包括了案例研究、实地考察和小组讨论等形式，使基地代表能够紧跟最新的学术研究和行业发展趋势，共同解读国家经济社会发展新形势、高校思政实践育人新方法。随着“沃土论坛”的持续举办，其规模和参与度都有了显著扩大，至今，论坛教育覆盖了近900人次，创新性、影响力和知名度都不断提升。

“沃土计划”不仅关注一次性的实践活动效果，更注重长期合作关系的建立和维护，通过成果汇编与乡村振兴专题培训课程等方式，为地方的经济发展和人才培养提供持续的动力。成果汇编方面，结合数年来多个团队的实践调研报告，由学院牵头、学生梳理500余万字报告内容，先后形成了《知行沃土，领略中华》《知行沃土，读懂中国》光华管理学院“沃土计划”思政课程成果汇编，纳入《光华思想力》丛书并完成了2期正式出版，系统总结了“沃土计划”的实践育人成果，是北京大学思想政治实践课改革的突出成果，也是北京大学光华学子作为国家青年智库的一次尝试。培训课程方面，学院通过科学规划课程体系，构建乡村振兴骨干和人才的交流互动平台，助力地方乡村振兴事业的长足发展。第 1 期乡村振兴专题培训班覆盖并服务了来自全国 11 个省区市、38 个市县级单位、25 家乡镇（街道）机关的 299 名学员。从地方党政领导到龙头企业高管，赋能乡村振兴人才队伍建设，满足学员个性化学习的需要，取得了良好的社会反响和学员反馈，展现了学院实践育人工作的务实成效。

（本文成文日期为 2024 年 11 月。）

中国人民大学“千人百村”“街巷中国”

——扎根国家发展重大历史现场的“大思政课”

中国人民大学

胡百精

中国人民大学是中国共产党创办的第一所新型正规大学，被习近平总书记誉为“在我国人文社会科学领域独树一帜”。2022年4月25日习近平总书记来校考察时，第一站就是现场观摩我校思政课教学，对加强思政课建设提出明确要求。2012年，习近平总书记到学校调研时，高度肯定中国人民大学将实地调研和经典研习相结合的创新做法。在习近平总书记的亲切关怀下，中国人民大学从2012年开始实施“千人百村”学生社会实践，今年恰逢“千人百村”十周年。这十年，中国人民大学着力深化思政课改革创新，举全校之力、历十年之功，开创以“千人百村”“街巷中国”为代表的实践育人新模式，围绕“用脚步丈量祖国大地，用眼睛发现中国精神，用耳朵倾听人民呼声，用内心感应时代脉搏”的重要要求，让新时代的生动实践成为生动教材，让广大青年学生在脚踏实地的行动中思考与感受“中国式现代化”的深刻内涵。立足中国实际，关注真实问题，致力于贯穿第一课堂与第二课堂，统筹课程思政和思政课程、统揽育人效果和实施路径，努力讲好扎根国家发展重大历史现场的“大思政课”。

十年来，按照“思政小课堂和社会大课堂相结合”的要求，我校“千人百村”“街巷中国”把概念和案例相结合，讲道理与讲故事相结合，理论教学与方法教学相结合，感性认识和理性认同相结合，坚持思想引领、学理阐释、青年方案“三位一体”。其中，强化思想引领是核心点，让学生在真实场景中体会习近平新时代中国特色社会主义思想的真理伟力；突出学理阐释是支撑点，让学生通过结合专业所学、结合实践认知，对党的创新理论“知其然”更“知其所以然”；贡献青年方案是落脚点，让学生发现真问题、开展真研究，能够有体验感、获得感。十年来，我校学子接续追踪“100个乡村的脱贫攻坚史”和“100个街道的治理现代化之路”，“两个一百”见证“两个一百年”的生动实践成为全体本科生的“田野课堂”。基于扎根中国大地的情境理解，让学生对“中国共产党为什么能，马克思主义为什么行，中国特色社会主义为什么好”的认识更加清醒自觉。

我们着力围绕四个问题，对如何推进社会实践融入思政教学进行了系统规划。一是围绕“谁来参与”，强化顶层设计，形成“常态化”机制。学校强化实践教学在“大思政课”中的重要地位，明确把“千人百村”“街巷中国”纳入思政课教学整体设计，写进学校人才培养路线图，完善教师参与、培训辅导、过程管理、教学科研对接等一系列运行机制。二是围绕“谁来指导”，打通专业壁垒，组建“复合型”团队。学校着力推动资深教授与青年教师、思政课教师与专业课教师、辅导员与任课教师相结合，组建开放互补的辅导团队，共同规划实践方案，参与调研指导，形成指导合力。三是围绕“怎么参与”，突破讲台限制，打造“立体式”课堂。学校要求学生既要完成课堂内的理论与方法学习，又要深入农村社区一线参与实践，同时推出培训辅导系统和交流讨论空间，开办“学术社区”，形成“教、学、思、用、研”全方位互动转化机制。四是围绕“有何收获”，延展育人成果，实现“全方位”目标。实践全程引导学生直面政策实践和现实问题，建构起针对现实走向、体现问题导向、突出前沿方向的知识地图，实现理论学习与实践感受、思路引导和经验反思、学术探究和情感启蒙的三个“相统一”。

在具体工作层面，学校致力于丰富“模块化”的资源供给。立足“北京高校思想政治理论课高精尖创新中心”，构建“模块化”专题授课的课程矩阵，由思政课教师牵头，各领域专家参与设计调研内容并指导实践；探索“沉浸式”的研学体验；强调建立在感性认识基础上的理性思考，在第一线实地开展方法训练，比照理论与方法、理想与现实、政策与实践、初衷与效果，体会马克思主义认识论；打通“孵化式”的培养路径，着力贡献青年方案。通过创设开放共享的研讨空间，打通学生课外学术创新平台对接机制，进一步培养学生的创新思维能力，推动实践成果转化。

10年来，“千人百村”“街巷中国”取得一系列育人成果。近3万名参与学生的足迹遍布全国31个省区市的600余个地级市、4 000多个乡村和街道，收集数据900多万条，一手材料逾600万字；参与学生在《求是》杂志上刊发读者来信《把青春写在中国大地上》，引发广泛关注。相关调查数据和调研成果受到了国家发展改革委、财政部、民政部等部委的重视和采纳，活动受到《人民日报》、《光明日报》及中央广播电视总台等主要媒体的关注报道。“千人百村”“街巷中国”已成为“记录新时代国家变迁的数据库”“描摹一线发展成就的案例库”“孵化青年研究成果的思想库”，有效促进了科研与思政、科研与教学、科研与育人的双向互动。

特别值得一提的是，参与“千人百村”“街巷中国”实践的学生，在2022年4月25日习近平总书记来我校观摩的思政课上，做了现场汇报，得到了总书记的充分肯定。

10年来，我们在探索以“千人百村”“街巷中国”为抓手，讲好扎根国家发展重大历史现场的“大思政课”过程中，积累了一些经验，主要体现在四个方面。一是重塑思政育人逻辑，实现从单向输入到价值内生的路径转化。我们立足“认知–思考–应用”的思维认识逻辑和学生成长逻辑，通过课外社会实践和校内思政教学体系相衔接，引导学生在认识过程中从现象到本质，从感性到理性，从实践到认识，从具体到抽象。二是重造思政育人场景，打造党心民心初心联动的“田野课堂”。在内容板块、平台载体、方式方法上延展思政育人的空间和手段，以第二课堂的“真实感、现场感、生活感”，形成对第一课堂的有效补充和有力支撑。学生在真实场景中开展研究，为用学术讲政治提供坚实学理支撑和精神底气。三是重构思政育人生态，提供为人才培养持续赋能的“中央厨房”。我们立足学生的个体情况差异和成长需求分化，搭建集“课程、数据、赛事、成果”于一体的“中央厨房”，具有不同成长需求的学生各取所需，在课程学习、数据分析、学术沙龙、学科竞赛中涌现出一大批学术创新人才。四是重组思政育人主体，实现校内外、专兼挂、老中青同心同向同行。我们以系统思维构建多方主体协同的集成式育人工作体系，推动形成各方面教师共同规划、合力指导、协同育人的“全员思政”长效机制。

10年来，我们扎根中国大地，观照中国问题，鼓励学生结合专业知识，直面中国实践的“富矿”，师生同频互促努力推动中国理论、概念、话语、方法的创新发展，努力探索构建“自主知识体系”，以青年的视角、发展的眼光、学理的审视回答中国之问、世界之问、人民之问、时代之问。我们深刻感到，讲好社会实践这堂“大思政课”，是当前学校正在深入学习贯彻习近平总书记来我校考察时的重要讲话精神，坚定不移走建设中国特色、世界一流大学新路的重要践行方式。学校将进一步发挥在马克思主义教学与研究领域的优势，在全面推进“大思政课”建设方面发挥引领示范作用，推动完善具有人大特色的实践育人体系，真正把实践做活做实、让道理讲深讲透、使学生入脑入心，为回答好“为谁培养人、培养什么样的人、怎样培养人”的根本问题贡献智慧和力量。

（本文成文日期为2022年9月。）

创新法治教育模式
提升实践育人实效的实践探索

——以中国政法大学“青少年法治课堂”为例

中国政法大学

王　彤

习近平总书记强调，要“重视和加强第二课堂建设，重视实践育人，坚持教育同生产劳动和社会实践相结合，广泛开展各类社会实践，让学生在亲身参与中认识国情、了解社会，受教育，长才干”。实践育人是高校落实立德树人根本任务的关键环节。法学学科是实践性很强的学科，充分发挥社会实践的育人功能，为法学青年成长成才拓展社会实践的平台，对于培养具有坚定的理想信念、强烈的家国情怀、扎实的法学根底的青年法治人才具有重要作用。近年来，中国政法大学民商经济法学院紧紧围绕立德树人、德法兼修的目标，积极探索实践育人的新模式，形成了以“青少年法治课堂”为代表的实践育人项目，并在实践中不断创新，持续提升育人实效。

一、“青少年法治课堂”育人项目的实践导向

（一）以增强法学青年社会责任感为出发点

“青少年法治课堂”是民商经济法学院党委设立的实践育人项目，以党员带动团员，充分发挥党建引领作用，通过主题宣讲、模拟法庭、情景剧表演等形式，面向中小学生普及法律知识、传播法治理念、参与法律实践、推动法治创新。“青少年法治课堂”以增强法学青年社会责任感为出发点，教育引导学生坚持德法兼修，在学习法学知识、掌握法律技能的同时，要时刻葆有对社会、国家和人类命运的关注与责任感，建立将自己所学服务奉献国家、

维护社会公平正义、促进人类和谐进步的认识和自觉。

（二）以提升法学青年实践能力为重点

习近平总书记在考察中国政法大学时指出，法学学科是实践性很强的学科，法学教育要处理好知识教学和实践教学的关系。参与"青少年法治课堂"进行青少年普法教育不仅是法学专业学生服务社会的一种方式，也是他们提升自身实践能力的重要途径。通过实际的教学和互动，法学专业学生可以更加深入地了解社会对法治的需求，了解青少年学习法律知识的特点，同时将自己所学的专业知识运用于实践中，理论指导实践，而这种实践经验的积累将为他们未来的职业发展打下坚实的基础。

（三）以促进法学青年全面发展为目的

习近平总书记在考察中国政法大学时指出，法学教育要坚持立德树人，不仅要提高学生的法学知识水平，而且要培养学生的思想道德素养。"青少年法治课堂"以促进学生全面发展为目的，注重培养学生的综合素质，包括思想道德素质、科学文化素质、身心健康素质等。通过参与青少年普法实践活动，学生可以坚定自己的法治信仰，增强为社会服务的责任感，通过活动的策划、展示，提高自己的沟通表达能力、团队协作能力和创新能力，实现德智体美劳全面发展。

二、"青少年法治课堂"育人项目的实践探索

（一）"党员+团员"，充分调动学生实践积极性

2013 年，中共北京市委教育工作委员会印发了《中共北京市委教育工作委员会关于印发〈北京高校学生党员先锋工程实施方案〉的通知》，旨在推动工作创新，建立长效机制，探索形成一批先进工作品牌，推动高校学生党建工作再上新台阶。民商经济法学院党委不断探索学生党员先锋工程实施的有效模式，于 2014 年正式创立了"青少年法治课堂"实践育人项目，以党建为引领，以志愿服务为抓手，帮助青年学生在志愿服务、社会实践中受教育、长才干、做贡献。学院党委希望学生党员不仅是学生中的先进分子，更重要的是能够充分发挥先锋模范作用，引领带动周围学生共同进步。"青少年法治课堂"设置了以法学专业学生党员志愿者为授课主体，以学生党员带动学生团员，以高年级学生带动低年级学生，通过报名选拔、培养展示等环节，充分调动学生投身实践，参与志愿服务的积极性，进而辐射到全院学生参与其

中。“青少年法治课堂”通过内容丰富、形式多样的普法活动，积极探索为广大中小学生提供普法宣传和法治教育的有效路径，为大中小学法治教育一体化贡献青春力量。每年春秋学期，学院都会面向学生发布公告，通过学生申请和学院审批后，组建志愿服务团队，经过前期策划，志愿者的招募选拔，教师指导备课、试讲等环节，最终进入中小学校园进行讲授和展示。同时，学院发挥法学专业优势，组织青年教师对课堂内容设计进行指导并提出修改意见，对教案进行完善，助力学生的志愿实践取得成效。截至目前，“青少年法治课堂”已经连续开展10年，共举办了100期，累计推广学校20余所，服务中小学生16 000余人次，参与志愿者500余名，越来越多的青年学生积极参与到法治实践中来。

（二）“普法宣传+法治教育”，持续提升学生专业能力

与一般的普法课堂不同，“青少年法治课堂”聚焦青少年法治教育，注重对中小学生法律意识的启蒙，侧重于青少年法治综合素养的发展，强调法治文化的宣讲和法治观念的培养。党团员志愿者结合自己所学专业知识，充分发挥法学专业大学生的专业优势和志愿服务精神，认真调研实践目标院校的法治教育需求。在大中小学思政教育一体化建设的背景下，结合中小学“道德与法治”课程大纲的调整，积极与合作学校教师进行讨论，强调青少年的权利意识、规则意识和程序意识，贴近中小学课本内容，让学生知道基本的权利与义务，感到法律对自己“有用”，达到“送法律进思政课”的良好效果，探索促进法治教育与思政教育的有效衔接贯通。例如，在第57期课堂上，志愿者以“作弊违法”为主题层层递进，不仅详细地讲解了在法律层面上作弊的后果，也引导中小学生要尊重规则、诚信考试、诚信做人；第68期的志愿者以校规校纪等身边的“规矩”为切入点，为小汤山中学的学生引出了关于法的基本知识；第87期的志愿者通过真实生活情景的案例，激发学生的好奇心，为他们带来了一堂围绕“权利与义务”的法律启蒙课，教会学生规范行使权利，自觉履行义务。党团员志愿者通过调查研讨自主选择法治课堂内容，并通过搜集资料、查看书籍等方式自行设计教案，在一次次的普法实践中，培养了发现问题和解决问题的能力，通过模拟法庭表演，亲身体验法律程序的运作，不仅对专业知识更加熟悉了，还锻炼了法治思维和辩论能力，专业能力进一步得到提升。

（三）“法治宣讲+情景体验”，不断坚定学生法治信仰

“青少年法治课堂”在探索中前进，在实践中创新，逐渐形成了特有的模式。在内容上，或侧重法治文化的宣讲和法治观念的培养，或注重贴合学生的成长发展特点及关注的热点，实现与校内思政课的有效衔接。在形式上，志愿者努力将各种形式新颖的法治教育方式引入中小学课堂，不断激发孩子们对法律知识的学习兴趣。沉浸式模拟法庭表演、体验式情景剧演绎、中小学生版“今日说法”等纷纷登场，法治宣讲在“你一言我一语”中变得生动有趣起来。例如，第 93 期“青少年法治课堂”联合北师大昌平附属学校，将中小学生纳入演员团队，利用课余时间将“火锅店用餐以致食物中毒”的生活情景录制成案件还原视频，在法庭审理前播放。作为演员，学生通过沉浸式演出，不仅清晰地知道了面对侵权时如何寻求法律帮助，而且还切身感受到了积极运用法律手段维护自身权益的重要性，法律意识在运用法律的实践中逐渐增强。从 2020 年起，借助互联网，“青少年法治课堂”走出北京，开启了线上“云普法”新征程。跨越数千公里，普法窗口向浙江、黑龙江、新疆等多地的中小学开放。志愿者利用线上平台，采用讨论区实时互动、投票抢答等方式与千里之外的中小学生互动。在一次次走进中小学的普法实践中，学生的法治信仰更加坚定。志愿者不断意识到这项活动可能会影响很多青少年的法治观念，在与孩子们的交流中，他们也感受到作为法学青年所肩负的责任与使命，未来会努力做法治精神与法治文化的传播者。

三、“青少年法治课堂”育人项目的创新发展

（一）坚持正确方向，坚守育人初心

实践育人是高校落实立德树人根本任务的关键环节。高校的实践育人要坚持党的政治领导，确保正确的育人方向。“青少年法治课堂”是学院党委设立的实践育人项目，以党建为引领，始终牢牢把握实践育人的价值导向，教育引导学生把人生抱负落实到脚踏实地的实际行动中去。2017 年，习近平总书记考察中国政法大学时指出，要坚持立德树人，德法兼修，培养高素质法治人才。2023 年，中共中央办公厅、国务院办公厅印发的《关于加强新时代法学教育和法学理论研究的意见》明确提出了新时代青年法治人才的培养要求，即要有坚定的理想信念，要有强烈的家国情怀，要有扎实的法学根底。作为以法学专业为优势的高校，不仅要注重培养学生扎实的法学知识和较强的实践能力，最重要的是要教育引导学生具有坚定的理想信念和强烈的家国情怀，培养学生最终成为新时代优秀青年法治人才。“青少年法治课堂”实践

育人项目始终坚持厚植法治精神，让法治信仰薪火相传的初心，通过法治宣讲、模拟法庭、法律情景剧展演、辩论会等法治实践，让志愿者在亲身参与中更加深刻地认识国情、了解社会，感知公平正义的力量，感受法治在国家治理体系现代化中的重要作用，不断增强法学青年的社会责任感，从而做习近平法治思想的坚定信仰者、积极传播者和模范践行者，为全面依法治国承担青年责任、贡献青年力量。

（二）聚合育人资源，搭建育人平台

习近平总书记指出，“要把思政小课堂同社会大课堂结合起来”。“青少年法治课堂”于创立之初，就善用社会大课堂，使法学实践教育走出高校，拓展到中小学课堂。从2014年起，学院党委与昌平区教委合作，在昌平区教委的大力支持下，青少年法治课堂先后走进昌平区二中、昌平区前锋学校、小汤山中学、长陵中学、育新学校等10余所昌平区中小学，受到了所到学校师生的热烈欢迎。

“青少年法治课堂”是学院党委设立的实践育人项目，不仅学生党员带动团员积极参加，学院还动员法学专业名师、青年教师、辅导员、团委老师等作为指导教师，积极参与其中，形成了全院参与实践育人的良好局面。学生党员以身作则，带头参与社会实践和志愿服务活动，成为团员学习和模仿的榜样。通过党员的示范引领作用，激发团员的积极性和创造力，党员与团员之间建立互助机制。在活动中，学生党员和学生团员互相学习，正向的思想推动力量在一次次修改讲稿、设计课堂中产生。通过结对帮扶、经验分享等方式，促进交流与合作，共同提高，推动党团组织的整体进步。团委老师和辅导员作为指导者，把握选题与策划方向，确保活动的顺利举行。青年教师作为专业指导教师，充分发挥法学专业优势，对法治教育的课堂内容设计进行指导，提出修改意见，帮助完善教案，助力学生的志愿实践取得成效。

（三）提升育人实效，促进全面发展

实践育人强调以实践的方式认识现实世界，通过组织学生参与“沉浸式”实践活动，在体验中加深对理论的理解和对社会的认知。一方面，“青少年法治课堂”坚持引导党团员志愿者将所学理论知识运用于实践之中，在“互联网+”技术的加持下，提供青少年优质法治教育供给，促进中小学法治教育的普及。另一方面，学院也聚焦法学教育德法兼修的目标和任务，加强指导，提高师生在实践中的获得感，确保实践育人的针对性、实效性。“感谢法治课堂也给我上了一节生动的法治教育课”，“看到孩子们对法律知识渴望的眼神，我感受到作为一名法学生所肩负的责任与使命，未来我也会循着现在的道路，努力做法治精神与法治文化的传播者”。这些是最常听到的志愿者的声音。“在我的中小学时期，也希望能够多一些法律知识的学习”是志愿者常常回忆起的初心。他们希望通过这个项目去接触社会、回馈社会，“希望能够让自己的所学发挥作用，希望自己能做一个发光发热的人”。作为志愿者的大学生，最大的收获，不仅是对专业知识更加熟悉了，而且能将所学的知识传递出去，用于帮助他人，服务社会，增强了为人民提供法治服务的成就感和使命感。在“输血”的过程中，他们自己也在一次次的普法实践中更加坚定了法治信仰，这也是“青少年法治课堂”育人实效的体现。

（本文系 2023 年度北京高校思想政治工作研究支持课题“党建与思政深度融合的研究生党支部建设模式研究”的阶段性成果。本文成文日期为 2024 年 10 月。）

马克思主义学院研究生参与社区理论宣讲的成效、问题与优化路径

——以首都高校参与新时代文明实践中心宣讲为例

北京理工大学

张 雷 张宏旭

习近平总书记指出，“宣传思想文化工作事关党的前途命运，事关国家长治久安，事关民族凝聚力和向心力，是一项极端重要的工作。”建设新时代文明实践中心，是深入宣传党的创新理论的重要载体，马克思主义学院作为宣传阵地“四大平台”之一，需要组织引领专业素养强、宣讲功力足、实践热情高的研究生群体参与社区理论宣讲。以首都高校参与新时代文明实践中心宣讲为例，西城区“马院进社区”新时代文明实践理论宣讲活动将优质宣讲资源和阵地资源链接，有效促进和推动首都“四个中心”功能建设及党的创新理论“飞入寻常百姓家”，进一步锚定北京“首善之区”的功能。在实践探索中形成的“院校—社区”双向互动模式有助于实现资源共享、优势互补，共同推动党的创新理论在基层落地生根，为北京市及其他省市高校马克思主义学院和区域发挥示范、突破、带动作用。

一、马克思主义学院研究生参与社区理论宣讲取得的成效

党的二十大报告强调，“要统筹推动文明培育、文明实践、文明创建，提高全社会文明程度”。群众性精神文明创建是深化社会主义核心价值观引领文化建设的重中之重，社区更是提高全社会文明程度的基础环节。北京市西城区“马院进社区”活动在首都高校参与新时代文明实践中心宣讲中具有代表性。马克思主义学院研究生参与社区理论宣讲过程中，重点在拓展党的创新

理论和时政热点的社区宣讲路径，提高社区居民政治参与意识，加强社区党、团员思想政治教育，引导青年学生积极参与社会实践方面取得了积极成效。

（一）拓展了党的创新理论和时政热点的社区宣讲路径

习近平总书记指出：“社区工作是一门学问，要积极探索创新，通过多种形式延伸管理链条，提高服务水平，让千家万户切身感受到党和政府的温暖。”社区作为国家和社会治理的最基层单位，在国家治理体系中处于最关键的位置。回顾党的宣传思想文化工作，聚焦理论宣讲是党的优良传统，也是做好新时代宣传思想文化工作的必然要求。马克思主义学院作为重要的理论研究和宣传阵地，发挥自身学科优势，创新和拓展党的创新理论和时政热点的传播方式，肩负起社区新时代文明实践中心建设重要任务是其应有之义。马克思主义学院通过组织研究生开展主题讲座、群体座谈、节目会演等多种宣讲形式，以深入浅出的宣讲方式，能够将复杂冗长的理论知识转化为通俗易懂的语言，立足青年视角分析解读党的创新理论和时政热点，加强和改进社区思想政治工作，为社区居民树立正确的思想观念，展现出“有理想、敢担当、能吃苦、肯奋斗”的新时代好青年形象。

北京市西城区“马院进社区”活动为进一步拓展党的创新理论和时政热点社区宣讲路径打造了“创新样板”。例如，中国人民大学马克思主义学院通过加强理论宣讲队伍建设，以培训会为抓手提升理论宣讲的质量和效能，让宣讲志愿者真正做到学思用贯通、知信行统一，以生动鲜活的方式讲好党的创新理论，让党的创新理论“飞入寻常百姓家”。首都师范大学学生理论宣讲团结合理论宣讲方法和社会实践活动，以“小切口”“新角度”入手，用通俗易懂的语言，让党的理论和时政热点传遍社区、深入人心，将党的创新理论和时事热点以喜闻乐见的方式送到群众身边，进一步夯实了社区理论建设根基，宣传了党的理论和时事热点，打通了宣传群众和服务群众“最后一公里”。

（二）提升了社区居民的政治参与意识

党的二十大报告指出，我们要不断健全人民当家作主制度体系，扩大人民有序政治参与。社区居民是“全过程人民民主”的“第一梯队”，马克思主义学院研究生深入社区积极参与社区宣讲活动具有传播理论、凝聚共识的作用，是鼓励社区居民主动参与基层民主实践的有益示范。马克思主义学院研究生参与新时代文明实践中心宣讲能够进一步促进社区居民政治参与意识的提升，带动社区普通居民参与基层社会治理，畅通宣传思想文化建设参与渠道，激发社区群众“主人翁”意识，从而完善全过程人民民主的整体性环节。

北京市西城区“马院进社区”活动先后邀请13所首都高校加入，吸纳超过600名师生组建了理论宣讲志愿服务队。其中，中国人民大学、北京交通大学、外交学院、北方工业大学四所高校与街道结对文明实践“共建合作伙伴”，围绕新时代文明实践五大主题，开展理论宣讲、文化传播、科学知识普及、基层志愿服务等文明实践系列活动，有效提升了社区居民的政治参与意识，为基层治理实践注入新的活力。总体来看，首都高校马克思主义学院研究生通过运用理论和情感耦合的宣讲技巧，并借助新媒体和网络媒介这一创新宣讲方式，在积极参与新时代文明实践中心的宣讲实践活动中，与社区居民实现了有效沟通与良性互动。此外，其在促进社区居民积极参与基层治理和事务决策，“自下而上”地推动全过程人民民主的发展进步，落实社会公德、职业道德、家庭美德、个人品德建设和群众性精神文明创建活动，形成知耻崇德、明理向善的社会风尚等方面均取得积极成效。

（三）加强了社区党、团员思想政治教育

社区作为整个社会构成的基础单位，加强社区党、团员的思想政治教育对于党的思想政治教育工作具有基础性意义。首都高校马克思主义学院研究生在社区理论宣讲的实践中，通过聚焦党的创新理论和时政热点，以立足青年视角的宣讲形式，为社区党、团员提供了有针对性的思想政治教育。在加强社区党、团员的思想政治教育，提高社区基层党、团组织的工作能力和水平，推动新时代文明实践中心建设的深入发展方面取得了一些成效。

习近平总书记指出，要着力加强对广大青年的思想教育和政治引领。“青年人有理想、敢担当、能吃苦、肯奋斗，中国青年才会有力量，党和国家事业发展才能充满希望。”马克思主义学院研究生社区理论宣讲能够从青年学生的视角出发，向社区基层党员、团员传递好党的创新理论和最新政策，帮助其提升政治素养和理论水平，激励社区基层党员、团员传承和发扬党的光荣传统，增强党员、团员的使命感和责任感，达到加强社区党、团员思想政治教育的目的。

北京市西城区“马院进社区”活动中，北京师范大学的青春讲师团成员以青年身份和青年视角解读新时代青年拥有充分的发展条件、广阔的成长空间、更多的人生出彩机会，并结合亲身经历号召广大青年乘势而上、拼搏进取，与时代同心同向、与祖国同梦同行，在青春的赛道上跑出好成绩，积极做强国建设、民族复兴的中坚力量。中央民族大学师生宣讲团结合习近平总书记关于实干的重要论述及相关案例，从实干的内涵、功能作用、本质维度等方面进行了深入宣讲，进一步坚定了社区党、团员及干部群众的理想信念，有效提升了其工作积极性和实践能力。

（四）教育引导青年学生积极参与社会实践

习近平总书记明确指出：“学习马克思，就要学习和实践马克思主义关于坚守人民立场的思想。”人民性是马克思主义的本质属性，人民立场是马克思主义的根本立场。以社区理论宣讲为抓手，坚持立德树人，教育引导青年学生参与新时代文明实践中心建设，归根结底是为了青年学生在社会实践中彰显思想政治教育的主体性和时代性，使之成为青年思想政治教育的有效载体。习近平总书记强调：“要坚持知行合一，注重在实践中学真知、悟真谛，加强磨练、增长本领”。人民群众是最了解实践、最能推动实践的历史主体。新时代青年应在社会实践中获得真知、发现新知、运用所知，以社区理论宣讲为抓手，在社会实践的“第二课堂”真正得到锻炼，与人民群众建立起实实在在的联系，虚心向人民求教。西城区启动的“马院进社区”新时代文明实践理论宣讲系列活动立足首都“首善之区”的战略定位，以理论学习、调查研究为抓手，创新结对“文明实践伙伴”方式和“院校老师+新时代文明实践站站长”的“双导师制”，共同指导学生牵头负责社区理论宣讲工作，为首都青年学子搭建了参与社会实践、提升能力素质的优质平台。

在实践中，马克思主义学院研究生充分发挥自身优势，积极参与社会实践“第二课堂”，生动体现了把对祖国血浓于水、与人民同呼吸共命运的情感贯穿学业全过程、融汇在事业中的崇高追求，坚定了自身理想信念和奋斗方向。活动在与地区经济、社会发展深度融合方面，为北京市及其他省市高校马克思主义学院和区域提供了共商、共建、共享的“院校—社区”协同发展创新模式，在推动院校积极服务地区高质量发展方面提供了有益借鉴。

二、马克思主义学院研究生参与社区理论宣讲存在的问题

马克思主义学院研究生的群体特殊性和社区宣讲工作的现实复杂性，导致社区理论宣讲面临众多现实问题。结合笔者在北京理工大学理论宣讲团社区宣讲实践经历，通过调查走访、问卷发放的实证研究方法，重点围绕马克思主义学院研究生宣讲员、院校指导教师、社区党员干部、社区居民四个群体对马克思主义学院研究生社区理论宣讲的认识和态度做调研，结果表明部分首都高校马克思主义学院研究生理论宣讲团存在以下问题。

（一）前期：宣讲准备工作有待完善

习近平总书记指出，“要坚持真抓实干、狠抓落实，一切工作都要往实里做、做出实效”。社区理论宣讲需要强化“前—中—后”三阶段的有效衔接。马克思主义学院研究生在参与社区理论宣讲时，要主动面向社区居民，把党的创新理论与美好生活的内在联系讲解透彻。在宣讲前期，要充分了解社区需求和居民兴趣，做好调查研究，根据社区居民的需求和关注点，确定宣讲的主题内容，可选择社区综合治理和人居环境提升、民生保障、健康养生、生态环保等与居民生活密切相关的话题，确保理论宣讲内容符合社区居民“胃口”。

结合笔者对北京理工大学马克思主义学院研究生宣讲团的自身实践经历，经过和其他高校社区理论宣讲员的访谈发现：部分首都高校马克思主义学院研究生在社区宣讲的前期宣讲内容筹备上，倾向于选择自身领域专长或便于快速掌握的内容，普遍缺乏调查研究的“问题意识”。在实际社区宣讲的过程中所反映的问题集中体现为：理论宣讲内容脱离社区生活实际，同社区居民交流话语脱离“接地气”的表达，难以与社区和社区居民建立起有效的沟通方式，社区理论宣讲的实际收效不佳。另外，部分高校马克思主义学院研究生理论宣讲团在高效统筹和专业指导方面仍有欠缺，如在扎实理论功底，具备良好的宣讲技巧和互动能力；加强协调联系，及时、准确地了解宣讲任务和要求；提升宣讲内容筹备的丰富性和深入性，确保理论宣讲贴近实际、深入人心等方面仍有不断完善和提升的空间。

（二）中期：宣讲方式有待优化

社区理论宣讲是推进新时代党的创新理论和发展理念深入人心的重要方式。笔者通过访谈北京理工大学马克思主义学院研究生理论宣讲团成员和实地走访社区宣讲现场发现，理论宣讲员在社区理论宣讲的主题发言、互动交流、情感把握能力的临场经验有待提升，宣讲方式有待优化。部分宣讲员在宣讲中期，存在心理过度紧张和过度依赖讲稿的问题，容易导致宣讲话语表达不清晰、话语冗长等问题。

通过笔者走访及访谈总结，进一步分析了中期宣讲所面临的问题及其成因。其一，由于临场宣讲经验过少，对于当众“授知识、说事实、讲道理”宣讲模式接触较少，容易引发过度紧张的心态；其二，部分理论宣讲员对所涉的宣讲内容陌生，过度依赖书本讲稿，话语表达过于冗长、容易反复讨论，宣讲者缺乏自信心和感染力。此外，由于部分宣讲员缺乏宣讲经验，在宣讲过程中难以与听众进行积极的互动，不能及时把握社区居民的情感反馈。一方面，体现在理论宣讲员对于宣讲进度掌握的经验不足，难以及时解决宣讲中出现的突发状况，易出现宣讲结束过早“冷场”或结束过晚“拖堂”的尴尬；另一方面，体现在理论宣讲员交流互动经验缺乏，难以将学科知识和社会问题结合起来，不能及时获得社区居民的情感反馈，从而无法对宣讲内容和宣讲动态进行科学调整。

（三）后期：宣讲反馈频次有待提升

新时代文明实践中心建设需要在工作实践中不断总结经验，为中心建设的优化反馈提供现实参考。反馈频次的提升对于理论宣讲工作的持续改进至关重要。通过调研访谈得知，在社区理论宣讲活动准备的过程中，容易出现“部分社区居民忙于特定的工作和生活事务，难以抽出足够的时间和精力参与活动”“社区居民对于理论宣讲话题的兴趣不足，整体参与度较低，难以吸引到足够的听众”的现实问题。

以北京市西城区“马院进社区”社区理论宣讲活动为例，在首都高校理论宣讲团队宣讲后期，对社区居民意见和反馈的收集整理工作不够细致，容易导致宣讲内容与社区居民的实际需求之间存在偏误，影响宣讲成效。因此，在活动后期，需要进一步强化宣讲反馈环节。社区工作者作为连接宣讲员和社区居民的“坚实桥梁”，同时是新时代文明实践中心理论宣讲建设的“中坚力量”。社区工作者对于理论宣讲员的宣讲反馈意见，是教育提升宣讲员的理论素养和实践能力，以及进一步完善和改进新时代高校理论宣讲团组织建设的重要参考。通过走访得知，在社区理论宣讲后期，宣讲员通常缺乏问题反馈和经验总结意识，同社区工作者的交流频次有待提升，难以将理论宣讲实践经验直接转化为解决上述问题的理论指导。

三、马克思主义学院研究生参与社区理论宣讲的优化路径

习近平总书记指出，宣讲是“推动我们党的理论和路线方针政策深入基层、深入群众、深入人心的重要工作方法，要坚持把这个方法用好”。新时代新征程上，优化马克思主义学院研究生参与社区理论宣讲的实践路径，对于充分发挥理论宣讲的主体性具有重要意义。

（一）提升社区对新时代理论宣讲重要性的认识

党的二十大报告指出，要“加强城市社区党建工作，推进以党建引领基

层治理”。理论宣讲作为党建引领基层治理的关键环节，是社区党员群众深化理论学习的重要途径，承载着传播党的声音、普及党的创新理论的重任，在推动基层治理创新、社区居民“主人翁”意识强化、群众性精神文明创建方面发挥着不可替代的作用。以北京市西城区“马院进社区”活动为例，马克思主义学院师生能够借助学科平台，发挥专业优势，钻研和总结党的创新理论，通过社区调研方式，将其与基层实践紧密结合，打造出有深度、有见地、接地气的宣讲内容。实践证明，“马院进社区”的理论宣讲创新模式能够有效提升党员干部的理论素养。社区要提高对新时代理论宣讲工作重要性的认识，用党的创新理论指导实践，为社区基层治理提供坚实的理论支撑。理论宣讲还是强化社区居民“主人翁”意识的有效手段，通过互动式的宣讲方式能够有效提升社区居民的参与感。

社区理论宣讲工作不是一蹴而就的，要健全相关工作机制，不断完善宣讲内容和方式，不断创新工作方法，加强互动性、实效性和针对性，让宣讲工作更好地服务社区文明建设。以北京市西城区“马院进社区”活动为参照，社区要在对理论宣讲重要性充分认识的基础上，深化与属地高校马克思主义学院的合作，深度挖掘优势资源，深耕宣讲内容，共同推进以研究生为宣讲主体的理论宣讲队伍走进社区。要注重拓宽宣讲渠道，利用多元化的传播媒介，提升宣讲效果，如借助电视、广播、报纸等传统媒体，以及短视频、直播等新媒体形式，使宣讲内容深入社区基层。要注重宣讲的实效性，将理论宣讲活动与社区文化活动、公共服务活动等相结合，形成“文明实践+”的模式。结合社区实际情况，借助并创新现有北京市西城区“马院进社区”活动的“街道—社区”基层“文明地图”宣传方式，明确责任分工，聚焦传播新时代文明实践的理念，推动社区高质量发展。

（二）增强新时代马克思主义学院研究生理论宣讲员教育引导

马克思指出：“理论只要说服人，就能掌握群众；而理论只要彻底，就能说服人。所谓彻底，就是抓住事物的根本。”从北京市西城区“马院进社区”活动所面临的问题来看，在对新时代马克思主义学院研究生理论宣讲员的整体教育培养上，要积极调动优秀师资，总结社区宣讲的实践经验，重点培养其理论素养、语言表达、逻辑思维及对社会的关切意识，确保在宣讲过程中准确、清晰地传达理论观点，以严谨的逻辑和“接地气”的表达方式引起听众的共鸣，有效推动党的创新理论的传播和实践深入社区。

一方面，教育引导马克思主义学院研究生理论宣讲员自觉担当起新时代青年的历史使命，紧密结合时代实际，积极投身社会实践之中，将理论知识与实际工作相结合，深入基层、贴近群众，了解社会热点、难点问题，影响和带动身边的青年，共同营造积极向上的社会氛围，为社会传递更多正能量，树立正确的世界观、人生观和价值观。另一方面，培养好宣讲员理论学习的自觉性，更好掌握理论的内在逻辑结构和当代价值，主动投身群众性文明建设工作，把党的创新理论“讲透”，使社区居民“日用而不觉”。在社区宣讲中，要将理论内容转化为“接地气”的故事、案例或比喻，清晰地阐述其中的理论逻辑、历史逻辑和实践逻辑，既讲清楚以中国式现代化全面推进中华民族伟大复兴的“大道理”，又要讲明白解决人民群众关心的急难愁盼问题的“小道理”；既要讲好习近平新时代中国特色社会主义思想“第一议题”，还需讲到基层百姓普遍关注的就业、教育、医疗、养老等民生问题；既要讲好强国建设、民族复兴等宏伟目标，还要讲到倾听群众心声、回应群众诉求的微观要求，使社区居民“知其然、知其所以然、知其所以必然”。

（三）完善新时代马克思主义学院研究生理论宣讲团组织建设

新时代文明实践中心建设需要凝聚组织合力，打造一支“有理想、敢担当、能吃苦、肯奋斗”的新时代马克思主义学院研究生理论宣讲员队伍。院校统筹规划是完善理论宣讲团组织建设的关键要素，对于开展青年学生社会实践教育、推进社区发展和文明建设具有深远影响。马克思主义学院作为研究生理论宣讲团的重要支撑，要发挥资源统筹和学科优势，为宣讲团建设提供必要的支持和指导。要积极借鉴以北京市西城区“马院进社区”为代表的首都高校参与新时代文明实践中心宣讲活动的既有成效和经验，创新理论宣讲团组织建设理念，将优质宣讲资源与社区相链接，积极探索社区发展和学生社会实践的“政校共建”组织形式，不断助力社区发展和青年教育提质增效。

在宏观规划上，马克思主义学院要自觉站在“两个大局”的战略高度，扎根党的创新理论宣传阵地的功能定位，结合新时代新征程的发展要求，参照学生特点和社区实际，统筹制定理论宣讲团的长远发展规划，明确发展方向和目标，确保学科始终服务社会，推动社区理论宣讲的持续、稳定开展。在微观结构设计上，一要注重对理论宣讲团工作的定期评估和总结，明确宣讲员的职责和分工，及时与社区和宣讲员做好成效与问题反馈工作，不断优化和完善理论宣讲团组织建设和工作机制。二要创新理论宣讲员选拔方式，重点从马克思主义学院和其他专业的党员、团员骨干中遴选专业素质过硬、理想信念坚定、实践经历丰富的学生，充分发挥宣讲群体的先锋模范作用和聚合效应。三要聚焦理论宣讲团成员的主体性，规划和制定科学合理的表彰机制，设立“优秀宣讲员”“优秀团队”等荣誉奖励，积极表彰表现突出的个人和团队，充分激发宣讲团成员的积极性和创造性。四要整合院校与社区的优势资源，发挥理论教育和实践教育的双重功能，拓宽青年学生社会实践路径，建立“院校—社区”协同发展机制，以理论宣讲带动青年学生参与社会调研、志愿服务等社会实践，助力新时代青年在社区基层成长、成才、成功，更好服务社会高质量发展。

（本文系 2022 年北京市社会科学基金项目“海外关于习近平新时代中国特色社会主义思想的研究评析”、工业和信息化部党的政治建设研究中心 2023 年立项课题“新时代加强工业和信息化部属高校廉洁文化建设研究”的阶段性成果。本文成文日期为 2024 年 5 月。）

“科技小院”是讲好“大思政课”的社会大课堂

中国农业大学

李培景

科技小院是中国农业大学（以下简称农大）在长期扎根祖国大地办学中，积累形成的具有农大特色的人才培养模式，我们认真学习贯彻落实习近平总书记关于思政课改革创新，特别是关于“大思政课”的重要论述，努力发挥好我校科技小院作为社会大课堂的优势，引领广大青年学生在实践中成长为知农爱农高层次人才。

一、科技小院发展的基本情况

一是科技小院创立的背景。在新的历史条件下，农业高校如何继续走好高等教育同生产劳动和社会实践相结合的育人之路？带着对这个问题的深深思考，2009 年，农大张福锁院士带领师生走进河北曲周县乡村，面对面了解老百姓的急难愁盼。通过驻扎农村，在农民身边、农业企业里服务，靠近田间地头、随时帮村民解决技术问题，打通了技术服务的“最后一公里”。师生们在村里租住村民的小宅院，被农民们亲切地称为“科技小院”，“科技小院”的名称由此而来。10 余年间，我们以习近平总书记关于农大要“真正建成有中国特色的、具有农业特色的一流大学”为指引，积极推动科技小院适应时代发展的要求，从帮助一家一户的 1.0 版本，到带动更多农民增收致富的 2.0 版本，再到承担着将乡村振兴作为新发展阶段的重要使命的 3.0 版本。目前，在全国各地分布着近 500 个科技小院，涵盖了 31 个省区市，培养了 1 000 多名研究生。

二是科技小院在农村一线的具体运行情况。一个典型的科技小院由一个农家小院、一名或多名研究生、一批科技农民、一些基本的科技培训和科技服务设施，如大喇叭、科技小车、宣传册、微信群、科技试验田和技术示范方等元素组成。科技小院围绕如何解决农业技术传播应用的制约因素，积极促进“知识”转化为“行动”。大学在政府和企业的支持下，科研、教学、服务相结合，充分调动科研人员和研究生的积极性，集成创新高产高效农业生产技术。针对技术应用中农业生产主体——农民群体的行为、需求特点，通过培养科技农民、组织合作社、促进农民与科研人员之间的信息交流，形成科技人员研究的科技“知识”可顺利转化为农民“行动”的方案，促进知识传播应用，提高技术到位率，解决“最后一公里”问题。

三是科技小院三段式人才培养模式。科技小院形成了以实践为核心的“实践–理论–再实践”三段式人才培养方式。学前实践阶段主要是研究生利用入学前两个月，深入农村，住农家吃农饭干农活，与农民同吃同住同劳作，发现“三农”问题，了解“三农”现状，培养“三农”情怀。在理论学习阶段即进入研究生学习的第一个学期，通过理论课程的学习，掌握相应的研究方法，参加学术会议，听取学术报告，认识学科前沿，培养科研视野。在实践阶段即第2～5学期，科技小院研究生深入生产一线，针对农业生产问题开展技术创新研究，针对农村发展模式进行革新探索研究，针对农民生活方式实施宣传引导行动，提高研究生的专业知识、适应能力。

二、科技小院实践育人特色

一是坚持党建引领，发挥科技小院党支部的战斗堡垒作用。通过在科技小院中建立师生党支部，使得扎根一线的师生在艰苦条件下有了“主心骨”。师生在党组织的带领下，将从事的前沿性高水平研究和服务国家需求有机结合，在科学研究与服务“三农”中收获成就感，提升研究生对所从事的科学研究对解决国家实际问题重要性的认识，有效激发研究生从事科学研究和服务“三农”的热情。教师党员率先垂范扎根基层，与学生们同吃同住同劳动，带领指导学生开展科学研究和服务工作，在基层工作中学思践悟、提高站位，展现出党员应有的优秀品格。党支部探索建立了优秀工作日志评选机制，鼓励学生在日积月累的记录和思考中加深对“三农”的理解，多年下来，学生已经累计撰写日志5万多篇，共计2 500余万字。通过每日文字的记录，鼓励学生在全程参与劳动锻炼中感悟“三农”之艰，激发责任感，增强自信心。

二是坚持科技为民，形成把论文写在祖国大地上的生动实践。科技小院师生立足农村和农业生产一线，深入学习贯彻习近平新时代中国特色社会主义思想，以科技创新和技术应用模式创新为核心，搭建“政产学研用”五位一体的综合服务平台，将实验室搬到田间地头，在生产中发现问题、开展研究，实现研究与应用的“零距离”，提高研究的针对性。在科技创新基础上，通过驻扎农村，在农民身边、农业企业里做服务，探索新型农业生产组织方式，建立多元化培训体系和规模化服务模式，实现专家与农民、技术与产业“零距离”，促进“知识”转化为“行动”，助推农业增产增收、产业持续发展、农民脱贫致富。在科技创新与社会服务的过程中，培育多元化乡村人才，实现育人与用人“零距离”。科技小院先后引进 284 项农业生产技术，涉及 60 个作物体系，累计培训农民 28 万人次，举办 4 000 场农民培训会，组织 1 400 多场田间观摩会，示范田面积达 146.9 万亩，真正落实中国农业大学解民生之多艰的校训，将师生论文写在祖国大地上。

三是坚持知农爱农，打造浸润“三农”情怀的社会大课堂。在科技小院模式下，我校研究生培养模式从封闭的校园、学校实验站转移到开放的农村一线，为培养农科学生“知农、爱农、为农”情怀提供了有效载体，人才培养更符合农业、农村、农民发展的需求。研究生走出“象牙塔”，走出学校、实验站“围墙”，通过建立田间学校、组织田间观摩、开展科技培训等多种方式，以研究生和农技人员的双重身份参与农业科技服务、发展现代农业。同时研究生还利用驻村优势，通过组建舞蹈队和秧歌队，举办中秋联谊会、六一联欢会等多种形式的文化活动，丰富群众文化生活；通过组织红色“1+1”、研究生与农民“结对子”等活动，开展“一对一”帮扶，探索“精准扶贫”新模式；通过开办识字班、组织厨艺大赛等活动，提高农村妇女幸福指数，形成尊老爱幼村风，推动“三农”的发展，充分感悟“三农”之艰、体验农民亲情。师生在新时代农业农村发展的广阔天地、生动课堂中，培养知农爱农的情怀。

三、科技小院模式的成效

一是研究生素质全面提升。经过多年探索，科技小院总结出一套“十来经”，全面提升了学生的综合素质。“扎下来”，指常驻科技小院，锻炼生活能力；“融进来”，指成为农民朋友，提升沟通能力；“找出来”，指发现并诊断生产技术问题，增强分析问题能力；“做出来”，指开展关键技术研究，提高科研能力；“说出来”，指开展农民培训，强化表达能力；“贴出来”，指提高海报设计能力；“学起来”，指提高学习交流能力；“嗨起来”，指提高组织能力；“写出来”，指撰写工作日志与技术资料锻炼写作能力；“干起来”，指开展技术示范、组织文化活动，增强组织协调能力；“联起来”，指提升协调指挥能力。科技小院学生接连创作出版《我与科技小院的故事》系列丛书 6 部，成了半个作家。科技小院模式全面提升了人才培养质量，培养了研究生对“三农”的感情，全面提高了研究生的科技创新能力和水平，实践技能和综合素质显著提高，创新创业能力显著增强，服务农业绿色发展和乡村振兴取得显著成效。

二是科技小院模式得到社会认可。科技小院模式获得教育部第八届高校文化建设优秀成果奖一等奖、第五届首都大学生思想政治工作实效奖特等奖。科技小院研究生党支部入选教育部首批高校“百个研究生样板党支部”，获评“北京高校先进党组织”。2021 年，我校“以‘科技小院’模式促进服务社会和人才培养深入融合”项目，荣获第一批北京高校党建和思想政治工作特色项目。“资源利用与植物保护技术进展”课程获得教育部课程思政示范课程。累计获得媒体报道量 800 多次，被央视、《人民日报》、新华社、《光明日报》等各大国家级主流媒体报道 50 多次。新中国成立 70 周年前夕，中央媒体对曲周科技小院故事进行了集中宣传报道。

三是推广科技小院成为国家行动。科技小院虽小，但作用却不小，目前科技小院已经全面升级为国家行动。2020 年，科技小院被写入教育部等国家七部委联合发布的《关于加强农业科技社会化服务体系建设的若干意见》，并作为研究生培养典型案例在教育部网站发布。2021 年，科技小院被写入中办、国办印发的《关于加快推进乡村人才振兴的意见》和国务院《全民科学素质行动规划纲要（2021—2035 年）》、农业农村部等国家六部委印发的《“十四五”全国农业绿色发展规划》。中国实践不断形成全球影响，我们的科技小院被联合国粮农组织作为重点案例向全球农业部门推广。

（本文成文日期为 2022 年 9 月。）

“大思政课”

——建设中国特色世界一流大学的根本遵循

北京邮电大学马克思主义学院

周　晔　孔姝心

2021年3月6日，习近平总书记在看望参加全国政协会议的医药卫生界、教育界委员时首次提出“大思政课”，总书记强调“‘大思政课’我们要善用之，一定要跟现实结合起来”，同时指出“思政课不仅应该在课堂上讲，也应该在社会生活中来讲”。

2022年五四青年节前夕，习近平总书记来到中国人民大学，这所诞生于1937年抗日战争烽火中的陕北公学，这所中国共产党创办的第一所新型正规大学进行考察。习近平总书记第一时间走进思想政治理论课智慧教室，观摩思政课现场教学，了解教改创新、理论成果转化应用等情况，总书记想知道“大思政课”到底落实得怎么样了。因为高校“大思政课”建设的背后承载着中华民族伟大复兴的责任与担当，高校“大思政课”建设，是中国特色世界一流大学的基本遵循。习近平总书记希望高校思政课教师要让红色血脉赓续传承成为立德树人、培根铸魂、筑牢中华民族千秋伟业的强大支撑。

习近平总书记始终关注着“大思政课”到底怎么上，中国大学到底该怎么办。习近平总书记赞扬了中国人民大学的精神品格，即“党办的大学让党放心、人民的大学不负人民”，并再次强调，建设中国特色、世界一流大学不能跟在别人后面依样画葫芦，简单以国外大学作为标准和模式，而是要扎根中国大地，走出一条建设中国特色、世界一流大学的新路。

一、为什么建设“大思政课”、走中国特色世界一流大学新路

中华民族伟大复兴的基础工程是建设教育强国，是培养国家自主创新的

生力军，我们需要培养一大批能够破解关键核心技术“卡脖子”问题的高端人才，而不是一些精致的个人主义者，我们要为中国经济高质量发展提供强大智力支持，为民族复兴注入强劲活力，依赖别人走不通，靠自己怎么办？

习近平总书记是站在中华民族 5 000 年绵延的历史、站在世界社会主义 500 年、科学社会主义 170 多年、中国共产党建党 100 余年、新中国成立 70 余年、改革开放 40 余年前行发展中，提出建设“大思政课”、走中国特色世界一流大学新路的；是站在应对世界百年未有之大变局和实现中华民族伟大复兴战略全局的“两个大局”中提出建设“大思政课”、走中国特色世界一流大学新路的；是站在消除西方“颜色革命”“政治转基因”等一切“拔根去魂”企图的最前哨的高度提出建设“大思政课”、走中国特色世界一流大学新路的；是站在构建以马克思主义为指导的中国特色哲学社会科学、建设具有强大凝聚力和引领力的社会主义意识形态的高度提出建设“大思政课”、走中国特色世界一流大学新路的；是站在进一步丰富和发展当代马克思主义、21 世纪马克思主义的高度提出建设“大思政课”、走中国特色世界一流大学新路的；是站在党中央治国理政战略全局，站在为人民服务，为中国共产党治国理政服务，为巩固和发展中国特色社会主义制度服务，为改革开放和社会主义现代化建设服务的“四个服务”的高度提出建设“大思政课”、走中国特色世界一流大学新路的；是站在确保中国特色社会主义大学办学方向、培养一代代堪当民族复兴大任的时代新人的高度提出建设“大思政课”、走中国特色世界一流大学新路的。

二、怎么建设“大思政课”、走中国特色世界一流大学新路

怎么建设的问题，就是正确处理好建设“大思政课”、走中国特色世界一流大学新路的“六个之大”的问题。

（一）课程之大

课程之大，关键在于牢牢把握高校思想政治教育的核心课程这个“一心”——思政课自身主渠道、课程群建设，要把英雄人物、劳动模范、大国工匠等先进代表请进课堂参与思政课教学。“一环”是扎实做好“通识教育”课程。“二环”是课程思政。课程思政是高校思想政治教育工作新的生长点，要欲调无筝、欲抚无琴、如春在花、如盐在水般实施。“三环”是“行走的课堂”。要画好同心圆，“一心三环”、同向同行；要深化大中小学思政课一体化

建设，专业化运行、协同化育人，提升育人整体实效。课程之大不止于课堂，我们要在行走的课堂上，培养学生的爱国志、报国情，触及学生深处的精神基因，帮助学生深刻领悟党的创新理论的真理魅力和实践伟力，在更大的历史坐标和追求使命上解决信念、情怀“落地”问题。我们要齐抓共管，要充分动员全社会力量和资源、各级政府力量和资源、各行各业力量和资源投身思政课建设，这才是“大思政课”的核心要义。

（二）师者之大

课程之大，仰仗高质量的大师；高质量的大师源自教师队伍建设。这项基础性工作的目的，就是培养和汇聚筑梦人，打造中华民族的“梦之队”，尤其是在思政课教师队伍建设实现了历史性突破的今天、发展环境和整体生态发生了根本性转变的今天、思想政治理论教学效果大幅度提升的今天。

师者之大，在于德才兼备。师德，是衡量教师的永恒圭臬；师才，是“究天人之际、通古今之变，成一家之言”；师者，是社会良知的楷模。这种良知不是岁月静好，而是是非分明、疾恶如仇、仗义执言、追求公平、追求正义。习近平总书记在2014年教师节时指出：“一个老师如果在是非、曲直、善恶、义利、得失等方面老出问题，怎么能担起立德树人的责任？”在科学巨匠钱学森心里，是国为重，家为轻；是科学最重，名利最轻。钱老五年归国路，十年两弹成。所以，为师者，是道德人格与道德境界的大比拼。2016 年 12 月，习近平总书记在全国高校思想政治工作会议上指出，教师不能只做传授书本知识的教书匠，而要成为塑造学生品格、品行、品位的“大先生”。

（三）大学之大

大学之大，在于追求真理、追求理想和人生抱负、追求人类命运的终极关怀。贵在高远、贵在气势恢宏地引领社会、引导学子的精神追求，从而激发学生的民族气节，并充满对整个世界的责任和使命意识。大学之大，在于对学术的崇尚，深谙学术的使命：“为天地立心，为生民立命，为往圣继绝学，为万世开太平。”

（四）社会之大

社会之大，在于人与环境形成的关系总和。社会制度变革的本质在于促进生产力的发展，保障人的生存权和发展权。所以“大思政课”建设，只有格外注重社会建设，才能着力保障和改善民生。民生问题关乎社会稳定、政权兴亡。

（五）民生之大

民生是事关人民群众根本利益的问题。民生之基在教育、在教育公平公正上，在人民满意的首肯上。国家开展两轮“双一流”建设，147 所高校纳入建设范围。我国争创世界一流大学，如果从 1995 年 11 月正式启动“211 工程”算起，已逾 27 年；从 1999 年正式启动“985 工程”开始，也已经 24 年。当然，目前我国已成为亚洲最大、世界第三留学目的地国。一流大学的水平是要得到学界和社会的公认的，我们任重而道远。

民生之大，除了教育是民生之基，还有就业是民生之本，收入分配是民生之源，社会保障是民生之安全网。

（六）世界之大

习近平总书记强调，我们迫切需要回答好“世界怎么了”“人类向何处去”的时代之题。中国特色社会主义一流大学要为中华文化与人类文明的传承与创新提供不竭动力，为人民谋幸福、为民族谋复兴、为世界谋大同提升行动自觉与责任担当，尤其要有全球眼光和大历史观意识，认同世界潮流和共同规则，积极吸纳他人创造及其经验、积累和卓见，特色是立于共性之上，是峰峦之巅。

所以，“大思政课”之大，在于理念之大、历史之大、视野之大、时代之大、体系之大、阵地之大、场域之大、作为之大、格局之大。

三、建设什么样的“大思政课”、走中国特色世界一流大学的新路

现在，摆在我们面前的关键性任务，是如何破解从思政课到“大思政课”建设的瓶颈问题。首先，要坚持党的领导，传承红色基因，扎根中国大地，培根铸魂；其次，要处理好“量与质”“刚与柔”“动与静”“条与块”的辩证关系，从而使“大思政课”建设实现从大到强。

（一）坚持党的领导，传承红色基因，扎根中国大地，培根铸魂

世界一流大学是中国大学的关键少数，要建设“大思政课”、走中国特色世界一流大学新路，就要加快构建世界一流大学的新发展格局，传承红色基因，培根铸魂，这是党中央着眼我国长远发展和长治久安作出的重大战略部署。

（二）处理好“量与质”“刚与柔”“动与静”“条与块”的关系

一是“量与质”的关系。目前，在中央高度重视下，全国成立了 1 400 余家马克思主义学院，汇聚了约 9.1 万名专职高校思政课教师，多与少的矛盾

得到极大缓冲，“建强”被提上议事日程。我们要以“一校一强链”模式长驱直入，让最新科技、最强师资赋能思政，如北京邮电大学能让一校三区学生通过 5G&全息+8K 尽享优质资源课堂。

二是“刚与柔”的关系。建设中国特色世界一流大学，政策是刚性的、宏观的，但面对师生方方面面的需求又是柔性的、个性化的，我们要遵循思想政治教育工作规律、教书育人规律、学生成长规律。习近平总书记在 2014 年强调：“我们要认真吸收世界上先进的办学治学经验，更要遵循教育规律，扎根中国大地办大学。”“刚与柔”的空间，极其考验学校上上下下的精细化治理水平与能力，以及在“大思政课”建设过程中的站位、格局和精神层面的力量。

三是“动与静”的关系。走建设中国特色世界一流大学的新路，必须摸清家底，精准施策。高校学生流动性大、个性化强、活跃性高，要充分利用大数据，对比较静态、滞后的资料随时更新，并时时在脑在心，要注意“动与静”的转化、兼容开放，开展“面对面”“点对点”“屏对屏”“键对键”的互动交流、布局谋篇，学习习近平总书记的高屋建瓴又情真意切。静，最能体现学术的使命：“为天地立心，为生民立命，为往圣继绝学，为万世开太平。”

四是“条与块”的关系。“大思政课”的“条”是大中小一体化建设，“大思政课”的“块”是思政课程、课程思政、社会大课堂。只有“条与块”的协同才能走出“大思政课”建设、中国特色世界一流大学新路。“大思政课”建设、中国特色世界一流大学建设的核心内容是融合创新，要开展“联学联讲联研”活动，推动育人融合创新、学科融合创新、科研融合创新、体制机制融合创新，为国家发展和社会进步闯出新路。

（三）落地生根、根深叶茂，出大成果、见真实效

落实习近平总书记重要讲话精神要原汁原味，聚焦目标和大局，要师生共同把牢理想信念。要下大力气改革学科治理、以学科体系创新发展推进高原筑峰，以引育并举，打造人才高地。“大思政课”建设，直接关乎高校到底怎样落实立德树人根本任务，这就直接上升到国家战略与民族精神的高度。让我们以更加卓越的创新“雨林型”生态系统，让莺飞草长、名师云集。要以治理体系现代化释放澎湃发展动能，要以时不我待的精神，坚守知识分子的风骨与情怀；滴水穿石，下真功夫，不搞花拳绣腿、金玉其外、败絮其中。要将关注点放在“大思政课”的“质量、特色、贡献和影响力”上，通过“大思政课”建设、中国特色世界一流大学新路的探索，通过一大批世界一流大师用一流的教学培养出一流的人才，产出一大批处于全球前沿的学术成果。

［本文系国家社科基金高校思想政治理论课研究专项“手机App在高校思想政治理论课教学中的应用研究”（20VSZ042）的阶段性成果。本文成文日期为2022年9月。］

“大思政课”实践教学的探索与实践

北京交通大学马克思主义学院

田永静　郝依凡

2021年3月6日，习近平总书记明确提出“‘大思政课’我们要善用之，一定要跟现实结合起来”，强调“思政课不仅应该在课堂上讲，也应该在社会生活中来讲”。“大思政课”概念的提出是重大教育理念创新，为推进思政课教学改革创新和高质量发展指明了方向。建设好“大思政课”必然要求理论与实践相联系，因此，“大思政课”实践教学的研究和探索既是“大思政课”研究的题中应有之义，又应成为“大思政课”优越性的集中体现平台。

一、思政课实践教学是承载“大思政课”的天然平台

我国的教育方针历来强调“教育与生产劳动相结合”，高校实践课程开展由来已久，在不同历史时期其对教育方针的落实和承载不尽相同。重视实践教学、重视实践在育人中的作用是中国特色社会主义大学发展的必然要求，是为实现中华民族伟大复兴培根铸魂的必然要求，是高等教育良性发展的必然要求。

（一）“大思政课”实践教学的内涵

实践教学起源于现代教育的发展。实践教学中的“实践”并非指一般意义上的实践，而是指参与理论教学本身之外的社会生活，特别是与所学专业对应的社会生活。广义实践教学泛指除了进行理论教学之外的所有与实践相关的教学方式。一切有利于学生身心健康发展、能力培养、素质提高及有利于高等教育目标实现的活动都理应是实践教学的内容。

狭义实践教学指围绕专业人才培养目标，通过合理的课程设置和各种实践教学环节（实验实习、课程设计、科研项目、社会实践、参观走访、社会

调查等）配置，建立的与理论教学体系相辅相成的教学体系。思想政治理论课社会实践，是指高等学校在完成思想政治理论课教学的过程中或者过程后，通过亲身体验，深化学生对理论的认识和思考，从而达到认知的认同和情感升华的一种实践教学方式。

“大思政课”是以宏大的知识背景为基础、以宏大的历史站位为特征、以宏大的整体视角为方法，将学校作为实现资源整合的枢纽，通过突出和发挥实践教学的地位和作用，将“思政小课堂”和“社会大课堂”有机融合起来，实现思政课铸魂育人的根本目标，培养社会主义建设者和接班人。

“大思政课”实践教学，是与思政课的课堂讲授教学相衔接的，以学校为枢纽，以实践教学为平台，贯通历史与现实、国际与国内、校园与社会，教育引导学生在亲身参与物质生产实践、社会政治实践、科学文化实践的过程中，学思用贯通、知信行统一，不断增强“四个自信”，提升运用马克思主义立场、观点、方法分析问题和解决问题能力的教学方式。

（二）实践教学与“大思政课”具有内在一致性

首先，“大思政课”具有实践品格。2022 年 4 月 25 日习近平总书记到中国人民大学考察调研时，指出思政课的本质是“讲道理”。一切社会生活在本质上都是实践的。理论归根结底源于实践，并且将实践作为其最终的目的和归宿。要真正理解理论观点，归根结底要回到生活之中，回到实践之中去认识；而要让理论观点得到检验和确证，也必须要在实践活动之中去运用，去解决实际问题，从而完成认识的完整阶段，达到实践—认识—再实践—再认识的螺旋上升过程。

其次，实践教学是将“思政小课堂”融入“社会大课堂”的重要渠道。理论与实践的结合不仅是“大思政课”的本质特征，也是思政课改革创新的突破口。面对个性独立、思想开放、思维多元的青少年学生，思政课程不仅要在学校里和课堂上讲，也要推动学生深入社会大课堂去体悟。2022 年 4 月 25 日习近平总书记到中国人民大学考察调研时，号召“广大青年用脚步丈量祖国大地，用眼睛发现中国精神，用耳朵倾听人民呼声，用内心感应时代脉搏，把对祖国血浓于水、与人民同呼吸共命运的情感贯穿学业全过程、融汇在事业追求中”。“大思政课”最鲜活的素材就在社会生活中。“大思政课”要善用“社会大课堂”，但是社会生活并不会自发地成为“大思政课”的课堂，需要我们用社会实践的大平台为“大思政课”持续注入活力。“大思政课”要求思政课程植根于社会生活的沃土，在创新校园实践教学活动的基础上，积极面向社会，努力扩大校外社会活动的规模，深入开展校外社会实践活动，使青少年学生在“现实情境”中明辨是非、在身体力行中开阔视野并产生情感共鸣。

最后，实践教学是“大思政课”效果达成的关键环节。教学内容的广泛性是思政课的基本特性。而思政课教材容量的有限性和教材出版的完成性意味着，教材既难以包揽丰富多彩的社会实践，也难以跟随不断发展的社会实践而及时更新。这就要求思政课教师在教学中善于及时吸纳社会实践中的丰富案例和素材，以此来联结和弥补教材与教学之间的“空场”。教材向教学的转化，实质上是一个理论联系实际的过程。社会实践中的生动案例，正是理论联系实际所必不可少的“材料”。学生在思政课学习中的困惑，往往来自在社会实践中遇到的现实问题。“大思政课”需要有组织地走进社会开展实践教学，拓展思政课空间，广开课外实践活动，从“课内教”向“课外延”，打造“行走的思政课堂”；引导学生走进丰富多彩的社会生活，在实地体验中感受中华优秀传统文化、革命文化和社会主义先进文化的深厚力量，使学生在承载优秀文化的遗迹旧址、文博场馆及生产生活实境中感触和领悟，增强对中国特色社会主义的认同度，坚定对中华民族伟大复兴的信心。

二、高校思政课社会实践教学存在的问题

2018 年教育部关于印发《新时代高校思想政治理论课教学工作基本要求》的通知要求，从本科思政课现有学分中划出 2 个学分开展思政课实践教学。为落实这一要求，当前各高校基于学校的实际，普遍开展了思政课的实践教学并探索了一些好的做法，如设置了课内实践、课外实践、社会实践，探索了信息化平台在教学中的应用并取得了相应的成效。但是总体而言，还存在以下问题和不足。

（一）思政课实践教学开展的广泛性和经常性不够

思政课作为在本质上“讲道理”的课程，不仅要通过理论“说服”学生，还要让学生在实践中有所感悟，并结合这种感悟，坚定“四个自信”，掌握和运用马克思主义的立场观点方法分析和解决问题。因此，实践教学对于理论的深化和运用具有重要意义，是增强思政课实际效果的必然途径。从目前学校教学体系的设计上看，对实践教学重视不够、对现有实践资源挖掘不够，造成实践教学开展的广泛性和经常性不够，影响了思政课的整体效果。从“大

思政课”的视角看，造成了整个课程体系的弱项。

（二）基于“大思政课”的实践资源统合不够

实践教学的广泛、经常开展需要具有相应的实践资源和实践平台。当前对课内外、校内外、线上下的教学资源统合不够，学生在课下，在校园、家庭、社会生活中，在网络空间等方面，现有实践资源还缺乏统合规划，缺乏主题的凸显，没有相应实践平台的搭建，也缺乏相关教师实时跟进的指导。在社会实践方面，普遍的有组织的学生社会实践的开展也缺乏相应的社会实践平台，出现了思政课课堂教学与“大思政课”衔接缺乏平台的问题。

（三）对“大思政课”实践教学研究深度不够

“大思政课”实践教学有其自身特有的规律，当前对实践教学的深入研究还不够，不能深入把握教学规律，难以提升教学效果。“大思政课”实践教学需要开展教学目标研究，准确定位实践教学在立德树人根本任务中的作用；开展教学对象研究，基于尊重大学生主体性需求，实现对教育对象在实践教学平台上的再认识，把握当前大学生对自身主体地位的需求与表达方式；开展实践教学主题研究，基于实践教学特点，以实践资源为基础，统合确定思政课实践需求、实践重点、实践主题；开展教学介质研究，信息化环境下，结合教育对象需求和特点，进行新媒体和新技术介质在实践教学中的研究；开展实践教学方法研究，实践教学有其自身规律，在实践中如何以学生为主体开展启发引导、综合分析，需要进行探索研究从而把握教学规律。

（四）社会实践与经济社会发展需求有效对接不够

高校学生的社会实践，最深层次的动力来源于大学生发挥专业所学服务经济社会发展。在服务社会中让学生了解社会、认识社会、深入社会，在为经济社会发展作贡献中增长才干、坚定自信，服务中国特色社会主义建设大局。当前，对于经济社会发展需求的信息收集与对接不足，与大学生专业特长对接不够，使得高校社会实践缺乏持续动力。

三、“大思政课”实践教学模式的构建

北京交通大学基于“大思政课”理念，初步搭建了“大思政课”实践教学模式，以期解决思政课实践教学存在的问题，提升立德树人效果，初步实

现了“大思政课”实践教学模式的构建。

（一）加强顶层设计，构建思政课社会实践教学体系

在实践课程建设上，开设 2 个学分的“思政课社会实践”课程，其中开设 8 个学时理论授课，实现社会实践全员辅导、全程覆盖。在实践平台建设上，运用互联网的信息传输和资源整合优势，实现社会实践的信息共享、宣传交流、指导监督、评价考核、成果转化。在实践机制建设上，着眼于巩固教学模式，激发教师和学生参与社会实践的热情并形成文化自觉。在学校形成了上下联动、部门配合、职责明确、制度清晰、规范统一的思政课社会实践教学体系。

（二）强化价值引领，凸显思政课立德树人使命

立足学校特色，强化“交通强国”战略引领，引导大学生在实践中领悟理论知识，培养人文精神、道德人格和政治素养。一是把立德树人的理念融入理论授课、团队组建、实践选题、项目立项、实践过程、报告撰写、考核评价、成果转化等社会实践的全过程，融入校内实践、社会实践、实习实训等实践活动中。二是实现思政课实践与专业课实践同向同行。将思政课教学重点、难点、热点、焦点和疑点问题融入相关专业课程的实习实训活动中，统筹思政课社会实践教学成果同学科竞赛、科技创新创业、评优评先、“智库”建设的一体化衔接。三是发挥学校特色优势。立足行业特色，将交通强国战略、中国铁路故事、高铁精神、铁路工程师文化等融入理论与实践教学，增强学生的自豪感、责任感和使命感。

（三）优化资源整合，发挥实践育人协同效应

一是整合组织管理部门。由学校牵头，马克思主义学院、教务处、学生处、招生就业处、校团委、校友办等多个部门共同参与，各负其责。二是整合师资队伍。形成了一支由思政课教师、校团委团干部、辅导员、专业课教师等组成的多学科、多领域的校内理论指导团队，同时在校外聘任一批政治素质强、理论水平高，又有实践经验的专家、学者、企事业人员，在实践基地指导学生。三是整合实践资源。充分利用校园文化资源、北京实践资源，建立了包括圆明园、门头沟、铁路局、机务段等多个校外实践基地，深化校企、校地合作，实现了“思政小课堂”和“社会大课堂”的有机结合。四是整合信息化资源。搭建信息化支撑平台，建设包括校内课程平台、微信公众号、手机 App 等网络实践平台，形成课上课下、校内校外、线上线下等多方育人资源的协同效应。

（四）完善机制保障，建立实践教学长效机制

围绕实践教学模式，形成了“组织领导机制、制度建设机制、队伍建设机制、信息化支撑机制”的实践教学长效机制，统筹整合校内校外多个部门的人力、财力和物力资源，通过优化实践教学理念、拓展实践教学内容、创新实践教学方法、丰富实践教学形式、规范实践教学评价考核和完善实践教学成果转化，进一步提升了实践教学效果和水平。

（本文成文日期为 2022 年 9 月。）

“大思政课”的实践属性与路径探索

北方工业大学

田红芳

思政课作为落实立德树人根本任务的关键课程，事关青少年的信仰培育、理论增进、实践养成等全方位的育人目标，是培养新时代社会主义建设者和接班人的主要渠道，对于实现中华民族伟大复兴的奋斗目标有着不可替代的作用。2021 年全国两会期间，习近平总书记强调，“‘大思政课’我们要善用之，一定要跟现实结合起来”，“思政课不仅应该在课堂上讲，也应该在社会生活中来讲”。“大思政课”的理念开拓了思想政治教育的育人格局，为思政课守正创新提供了根本遵循。

一、深刻理解“大思政课”的核心要义

善用“大思政课”，首先要领会其核心要义，把握其内在构成与根本指向，从育人格局、育人理念、育人方式等多个维度予以全面理解，为善用“大思政课”提供基本理论前提。

（一）育人格局之大

习近平总书记强调，“当前形势下，办好思政课，要放在世界百年未有之大变局、党和国家事业发展全局中来看待，要从坚持和发展中国特色社会主义、建设社会主义现代化强国、实现中华民族伟大复兴的高度来对待。”因此，“大思政课”需要与世界局势、时代脉搏、民族复兴、社会发展等密切关联，需要胸怀“两个大局”，心系“国之大者”，将思政课的教育教学活动置于大历史观与大世界观之中，提升思政课的视野与格局。因此，思政课绝非局限在象牙塔中的自说自话，而是需要将马克思主义基本原理的阐释真正与中国具体实际相结合、同中华优秀传统文化相结合，从马克思主义唯物史观的高度来看待思政课，彰显出思政课应有的大局意识与时代精神。

（二）育人理念之大

“把思政小课堂同社会大课堂结合起来，在理论和实践的结合中，教育引导学生把人生抱负落实到脚踏实地的实际行动中来，把学习奋斗的具体目标同民族复兴的伟大目标结合起来，立鸿鹄志，做奋斗者”。因此，思政课不仅仅包含着理论知识的传授，还关涉着理想信念的培育、道德品行的培养、综合素养的提高等更为深层的价值性目标。“大思政课”的育人理念需要建立“小我”与“大我”、个人梦与中国梦、个人价值与社会价值之间的关联互通，使学生充分认识到个人主义、享乐主义等错误观念的危害，培育家国情怀与社会责任感，增进自身的政治认同与国家认同，成就担当民族复兴大任的时代新人。

（三）育人方式之大

“大思政课”的有效运用需要将广大的格局和理念落实到育人方式之中，真正体现出“大思政课”的系统优势与协同效应。“大思政课”的教育方式不能仅仅局限于“思政小课堂”，不能仅仅依靠思政课教师的课堂讲授，而是需要真正将思想政治教育的内容与社会生活结合起来，与国家需要结合起来，构建出家庭、学校、社会、政府等多元主体共同参与的育人格局。习近平总书记在全国高校思想政治工作会议上强调，“把思想政治工作贯穿教育教学全过程，实现全程育人、全方位育人”。因此，“大思政课”的育人方式应该有效介入社会生活的各个场域，广泛发动相关人员的积极参与，将教学内容深刻融入教育对象的各个成长阶段，真切面对教育对象的现实发展需求，真正将思政课变为学生的“人生大课”。

二、正确认识“大思政课”的实践属性

“大思政课”依据自身的内涵意蕴与价值关涉，形成了不同于其他课程亦不同于传统思政课的特性，“大思政课”的内在特性集中表现为鲜明的实践属性，将理论认知与信念培育寓于丰富多元的实践之中，进而实现立德树人的根本目标。

（一）体现为教学内容的延伸

对于思政课所涉及的丰富内容，习近平总书记指出，“思政课教学涉及马克思主义哲学、政治经济学、科学社会主义，涉及经济、政治、文化、社会、生态文明和党的建设，涉及改革发展稳定、内政外交国防、治党治国治军，

涉及党史、国史、改革开放史、社会主义发展史，涉及世界史、国际共运史，涉及世情、国情、党情、民情，等等”。由此可见，思政课不仅对于学术的广度与深度具有很高的要求，而且还涉及国家建设与社会发展的各个面向，如此一来，思政课的教学内容就不能是枯燥机械的理论符号，而是应该密切结合时代需求与学生关切，进而对理论做出合理的创造性转化，将优秀社会资源引入思政大课堂。教育者要及时将学生看得见、摸得着、有感受的现实案例引入思政课教学之中，不断吸收社会实践中的生动素材以丰富教学内容，既有效提升思政课教师授业解惑的教学主导作用，也能充分回应学生的现实关切，增进学生的参与度与积极性，真正将思政课打造成学生喜闻乐见、终身受益、毕生难忘的优秀课程。

（二）体现为育人时空的拓展

列宁讲道：“训练、培养和教育要是只限于学校以内，而与沸腾的实际生活脱离，那我们是不会信赖的。”“思政课应该在社会生活中来讲”的育人理念，正是基于对实践属性的强调。“社会即课堂”是“大思政课”的突出特征，思政课只有走出小课堂、面向社会大天地，进入现实的社会生活，才能够让理论焕发生机，让知识观照现实。“哲学家们只是用不同的方式解释世界，而问题在于改变世界”，理论的价值只有在实践中才能得以检验与彰显，信仰的定力也只有在实践中才能得以淬炼与夯实。因此，需要在“思政小课堂”与“社会大课堂”之间建立起密切的关联，坚持理论性与实践性的统一，将思政课延展至广阔的社会天地之中，融入能展现中国特色社会主义发展的巨大成就的生活实境中，通过看变化、看成就来增强学生的政治认同与家国情怀，在“大思政课”的社会历练中实现政治品格、学理认知、道德情感、实践本领等的全面提升。

三、探索善用“大思政课”的路径探索

“大思政课”以宏大高远的格局将思政课程与社会现实相结合，注重科学理论与社会实践的统一，注重学校课堂与社会资源的融合，以真正实现思政课应有的亲和力与实效性。近年来，北方工业大学从多个维度积极探索善用“大思政课”的可行方法，扎实推进思政课的改革创新，致力打造有高度、有效度、有广度、有力度的“大思政课”，切实提升思政课的育人实效。

（一）提升“大思政课”战略高度

在善用“大思政课”的探索与尝试中，着力创新育人理念，以整体性、系统化的思维看待思政课的育人目标，引导师生胸怀中华民族伟大复兴战略全局和世界百年未有之大变局，把党的百年历史、伟大建党精神和光荣传统作为激励师生奋勇前进的强大精神动力，努力培养担当民族复兴大任的时代新人。将宏观的社会发展理念与学校的文化精神、学生的实际关切密切关联，将办学理念、建校70多年来形成的校风校训融入“大思政课”的教育教学之中，将学校优良传统的赓续传承作为立德树人的现实载体，培育学生踔厉奋发、守正创新的精神品质。

“大思政课”的善用，需要战略性统筹以发挥整体合力，建立党委统一领导、党政齐抓共管、相关单位协同配合的工作格局。学校党委把思政课建设和马克思主义学院建设作为加强党的政治建设的重要内容，将马克思主义学院作为“引领学院”，把思政课作为“引领课程”，党委常委会每学期专题研究思政课建设。领导干部讲思政课、听思政课，结合分管工作，走进思政课堂为学生传道解惑，打造了“学习者”思政课品牌。推动办学治校各领域、教育教学各环节、人才培养各方面的育人资源和育人力量融会贯通，致力构建思政大格局，实现育人全覆盖，确保“大思政课”拓宽格局、开出特色、获得实效。

（二）确保“大思政课”实施效度

积极推进“专题教学+案例教学+实践教学”相结合的思政课改革创新模式，成立“课程思政工作坊”，确保思政课程与课程思政的深度融合，努力打造学生喜爱、富有实效、具有影响的思政金课。

积极开展专题教学。将课程的理论内容、社会的重大时事、学生的现实需求等紧密结合起来，通过集体研讨设计出符合育人目标与学情需求的课程专题，以合理的专题设计将教材体系转化为教学体系。在专题设计中注重教学内容的“四融入”，即融入习近平新时代中国特色社会主义思想在中华大地的生动实践；融入党史、国史、改革开放史和社会主义发展史，加强世情国情党情教育；融入中华优秀传统文化；融入北方工业大学的办学情怀与定位，培养学生的归属感与认同感。

积极推进案例教学。将深邃的思想理论配之以鲜活生动的案例，特别注重不同专业学生的知识兴趣点，就同一理论问题对不同专业学生展开专属性的案例教学，进行分众化、精准化的教学设计，分专业建立案例资料库、视频资源库等，以充分契合学生的专业背景与现实关切。

积极深化实践教学。确立了知行并重、知识–能力–价值观相统一的实践教学新理念，打造了综合性模块化的思政课实践教学模式，设立“校内调研”“社会热点研究”“农村调研”“读书会”“新媒体实践”“红色文化传承”“校友访谈”等实践模块，增进学生的实践本领与家国情怀。作为发起单位之一，建立全国高校思政课实践教学联盟。

积极进行课程思政建设。成立“课程思政工作坊”，定期组织课程思政示范课、优秀教学案例评选，共同发掘各学科专业蕴含的思想政治教育资源，推进“思政课程”与“课程思政”的深度融合。坚持思想引领与专业教学有机结合、知识传授和价值传播相辅相成，同步提高学生的政治素质与专业素质。

（三）拓宽“大思政课”辐射广度

善用“大思政课”，要将思想政治教育与社会现实紧密结合起来，充分融入社会大课堂，使学生在社会实践中感受党的思想伟力，增进家国情怀，激发为国家担当、为民族尽责、为人民服务的行动自觉。

发挥专业优势，广泛组织师生开展理论宣讲。组建师生宣讲团，持续深入北京基层单位和社区居民中宣讲党的最新理论成果。发挥思政课教师理论专长，组织编写党史学习教育读本，深入挖掘京津冀党史文化基因和红色育人资源，为学习宣讲工作提供了丰富素材与学理支撑。

服务首都经济社会发展，助力北京美丽乡村建设。先后在京郊多地建立了实践基地，组织师生对口支持和服务当地新农村建设。紧密结合国家新农村建设的重点和方向，对农村基层民主、经济转型、文化建设、法治素养培育、环境保护、新农合与养老等进行持续的调查研究和发展跟踪。结合京西永定河文化带建设、中关村科技园石景山园建设和北京城市管理体制改革试点区建设等，开展了丰富的“大思政课”实践。

聚焦学校区域特色，着力发掘传承京西革命文化。以香山革命历史研究为基础，组织师生参与香山红色文化品牌的打造工作；参与“京西山区第一党支部”纪念馆建设，组织师生承担资料挖掘整理、场馆布置和解说词撰写等相关工作；组织学生志愿者参加八宝山革命公墓清明祭扫志愿服务。结合首都建设发展需要，组织师生积极参加志愿服务活动，使学生在广阔的社会思政大课中增进政治认同与国家认同。

（四）加大“大思政课”保障力度

强化建章立制，夯实“大思政课”建设的制度基础。制定符合学校实际发展需求的一系列制度，确保“大思政课”建设有章可循、有规可依。建立全方位听课评课制度，严抓课堂教学秩序；通过评价指挥棒调动教师“教”和学生“学”的双主体作用，切实破解思政课改革难题。修订思政课教师专业技术职务晋升办法，树牢重视教学的鲜明导向；修订本科生奖学金、研究生学业奖学金评审办法，将思政课到课情况、平时成绩、期末成绩作为思想品德奖学金、优秀学生奖学金的重要指标。

强化队伍建设，增强“大思政课”建设的底气。加强对青年教师的全面培养和历练；完善教学评价体系，实现领导评、专家评、同事评、学生评的全方位评价体系。广开思政课教师培训、研修、实践学习等路径。领导干部、辅导员、专业课教师、班主任、教师党员等自觉承担起育人职责，与思政课教师良性互动，形成育人矩阵。

强化协同联动，汇聚办好“大思政课”的合力。加强宣传、学工、团委、教务等部门与马克思主义学院的协同，统筹思政课与校园文化活动、社会实践活动、志愿服务活动的关系，不断提升学校思政育人工作实效；推进育人平台协同，为师生学术研究、学习交流、实践锻炼提供充分的平台支持，打造“大思政课”师生学习共同体；优化资源协同，将校内与校外、网上与网下、国内与国外环境资源关联起来，将家庭、学校、社会多重优质的教育资源整合起来，扩大专业课与思政课同向同行的协同效应，共同构建“大思政课”育人格局。

（本文成文日期为 2022 年 3 月。）

用好北京冬奥会遗产助力上好“大思政课”

北京工业大学马克思主义学院

丁　云

习近平总书记关于“大思政课”的重要论述，强调思政课“一定要跟现实结合起来”，“不仅应该在课堂上讲，也应该在社会生活中来讲”。2022年北京冬奥会是我国在新时代重大历史节点成功举办的重大标志性活动，创造了“胸怀大局、自信开放、迎难而上、追求卓越、共创未来”的北京冬奥精神，留下了丰富的遗产。对于新时代思政课来说，要充分借力北京冬奥会留下的宝贵遗产，弘扬北京冬奥精神，将鲜活的冬奥素材及时转化为育人素材，凝聚思想政治教育合力，把握好“大思政课”的使命之大、格局之大和目标之大，为培养新时代青年奉献力量，开创思政课改革创新的新局面。

一是弘扬北京冬奥精神，彰显“大思政课”的大使命。思政课是立德树人的关键课程，首先要回答好“为谁培养人”的问题。思政课承载的是国家使命。新时代比以往任何时候都更加迫切需要优秀人才自觉肩负起开创党和国家事业发展新局面的使命担当。思政课教学则需要以不断提升自身能级、拓展原有格局的方式来实现对这一使命的承载与转化。要立足“两个大局”，着眼“两个一百年”奋斗目标，贯穿民族复兴大主题，聚焦党和国家取得的历史性成就、发生的历史性变革，教育优秀人才站稳国家立场以满足国家战略需求，培养新时代青年的使命担当，以此呈现“大思政课”的使命之大。北京冬奥精神是伟大民族精神和党的伟大精神在新时代的新发扬，是中国精神的集中体现和生动诠释，是爱国主义、集体主义、社会主义精神的传承和发展。当前高校思政课质量的提升要积极利用冬奥会留下的宝贵遗产，教育学生心怀“国之大者”，胸怀“两个大局”，增强思政课话语叙事的说服力和生动性，在一代代优秀运动员的奥运故事中，更深刻地感悟党团结带领中国人民从站起来、富起来到强起来的奋斗历程；用北京冬奥会的鲜活案例培育青年大学生迎难而上、追求卓越、敢于拼搏、百折不挠的优秀品质；通过北京冬奥会举办过程中所采取的低碳、绿色、环保和可持续的一系列措施，培养大学生贯彻绿色发展理念，践行绿色低碳行为；通过中国人民在北京冬奥会展现的自信开放的力量和友善包容的心态，教育学生秉承人类在奥林匹克运动对和平、团结、进步的美好追求，为构建人类命运共同体作出更大贡献。

二是借鉴北京冬奥会组织成效，构建“大思政课”的大格局。长期以来思政课与社会实践、与学校其他课程相互隔离的“孤岛效应”是突破思政课提质增效的瓶颈问题。新时代思政课教学改革创新必然要打破这一困境，切实推动思政小课堂与社会大课堂的紧密结合，有效构建育人大格局。一方面，要以立德树人为纽带打通育人各环节；另一方面，要以思想政治教育为牵引推动整个育人系统的协调运行。围绕“如何培养人”这一核心问题，“大思政课”要回答的就是如何更加充分、合理、有效地运用好历史场馆与现实活动等各类型教育阵地和各方面教学资源，不仅在时间维度上要实现小学、中学、大学及课前、课内、课后的接续递进，而且在空间维度上做到课堂、校园、社会、网络的全面覆盖，构建思政小课堂与社会大课堂紧密结合的多维时空协同育人大格局。北京冬奥会本身就是一场成功的“大思政课”。作为世界性的规模巨大而又复杂困难的“拼图游戏”，需要统筹协调，周密合作，协同保障。在这场盛会的三个赛区，场馆设施世界一流，赛事组织严谨专业，疫情防控精准有效，各项服务温馨周到。来自各行各业的管理者、科学家、工程师、医护人员、艺术家、学生的卓越奉献和成千上万志愿者的温暖、活力、热情和支持，造就了本届冬奥会的成功。它交出的办赛和防疫两张优异答卷，创造了奥运会历史的新标杆，彰显了我国社会主义制度无与伦比的统筹协调能力、组织动员能力和贯彻执行能力。而每一位身处其中的青年人既是参与者、奉献者，又深受感染和教育。北京冬奥会的成功举办启示我们，上好“大思政课”，既要善于把反映时代特点的丰富社会资源引入思政小课堂，也要善于把重大历史和实践活动场景转换为社会大课堂。二者的密切结合必然构建起多元主体参与、资源力量充裕、内生动力充盈的新时代“大思政课”的大格局。

三是学习北京冬奥会典型模范，实现“大思政课”的大目标。“培养什么人”关乎教育发展的根本，也是“大思政课”需要探讨的核心问题。时代的发展进步对人才培养提出了比以往更高的要求，“大思政课”倡导知识、能力、价值、素养的有机统一，其根本目标是培养德智体美劳全面发展的社会主义建设者和接班人。习近平总书记强调，现在这一代年轻人，也在变化之中，他们的心态、思想也在改变。在冬奥会开幕式上，来自大山里的孩子们用希腊语合唱《奥林匹克颂》展现新时代中国儿童可爱、自信的形象；在冬奥赛场上，苏翊鸣、谷爱凌、杨洪琼、赵嘉文等许许多多优秀运动员用他们的爱国情怀、神勇的表现、突破极限的状态，向全世界展示着新时代中国青年热情开朗、自信开放、包容进取、敢于挑战、追求卓越的英姿风采；冬奥会志愿者和防疫医生等众多幕后英雄展现了中国人民热情好客、真诚友善、敬业高效、互助进步的精神风貌。这些都为实现“大思政课”的目标留下了丰富的素材和宝贵的启示。“大思政课”就是要在人才培养的目标层面彰显新的理念。其一，要围绕立德树人这一根本任务不断拓展其育人功能，以核心素养中的必备品格和关键能力为主题，开展思想道德教育、理论知识教育、社会实践教育。其二，要在开展知识教育的同时不断强化价值引领，推进思政课以系统的马克思主义理论教育为青年学生成长成才奠定思想理论基础，教育青年学生不仅要完善和丰富知识结构，掌握科学的思维方法，更要以真理的力量塑造高尚人格。要通过先进典型和榜样示范锤炼品德，引导学生严私德、守公德、明大德，帮助学生树立正确的历史观、民族观、国家观。不仅要推动学生在深入学习理论知识基础上提升道德判断力与选择力，而且要在主动自觉地参与重大公共活动中提升政治判断力、政治领悟力与政治执行力。其三，要通过知识体系与价值体系的不断建构，不断增强破解时代难题的创新意识和创造能力，培养青年学生的社会责任与家国情怀，不断在实践中磨炼奋斗意志和锻造过硬本领，自觉把个体人生目标融入谋求民族复兴、人民幸福的伟大事业中，真正成为有理想、有本领、有担当、有作为的时代新人。

［本文系教育部示范优秀科研团队建设项目“高校思想政治理论课实践教学模式研究——以‘三级课堂’协同推进为例”（18JDSZK001）的阶段性成果。本文成文日期为2022年9月。］

第五篇

队伍建设

新时代高校宣传思想工作队伍建设路径

北京师范大学

王显芳　高　超　亓振华

“宣传工作是党的一项极端重要的工作，是中国共产党领导人民不断夺取革命、建设、改革胜利的优良传统和政治优势。”党的十八大以来，习近平总书记高度重视党的宣传思想工作，对宣传思想工作的重要意义、工作导向、目标任务等进行了系统深刻的论述。习近平总书记强调，宣传思想工作是做人的工作的，要把培养担当民族复兴大任的时代新人作为重要职责。中共中央办公厅、国务院办公厅专门印发有关文件，为做好高校宣传思想工作作出了系统规划与科学安排。高校承担着立德树人的根本任务，建设一支政治立场坚定、业务能力优良的高校宣传思想工作队伍，有助于全面贯彻党的教育方针，加强党对宣传思想工作和我国教育事业的领导，为教育现代化目标的实现创造良好的思想舆论氛围。

一、新时代高校宣传思想工作队伍建设的困境

（一）高校宣传思想工作人员工作素质表现个体差异大

建设一支高水平的工作队伍，是提升高校宣传思想工作质量的重要条件，是更好地为学校大局服务、为师生员工服务的基础和保证。但一些高校宣传思想工作人员的能力不能很好服务新形势下学校的事业发展，创新意识需要进一步强化，创新能力尤其是运用新技术来推动宣传思想工作的能力还不足，还不能以科学的眼光准确看待宣传思想工作。此外，宣传思想工作是一项重要的政治工作，但部分高校宣传思想工作人员的政治敏锐性和政治鉴别力不足，对“党管宣传、党管意识形态”落实不力，不同地区、不同高校的宣传思想工作队伍能力水平需要进一步加强。

（二）高校宣传思想工作队伍培训内容创新不足

推动高校宣传思想工作不断发展强大，“守正”是基础，“创新”是关键，二者应辩证统一于高校宣传思想工作实践之中。个别高校缺乏必要的宣传思想工作培训，没有把培训宣传思想工作骨干纳入学校整体培养规划和年度培养培训计划之中，岗前培训、岗位培训内容固化，缺乏与新形势紧密相连的培训内容，不能起到开阔眼界、增加阅历、提高实际工作能力的应有作用。部分高校还停留在“一篇通稿打天下”的机械式传达阶段，在成果转化环节也较为薄弱，没有真正做到“举旗帜、聚民心、育新人、兴文化、展形象”，难以使宣传思想工作和意识形态工作“深入人心”。

（三）高校宣传思想工作队伍协作机制尚未形成

在信息化社会和全媒体时代，随着国家改革发展环境的逐步开放，各种社会意识形态及亚文化相互交错，工作形势瞬息万变。高校宣传思想工作涉及高校内部诸多机构组织及职能安排，需要各个部门之间的通力合作。个别高校目前并没有建立一套行之有效的高校宣传思想工作体制机制并使之形成合力，没有建立健全党委统一领导、党政工团各系统齐抓共管、党委宣传部门协调统筹、相关部门和二级院（系）共同参与的工作机制，没有充分发挥院（系）党组织保证监督作用的合力机制。同时，部分高校并没有处理好宣传思想工作与高校中心工作及其他工作的关系，也没有同广大师生的日常生活有机结合起来，没能在高校建立起一个行之有效的内部运行机制。

二、新时代高校宣传思想工作队伍建设新要求

（一）核心要素在于增强“四力”

“宣传思想干部要不断掌握新知识、熟悉新领域、开拓新视野，增强本领能力，加强调查研究，不断增强脚力、眼力、脑力、笔力”，这“四力”是习近平总书记对新形势下宣传思想工作队伍建设提出的发展方向和对宣传思想工作者的殷切期望，为高校宣传思想工作队伍建设提出了核心要求和根本遵循。“四力”从实践、观察、思考、表达等本领能力上为宣传思想工作者提出了具体要求，“四力”相互联系、相辅相成，构成了宣传思想工作者的综合素质，也为工作队伍建设提供了着力点。

（二）时代诉求在于求实创新

“我们的教育必须把培养社会主义建设者和接班人作为根本任务，培养一

代又一代拥护中国共产党领导和我国社会主义制度、立志为中国特色社会主义奋斗终身的有用人才。"办好教育的根本保证是加强党对教育工作的全面领导，这要求高校宣传思想工作队伍必须承担起传播先进思想文化的责任，坚决拥护党的领导，"遵循思想政治工作规律、教书育人规律和学生成长规律"，把握"三大规律"的内在逻辑和主要特征，将改革创新付诸实践。因此，高校宣传思想工作队伍要时刻围绕立德树人核心任务，坚持德智体美劳五育并举，积极推动宣传理念和宣传手段创新，促进传统媒体和新媒体的融合，提高宣传思想工作水平和质量。

（三）现实需要在于构建合力

党的十八大以来，党中央高度重视高校宣传思想工作的力量整合。2015年1月印发的文件指出，高校宣传思想工作要"坚持齐抓共管、形成合力。推动校内外协同配合、全社会支持参与，构建高校宣传思想工作新格局"。高校宣传思想工作覆盖面广，涉及的具体工作内容繁多，任务的落实需要党政干部、共青团干部、思想政治理论课教师、哲学社会科学课教师、辅导员班主任和学生骨干等相互配合、有机协作，在逐步构建思想政治工作体系的进程中彰显工作成效与价值。高校只有将这几支力量高度整合、协同发力，才能最大限度发挥其智慧和力量。

三、高校宣传思想工作队伍内部合力构建

（一）夯实合力基础，强化组织管理

一要坚持政治挂帅，把政治标准作为选人用人的第一标准。在队伍中选拔培养政治坚定、理论扎实、笔头硬、口才好、行动快的优秀干部，尤其是通过选拔熟悉网络传播规律和具有一定网络技能的人员，来加强工作队伍力量。二要突出专业化培养，丰富培训内容和形式，明确培训层次和类型，保证培训频次和质量，不断提高宣传思想工作队伍的政治素养和能力水平；要强化协同创新工作意识，统一高校不同工作领域的宣传思想工作人员力量，协调各部门相关人员形成紧密、顺畅、有效的工作格局。三要强化组织管理。明确学校顶层、中层和基层一线的意识形态工作责任，做到守土有责、守土负责、守土尽责，分层分类组织开展宣传思想工作队伍培训班或研讨会，统一工作人员思想认识，提高宣传思想工作顶层设计、中层协调、基层落实的效果。

（二）重视师生参与，打造全员全过程全方位宣传思想工作体系

一要凝聚教师的宣传思想育人共识。破除教师的“本位主义”思想，在学生专业知识的讲授过程中，将言传与身教紧密结合、把握专业课教学与宣传思想工作的结合点，理论课和实践课的结合点、线下教学和线上宣传教育的结合点，推动思政课程与课程思政同向同行，切实打造全员全过程全方位宣传思想工作育人体系。二要提高学生在宣传思想工作方面的积极性和参与度，通过培养参与宣传思想工作的学生骨干，进一步扩充队伍力量，在全员育人过程中加强学生的自我教育和朋辈教育，强化学生作为全员育人主体之一的身份意识，通过学生接受度高的教育形式更好地落实宣传思想工作任务，在学生自我教育和朋辈教育的过程中提高工作的针对性和实效性。

（三）深化交流沟通，建设队伍合力育人长效机制

一要建立健全领导体制，结合学校人才培养工作实际，科学制订宣传思想工作全局规划，在整体计划基础上完善阶段性工作实施计划，明确指导思想、工作任务、实施举措，以及队伍构成、职责分工、考核标准等内容要求。二要完善沟通协调机制。高校党委宣传部门要承担起协调抓总的职责，协同党委学生工作部门、马克思主义学院等，建立宣传思想工作信息和资源共享平台，以及任务分解和问题研判交流平台，加大对宣传思想工作队伍统筹培训的力度。三要注重各层级工作的总结宣传，对于各地各校各部门探索出的典型做法和有效经验要及时凝练和推广，发挥好示范引领作用，建立奖励和共享机制，促进实践成果转化为可推广的政策制度。

四、提升高校宣传思想工作队伍素质的路径

（一）深化理论武装，旗帜鲜明讲政治

一要坚定马克思主义信仰。高校宣传思想工作的主要任务在于巩固马克思主义在意识形态工作中的领导权、话语权。广大宣传思想工作人员应努力学懂、真学真信马克思主义基本原理与基本方法，勤于用马克思主义观点分析解决问题。二要善于用马克思主义中国化的最新成果武装头脑，善于运用党的创新理论指导实践。党的十九大报告指出，要“牢牢掌握意识形态工作领导权”，“必须推进马克思主义中国化时代化大众化，建设具有强大凝聚力和引领力的社会主义意识形态”。作为党的思想路线在高校的

“代言人”，宣传思想工作人员在高校中与大学生的关系最密切，要敢于担当大胆作为，争做宣传的排头兵；同时要紧扣时代脉搏，以习近平新时代中国特色社会主义思想及习近平总书记关于宣传思想工作的重要论述为工作的总遵循，从中找依据、找方法，将其精髓细化浸润到人才培养的细处小处微处。

（二）实现多渠道育人，拓展宣传思想工作平台

一要加强高校宣传思想工作网络阵地的建设。广大工作者应努力在教育、管理和服务等全方位转变理念，充分运用好全媒体技术，不断加强网络思想舆论阵地建设，熟悉和掌握新媒体传播规律，通过微博、微信、短视频平台等新媒体渠道，积极弘扬和践行社会主义核心价值观，传播主旋律，大力营造健康和谐的网络环境，努力形成良好的网上舆论氛围。二要创新高校宣传思想工作实践方式。以帮助大学生解决实际问题为核心，在校园内搭建多层次实践性载体，认真梳理大学生普遍关心关注的社会问题，敢于回应、乐于回答、善于解答，努力在解决实际问题的过程中强化宣传思想工作。

（三）增强专业知识储备，改善业务水平和职业素养

一要把握时代发展的特点。随着全球化进程不断深化，世界各国经济合作推进，社会思潮和价值观呈现出显著的多元化、多样性及多变性，文化交流、碰撞甚至冲突现象频发。在多变的外部环境与我国社会发展转型的综合影响下，高校思想政治工作面临着严峻挑战。与此同时，高校青年学生价值观、思维方式、知识体系尚未搭建完成，如何合理应对现实境况挑战、高效开展高校宣传思想工作、助力双一流建设成为亟待解决的重要议题。宣传思想工作队伍作为工作落实主体，高效履行自身职责与使命不仅需要对自身肩负的重大使命具备清醒认识，更要善于分析与把握时代发展的特点。二要练就扎实的业务水平与职业能力。宣传思想工作者应当以职业能力标准为对照，时刻注意在日常学习中强化与掌握宣传工作的重要理论与论述，及时总结宣传思想工作的基本规律与实践方法，真正成为宣传思想工作的专门人才。同时，还应熟练掌握与运用校园文化建设、心理健康教育、职业规划等实务性技能，并在实践工作中注意对多学科知识的积累与运用，如教育学、管理学、哲学、心理学、社会学、新闻学与传播学等。

党的十九届四中全会指出，要“加强和改进学校思想政治教育，建立全员、全程、全方位育人体制机制。落实意识形态工作责任制，注意区分政治原则问题、思想认识问题、学术观点问题，旗帜鲜明反对和抵制各种错误观点”。高校是先进文化和意识形态传播的重要阵地，只有把握好新形势下宣传思想工作队伍建设的新要求，切实提高工作队伍建设的整体水平，才能更好地服务于“培养什么人”这一教育的首要问题，坚持好“党管宣传、党管意识形态”的正确政治方向，开创新时代高校宣传思想工作新局面。

（本文成文日期为2020年10月。）

思想政治理论课教师立德树人的内功和硬功

北京外国语大学马克思主义学院

林建华

高度重视马克思主义理论教育和思想政治教育，高度重视学校思想政治理论课建设，高度重视思想政治理论课教师队伍建设，既是我们党的独特优势，也是我们党的优良传统。2019 年 3 月 18 日，中共中央总书记、国家主席、中央军委主席习近平主持召开学校思想政治理论课（以下简称思政课）教师座谈会并发表了重要讲话。习近平总书记重申了培养什么人、怎样培养人、为谁培养人这个根本问题，这是马克思主义的立场观点方法在办好思政课中的创造性运用和具体体现。习近平总书记强调，思政课是落实立德树人根本任务的关键课程；办好思政课，关键在教师，关键在发挥教师的积极性、主动性、创造性；思政课作用不可替代，思政课教师队伍责任重大。这些论断对于学校思政课建设和教师队伍建设具有重要的指导作用，并因而使这次座谈会在学校思政课建设和改革的历史上具有里程碑意义。

一、既要学懂弄通悟透，更要落到实处

对于习近平总书记座谈会重要讲话精神，既要学懂弄通悟透，更要落到实处。落到实处，最根本的是思政课教师要练好立德树人的内功，练就立德树人的硬功；最重要的是结合各学校的实际，建设好马克思主义学院、马克思主义理论学科、思政课、思政课教师队伍，提高教育教学质量和人才培养质量。思政课教师的内功，就是习近平总书记要求的“六要”，即政治要强、情怀要深、思维要新、视野要广、自律要严、人格要正。这是标准，也是方向。思政课教师的硬功，就是习近平总书记要求的“坚持八个统一”，即坚持政治性和学理性相统一、坚持价值性和知识性相统一、坚持建设性和批判性相统一、坚持理论性和实践性相统一、坚持统一性和多样性相统一、坚持主

导性和主体性相统一、坚持灌输性和启发性相统一、坚持显性教育和隐性教育相统一。这是方法，也是路径。“六要”和“坚持八个统一”，集中回答了新时代做一名什么样的思政课教师、怎样做一名这样的思政课教师的问题。从这个意义上说，办好新时代思政课，铸魂育人，立德树人，功夫在课上也在课下，责任在校内也在校外。北京外国语大学积极学习贯彻落实这次座谈会精神，探索我校思政课教师立德树人的内功和硬功。正如列宁曾指出在任何学校里，最重要的是课程的思想政治方向，这完全由教学人员来决定。

二、只有不忘初心，才能不负人民

历史地看，中国近现代高等教育发展呈现出两大脉络，即以北洋大学堂、京师大学堂、南洋大学堂等为代表的近代高等教育与以抗日军政大学、陕北公学、延安女子学院、鲁迅艺术学院等为代表的红色高等教育。它们都为实现近代中国的两大历史任务，即民族独立、人民解放和国家富强、人民富裕作出了重要贡献，都对中华人民共和国高等教育体系的形成和高层次人才的培养发挥了奠基作用。

北京外国语大学的前身是1941年3月在延安成立的抗日军政大学三分校俄文大队，以及后来的军委俄文学校、延安外国语学校等。军委俄文学校和延安外国语学校的课程设置主要是两大类：一类是政治课，另一类是外语专业课。政治课主要学习马克思、恩格斯、列宁、斯大林、毛泽东的有关著作。同时，学校师生还积极参加了党中央组织领导的政治思想学习和社会生产运动。

只有不忘初心和宗旨，才能不负人民。作为中国共产党创办的第一所外国语高等学校，我校始终与党和国家、中华民族和中国人民同呼吸、共命运。我校校歌的歌名就是《永远为人民服务》，校歌的歌词是：“人民需要我们到哪里，我们就到哪里。我们有马列主义武器、毛泽东思想指导。我们勇敢地走向岗位，永远为人民服务。人民需要我们到哪里，我们就到哪里。”只有不忘使命和任务，才能不负时代。我校始终致力于培养高层次涉外人才，说“中国话”，把世界介绍给中国；说“世界语”，把中国介绍给世界，从而使行进在强国和复兴路上的中国、中华文明与处于百年未有之大变局中的世界、多样化文明之间不断增进交流、互鉴。

三、我校思政课教师立德树人的内功和硬功

我校思政课和思政课教师需秉持独特的理念和诉求、练就独特的内功和硬功，归结起来就是：传承红色基因，涵育家国情怀，拓宽学生视野，提升综合素质，讲好三大故事，培养时代新人。

一是传承红色基因，就是要给“拔节孕穗期”的学生植入坚持以人民为中心的立场、为人民谋幸福为民族谋复兴的使命、为人民服务的宗旨的基因，给学生心灵埋下真善美的种子。在新时代，最重要的就是做好“三进”工作，即习近平新时代中国特色社会主义思想进教材（教案）、进课堂、进学生头脑。而首要的前提和基础的工作则是做好另外一个“三进”工作，即进学科、进学术、进教师头脑。传道者自己首先要明道、信道，育人先育己，有信仰的人讲信仰，才能把道理讲清楚、讲明白。用习近平新时代中国特色社会主义思想铸魂育人，这是新时代对师生植入的最重要的红色基因。就此而论，诞生在抗日战争烽火硝烟之中的北京外国语大学，历经近八十年岁月的洗礼，赤子之心永恒，红色基因更艳。

二是涵育家国情怀，就是要教育学生心里始终装着国家和民族，在党和人民的伟大实践中关注时代、关注社会，汲取养分、丰富思想。我校人才培养更应扎根中国大地，用中华民族几千年来形成的博大精深的优秀传统文化，用我们党带领人民在革命、建设、改革过程中锻造的革命文化和社会主义先进文化武装学生的灵魂，使改革开放以来特别是新时代以来形成的中国特色社会主义道路自信、理论自信、制度自信、文化自信浸润学生的心魄。由此，修身齐家治国平天下的价值取向就具有了新时代意蕴。

三是拓宽学生视野，包括知识视野、国际视野、历史视野，学会用“显微镜”“高倍显微镜”“广角镜”“高倍广角镜”“望远镜”“高倍望远镜”来观察问题，往细处看、广处看、远处看，不断充实和丰富自我。我校培养的学生尤其要拓宽国际视野，这是其基于语言基础和优势之上的看家本领。当今时代，中国的发展离不开世界，世界的发展也离不开中国，中国与世界的共同诉求和价值导向是推动构建人类命运共同体。因此，在思政课教育教学中，一方面，我们必须讲清楚我国的基本国情，特别是讲清楚我们的历史传统、伟大实践、文化积淀，增强学生的中国特色社会主义道路自信、理论自信、制度自信、文化自信；另一方面，我们也应增强教育自信、学科自信，全面、

客观、真实地研究世界、介绍世界，特别是世界的多姿和多彩、态势和走势，打开并拓宽学生的国际视野，同时，将中国情怀和时代特征与世界眼光统一起来，通过深入、具体、生动的纵横比较，构建起科学方法和丰富知识的立交桥。这既是“强国一代”“复兴一代”应该具备的宏大视野，也是他们应该不断提升的综合素养。

四是讲好中国故事。讲中国故事是时代命题，讲好中国故事是时代使命。在思政课教育教学中，主要是讲好三大故事，即以主动、生动讲好习近平新时代中国特色社会主义思想为主线和红线，主动讲好中国共产党治国理政的故事、中国人民奋斗圆梦的故事、中国坚持和平发展合作共赢的故事。在三大故事系列的述说中阐释学理、饱含情感、春风化雨、润物无声、潜移默化地塑造学生，把学生培养成为能够担当民族复兴大任的时代新人，培养成为共和国的红色外交家，而不是失去中国根基、一味膜拜外国文化的外国模式的追随者；把学生培养成为社会主义建设者和接班人，而不是旁观者和反对者，更不是破坏者和掘墓人。

[本文系北京高校中国特色社会主义理论研究协同创新中心（北京外国语大学）、2017 年度北京市宣传文化高层次人才培养资助项目“新时代中国特色社会主义的世界影响力研究”（2017XCB010）的阶段性成果。本文成文日期为 2019 年 3 月。]

做政治过硬、业务精湛、师德高尚的高校思想政治理论课教师

北京化工大学马克思主义学院

于文博

2019 年 3 月 18 日，在学校思想政治理论课教师座谈会上，习近平总书记强调："办好思想政治理论课关键在教师，关键在发挥教师的积极性、主动性、创造性。"他用"可信、可敬、可靠，乐为、敢为、有为"肯定了思想政治理论课（以下简称思政课）教师队伍，又提出了思政课教师"政治要强""情怀要深""思维要新""视野要广""自律要严""人格要正"的六点要求。这六点要求，体现了思政课教师的关键作用，明确了思政课教师队伍的建设需要。作为高校思政课教学的中坚力量和后继人才，高校思政课教师要以习近平总书记的要求为职业目标，坚守立场、全情投入、潜心育人，成长为政治过硬、业务精湛、师德高尚的思政课教师。

一、政治要强、情怀要深，要求高校思政课教师坚守立场、政治过硬

习近平总书记强调："思想政治理论课是落实立德树人根本任务的关键课程。"高校思政课，要用习近平新时代中国特色社会主义思想铸魂育人。培养德智体美劳全面发展的社会主义建设者和接班人，是思政课教师的职责所在，也是时代赋予的光荣使命。有信仰、讲情怀是习近平总书记对思政课教师的首要要求。高校思政课教师要明确，为党育人、为国育才，必须坚守立场、政治过硬，关注时代、关注社会、关注学生，在大是大非面前保持政治冷静，厚植家国情怀。有信仰，才能讲好信仰；有政治高度、情怀深度，才能有教学温度；对国家真心热爱、对理论真心理解、对教育真心投入、对学生真心

付出，才能以透彻的学理分析回应学生，以彻底的思想理论说服学生，用真理的强大力量引导学生。

高校思政课教师在实际教学中，特别要注重贯彻政治性和学理性相统一，建设性和批判性相统一。比如，对“思想道德修养与法律基础”课中的“为什么要信仰马克思主义”“如何理解爱国主义和爱社会主义相统一”“社会主义核心价值观自信来自何处”等关键问题，教师必须给学生讲清楚、讲透彻；对历史虚无主义、文化复古论、极端个人主义等错误观点、错误思潮，必须深刻剖析、发声亮剑。尽管有些教师拥有多元的学科背景，但高校思政课教师在观念和行动上必须完成从“擅长讲什么”到“一定要讲什么”的转变，将国家发展前景与个人成长轨迹紧密联系，引导学生坚定理想信念、端正价值理念、涵养道德观念，用爱国情、强国志、报国行，真正担复兴大任、做时代新人。高校思政课教师应理直气壮地讲好思政课，增强自身的责任感和使命感。

二、思维要新、视野要广，要求高校思政课教师全情投入、业务精湛

习近平总书记提出“八个相统一”，不断增强思政课的思想性、理论性和亲和力、针对性。高校思政课建设守正创新，要以“八个相统一”为指导，了解学生知道什么、关注什么、思考什么、表达什么，学会辩证唯物主义和历史唯物主义，创新课堂教学。通过知识视野增加理论深度，通过国际视野进行横向比较，通过历史视野讲清来龙去脉，找准学生的思想共鸣点、情感出发点、学习困惑点、理论渴求点，推进教学内容和教学方法上的双重革新。

高校思政课教师在不断夯实教学基础、丰富教学经验、提升教学能力的过程中，需要关注学生、引导学生、化育学生，把道理讲明白、讲清楚、讲生动、讲透彻。只有全心全意投入教学，扎实提高业务能力，拥有深厚的理论功底、科学的辩证思维和恰当的教学手段，才能带给学生深刻的学习体验，引导学生树立正确的理想信念、学会正确的思维方法。

要增强高校思政课的思想性、理论性和亲和力、针对性，教师可以从“时代特征、课程特质、学校特色、学生特点”相结合入手，进行有重点、有层次、有特色的教学。明确时代特征，为学生讲清楚中国特色社会主义进入新时代的历史意义、理论意义和国际意义，讲清楚习近平新时代中国特色社会主义思想的核心要义和创新观点；凸显课程特质，深入进行教学研究，系统

设计教学环节，在中小学思政课的基础上循序渐进、螺旋上升，明确高校各门思政课的各自侧重；着眼学校特色，将大学精神、行业领军人物、知名校友成长故事等内容融入教学，建设思政课特色资源库；尊重学生特点，融合理论、实践、网络三个课堂，面对面、键对键对学生进行指导，建立反映学生思想道德素质形成和变化的成长档案。教师经过不断磨炼、不断反思、不断成长，讲时代故事、讲理论故事、讲校史故事、讲学生故事，明理明事、育人育心，让高校思政课有虚有实、有棱有角、有情有义、有滋有味，提升教师和学生共同的获得感和满足感。

三、自律要严、人格要正，要求高校思政课教师潜心育人、师德高尚

习近平总书记强调，思政课作用不可替代，思政课教师队伍责任重大。思政课教师，要在学生人生的“拔节孕穗期”，给学生心灵埋下真善美的种子，引导他们扣好人生第一粒扣子。传道者先明道，教育者先受教育。高校思政课教师要有堂堂正正的人格，做到课上课下一致、网上网下一致。要坚持职业自律、职业操守，加强修养、提升人格、潜心育人、师德高尚，以高度的信心和决心追求并确立大境界、大胸怀、大格局，政治上坚定、理论上清醒、行动上自觉、人格上正直，以德立身、以德立学、以德施教、以德服人。

高校思政课教师更应明确，思政课教师承担着塑造灵魂、塑造生命、塑造新人的神圣使命，要在高校师德师风建设的基础上体现更严要求和更高觉悟。亲其师，信其道，乐其学。思政课教师的职业操守和人格魅力，本身就是提升思政课教学感染力的重要因素。作为高校青年思政课教师，更要发挥思维活跃、乐于沟通、善用网络、与学生年龄差距相对较小等优势，深入生活、体察入微，以规范的言行举止感染学生，以踏实的敬业奉献引导学生，以高尚的人格楷模感召学生。还需要通过多听多问，向经验丰富、师德高尚的教师学习，切身感受思政课教师应具有的人格魅力；需要通过鲜活的教学研究，参与各类教学比赛，与充满教学热情、永远昂扬向上的同仁共同成长；需要反复打磨教学环节，明确思政课教学永无止境。与学生分享成长的困惑和喜悦，坚定职业自信和使命担当，收获属于思政课教师的荣誉感和幸福感。

思政课教学，是信仰点亮信仰、理性唤醒理性、心灵呼应心灵的过程。高校思政课教师使命光荣、任重道远。要把好政治关，让思政课课堂激浊扬

清、是非分明；把好业务关，让思政课课堂充满活力、魅力四射；把好师德关，让思政课课堂塑造灵魂、化育人心。高校思政课教师要注重将学习贯彻习近平总书记重要讲话精神和切实提升思政课教学能力、扎实推进思政课教学创新结合起来，书写好新时代思想理论教育的奋进之笔。

[本文系2019年度北京高校思想政治工作研究一般课题“中华优秀传统文化融入行业特色院校思政课的路径研究”（BJSZ2019YB13）、中央高校基本科研业务费专项资金资助（PT1806）的阶段性成果。本文成文日期为2019年3月。]

思想政治理论课教师指导学生案例体验的困境和路径

中国传媒大学马克思主义学院

李淑文　黄　梅

“案例教学法指借由案例作为教学材料，结合教学主题，通过讨论、问答等师生互动的教学过程，让学习者了解与教学主题相关的概念或理论，并培养学习者高层次能力的教学方法。”“互联网+”时代案例教学方式已在各高校思想政治理论课（以下简称思政课）教学中广泛运用，教师指导学生案例体验作为新的教学设计值得尝试。中国传媒大学实施教师指导学生案例体验的教学试点已有五年时间，此设计中教师要指导学生正确选取案例素材、合理再现案例情境、分析讨论案例问题、总结提升案例结论。案例体验的目的是“以案说理，理从案出”，让学生学会学习，并从中有所感悟，侧重的是过程体验。学生进行案例体验有利于调动学生的学习积极性，拉近思政课理论和社会现实的距离，最终完美体现思政课的育人功能，实现习近平总书记在思政课教师座谈会上提出的目标：“办好思想政治理论课，最根本的是要全面贯彻党的教育方针，解决好培养什么人、怎样培养人、为谁培养人这个根本问题。”

一、思政课教师指导学生案例体验的原则

（一）坚持案例素材真实性和时效性相融合

案例的真实性指案例事实的客观性，即案例发生的时间、地点、人物、事件起因、经过、结果均是经得起检验的客观事实。案例的真实性是辩证唯物主义“一切从实际出发、实事求是”原则在案例体验中的具体体现。人是集知、情、意于一体的现实情感动物，只有真实可感的客观现实素材才具有

总结提升的现实基础，才具有教育与启示意义。选择新闻事件作为案例一定要有时效性，即案例一定是新近发生的鲜活事件，毕竟身边的、最新的事件更能为人们所熟知，更能体现时代性。坚持案例的时效性并不意味着抛弃经典，经典是历史长河中流传下来的传世之作，具有丰厚的文化积淀，不会随时间的流逝而改变，具有典范性与权威性，其存在已超越个人意义，上升为国家与民族的记忆，兼具特定历史时期的印记与当下的价值性，是二者的交融。所以，经典有其固有的作用，要学会把经典案例与当下社会巧妙结合。

（二）坚持案例选择典型性和针对性相融合

案例的选择至关重要，它是决定案例体验是否成功的首要因素。首先，选择案例要有典型性。典型性即代表性，案例的选择并非越多越好，而是依据教学内容和教学目标，选择同类案例中难度适中、最具典型性的案例。典型案例更具说服力，能更好、更快地让学生明白其中蕴含的道理。其次，案例的选择还要具有针对性。针对性讲究的是案例选材天衣无缝地精准对接教学内容，同时最好考虑学生的专业背景，指导学生体验出案例的专业特色，使案例体验与专业知识最大程度吻合。习近平总书记在 2019 年 3 月 18 日召开的思政课教师座谈会上强调：“推动思想政治理论课改革创新，要不断增强思政课的思想性、理论性和亲和力、针对性。”

（三）坚持教师主导性和学生主体性相融合

习近平总书记强调，“要坚持主导性和主体性相统一，思政课教学离不开教师的主导，同时要加大对学生的认知规律和接受特点的研究，发挥学生主体性作用”。思政课教师在指导学生案例体验的过程中，要明确教师主导性的角色定位：教师作为“教练”，要教会学生掌握案例体验的各环节和全过程，引导学生把教学内容与案例有机结合；教师作为“导演”，要充分发挥自身“导”的作用，引导学生进行“角色”定位，激发学生的积极性；教师作为“催化剂”，要在关键步骤和关键点上发挥“催化”作用，启发学生学会提出问题，进而提高分析问题和解决问题的能力。案例体验还要体现学生主体性的定位，案例体验的过程坚持“以学生为本”的理念，尊重学生的主体地位，让学生积极融入案例中，尽情解放思想提出问题、分析案例、展示自我，用自己的真实情感扮演好案例体验中的演员“角色”。

（四）坚持案例指导开放性和启发性相融合

教师在指导学生案例体验的过程中，要坚持开放性和启发性相统一。在案例素材的选择、分析、讨论和点评环节，要坚持开放性，营造开放和谐的课堂气氛，使每个学生都能厘清自己的逻辑主线、选择自己的思维角度、发表自己的见解观点、展示自己的“舞台”风采。开放性有助于调动学生的积极性，给予学生更多自由发挥的空间。在开放的同时，引导学生把理论与现实巧妙对接，不断启发学生的探索精神，提升学生分析问题与解决问题的能力。引导学生发现问题、思考问题、分析问题，让学生自己领会其中的道理，水到渠成地得出结论，达到理从案出的效果。

二、思政课教师指导学生案例体验面临的困境

（一）教师自身的专业素养和能力不足

教师作为学生案例体验的指导者，自身的专业素养和能力对案例体验的效果有直接影响。当下教师自身的专业素养和能力不足是思政课教师指导学生案例体验面临的一大困境，表现在：一是部分教师自身的职业素养有待提高，没有提前做好案例体验指导的准备工作，例如，对理论的理解深度上有欠缺、广延上有不足，也没有提前做好指导设计，无法发挥教师的主导作用。二是术业有专攻，每位教师都有自己擅长的领域，但案例体验多涉及交叉领域，需要教师具备多领域的学科背景，遇到涉及人工智能、大数据、互联网等学科问题时，可能会超出原有知识水平无法发挥最大优势地指导学生。三是“互联网+”时代，互联网已成为人们生活的一部分，互联网与思政课教学的结合是必然的，部分教师获取信息的能力不足，信息素养有待提高，不能充分发挥网络在思政课案例体验中的作用。

（二）学生本身的学习主动性和积极性不高

学生作为案例体验的主体，其学习的主动性和积极性对案例体验的效果有重要作用。当下部分高校的思政课存在学生出勤率低、抬头率低和满意度低的现象，是学生学习热情不足和学习兴趣不高的体现。学生案例体验兴趣不高的原因：一是部分思政课程，例如“马克思主义基本原理概论”课要求具备相对高的理论思维力，而学生的抽象认知力还有待于提升；二是案例体验的设计没有充分尊重学生的意愿，所以无法引起学生的注意力；三是部分专业学生的学习任务相对较重，没有精力融入案例体验过程中。学生本身的学习主动性和积极性不高成为思政课教师指导学生案例体验的一大问题，关乎学生案例体验的有效开展，应当引起思政课教师的重视。

（三）案例选择不当和师资资源相对不足

案例选择合适与否直接关系着学生案例体验的成败。案例选择前，学生只有了解了课程的主要内容，才能有针对性地选择与课程内容相关的案例。但由于案例体验环节有个准备的过程，等到教学内容都讲完就来不及了，又因为学生的认知能力问题与教师的指导问题，会导致部分学生选择的案例在典型性、针对性、启示性、真实性和时效性等方面有提升的空间，继而导致案例的分析讨论和展示不流畅，在案例体验的实效性上打了折扣。同时，由于部分高校的师资力量相对不足，通常是一两百人的大班授课，导致师生之间和学生之间的交流互动不足，学生展示自己的时间受限，存在“搭便车”现象。

（四）网络时代准确运用信息的挑战

21 世纪是科学技术发展迅速的时代，新媒体的快速发展和广泛运用使人们的生活方式发生了重大变化。思政课的教学方式也发生了变革，互联网走进了思政课课堂，给教学带来了诸多便利，也丰富了学生和教师的知识信息，但是网络信息在具有便捷性、时效性和多样性的同时，还具有虚拟性、隐蔽性和其他不确定性等因素。在“互联网+”时代，由于大学生的心理不成熟、年龄较小和社会经验不足等限制，会出现对信息的把握不够全面、不够准确的问题。因此，网络时代准确运用信息的挑战也是指导学生案例体验面临的困境。

三、思政课教师指导学生案例体验的策略

（一）提高教师的专业素养，为学生案例体验提供保障

首先，提高教师的理论素养。思政课教师在指导学生案例体验的过程中发挥着重要的主导作用，教师的理论素养是为指导学生案例体验提供基础的，直接影响着学生案例体验的效果，因此要鼓励教师努力提升自己的理论素养，做到政治要强、情怀要深、思维要新、视野要广、自律要严、人格要正。习近平总书记强调：“办好思想政治理论课关键在教师，关键在发挥教师的积极性、主动性、创造性。思政课教师，要给学生心灵埋下真善美的种子，引导学生扣好人生第一粒扣子。”因此，打铁还需自身硬，提高教师的理论素养是必需的，也是必要的。一是从深度方面，教师要强化自身专攻领域的理论素养，充分发挥专业优势指导学生。二是从广度方面，要拓展研究相关领域的理论知

识，阅读内容要涉猎广泛，具备心理学、历史学、人工智能、逻辑学和教育学等专业背景，全方位提高自己的理论水平。其次，提高教师的能力素养。教师在提升理论素养的同时，还需要注重提升能力素养。能力素养即分析处理问题的实际操作水平，它是教师将理论应用于实践的能力。要指导学生把马克思主义理论与实际案例相结合，需要教师提升综合知识的运用能力。在“互联网+”时代，教师要提高自己分析信息、运用信息的能力，强化自身实际操作的能力，为指导学生案例体验奠定实践基础。

（二）调动学生的学习积极性，为学生案例体验提供动力

首先，给予学生自由选择的空间。案例体验的设计要充分结合学生的兴趣点，考虑学生的现实期望。一是给予学生自主选择案例的权利，学生只有选择了自己感兴趣的案例，才会全身心投入，努力实现案例的情境再现，认真讨论分析案例和总结提升案例，达到事半功倍的效果。二是让学生自己组队，选择合作伙伴，这样既能发挥团队合作的优势，又能调动学生的学习积极性，使案例体验效果大大提升。三是鼓励学生结合自己的学校特色和专业特色进行案例体验，这样能充分发挥学科优势与专业优势，使案例体验效果实现最佳。其次，设置特定的奖励激励机制。从心理学社会动机理论的角度分析，给予学生一定的奖励或者激励，能够有效提升学生的学习积极性。因此，学校设立专门的思政课教学基金，用来鼓励思政课教学过程中表现优秀的团队和个人，奖励的数额不一定很多，但却能调动学生的学习热情。例如，依据学生参与的积极程度、表现的优异程度设定案例体验的团队奖与个人奖，奖项也可设定等级。同时，教师还可以进行口头表扬和其他正向激励，便于强化学生的学习效果，调动学生的积极性和主动性。

（三）教会学生如何选择案例，为学生案例体验提供指导

首先，案例的选择。案例素材的选择至关重要，优秀的案例是学生案例体验成功的首要条件，教师在指导学生进行案例素材的选择时，要强调案例选择的真实性、典型性、针对性、时效性和启发性，即选择的案例必须是真实的、为大众所熟知的、具有代表性的、与马克思主义理论有结合点的、具有启示意义的，选择适合的案例能为案例体验的顺利进行奠定良好的基础。其次，案例的呈现。案例的呈现方式有图片、视频、小品、情境、辩论赛、公益广告等，每个案例的具体呈现可依据具体需求进行组合，如“视频+图片+文字”的方式，便于学生学习和理解，调动学生的学习积极性；小品表演的呈现方式，可以促进学生之间的交流，提升学生的思维能力、协作能力和团队合作能力。再次，案例的分析。案例的分析讨论是一个全员参与的开放环节，但由于高校教学资源的局限，思政课多为大班授课，而应对大班最好的方式是分组讨论，如5～8人一组，要求讨论过程中每个组员都要积极参与，充分发表自己的见解，提出自己的方案。最后，案例的点评。案例点评分为学生点评和教师点评，学生对每个案例进行点评后，由教师对学生的点评再进行点评，总结优点，指出不足。学生针对不足反复修正，形成案例报告，并向教师提交案例报告的纸质版和PPT。

（四）提升运用网络媒体信息的能力，为学生案例体验理脉把关

首先，课上利用现有媒体资源，面对面指导学生。网络媒体已普遍被运用于高校课堂上，教师要把握好时间，利用课堂上学生准备好的信息资源和自己收集的案例材料给予学生体验指导。由于网络信息庞杂无序，教师和学生都要提升运用网络媒体信息的能力，教师应教会学生如何辨别信息的真伪，如何筛选有效信息，如何将有效信息运用到案例体验的实际操作中。面对面交流，有利于学生掌握案例体验的方法和技巧。其次，课下利用移动网络的便利对学生进行线上辅导。课堂的时间终归有限，不能帮助学生解决案例体验过程中的所有问题，移动互联网为这一问题的解决提供了便利。教师和学生可以利用手机、电脑等移动设备建立微信群、QQ群等进行课下的交流。教师和学生还可以在软件上一起分析，分享学习心得，讨论热点案例。线上交流具有方便、快捷、及时的特点，不受时间和空间的限制，十分便利。

（本文成文日期为2019年5月。）

“政治要强”是学校思想政治理论课教师的首要标准

中央民族大学马克思主义学院

孙　英

2019 年 3 月 18 日，习近平总书记主持召开学校思想政治理论课（以下简称思政课）教师座谈会，会上习近平总书记向全国大中小学思想政治理论课教师致以了诚挚温暖的问候并发表了重要讲话。习近平总书记强调“思想政治理论课是落实立德树人根本任务的关键课程”，“办好思想政治理论课关键在教师，关键在发挥教师的积极性、主动性、创造性”。对思政课教师提出六点要求，即政治要强、情怀要深、思维要新、视野要广、自律要严和人格要正。这六方面要求内涵深邃、目标清晰、结构完整，为新时代学校思政课教师队伍建设指明了方向，对学校思政课教师岗位和素养提出了新标准，我们必须认真领会，学懂弄通做实，将学校思政课教师队伍锤炼成为能够完成中华民族千秋伟业的中坚力量。其中“政治要强”是首要标准，也是起统领作用的标准。要达到这个标准，思政课教师必须以政治身份为第一身份，做到政治立场要强、政治意识要强、政治本领要强，如此才能真正达到习近平总书记提出的“政治要强，让有信仰的人讲信仰，善于从政治上看问题，在大是大非面前保持政治清醒”的要求。

一、政治立场要强，带着信仰走上讲台

学校思政课教师是一个特殊群体，肩负着双重使命，他们不仅要符合学校教师的专业水平要求，还要符合政治要求，即要有坚定的马克思主义信仰。教育部《高等学校思想政治理论课建设标准》中“队伍管理”一级指标下对思政课教师的“政治方向”专设了二级指标，要求“思想政治理论课教师应

坚持正确的政治方向，有扎实的马克思主义理论基础，在事关政治原则、政治立场和政治方向的问题上与党中央保持一致”。“教师选配”二级指标中专门强调“新任专职教师原则上应是中共党员”。这意味着思政课教师是要带着信仰走上讲台的。思政课教师要把党的最高理想作为自己的最高理想，把实现共产主义远大理想作为自己的终身奋斗目标，自觉做共产主义远大理想和中国特色社会主义共同理想的坚定信仰者和忠实实践者，要从这个政治的高度看待自己的岗位。

思政课教师只有坚定政治信仰才能强化自己的政治身份，才能作为坚定的马克思主义者把信仰的强大力量传递给学生。习近平总书记在座谈会上指出，“我们党立志于中华民族千秋伟业，必须培养一代又一代拥护中国共产党领导和我国社会主义制度、立志为中国特色社会主义事业奋斗终身的有用人才。在这个根本问题上，必须旗帜鲜明、毫不含糊”。这种政治立场要通过思政课课程体系集中表达出来，思政课教师是关键，他们要在课堂上给学生讲清楚我们党的初心和使命，要旗帜鲜明地、真情实感地把学生培养成拥护中国共产党领导和我国社会主义制度、立志为中国特色社会主义事业奋斗终身的有用人才。真正“坚持政治性和学理性相统一，以透彻的学理分析回应学生，以彻底的思想理论说服学生，用真理的强大力量引导学生。”

二、政治意识要强，把握方向毫不含糊

在全国高校思想政治工作会议上，习近平总书记提出高校“为谁培养人”的重大命题，明确指出我们的高校是党领导下的高校，是中国特色社会主义高校，首次提出了“四个坚持不懈”的原则，其中把“坚持不懈传播马克思主义科学理论，抓好马克思主义理论教育，为学生一生成长奠定科学的思想基础”放在首位，思考这些问题、回答这些问题，都需要思政课教师具备很高的政治意识。

思政课教师的政治意识体现在把自己的教学目标与党和国家的发展目标统一起来，把教学目标统一到新时代中国特色社会主义总目标上来。思政课教师要旗帜鲜明讲政治，毫不含糊把方向，这是国家赋予思政课教师岗位的本质要求。马克思、恩格斯在《共产党宣言》中明示“共产党人不屑于隐瞒自己的观点和意图”。一个思政课教师，从入职第一天起，就意味着自己主动选择了富有政治身份的教师生涯，意味着自己肩负着更多的政治责任和政治

任务，这个政治任务就是把马克思主义科学理论讲清、讲透，讲得令人信服。

思政课教师的政治意识体现在旗帜鲜明地尊崇党章上。思政课教师要认真学习领会党章，用党章的标准严格要求自己，把握好政治方向，站稳政治立场，遵行政治路线，严守政治纪律和政治规矩，确保讲授内容在政治方向、政治原则、政治道路上同党中央保持高度一致。思政课教师的政治意识还体现在贯彻党的教育方针上。坚守课堂阵地，完成立德树人的根本任务，将“教育为人民服务、为中国共产党治国理政服务、为巩固和发展中国特色社会主义制度服务、为改革开放和社会主义现代化建设服务”的思想精髓讲深、讲透，讲出理论的力量来。

三、政治本领要强，准确辨别政治是非

习近平总书记在座谈会上指出，“要坚持价值性和知识性相统一，寓价值观引导于知识传授之中。要坚持建设性和批判性相统一，传导主流意识形态，直面各种错误观点和思潮”。如何做到建设性和批判性相统一、怎样直面各种错误观点和思潮？这就需要思政课教师具备强大的政治本领，这是“政治要强”的最终表现，也是发声亮剑的真正底气。

思政课教师要坚持用党的科学理论武装头脑，系统学习研究作为当代中国马克思主义、21 世纪马克思主义的习近平新时代中国特色社会主义思想，真正做到学深悟透、融会贯通、真信笃行，在课堂上讲好中国特色社会主义道路自信、理论自信、制度自信和文化自信，让学生领会中国特色社会主义是科学社会主义理论逻辑和中国社会发展历史逻辑的辩证统一，是当代中国发展进步的根本方向，是全面建成小康社会、全面建成社会主义现代化强国、实现中华民族伟大复兴的必由之路。

思政课教师更要学会运用马克思主义理论分析问题，提高自身的政治敏锐性和政治鉴别力，准确辨别各种错误思潮、偏离“两个维护”的错误言行、各种形式的“低级红”“高级黑”、两面人等，及时找出这些现象的特征、原因及纠正的途径方法，从理论上阐释其危害，并且有能力对其进行有力回击。

合而言之，学校思政课教师旗帜鲜明讲政治是岗位要求，“政治要强”是学校思政课教师的首要标准，其中政治立场要强是基础，是思政课教师理想信念的根基和源头；政治意识要强是支撑，是思政课教师将业务知识和政治融为一体的黏合剂；政治本领要强是水平，是思政课教师真正发挥作用的金

刚钻。全体学校思政课教师都应该把自己的所思所想所作所为同党和国家事业发展目标紧密联系在一起，在工作中不断坚定政治立场、强化政治意识、提升政治本领，做到在党爱党、在党言党、在党为党，不断提升自身理论水平，继续精耕细作，成为一支可信、可敬、可靠，乐为、敢为、有为的思政课教师队伍。

［本文系中央民族大学教改项目“新时代思政课混合式教学模式的路径探究”（XJ-JGLX18965）的阶段性成果。本文成文日期为2019年3月。］

论新时代学校思想政治理论课教师的基本素养

北方工业大学马克思主义学院

张茂林

2019年3月18日，习近平总书记专门主持召开了学校思想政治理论课（以下简称思政课）教师座谈会并发表重要讲话，在强调思政课重要意义的基础上，深刻阐述了新时代如何当好思政课教师等重大问题。

习近平总书记指出，思政课教师，要给学生心灵埋下真善美的种子，引导学生扣好人生第一粒扣子，他们必须“政治要强”“情怀要深”“思维要新”“视野要广”“自律要严”“人格要正”。这六个方面的要求，明确了思政课教师应有的基本素养，也成为新时代当好学校思政课教师的根本遵循。

一、“六要”：思政课教师的必备素质

思政课是落实学校立德树人根本任务的关键课程，要回应培养什么人、怎样培养人、为谁培养人这个根本问题。而办好思政课的关键在于教师。习近平总书记强调，“青少年阶段是人生的‘拔节孕穗期’，最需要精心引导和栽培。我们办中国特色社会主义教育，就是要理直气壮开好思政课，用新时代中国特色社会主义思想铸魂育人，引导学生增强中国特色社会主义道路自信、理论自信、制度自信、文化自信，厚植爱国主义情怀，把爱国情、强国志、报国行自觉融入坚持和发展中国特色社会主义事业、建设社会主义现代化强国、实现中华民族伟大复兴的奋斗之中”。因此，“思政课作用不可替代，思政课教师队伍责任重大”。

习近平总书记对思政课教师应具备的六方面素养的阐述，内涵丰富、立意深刻。一是思政课教师“政治要强”。思政课教师必须旗帜鲜明讲政治，必

须树牢“四个意识”，在大是大非面前保持正确的政治立场。思政课以培养拥护中国共产党领导和我国社会主义制度、立志为中国特色社会主义事业奋斗终身的有用人才为己任，必须导向正确、立场坚定。因此，思政课教师作为青年学生在政治上的领路人，必须具备高度的政治责任感和使命感，学会用马克思主义和习近平新时代中国特色社会主义思想武装人、教育人。二是思政课教师“情怀要深”。思政课教师必须心系国家、胸怀天下，真正把思政课教学工作融入党和国家发展大计当中。思政课教学，绝不能仅仅成为思政课教师谋生的职业，必须成为融入从业教师血脉的终生事业。只有身心交融、言行合一，才能胸有家国情怀，才能乐为、敢为、有为，成为可信、可敬、可靠的思政课教师。三是思政课教师“思维要新”。思政课教师在方法论上要秉承辩证唯物主义和历史唯物主义的立场、方法，注重辩证思维方法和现代科学思维方法的有机统一，尤其要善于运用现代信息技术等科学思维，启发学生思维，引导学生成长。四是思政课教师“视野要广”。思政课教师要在知识结构上努力成为“百科全书”式的人才，力求通晓古今、学贯中西。在信息时代，学生通过微信等平台获取的知识越加多元，但缺少足够的辨识力，极容易陷入认识误区。对此，思政课教师必须予以回应，并用马克思主义的理论、立场和方法答疑解惑，引导学生形成正确的认知体系。五是思政课教师“自律要严”。思政课教师必须用政治性和学理性的内容严格要求自己，言行一致、知行统一，做到课上课下一致、网上网下一致，自觉弘扬主旋律，积极传递正能量。六是思政课教师“人格要正”。思政课教师必须成为思想先知、行为模范，切实做到用自己的言行影响人、教育人。就像习近平总书记所要求的，要用高尚的人格吸引学生，用真理的力量教育学生，用深厚的理论功底赢得学生，自觉做为学为人的表率，做让学生喜爱的人。

习近平总书记对思政课教师这六个方面的要求，讲政治、重情怀，谈学识、论思维，抓纪律、扬品格，立体呈现了一名适应新时代育人需求的思政课教师形象。习近平总书记的论述有机统一，发人深省，既为思政课教师亮明了从业的最低标准，又为当好思政课教师提出了更高要求。一方面，思政课教师不应单纯是知识的传授者，更应是理想信念的教育者和传播者。思政课教师拥有的不仅仅是知识，更应是信仰、能力、气魄等的统一体。因此，对于思政课教师而言，习近平总书记所讲的六个方面的要求，是必须具备的基本素质，是从业的最低标准。另一方面，思政课教师不是“循规蹈矩”的护林员，而是一批“追求卓越”的园艺师。思政课教师讲政治、守规矩，在境界上永不止步，追求卓越。无论学识还是能力，无论教学还是学习，无论为人还是处事，思政课教师都以最高标准，追求最大化的育人实效。因此，习近平总书记提出的六个方面要求，是当好思政课教师的更高要求，也是每位思政课教师为之终生奋斗的目标。

二、“四有”：思政课好老师的应有之义

思政课教师作为广大教师队伍中的一个特殊群体，在学校立德树人工作中肩负着铸魂育人的历史重任。习近平总书记关于思政课教师的重要论述，再次凸显了这种特殊身份和重要地位，也进一步压实了思政课教师的使命与责任。然而，思政课教师首先是作为教师而存在的，一名好的思政课教师必须首先成为一名好教师。

教师，传道授业解惑者，一直被誉为太阳底下最光辉的职业。习近平总书记曾指出，成为一名好老师，要有理想信念、要有道德情操、要有扎实学识、要有仁爱之心。因此，当好思政课教师，也必须从争做“四有”好老师开始。一是思政课教师要有“理想信念”。凡是教师皆须授业、解惑，更要传道。传道，意即传承理想信念，开启青年学生的人生灯塔。而这项工作，恰恰是思政课教师必须完成的第一要务。这是因为，思政课教师是落实党的教育方针，传播马克思主义，培育社会主义建设者和接班人的主体力量；思政课教师是青年学生品德教育和社会认知的启蒙导师，是培育学生世界观、人生观和价值观养成的主体力量；思政课教师还是帮助青年学生抵制错误思潮、明辨是非、坚定“四个自信”的主体力量。二是思政课教师要有“道德情操”。师德是为师的首要前提。在市场经济冲击下，学校教师，尤其是思政课教师更要恪守师德、胸怀家国、潜心育人。一方面，思政课教师要讲奉献、淡名利。教书育人不能等同市场行为，不能功利地以产出衡量投入；相反，要以高尚的奉献精神和最大化的付出，投入到教学中去。另一方面，思政课教师要重内涵、戒浮躁。学高为师，德高为范，最有效的教育是以身示范、言传身教。因此，思政课教师要讲原则、去浮夸，重践行、轻虚言，用切身行动夯实育人实效。三是思政课教师要有“扎实学识”。思政课教学以坚持马克思主义指导地位和学习贯彻习近平新时代中国特色社会主义思想为主要内容，集知识性、理论性、政治性于一体，需以扎实的学识为基础。因此，思政课教师既要精通马克思主义的理论、立场和方法，又要把握习近平新时代中国

特色社会主义思想的理论精髓，还要厘清马克思主义从源头到新时代潮头的历史演变和理论逻辑，学会用中国风格、时代特色、青年话语讲授思政课，满足青年学生实际所需。四是思政课教师要有“仁爱之心”。思政课教学覆盖各个学历层次，面向所有学生，是一门贯通式的基础性课程。只有用情、用心、用力地开展教学活动，才能与教育对象取得共鸣，实现育人目的。因此，从一开始，思政课教师就应以“仁爱之心”对待受教育者，从他们的现实需要和目标诉求出发，回应并解决青年学生成长中的问题，让思政课在爱的互动中实现传递，让爱在思政课的传递中实现升华。

“四有”好老师标准也对思政课教师提出了明确要求。“四有”好老师标准与习近平总书记对思政课教师专门提出的“六要”要求是有机统一的。一方面，“四有”好老师是面向全体教师的普适性标准，而“六要”则是专门针对思政课教师的特殊性要求。在这种意义上，“四有”好老师是思政课教师必须具备的前提和基础，“六要”要求则是思政课教师要特别必备的专属条件，体现了其独特的职能定位和育人功用。另一方面，“四有”好老师从表述上来看属于事实性描述，而“六要”要求则属于价值性追求，二者在实践中辩证统一。具体而言，思政课教师努力成长为“四有”好老师是在做好思政课教学工作的价值追求中实现的；思政课教师努力满足“六要”条件又是对“四有”好老师的实践注解。因此，习近平总书记提出的“四有”好老师与对思政课教师提出的“六要”一脉相承，二者相辅相成，共同构成新时代思政课教师教育教学的参量标尺。

三、育人导向：思政课教师的实践能力

从“四有”好老师标准到对思政课教师“六要”新要求，客观反映了思政课教师在学校立德树人的核心地位。因此，思政课教师必须深刻把握自身的角色定位，不断提升育人本领，自觉成长为适应新时代教育要求的思政课好老师。

首先，当好思政课教师，需要明道、信道、传道。习近平总书记强调，要让有信仰的人讲信仰。这句话可以视为思政课育人实效的衡量标尺。作为马克思主义的教育者、传播者，如何让青年大学生正确理解马克思主义，坚定马克思主义信仰，这是思政课教师不可推卸的重大职责。一是思政课教师要“明道”。明道就是要明辨党和国家的发展大势、现实所需，认清思政课所

肩负的历史使命，切实解决好培养什么人、怎样培养人、为谁培养人这个根本问题。明道的核心在于深刻把握新时代党的教育方针，系统掌握马克思主义和习近平新时代中国特色社会主义思想，为思政课教学奠定学理性基础。二是思政课教师还要“信道”。信道就是要明晰社会主义大学的办学宗旨，掌握扎根中国办教育的核心逻辑，把教书育人与党和国家的命运关联起来，自觉把马克思主义和习近平新时代中国特色社会主义思想转化为人生信条，实现知识与信仰、理论与实践的有机统一，为思政课教学提供坚实保障。三是思政课教师还要“传道”。传道就是自觉地把所学、所信转化为育人行动，把“道”讲出来、说清楚，让受教育者接受教育的过程。传道是家国情怀的现实表达，是落实党和国家的教育理念，造福时代和服务社会的重要方式。

其次，当好思政课教师，需要求知、真知、全知。讲好思政课，必须讲出中国特色、时代特色，必须回应青年关切、社会所需。只讲教材里的内容，只谈理论中的逻辑，远远满足不了学生们的需求。一是教师必须先受教育，要通过不断学习和思考，丰富自身的学识结构和知识储备。就像习近平总书记所强调的，思政课教师要有知识视野、国际视野、历史视野，具备与青年学生对话并引导学生成长的知识基础。二是教师在求知的过程中，必须力求真知。在这个信息化的时代，知识爆炸伴随着错误思潮，给学习者带来了很多困扰。这就要求我们要坚持真理，善于运用马克思主义的理论和方法分析问题、解决问题，能够正确透过现象看本质，获取真理性认识。三是教师在求真知过程中，还要不断优化自身的思维方法，形成关于对象整体的全知。只有以此为基础，借助贯通思维和比较分析，从历史时空的纵横比较中提炼观点，从改革和发展的实践历程中选取案例，思政课教学才能做到准确形象生动、可亲可靠可信，才能使教学内容入脑入心。

最后，当好思政课教师，还需要立身、立言、立行。亲其师，才能信其道。思政课教师的角色不仅仅在于理论宣教，更在于言传身教、行为世范。一是思政课教师要做到“立身”。身正令行，思政课作为育人的课程，终极目的在于达成服务于中国特色社会主义事业的行动自觉。因此，思政课教师必须勤于修身养性，以高尚的人格感染学生、赢得学生；以严谨的自律示以他人、带动他人。二是思政课教师还要做到“立言”。思政课教师要言自由衷、言之有据、言而有信，真正要做到课上课下一致、网上网下一致；能用真理的力量感召学生，能用深厚的理论功底赢得学生。三是思政课教师还要做到“立行”。言出必行、言行一致、行而有效，在教学中育人，在生活中化人，只有这样，思政课教学才能弘扬主旋律、传递正能量，实现思政课铸魂育人的最终目标。

在社会主义新时代，党和国家致力于扎根中国大地办教育，培养社会主义建设者和接班人。习近平总书记的重要讲话，强调了思政课教师在党的教育事业中的关键角色，明确了思政课教师的素质要求，为新时代学校思政课教师队伍建设明确了方向。正如习近平总书记所期盼的，有了坚实有力的思政课教师队伍，我们一定能够把学校思政课办好，完成党和国家交付的历史使命。

（本文成文日期为2019年3月。）

高校思想政治理论课教师网络发声能力探析

北京工商大学马克思主义学院

赵春丽　张婉卿

习近平总书记在思想政治理论课（以下简称思政课）教师座谈会上提出思政课教师要做到“网上网下一致，自觉弘扬主旋律，积极传递正能量”。要积极传递正能量，就需要具备较强的网络发声能力。“网络发声”主要是指在网络空间发布帖子、评论、理论文章，传播主流信息，与大学生网民沟通互动等。在全媒体急速发展的互联网时代，思想政治教育的空间阵地不断从传统课堂拓展到网络空间，思政课教师不能仅仅停留在三尺讲台上，而要用马克思主义理论武装和引领青年，与他们在网络空间“同呼吸、共命运”，敢于和善于在互联网上“发声”。

一、网络发声能力应当成为高校思政课教师的基本能力

第一，适应互联网时代青年学生认知、思维特点和行为方式的需要。加拿大学者麦克卢汉提出“媒介即讯息”，互联网时代大学生的认知思维已经转变为互联网思维，他们习惯从网络中获得对事物和社会现象的认知，喜欢从网络空间寻求答案，今天我们可以说“互联网就是生活与学习本身”。当代青年学生有着与生俱来的技术化思维与生存方式，他们不仅生活在现实中，也聚集并生活于网络社会中，他们是真正的“网络原住民”。网络形塑着青年的世界观、人生观、价值观，改变着他们的行为方式。习近平总书记指出，“宣传思想工作是做人的工作的，人在哪儿重点就应该在哪儿”。网络汇集了中国最广大的青年学生群体，他们无时无刻不在用信息技术进行交流和互动，他们喜欢快节奏的、非线性的信息获取方式，他们依靠互联网学习、娱乐及进行专业学习与社会交流，他们擅长快速、并发地处理信息，他们更喜欢创造和加工网络信息。一方面，信息来源的渠道越来越多，但信息的碎片化、离

散化也越来越严重，光怪陆离、五花八门的信息让部分青年学生陷入网络、沉迷其中。青年学生的网络注意力需要聚焦，面对网络时更需要慎思明辨。客观地说，青年学生需要网络引领人。另一方面，互联网时代的青年一代有更多兴趣与爱好的个性化选择，生活方式更加多元化，思想倾向和价值选择更加多样，在网络空间建立了成千上万的网络社群，构成了充满活力、生机勃发的网络新生态。思政课教师要适应网络时代的青年特点，尽力沉潜于青年学生的网络社群，了解学生思想动态、兴趣爱好、情绪情感，及时进行网络沟通互动，充分把握青年学生的个性特点，利用互联网技术因材施教、精准施教。可以说，思政课教师不深入网络就难以了解青年学生，不网络发声就难以在众声喧哗、“网红”充溢、“大 V”出没的互联网空间有力地引领和影响青年学生。新时代的思政课教师不仅要站好三尺讲台，守护好传统课堂阵地，也要在网络空间引领青年学生，充分利用互联网回应学生需求、解疑释惑，守护青年学生成长。

第二，适应互联网与大数据时代思想政治教育模式深刻变革的需要。如果说课堂是高校思想政治教育的主渠道，那么，随着互联网与大数据时代的深入推进，随着教育模式的信息化变革，思政课教师要主动开辟新的渠道。事实上，互联网与大数据的深入发展正在倒逼高等教育的变革，信息化、网络化和智能化浪潮是历史大趋势，信息化、网络化教学能力必须成为每位高校教师的基本能力，思政课教师也不例外。党的十八大以来，思政课建设进入发展的快车道，思政课改革创新加速推进，新的教学模式不断被尝试，不少高校推出慕课、翻转课堂、线上线下混合式教学方法，打破传统的单向灌输教学模式，以互联网信息技术为基础的双向沟通交流模式成为课堂上不少教师的选择。习近平总书记提出，“做好高校思想政治工作，要因事而化、因时而进、因势而新”，“要运用新媒体新技术使工作活起来，推动思想政治工作传统优势同信息技术高度融合，增强时代感和吸引力”。这对思政课教师的信息化教育教学能力提出了更高的要求。2020 年初的新冠疫情改变了正常的高校教学模式，网络化教学是疫情时期的新常态，这都需要思政课教师具备良好的网络技术运用能力、沟通交流与网络发声能力。思政课教师只有做到信息化、网络化教育教学才能跟上时代步伐，才能不被学生“抛弃”。如果说站好讲台是思政课教师的“规定动作”，那么用好互联网则是“必选动作”，在课堂之外做好网络授课与网络发声势在必行。

第三，维护高校网络意识形态安全的需要。高校是意识形态安全工作和意识形态安全教育的重点领域，青年学生是重点人群。当前，网络空间仍然面临着严峻的意识形态安全挑战。习近平总书记深刻指出："思想舆论领域大致有红色、黑色、灰色'三个地带'。红色地带是我们的主阵地，一定要守住；黑色地带主要是负面的东西，要敢抓敢管、敢于亮剑，大大压缩其地盘；灰色地带要大张旗鼓争取，使其转化为红色地带。"青年学生正处于世界观、人生观、价值观形塑的关键时期，青年大学生作为网络主力军，易受历史虚无主义、民粹主义等不良社会思潮及网络政治谣言等传播的影响。网络舆论阵地，若正确的声音不去占领，错误的声音就会蔓延。思政课教师的网络发声有利于引导学生辨别是非，坚定信心。习近平总书记强调"要加强舆情跟踪研判，主动发声、正面引导，强化融合传播和交流互动，让正能量始终充盈网络空间"。增强思政课教师的网络发声能力有利于营造清朗的网络空间，有利于引导大学生正确辨别各种错误思潮，抵制错误思潮的侵袭，有利于引导大学生正确开展网络实践，对互联网条件下维护高校意识形态安全具有重要意义。

二、高校思政课教师网络发声能力的基本内容

思政课教师除了要具备一般网民的网络发声能力，还要有更高的能力要求。思政课教师要具备过硬的政治素质，更高的网络技术运用与网络信息处理能力，需要掌握主流意识形态话语的网络化表达能力，并且具备一定的高校网络舆情引导能力及对网络空间社会思潮的识别与批判能力。

第一，"政治要强"的能力。"政治要强"是思政课教师应当具备的最基本也是最核心的素质，"政治要强"既是一种要求，也是一种能力。2019 年 3 月 18 日，习近平总书记在主持召开的学校思想政治理论课教师座谈会上明确要求思政课教师做到"政治要强""情怀要深""思维要新""视野要广""自律要严""人格要正"。思政课教师"政治要强"的能力是指具有坚定的政治信仰、政治定力和勇于担当的能力。习近平总书记提出思政课教师要做到"网上网下一致"，无论是在现实工作中，还是在网络发声中，思政课教师都要做到并不断提升"政治要强"的能力。一是坚定马克思主义信仰，"让有信仰的人讲信仰，善于从政治上看问题，在大是大非面前保持政治清醒"。作为大学生思想的引领者，思政课教师必须坚定马克思主义信仰。如果自己的信仰不坚定，就难以在网络空间积极引领青年学生主动走近马克思主义。当前，思

政课教师要增强科学辨识能力，不断加强马克思主义理论的学习，深化对马克思主义信仰的认识，坚定对马克思主义的信仰。二是保持政治定力。作为大学生思想的守护人，思政课教师必须具备坚如磐石的政治定力，面对网络空间夹杂着的各种错误思潮、“乱花渐欲迷人眼”的海量信息，要不断提升自己的政治敏锐性和政治鉴别力，要保持政治清醒，要有不轻信、不盲从的自控力，把握大势、胸怀大局的洞察力，抵御诱惑、坚守底线的自律能力，要能在各种舆情风险考验面前站稳政治立场。三是勇于担当。思政课教师不仅要保持好政治定力，还要积极作为、主动担当。面对社会及网络上的错误言论和不良风气，要及时开展批评教育，不害怕网络暴力，加强思想引导，勇于发声、敢于亮剑。该亮剑时要亮剑，该发声时要发声，要用科学的理论、严谨的逻辑和客观而理性的思维剖析谬误和歧见，帮助大学生消除思想上的困惑、理想信念上的盲目与盲从、价值观上的虚无倾向，为大学生的健康成长保驾护航。

第二，网络技术的熟练运用与网络信息处理能力。思政课教师需要具有对网络技术的熟练运用及网络信息处理能力。一是信息意识和信息敏感能力。思政课教师要有信息意识，保持对网络信息的敏感度，及时发现大学生的思想动态和可能关注的舆情热点，积极挖掘出有价值的舆论信息，时刻保持良好的信息挖掘热情，不断跟踪最新的国内外网络舆论信息，时刻保持对重大时事政治的关注度，并及时了解跟进。二是网络信息化技术运用能力。在日常工作中，思政课教师需熟练掌握基本的信息技术操作，熟练运用基本的文字、图片和视频编辑软件，要具备对常见计算机操作软件的使用能力如对文字文档、图片、视频、动画等的编辑处理和加工能力。在网络平台发声，需要掌握不同网络平台的操作技术，熟悉其日常运行和维护。如要在微信公众号上进行网络发声，要做到图文并茂、视频与音频并具，就要掌握标题、字体、字号、表情包、颜色、疏密甚至分行分段、音频或视频链接等方面的技能，并做好微信公众号的日常维护和更新。要在抖音、快手、B 站等平台发声，就要掌握短视频的录制和编辑能力。三是网络信息整合能力。网络发声要有宽广的视野，能分析并整合网络空间来源广泛、复杂多变的信息流，把握相关事件或知识的信息脉络，找准大学生关注的信息痛点，掌握搜索、收集网络热词、网络头条新闻等内容并加以消化、吸收与整合的能力。

第三，主流意识形态话语的网络化表达能力。主流意识形态话语的网络化表达能力是指要能把主流意识形态话语转变为网络话语表达方式，将主流意识形态话语的传统书写转化为网络书写的能力。高校思政课教师本身就在从事高校意识形态的教学与研究工作，一般而言，大都具备相当的主流意识形态话语表达能力，但是有些缺乏主流意识形态话语的网络化表达能力。一要学会政治话语与网络话语的有机结合。主流意识形态信息话语的网络化表达要体现主流意识形态所传递的意图与价值取向，同时又要符合网络话语与网络文化的特点，体现政治性与生活性、严肃性与亲和性、真实性与虚拟性有机结合的特点。二要学会运用“网言网语”。网络话语具有生活性、亲和性与虚拟性等特点，同时，又具有个性化、解构性、离散性等特征，表达风格上也更生动形象、通俗易懂。简而言之，网络话语具有后现代文化的特点，与主流意识形态话语的中心化、权威性、建构性有区别，如何平衡两者的特点，掌握网络话语表达，需要更多磨炼。三要学会综合运用网络化呈现的多种载体形式。网络化表达超越了单纯的文字或口语形式，可以采取图片、音频、视频、动漫、微电影、大数据画像等多种呈现形式。如何以网络化叙事来表达主流意识形态是思政课教师面临的挑战，也是需要打磨和提升的能力。

第四，高校网络舆情引导与网络空间错误思潮批判能力。高校网络舆情引导能力是指能够及时对高校网络舆情作出反应，在课堂或者大学生聚集的网络圈群进行及时而有效的回应、疏导与引领。高校是网民和网络媒体关注的重要对象，师生关系、同学关系及校园突发事件往往走出校园，成为网络世界的舆论焦点。思政课教师在高校需积极作为，做好舆情引导工作，因此，就需要具备这方面的能力。一要掌握马克思主义唯物辩证法和唯物史观的精髓，善于运用马克思主义哲学的基本原理和方法剖析网络社会中的舆情、社会思潮等网络现象。能够辨识网络空间社会思潮背后承载的政治诉求和价值取向，教会学生客观、理性、辩证地看待一些网络舆情事件，能够明确辨识出一些错误社会思潮，并理直气壮、旗帜鲜明地批判谬误，帮助青年学生认清一些错误思潮的本质和危害性，引导青年学生不造谣、不信谣、不传谣，坚定政治立场，坚定“四个自信”。二要具备敏锐的高校网络舆情洞察力。思政课教师可以依托互联网平台与学生建立教学或互动群，可以利用微信群、朋友圈、微博、钉钉等了解大学生的思想动态和网络行为，发现相关舆情异动要上报高校思想政治工作主管部门。三要具备网络舆情的沟通与疏导能力。网络舆情爆发后，思政课教师要积极地与学生保持沟通与互动，并及时安抚学生，引导学生正向思维，减轻事件的负面心理影响。四要具备一定的校园议题设置能力，结合党和国家的重大时事政治热点及高校正在进行或即将进行的大型学习、学术或校园文化体育等活动，积极引导学生开展网络讨论或进行网络文化创意作品评比等网络实践互动。

三、提升高校思政课教师网络发声能力的主要路径

思政课教师要做好网络发声，就要增强网络发声的责任感。面对网络空间的意识形态斗争，不做单纯的“潜水员”，不做“网络看客”，自觉学习网络技能、积极参与相关培训，要跳入网络信息的汪洋大海，勇于发声、敢于斗争。高校及相关思想政治工作部门要创造条件为提升思政课教师网络发声能力提供支持和保障。

第一，要提升思政课教师网络发声意识，增强网络发声本领。一要增强网络发声意识。要深刻认识互联网对青年大学生的影响，积极拥抱互联网，认清网络意识形态斗争的重要性和严峻性，把互联网看作无形的课外讲台，开展网络思政课、网络思想政治教育。对于大学生关注的网络舆论和网络社会思潮积极给予回应和评论；对于国家重大时事、国家主流媒体的重要文章，可以及时在朋友圈、微博、学生群等进行转发、评论和讨论。二要注重对网络新媒体的自主学习，提升信息素养。要具备一定的信息意识、计算思维和数字化学习与创新能力，提升信息技术核心素养。学习网络信息传播规律和舆情演化规律，掌握各种社会思潮的新特点、新动态、新趋势；学习最新网络传播技术与方法，如图片与视频的编辑与上传，模因传播、策略传播等方法。三要广泛涉猎传播学、管理学、心理学等多学科领域知识，为网络发声提供坚实的知识基础。

第二，要建立常态化的培训和交流机制，提升思政课教师网络发声技能。高校及各级思想政治工作主管部门要建立起常态化的培训机制，定期组织思政课教师进行网络发声能力培训，不断提高思政课教师的政治鉴别能力、网络表达能力、网络舆情应对能力，使网上发声有速度、有力度、有锐度，更要有温度。一是举办相关讲座和实务培训，对思政课教师进行网络化写作技能、网络编辑技能、网络传播技能、网络舆论引导能力等培训。二是加强校内马克思主义学院、网络管理部门与计算机学院、新闻传播学院等的工作与学科协同，交流借鉴网络工作经验和网络传播技术与经验。三是组织思政课教师对主流网络媒体进行参观、考察和实践，加强思政课教师与主流网络媒体编辑的沟通交流，开阔视野，获得直接的网络发声经验和能力。

第三，要建立激励机制，鼓励思政课教师积极开展网络发声实践。实践出真知，实践出能力，只有投入实践才能提升能力，在岸边永远学不会游泳。思政课教师只有投入到网络发声实践中，才能真正提高能力。要采取激励机制，鼓励思政课教师投入网络发声实践。一是把思政课教师网络发声的成果纳入思政课教师评优评奖的重要依据，将有影响力的网络文章作为评聘职务和职称晋升的重要成果。二是对于开通微信、微博等平台账号并以思想政治教育为目标进行公开发声的、粉丝数和阅读数都达到一定数量的教师，要把其网络行为当作专门的网络思想政治教育实践课程，计入教学工作量。三是可以定期开展思政课教师网络发声的评优评奖活动，对优秀成果给予认定和褒奖。

第四，要建立容错和纠错机制，保护思政课教师网络发声的积极性。要建立健全容错纠错机制，对于在网络发声中敢于“发声”、敢于“亮剑”的思政课教师，要给予最大限度的呵护，消除他们的思想顾虑。古人曾语“言多必失”，说多了讲多了，可能就有可能出现纰漏的地方。思政课教师网络发声多了，也难免出现一些因表达失当而被网民误解的现象。此时，面对网络空间的批评声音，只要网络发声没有涉及根本的政治原则问题，要对思政课教师秉持宽容和保护的原则，妥善回应和处理网络空间的批评，保护思政课教师的积极性。要制定以激励与保护为原则的思政课教师网络发声的具体行为准则，以指导和规范思政课教师的网络发声。

［本文系 2019 年度国家社科基金思政专项“思想政治理论课教师的网络发声与高校意识形态安全研究”（19VSZ035）、2019 年度北京高校思想政治工作研究重点课题“新时代大学生成长需求与高校思想政治理论课供给侧改革研究”（BJSZ2019ZD09）的阶段性研究成果。本文成文日期为 2021 年 3 月。］

新时代高校思想政治理论课教师立德树人能力提升路径

北京交通大学马克思主义学院

闫长丽

思想政治理论课是高校落实立德树人根本任务的关键课程，思想政治理论课教师是高校落实立德树人根本任务的关键主体。立己德树人德，是指高校思想政治理论课教师的初心与使命。所谓“立己德”，是指高校思想政治理论课教师要立政治之德、立思想之德、立信仰之德、立品质之德。所谓“树人德”，是指培育担当中华民族伟大复兴大任的时代新人。新时代提升高校思想政治理论课教师立德树人的能力，打造可信、可敬、可靠，乐为、敢为、有为的思想政治理论课教师队伍，对于高校坚定社会主义的办学方向，培育德智体美劳全面发展和担当中华民族伟大复兴大任的时代新人具有重要的现实意义。

一、“立己德”的深刻内涵

思想政治理论课教师要立政治之德。高校是意识形态的主要阵地，政治性是思想政治理论课的本质属性，要在中国社会转型格局中与信息网络迅速发展的背景下，坚守正确的政治方向，思想政治理论课教师必须站稳正确的政治立场，科学明辨社会思潮，筑牢思想防线，强化立德树人的使命感。思想政治理论课教师是高校意识形态的守卫者，一切应把政治标准放在首位，在是非面前要保持清醒的政治头脑，增强自身的政治意识，自觉树立政治理想，保持政治方向，坚守政治定力。思想政治理论课教师在培育人才的过程中，要始终坚持以马克思主义理论为指导，坚定社会主义办学方向；要始终展现中国特色社会主义的精神气质与忠诚干净担当的政治品格；要始终坚守社会主义的政治信仰，弘扬优秀的社会主义政治道德。思想政治理论课教师要不断增强自己的政治信仰与政治素养，牢固树立政治意识、大局意识、核心意识、看齐意识，坚定中国特色社会主义道路自信、理论自信、制度自信、文化自信，真正成为学生成长道路上的领航者与引路人。

思想政治理论课教师要立思想之德。思想政治理论课教师是知识和思想的传播者与创造者，这要求思想政治理论课教师不仅要有“修身、齐家、治国、平天下”的思想意识，更要具有“为天地立心，为生民立命，为往圣继绝学，为万世开太平”的思想格局。高校思想政治理论课教师的理论根基是马克思主义理论。习近平总书记在纪念马克思诞辰200周年大会上指出：“马克思主义始终是我们党和国家的指导思想，是我们认识世界、把握规律、追求真理、改造世界的强大思想武器。”思想政治理论课教师要系统学习马克思主义理论，深刻把握马克思主义的思想要义，不断增强马克思主义理论的学术自信，切实提升马克思主义理论的思想引领作用。思想政治理论课教师要遵循思想理论教育的基本规律，自觉在课堂上运用辩证唯物主义和历史唯物主义，通过丰富的教学方法，展示马克思主义理论思想的力量。思想政治理论课教师只有通过马克思主义理论的魅力传播思想，才能真正在课堂上坚定大学生的政治信仰。

思想政治理论课教师要立信仰之德。思想政治理论课教师如果自己没有坚定的理想信念，就会精神上缺“钙”，从而比较容易受到不良社会思潮的影响，动摇自身对马克思主义的信仰，进而弱化思想政治理论课的阵地意识，失去课堂的主导权。高校应经常组织思想政治理论课教师开展对于理论与现实问题的政治学习和理想信念教育，为思想政治理论课教师及时地解疑释惑，以便更好地科学领会和认清党和国家的大政方针。思想政治理论课教师应主动加强学习，贯彻落实习近平新时代中国特色社会主义思想和习近平总书记关于教育工作的重要讲话和指示精神，用马克思主义中国化的最新成果武装头脑，牢固树立对马克思主义的信仰和对社会主义、共产主义的信念。中华民族正是因为对于马克思主义及其中国化理论的信仰，才迎来了从“站起来”“富起来”到“强起来”的百年复兴历程。

思想政治理论课教师要立品质之德。思想政治理论课教师的言行影响着学生的思想和行为。所谓育人者，需先育己。立品质之德是立德树人的基础。亲其师，才能信其道。教师要给学生心灵埋下真善美的种子，必须要“学高为师，身正为范”，思想政治理论课教师必须具备高尚的人格与品质，坚持以德立身，以德立学，以德施教。思想政治理论课教师要始终把家国情怀、社会责任和正己修德通过自身的教学实践传授给学生，真正做社会主义核心价值观的培育者和践行者，中国特色社会主义共同思想和共产主义远大理想的坚守者和拥护者，真善美教育教学的播种者和弘扬者。

二、"树人德"的深层意蕴

习近平总书记明确提出，培养什么人，是教育的首要问题。进入新时代，培育德智体美劳全面发展的时代新人，是思想政治理论课教师的根本任务，亦是立德树人的主旨所在。

培育德智体美劳全面发展的时代新人。时代新人既要具备高尚的道德品格与完善的综合素质，又要富有创新与探索精神，理应是德智体美劳全面发展的统一整体。"德"不仅仅是指高尚的道德品质，更要传承中华传统美德，这是全面发展的前提。时代新人要成为民族精神与时代精神的融合者与传播者，一方面充分挖掘中华传统美德的深层意蕴，另一方面充分展现以改革创新为核心的时代精神。教育的真谛是启迪智慧，"智"意味着心无旁骛地珍惜时光追求知识，让时代新知和创新创造能力成长为时代新人的核心竞争力，这是时代新人全面发展的动力。"体"是指健康的体质与体魄，这是时代新人全面发展的基础。体育不仅促进身心的健康，更能提升时代新人抗挫折的能力。"美"是指培育时代新人与时俱进的审美观念与能力，使其不仅具备欣赏美的能力，更要具备创造美的能力，这是时代新人全面发展的保证。"劳"是指知行合一的劳动，这是时代新人全面发展的核心。时代新人更要通过学习实践不断增长自身的知识才干、锤炼健康的体格与顽强的意志、培养审美情感与提升审美情操，进而通过创造性的劳动成长为社会主义建设者与接班人。

培育践行社会主义核心价值观的时代新人。社会主义核心价值观是国家精神的集中体现，是中华民族共同的道德基础。面对世界范围内多元思想文化交融的新态势，时代新人必须坚守社会主义核心价值观的文化阵地，牢固树立中国特色社会主义共同理想和共产主义远大理想，积极宣扬富强、民主、文明、和谐的价值目标，大力弘扬自由、平等、公正、法治的价值取向，坚持奉行爱国、敬业、诚信、友善的价值准则，推动引领知荣辱、讲正气、做奉献、促和谐的优良社会风尚。高校思想政治理论课教师将社会主义核心价值观通过教学引导、实践养成、文化教育、制度保障融入课堂育人、实践育人、文化育人、制度育人的全过程，使得社会主义核心价值观从外在规范自觉转化为时代新人的情感认同和价值行为。

培育弘扬中华优秀传统文化的时代新人。中华优秀传统文化是中华民族的文化积淀和精神标识。党的十九大报告指出："文化兴国运兴，文化强民族强。没有高度的文化自信，没有文化的繁荣兴盛，就没有中华民族伟大复兴。"文化自信是一个国家和民族发展中最深沉和持久的力量。博大精深的中华优秀传统文化是中国屹立在激荡的世界文化中的根基。时代新人是中华优秀传统文化的传承者和接力者。时代新人必须担负起传承中华优秀传统文化的历史责任感和时代使命感，深入挖掘中华优秀传统文化所蕴含的精神内涵，将中华民族的文化基因、优秀的思想观念、高尚的道德情操播撒在中国新时代的大地上，融会贯通、润心育德，让每一个时代新人浸润在中华优秀传统文化的氛围中不断感悟、前行。时代新人必须继承中华民族优秀的思想价值理念，弘扬中华民族传统美德，不断增强文化自信和文化自觉，传播中华文化的最强音，在国际视野和世界格局中树立中国特色社会主义时代新人的良好形象。

培育担当中华民族伟大复兴大任的时代新人。理想信念是时代新人的思想根基。只有时代新人拥有坚定的信仰，国家才会汇聚无穷的力量，中华民族才有伟大复兴的希望。坚定的理想信念能涵养时代新人胸怀国家的情怀、振兴民族的责任及志存高远的境界。只有将自身的未来与国家、民族的前途、命运紧紧联系在一起，时代新人才能真正担当起中华民族伟大复兴的重任。思想政治理论课教师只有坚持不懈地用马克思主义理论和习近平新时代中国特色社会主义思想武装时代新人，筑牢其为中华民族伟大复兴奋斗的思想信念根基，不断深化社会主义、共产主义和中国梦的宣传教育，才能引导其坚定对中国特色社会主义的道路自信、理论自信、制度自信与文化自信，增强其为建设社会主义现代化强国、完善中国特色社会主义制度的使命感与责任感，进而源源不断地激发时代新人奋发向上的力量。

三、高校思想政治理论课教师立德树人能力的提升路径

习近平总书记明确指出，"高校教师要坚持教育者先受教育，努力成为先进思想文化的传播者、党执政的坚定支持者，更好担起学生健康成长指导者和引路人的责任"，这为思想政治理论课教师提升立德树人能力指明了方向。

（一）增强思想教育价值引领，提升高校思想政治理论课教师的思想性

传道者先明道信道，育人者先受教育。思想政治理论课教师自身要明道信道，这是立德树人的根本所在。提升思想政治理论课教师立德树人的能力，思想政治方向和思想教育价值引领是根本。只有在科学的思想武装领导下，才能理论清醒和政治坚定。思想政治理论课教师必须坚持正确的思想政治教育方向，深入研究和宣传马克思主义理论和习近平新时代中国特色社会主义思想，不断增强思想政治教育的思想基础和理论素养，强化思想政治教育的使命意识，形成思想政治立场坚定、立德树人使命光荣的价值导向和价值引领的氛围。高校通过组织思想政治理论课教师入职和发展培训、思想政治理论学习、党员集中培训和教师骨干培训等，建构全方位与立体化的思想政治理论课教师思想教育工作体系，全面提升思想政治理论课教师的思想政治素质，使其逐步达到“思维要新”，进而提升其对立德树人能力的政治认同。

（二）加强师德师风建设，提升高校思想政治理论课教师的主动性

思想政治理论课教师是高校思想政治教育和培育时代新人的关键主体。加强师德师风建设是提升思想政治理论课教师能力的核心所在。习近平总书记在全国高校思想政治工作会议上指出：“要加强师德师风建设，坚持教书和育人相统一，坚持言传和身教相统一，坚持潜心问道和关注社会相统一，坚持学术自由和学术规范相统一，引导广大教师以德立身、以德立学、以德施教。”师德师风是思想政治理论课教师履行立德树人使命的前提，思想政治理论课教师要以弘扬师道的传统美德，用人格力量感染和教育学生，真正成为大学生的传道授业解惑的师者。高校通过不断开展师德师风素养的培训、搭建践行师德师风建设的平台、打造师德师风的典型模范，为持续提升思想政治理论课教师的立德树人能力提供重要基础和动力支持。通过提升思想政治理论课教师的职业道德修养，充分调动思想政治理论课教师的主观能动性，最大程度地发挥思想政治理论课教师的主体责任作用。通过不断加强思想政治理论课教师自身的理想信念教育，提高师德水平、敬业精神和理论素养，增强其教书育人的自豪感和荣誉感，从而使其以高尚的思想道德情操和人格魅力来增强其培育时代新人的使命感和责任感，逐步达到“自律要严、人格要正”，进而提升高校思想政治理论课教师对立德树人能力的情感认同。

（三）建立特色鲜明的激励机制，提升高校思想政治理论课教师的积极性

新时代呼唤伟大的时代精神，立德树人的事业需要时代楷模的引领。高校应该建立特色鲜明的激励推广机制，挖掘和培育更多的思想政治理论课教

师榜样。其一，通过制定立德树人工作规范与标准，树立立德树人工作模范岗，在教师中营造良好的立德树人氛围。其二，通过开展提升立德树人能力的系列活动，遴选具有崇高的理想信念、高尚的道德情操、渊博扎实的学识和博大的仁爱之心的思想政治理论课教师，进行表彰激励，并适当作为教学评估、职称评定、职务晋升等的重要依据。其三，充分利用校园文化活动和媒体，宣传思想政治理论课教师楷模的典型模范事迹，传递立德树人的情感使命，传播立德树人的光辉形象，切实发挥榜样模范作用。高校思想政治理论课教师在争做时代楷模的过程中，要逐步达到 “情怀要深”，提升高校思想政治理论课教师对立德树人能力的价值认同。

（四）构建全方位的教育载体，提升高校思想政治理论课教师的创造性

提升思想政治理论课立德树人能力是一项多方协同联动的系统工程。在高校层面上应当建立并形成常态化、秩序化的立德树人能力提升机制，不断加强立德树人能力提升模式的顶层设计，统筹整合优势资源，强化教师工作部、教师发展中心等有关职能部门的工作系统，形成多方协同的合力，不断提升思想政治理论课教师立德树人能力的实效性和时代性。在思想政治理论课教师的层面上应当充分运用课堂育人、实践育人、文化育人、媒体育人，将多种载体有机结合起来，不断提升自身立德树人的能力。思想政治理论课教师要充分利用好课堂教学的主渠道，创新思想政治理论课教学内容、教学理念和教学方法，将立德树人思想内化于心；积极发挥社会实践大课堂的作用，开展指导学生社团活动、实习支教、志愿服务等实践活动，将立德树人能力外化于行；高度重视学校文化建设，立足于学校的历史底蕴和精神文化，充分发挥学校文化潜移默化的作用；有效借助微博、微信、论坛、学习强国 App 等媒体资源，深度融合思想政治理论课传统教学模式与现代网络技术，进而实现思想政治理论课教师“视野要广”，提升思想政治理论课教师对立德树人能力的思想认同。

（本文成文日期为 2020 年 2 月。）

打造师德高尚教师队伍
奋力办好一流师范大学

首都师范大学

黄存金

师德建设是教师队伍建设的第一要务，师德师风是评价教师队伍素质的第一标准。首都师范大学以教师教育为鲜明办学特色，以培养首都基础教育优秀师资为己任，加强师德师风建设有着特殊重要意义。一年来，我校根据北京市委统一部署，深入学习贯彻习近平新时代中国特色社会主义思想和党的十九大精神，贯彻落实全国和全市教育大会精神，落实“四有”好老师标准和“四个引路人”要求，扎实推进师德长效机制建设，巩固深化“六个着力”师德建设体系，引导广大教师守住底线、不触红线，弘扬高尚师德，潜心立德树人，“新时代‘四有’好老师和‘四个引路人’”学习实践活动取得积极成效，有力推动了新时代学校事业新发展。

一、活动综述

（一）加强师德宣传教育，引导教师将师德要求内化于心

坚持将每年 9 月作为师德建设月。围绕党和国家重大方针政策，及时编印理论学习材料，每月 1～2 期，全年编印 15 期，特别是编辑印发《新时代高校师德师风建设专题》，深入学习领会习近平总书记关于教育的重要论述的丰富内涵和实践要求，切实将其作为每月一次教师集中理论学习的重要内容。院系级党组织书记负责组织理论学习、讨论交流，教师工作部负责人到院系开展师德宣讲，千余人受益，重点为新入职教师、研究生导师、学术骨干、教学团队作师德辅导报告，院系单位和学校层面师德宣传教育实现全覆盖。

（二）健全师德制度规范，不断彰显制度的刚性约束作用

调整成立师德建设委员会，全面加强统筹协调，指导师德建设，不断加强党委对师德建设的领导、组织和协调，健全党委统一领导、党政齐抓共管、牵头部门明确、院系具体落实、教师自我约束的工作机制。在原有《首都师范大学师德规范（试行）》基础上，修订《首都师范大学师德“一票否决”实施细则（试行）》，全面贯彻习近平新时代中国特色社会主义思想和党的十九大精神，坚持全面从严要求，实现了制度的与时俱进，体现了思路举措的科学性、严密性和有效性，划出了全校教师职业道德底线，坚持高线追求和底线管控相结合，制度的刚性约束作用得到有力彰显。

（三）选树师德师风典范，进一步激发崇德向善的正能量

在全校牢固树立重师德、讲师德的鲜明导向，积极开展师德典型选树。学校从 2007 年开始，坚持每两年开展一次师德先进教师的评选表彰活动，2018 年 3 位教授荣获 2018 年“北京市师德榜样”荣誉称号。“最受学生欢迎的十佳教师”评选，已成为展示师德师风的重要平台。组织第二届“师者如兰”优秀研究生导师评选，更好地引导广大研究生导师落实立德树人职责。开展优秀主讲教师评选，发挥典型示范引领作用，真正担起教书育人的神圣使命。

（四）扎实开展实践活动，注重搭建师德养成教育平台

按学习实践活动安排，组织教师到中国德育馆学习参观，弘扬中华优秀传统文化，涵养道德情操，提升精神境界。邀请华为负责人与青年教师座谈交流，认真学习新时代奋斗精神。组织“城乡体验日”，赴国家大剧院学习参观，深刻领略中华文化的独特魅力，切实增强文化自信。组织广大青年教师和高层次人才等赴井冈山开展“传承红色基因，坚定理想信念”实践活动，坚定理想信念，弘扬高尚师德，坚持立德树人，这一实践活动深受青年教师欢迎，收到了很好的教育效果，增强了教书育人的使命感和责任感，成为弘扬正能量、走好新的长征路、助力学校事业发展的强大力量。

（五）精心组织入职宣誓，切实增强新入职教师的职业荣誉感

加强新入职教师师德师风教育，把师德教育作为教师入职“第一课”，严格政治标准，严把师德教育关，组织新入职教师入职宣誓仪式，通过庄严隆重的宣誓仪式，引导新入职教师牢记首都师范大学新教工入职宣誓词（试行），恪守“首都师范大学师德师风承诺书”要求，自觉把誓词和承诺内化于心，外化为教书育人的行为准则，争做一名合格的人民教师，增强职业荣誉感、责任感和使命感，不断激发投身新时代学校改革发展的满腔热忱。

（六）开展导师心理培训，更好落实研究生导师育人职责

为深入学习贯彻全国教育大会和北京市教育大会精神，认真落实教育部《关于全面落实研究生导师立德树人职责的意见》，打造过硬研究生导师队伍，提高研究生培养质量，学校特邀心理咨询专家为近三年新聘硕士生导师围绕当前学生心理状况深度分析、如何有效把握学生心理特点、学生心理问题应对等进行深入剖析、专业辅导，为研究生导师更好地了解学生所思所想、把握育人特点规律，有效走进学生心灵，增强育人针对性提供指导和帮助。

（七）加强形势与政策教育，筑牢师生团结奋斗思想根基

一是组织 50 余名师生到人民大会堂参加西安交通大学“西迁人”爱国奋斗精神先进事迹报告会，深入学习爱国奋斗精神，坚定成才报国之志。二是安排 300 余名师生到国家博物馆参观“伟大的变革——庆祝改革开放四十周年大型展览”，切身感受改革开放 40 年的辉煌成就，激发了民族自豪感和自信心。三是组织 30 名师生到北京电视台参加北京市“将改革开放进行到底”系列论坛，深入了解首都改革开放生动实践，增强了建设首都、服务首都的使命担当。四是安排 50 名师生到人民大会堂参加“致敬改革开放 40 年电影《黄大年》全国首映式”，认真学习黄大年先进事迹和可贵品质，把爱国之情、报国之志融入改革发展的伟大事业中。

（八）强化党的全面领导，充分发挥党支部和党员的作用

全面推进党支部规范化建设，抓住教师党支部关键群体，突出“全、严、实、新、恒”原则，深入推进“7+1+*N*”教师党支部组织生活模式，健全主题党日制度，切实提升教师党支部的组织力。全面实施教师党支部书记“双带头人”培育工程，进一步优化队伍结构，符合选优配强的教师党支部书记比例大幅提升；重点实施“3×3”计划，加强对教师党支部的监督和指导，完善考核激励机制，评价教师党支部书记满意率达 100%；全年度资助教师党支部书记参与重要学术会议共计 8 人次，组织基层党组织书记“学习贯彻习近平新时代中国特色社会主义思想和党的十九大精神”专题集中培训，为期 4 天，并实现了教师党支部书记全覆盖。

二、特色案例

在师范大学，加强师德师风建设尤为重要和迫切。学校结合办学特色，创新师德教育形式，严把教师入职政治观、师德关，引导广大教师自觉弘扬高尚师德师风，坚决守住为师育人底线，为新时代学校事业发展贡献智慧和力量。

学校精心组织新入职教师宣誓，签署师德师风承诺书，切实增强新入职教师的职业神圣感、荣誉感。加强新入职教师师德师风教育，把师德教育作为新入职教师入职“第一课”，严格政治标准，严把师德教育关，连续举办两届新入职教师入职宣誓仪式，实现新入职教师200余人全覆盖。

三、主要成效

一年来，学校深入贯彻北京市委统一部署，特别是认真学习贯彻习近平总书记关于教育的重要论述，高度重视，积极谋划，各项学习实践活动扎实有序开展，师德师风建设整体工作水平有力提升，取得了积极成效。

一是学校各单位师德建设重视程度明显提升，院系级党组织主体责任意识不断增强，“师德第一评价标准”导向更加鲜明，建立起从学校到院系单位师德师风工作专门机构，师德师风建设工作体系得以健全和明晰。二是师德建设长效机制有效落实，学校认真贯彻落实教育部和北京市关于建立健全高校师德建设长效机制的有关规定，制度建设、宣传教育、典型选树、社会实践、文化涵养、关怀保障为一体的师德建设体系得以巩固完善。三是师德师风宣传教育扎实推进，“四有”好老师标准、“四个引路人”“四个相统一”要求深入人心，师德典型的示范作用得到彰显，广大教师崇德明礼的政治自觉得以增强，弘扬高尚师德的良好氛围日益浓厚。四是师德师风制度建设更加完备，修订完善《首都师范大学师德规范（试行）》《首都师范大学师德“一票否决”实施细则（试行）》等制度规范，既有正面倡导，也有禁止行为，坚持“零容忍”态度，划出了广大教师立德树人的底线要求。

四、问题建议

学校“新时代‘四有’好老师和‘四个引路人’”学习实践活动取得了阶段性成效，但与中央和市委关于加强高校教师队伍建设的要求、与新时代学校改革发展的要求、与服务首都经济社会发展的要求，还有一定差距。学校有些院系单位、职能部门对加强新时代师德建设极端重要性的认识还有待深化；不同院系单位的师德建设工作存在不均衡、不协调发展的问题；学校各部门协同推进师德建设的力度还需不断加强。

下一步学校将推动“新时代‘四有’好老师和‘四个引路人’”学习实践活动常态化、长效化，抓好《新时代高校教师职业行为十项准则》学习贯彻工作，引导广大教师以德立身、以德立学、以德施教、以德育德，更好担起学生成长指导者和引路人的责任。

一是进一步健全完善师德建设体制机制。深入贯彻全国教育大会和全市教育大会精神，充分认识师范院校师德建设的特殊意义，压实每一位教职工、每一个岗位的育人责任。师德建设委员会要充分发挥作用，各成员单位要进一步深化认识，合力攻坚、密切配合，不断提升师德建设水平。二是进一步推动在师德教育上下真功夫。创新师德主题教育，结合师范大学特点，营造尊师重教、崇德向善氛围，引导教师把教书育人和自我修养结合起来，推动“四有”好老师、“四个引路人”要求根植于心，自觉把弘扬高尚师德师风作为不懈奋斗的价值追求。三是进一步加强师德师风保障体系建设。发扬尊师重教优良传统，创设公平正义、风清气正的成长环境，营造相互理解、相互支持、和谐发展的人际关系，形成群策群力、互勉共进、团结协作的工作氛围，为广大教师热爱祖国、奉献教育搭建舞台。

（本文成文日期为 2019 年 1 月。）

新时代高职院校思想政治理论课教师队伍建设的思考

北京财贸职业学院马克思主义学院　魏启晋
北京财贸职业学院党委宣传部　林玲玲
北京财贸职业学院马克思主义学院　徐　杨

习近平总书记在学校思想政治理论课教师座谈会上强调，思想政治理论课（以下简称思政课）是落实立德树人根本任务的关键课程，要理直气壮开好思政课，用习近平新时代中国特色社会主义思想铸魂育人，思政课作用不可替代，思政课教师队伍责任重大。高职院校尽管在人才培养目标和培养方式上与普通高校有差异，但是同样要抓住思政课教师队伍建设这个关键环节，把思政课教师队伍建强建好，用习近平新时代中国特色社会主义思想铸魂育人，培养德技并修的高素质技术技能人才。

一、准确把握新时代高职院校思政课教师队伍建设的新要求

从战略和全局的高度认识新时代思政课教师队伍的重要性，是准确把握思政课教师队伍建设新要求的思想前提。作为我国社会主义教育体系的重要类型和重要组成部分，高职院校不是纯粹的职业技能训练机构，其人才培养体系必须紧紧围绕立德树人这个根本任务和中心环节来构建和运行。思政课同样是高职院校落实立德树人根本任务的关键课程，其“关键”作用就体现在：作为制度安排，思政课的设置体现着社会主义办学方向和价值取向；作为国家课程，思政课的内容包含了社会主义核心价值体系的全部要素，是为学生健康成长奠定科学思想基础、提供正确价值引领的核心课程。思政课之“关键”作用和教育功能的实现，是教材、教法、教师、学生等多种因素相互作用的结果。其中，起主导作用的是思政课教师，因为思政课教材体系向教学体系的转化、教学方法和教学过程的设计、学生学习积极性的调动等，都

取决于思政课教师。正如习近平总书记所指出的，办好思政课关键在教师，关键在发挥教师的积极性、主动性、创造性。由于高职院校学生普遍文化基础较差、逻辑思维能力和自主学习能力较薄弱，思政课教师的“关键”作用尤为重要。

高职院校思政课能不能“强起来”，关键在于思政课教师能不能“强起来”。“强起来”是新时代高职院校思政课教师素质的总要求。习近平总书记在学校思政课教师座谈会上提出的“六个要”，即政治要强、情怀要深、思维要新、视野要广、自律要严、人格要正的要求，同样是高职院校思政课教师素质“强起来”的一般标准。具体地说，思政课教师“六个要”包含了三个层面的素质要求：一是思想政治素质过硬，即“政治要强、情怀要深”。思政课教师要绝对忠诚于党的教育事业，坚持正确政治方向，有较高的政治理论水平、政治觉悟和政治敏锐性、政治鉴别力，具有崇高的理想信念和深厚的家国情怀，对国家、民族和人民满怀深情，对立德树人的教育事业充满激情。二是专业能力素质过硬，即“思维要新、视野要广”。思政课教育教学是一项专业性很强的工作，对教师的专业学识、教学艺术有很高的要求。思政课教师要善于运用马克思主义的立场、观点、方法分析问题，善于创新教学方式，有广博的知识视野、宽广的国际视野、深厚的历史视野，只有这样才能带给学生新鲜而深刻的学习体验，让马克思主义理论入耳入脑入心。三是个人品德素质过硬，即“自律要严、人格要正”。思政课教师不只要“言传”，更要“身教”；缺乏“身教”，“言传”就会失效。思政课教师应当做到表里一致、言行一致、课上课下一致、网上网下一致，自觉正心、正言、正身，用堂堂正正、光明磊落的人格力量传播正能量，感染学生、赢得学生。

新时代高职院校人才培养的特殊性，给思政课教师队伍建设提出了新的要求。2019 年 1 月颁布的《国家职业教育改革实施方案》指出，新时代职业教育要“落实好立德树人根本任务，健全德技并修、工学结合的育人机制，完善评价机制，规范人才培养全过程。深化产教融合、校企合作，育训结合”。这就明确了职业教育的根本任务是“立德树人”，人才培养目标的基本要求是“德技并修”，人才培养的根本方法是“产教融合、校企合作，工学结合、育训结合”。应用性、实践性和开放性，是高职院校人才培养体系的基本特点。高职院校的思政课教师在做到“政治要强、情怀要深、思维要新、视野要广、自律要严、人格要正”的前提下，还要主动适应高职院校人才培养“应用性、实践性、开放性”的要求，不断增强自身的方法能力、实践能力和合作能力，在高素质技术技能人才培养体系和全员全方位全过程育人格局中找准位置、发挥作用。

二、加强新时代高职院校思政课教师队伍建设的基本原则

新时代高职院校思政课教师队伍素质的整体提升，重在加强建设。建好建强高职院校思政课教师队伍，应牢牢把握以下四项原则。

第一，政治性原则。政治性是思政课的根本属性，理所当然是思政课教师队伍建设的第一原则。高职院校思政课教师应对自己的职业身份有正确定位，“思政课教师”应作为职业身份的第一关键词。思政课是直接体现社会主义办学方向的标志课程，是直接支撑“教育为人民服务、为中国共产党治国理政服务、为巩固和发展中国特色社会主义制度服务、为改革开放和社会主义现代化建设服务”的骨干课程，是“落实立德树人根本任务”的关键课程。思政课教师队伍建设的首要要求，就是要旗帜鲜明讲政治，把坚定正确的政治立场、政治信仰、政治追求作为思政课教师素质的灵魂和根本，把“坚持党的领导、维护党中央权威和集中统一领导、维护习近平总书记党中央的核心、全党的核心地位”作为思想自觉、政治自觉、行动自觉。

第二，科学性原则。科学性是指思政课教师队伍建设要遵循教师职业成长的规律性，体现马克思主义理论的科学性和思想政治理论教育的专业性，这是特别需要强调的一点。我们之所以要坚持马克思主义的指导地位，是因为马克思主义理论本身具有科学性、真理性，它是对客观世界特别是人类社会本质和规律的正确反映，其科学性、真理性已经为社会历史实践特别是中国革命、建设和改革的伟大实践所证明。马克思主义是一门科学，是具有改造客观世界和主观世界力量的“真正的知识”，思政课的任务就是要用马克思主义这门科学和知识去武装学生的头脑，思政课教师的职责就是要向学生展示马克思主义的理论逻辑和真理力量。所以，要坚决澄清那种“思政课是政治宣传而不是知识学问”“谁都可以讲思政课”的错误认识，要用科学的态度对待思政课，用专业化的标准去要求思政课教师。不能因为高职院校学生文化基础薄弱、理论思维水平稍显不足，就降低对思政课教师的专业化要求。

第三，协同性原则。习近平总书记在学校思政课教师座谈会上的讲话中明确要求，思政课建设“要建立党委统一领导、党政齐抓共管、有关部门各负其责、全社会协同配合的工作格局”。高职院校思政课教师队伍建设同样要

贯彻协同性原则。在学校党委统一领导下，加强整体筹划和顶层设计，从教师资格准入、培养培训、考核激励体制机制及支持保障等方面形成重视、关心、支持思政课教师队伍建设的强大合力。作为具体负责学校思政课教师管理的组织机构，高职院校马克思主义学院或思政课教研部在加强思政课教师队伍建设方面更要承担起责任，做到主动协同、自觉协同，加强与学校党委、行政各职能部门、学生工作团队及校外思政教育专家、企业专家的协同配合，善于借力借势，建强思政课教师队伍。需要强调的是，现在多数高职院校都根据中央要求设置了独立的、直属学校领导的思政课教学科研组织作为二级机构，思政课教师的归属感明显增强。但是，并不是建立了独立设置的机构，对思政课教师进行了统一管理，就会自然而然形成有战斗力的思政课教学科研团队。建强思政课教学科研团队，形成高水平的教学科研共同体，需要进行系统设计、精心施工，久久为功。

第四，实践性原则。实践性是高职院校人才培养的重要特征，也是高职院校思政课教师队伍建设必须坚持的重要原则。实现高职院校思政课教师队伍“强起来”，本质上不是理论问题，而是实践问题。重视和加强高职院校思政课教师队伍建设，不能仅仅停留在工作设想、会议表态和文件字面上，必须有切实有效的建设举措、活动载体。根据教育学者的研究，基于实践的成长是教师共同体建设的主要情境，“只有通过实践才能促成教师的自我反思、同事协作、相互学习，在参与和互助中达成思想的统一，构建起一个真正的教师共同体”。高职院校思政课教师队伍建设贯彻实践性原则，主要通过三种路径：一是课堂教学实践，通过集体备课、集体教研活动，提升教学水平；二是科研攻关实践，通过开展教学改革研究和学术理论研究，提升科研学术水平；三是社会企业实践，通过进行社会调研、社会服务、企业实践，提升理论联系实际的应用能力。

三、新时代高职院校思政课教师队伍建设的实践机制

新时代高职院校思政课教师队伍建设的总体目标，就是要把思政课教学科研团队建设成为自觉担当立德树人使命，在学校整体办学育人格局中学习、研究、传播、践行马克思主义的“排头兵”和“模范连”。高职院校思政课教师队伍要“强起来”，“从外延发展量的增加转变到内涵发展质的提高上来”，不能只依靠党委重视和政策支持，主要应当靠自己努力，靠建立一套能够有

效激发活力、催生动力、提升能力的长效机制。我们认为，高职院校思政课教师建设的实践机制主要包括以下内容。

第一，完善思政课教师选任机制。随着党和国家对思政课的空前重视，思政课教师的地位和待遇也得到明显提升。在一定意义上，思政课教师成了一个令人羡慕的职位。对思政课教师队伍的扶持政策的目的，是要吸引那些热爱并胜任思政课教学工作的优秀教师留在这个岗位上，使他们心无旁骛、潜心育人。如果没有科学的选任机制，思政课教师岗位的吸引力不会必然转化为思政课教师队伍成长的动力。一定“要把出口打开，画好底线，选好筛子眼，无论是政治上还是业务上，不合格的应该析出思想政治理论课教师队伍”。自 2017 年起，我校开始实施思政课教师公开遴选制度，这是我校党委加强思政课教师队伍建设的重要改革举措。思政课教师公开遴选，体现了以思想政治素质为核心、以教育教学能力为基础的思政课教师质量标准，打破了思政课教师岗位的固定化模式，建立了思政课教师队伍“能进能出”的新机制，有效增强了思政课教师队伍的发展活力。

第二，健全思政课教师集体学习和教研机制。高职院校思政课教师队伍“强起来”不能靠个人单打独斗，必须依靠集体的力量携手并进，这就需要建立集体学习和教研机制，坚持开展集中学习和集体备课。即使在信息技术手段高度发达便捷的今天，也不能用线上交流取代线下沟通，不能用 QQ 群、微信群取代面对面的集中研讨。我校马克思主义学院建立了思政课教师集体学习和集体备课制度，确定每周五为思政课教师集中教研活动日，全体思政课教师轮流进行一整天的专题说课和教学分享，开展集体研讨。这一做法有效地增强了思政课教师的团队意识，促进了思政课教师整体教学能力和水平的提升。

第三，构建思政课教师参与“大思政”格局的协同机制。高职院校思想政治工作是一项系统工程，全员全方位全过程育人是高职院校立德树人的时代要求。在高职院校“大思政”工作格局中，思政课教师在课堂教学主阵地之外，还可以主动作为，利用自身的专业优势，发挥更大的作用。我校自 2016 年起实施思政课教师担任兼职政治辅导员制度。每一位思政课教师都要担任二级学院的兼职政治辅导员，主要职责是为学生日常思想政治教育工作、学生入党积极分子培养和学生党支部理论学习提供专业支持，有效地促进了学生日常思想政治教育工作与思想政治理论课教学密切协同，形成合力。马克思主义学院自 2018 年起与党委宣传部一起主办面向全校的“学理论，读经典”

主题读书活动，以马克思主义经典著作为主要内容，每月一次定期举办经典导读会、阅读分享与研讨会，在学校教职工理论学习中发挥了带动和示范作用。

第四，建立党建引领思政课教学科研团队建设机制。与普通本科院校一样，高职院校思政课教师中绝大多数都是中共党员。这是一个天然的优势，有利于用党建引领和推动高职院校思政课教师队伍建设，使党建和思政课教学科研工作有机融合，避免党建和教学科研业务成为“两张皮”。高职院校思政课教师队伍建设，要善于利用这个优势，建立党建引领教学科研团队建设的机制。我校马克思主义学院现有专任思政课教师 12 人，其中党员 11 人。马克思主义学院直属党支部开展了以“小标识、大责任、亮身份、做表率”为主题的党员思政课教师佩戴标识上岗活动，打造思政课教师党员先锋岗，借此增强思政课教师的职业使命感、责任感和自律意识，把课堂作为党员教师发挥作用的主要载体和平台，真正发挥“一个党员一面旗帜”的先锋模范作用。马克思主义学院院长兼任直属党支部书记；在各教研室设立党小组，教研室主任兼任党小组长，落实党建和教学科研“双带头人”机制，有效带动了思政课教师队伍素质的整体提升。近年来，我校马克思主义学院先后有 1 位教师被评为北京市优秀思想政治工作者，1 位教师被评为北京市高校教学名师，1 位教师被评为北京市优秀教师，3 位教师被评为北京市师德先进个人，展现了思政课教师队伍建设的显著成绩。

［本文系 2016 年度教育部高校示范马克思主义学院和优秀教学科研团队建设项目重点选题“高职高专思想政治理论课教学方法研究”（16JDSZK046）的阶段性成果。本文成文日期为 2019 年 5 月。］

高等职业教育信息技术类创新型系列教材

人工智能通识项目式教程

主　编　潘　宁　张　洁　周　鹏
副主编　杨怀磊　耿向华　王雨晨
参　编　王　珂　千梦圆　李　舒

科学出版社
北　京

内 容 简 介

本书根据《高等学校课程思政建设指导纲要》和教育部对高等院校信息技术类课程的要求编写而成。全书共6个单元，包括新一代信息技术概述、人工智能之项目管理、人工智能之 AI 检索技术、人工智能之数据库基础、人工智能之 Python 基础、人工智能的应用。每个单元中均包含若干与专业相关的有关社会主义核心价值观的案例。

本书主要面向高职院校一年级学生，同时也可供需要提高人工智能素养与技能的其他学生、企事业单位员工学习。

图书在版编目（CIP）数据

人工智能通识项目式教程 / 潘宁, 张洁, 周鹏主编. -- 北京 : 科学出版社，2025. 8. -- （高等职业教育信息技术类创新型系列教材）. -- ISBN 978-7-03-083049-4

Ⅰ. TP18

中国国家版本馆 CIP 数据核字第 20257AQ153 号

责任编辑：戴 薇 袁星星 / 责任校对：王万红
责任印制：吕春珉 / 封面设计：东方人华平面设计部

科学出版社 出版
北京东黄城根北街 16 号
邮政编码：100717
http://www.sciencep.com
北京鑫丰华彩印有限公司印刷
科学出版社发行 各地新华书店经销
*
2025 年 8 月第 一 版 开本：787×1092 1/16
2025 年 8 月第一次印刷 印张：12 1/4
字数：288 000

定价：52.00 元

（如有印装质量问题，我社负责调换）
销售部电话 010-62136230 编辑部电话 010-62135319-2047